本书系国家社科基金（教育）课题“基于合作的学校组织再造”资助成果，项目号：BFA080046。

学校发展论

Xuexiao fazhan lun

孟繁华 等◎著

教育科学出版社
·北 京·

序

发展是永恒的主题。传统发展观是一种“工业文明观”和“工业实现观”，它以“增长”作为衡量发展的主要尺度，把一个国家的工业化和由此产生的工业文明当做现代化实现的标志。在现实中，这一发展观表现为对高速增长目标的强烈追求。这种发展观传染到教育领域，自然就表现为对教育发展单一“指标”的青睐。学校作为教育事业的基本单位，其发展观聚焦在外在的、阶段的、可测的指标上也就不难理解了。

从国际上看，由于政治经济体制、文化历史背景的差异，一些国家的学校制度和相应的治理结构模式也各有不同，但无论是什么模式，这些国家的学校发展模式都逐步摒弃了“庸俗化”、“工具化”的办学之路，都逐步形成了一定的发展理论范式。我国各级学校起点低、基础差，新中国成立六十多年特别是改革开放以来，学校教育快速发展，义务教育已经普及，高等教育已经从精英教育走向大众化。但也正是由于这一快速发展，也同时带来了学校发展的不适应问题。对学校办学价值和意义的理解受到了各种思潮的影响。人文精神被科学主义遮蔽，理想主义被现实主义遮蔽，超越精神被实用主义遮蔽，功利主义的利益效应和效率意识充斥在学校的各个角落。在这些违背办学规律的思潮影响下，关于学校的政策也常常被异化，表现为自觉不自觉地采用竞争的手段，封闭于习以为常的纯理性世界而偏离了作为自身根基和意义源泉的生活世界。如果这些问题不能很好地解决解决，学校“增长的极限”将会不期而至。

发展范式转换是在原有范式遇到靠本身自我调整和精致化无法解决时发生的。因此，在范式转换的过程中，只有对挑战有充分的认识，才能有针对性地发现和提出新的发展理论范式。20 世纪 80 年代以来，世界各国学者开展了跨学科的研究，提出了一种新的“综合发展观”。1983 年，联合国教科文组织在《新发展观》一书中指出新的发展观是“整体的”、“综合的”和“内生的”。随后，又有学者提出人类正处于“第三次大转变”的关键时刻，旧的工业生产方式走到了尽头，今后人类的生存发展已经不能依靠物质资源，而是主要依靠挖掘人类的智慧资源，并称这种文明为发展的“生态化”。这使人类的文化观念和价值发生了重大变化。一种以满足人的需求为中心价值取向、以生态学的系统观为指导、以人的智力资源为基础，人与自然相统一的和谐共生发展观，已悄然兴起。以这种发展观为指导，发展研究的核心问题已转变为人与人、人与自然的关系，而不是研究自然世界本身，同时，要将人的价值的实现程度作为发展的评价性指标，将人的价值的实现程度作为发展的实效性指标。由此看，人成为发展理论新范式的核心词汇。正如《国家中长期教育改革和发展规划纲要（2010—2020年）》中表述的一样，“把促进学生成长成才作为学校一切工作的出发点和落脚点”，而不是别的什么指标。

以这种新的理论范式为指导，孟繁华教授和他的博士生张爽、于学友、郭建清、王天晓和王恒为构建我国学校发展理论作出了可贵的探索，历时5年，终于成型。他们把论述的核心聚焦在学校组织变革、学校发展模式、校长领导力、教师共同体以及大学和中小学合作问题上，从学校组织，到发展模式，从校长到教师，再到大学与中小学发展，形成了以合作为基础、和谐共生发展范式为主导的学校发展理论框架。

我向他们表示由衷的祝贺。我期待他们展开进一步研究，为丰富我国教育改革和发展理论作出新的贡献。

2011年3月

目　　录

第一章　学校组织变革

学校发展的前提和动力来自学校组织变革，而学校组织变革就是要在组织层面加以调整，以达到最佳的组织效能。这不仅是社会经济环境对学校提出的要求，也是学校适应教育形势，进行自我调整的内在逻辑要求。本章以学校组织变革的场域为分析框架，研究其要素、结构和行动，提出了若干学校组织变革的推进策略，解决学校发展的动力机制问题。对学校组织变革进行研究，既有利于提升我国学校组织的变革成效，也有助于丰富我国学校组织变革的实践策略。

第一节　聚焦组织变革

学校组织变革是教育改革由外部到内部、由宏观到微观的关键环节，是学校内部微观领域改革的平台，也是学校与外界环境交互作用的载体。学校组织只有不断变革，才能适应不断变化的外部社会环境，也才能符合教育改革发展的要求。

一、学校组织变革的现实困境

在经历了政治化、制度化、专业化的历程后，我国的学校变革在诸多方面取得了突出成就，如，学校制度规范逐步得以完善、学校办学条件得到相对改善、信息技术在学校教育教学中逐步运用并推广、教育教学的专业化水平不断提高等。在此过程中，一些学校在变革过程中抓住机遇脱颖而出，树立了学校变革成功的典范。但是，从总体上看，我国的学校变革在很大程度上还没有完成，学校变革还没有在深层次上得以推进和实施，学校在变革过程中遭遇到不同的困境。

（一）变革目标的模糊与偏离

变革目标是学校变革的指引和导向，目标明确，学校变革才能根据明确的目标制定相应的策略与步骤，才有可能积聚变革者的力量有序进行与顺利实施变革。否则，学校变革目标不明确或模糊，学校变革就没有明确目标的指引，变革的各项措施就难以制定与实施，就难以调动各方力量开展与推进学校变革。我国的学校变革大多是自上而下开展的，这种自上而下的变革往往是在国家层面确定统领的宏观目标（这个宏观目标往往是笼统的、抽象的），然后，各级政府部门与学校在进行变革时需要根据宏观目标设置具体化目标或操作性目标。这种具体化目标或操作性目标是各级政府与学校根据对宏观目标的理解而设定的，是“在宽泛的和模棱两可的法令下运行的，这就给他们留下了较多的空间去决定做什么或者不做什么”①。由于是各自的理解，因此就可能会有差异，只是宏观目标的近似替代，甚至与原始的变革目标大相径庭、面目全非。比如，在推进素质教育改革中，一些学校对到底什么是素质教育、素质教育包含哪些内容并不清楚，所以在实施素质教育改革过程中，诸多学校简单地把素质教育改革理解为就是多开一些活动课、多组织一些兴趣小组等，而素质教育改革的真正目标却没有得到体现。在学校变革之中，政府往往是变革的主导者，政府的角色赋予其目的是满足社会对教育的需求，促进教育的公平，提升教育的质量和效率。学校是变革的最终践行者，学校自身的位置决定了学校要利用自身的教育资源争取最大的效益，如，较好的学校秩序、良好的社会声誉、相关教育部门的认可以及家长的满意等。这样，政府与学校在变革中不同的角色扮演很可能导致它们观念的矛盾与利益的冲突，导致它们变革目标的模糊不清。

迈耶和斯科特把组织所处的环境分为技术环境和制度环境，他们认为组织不仅受技术环境的影响，还受制度环境的影响。斯科特进而根据环境的这两个维度，将组织环境划分为四种状态：强制度弱技术环境、强制度强技术环境、弱制度强技术环境与弱制度弱技术环境。学校这样的组织需要遵从较为严格的制度规范，而对组织技术的要求相对较低，因此运行于强制度弱技术环境。在这样的强制度弱技术环境中，组织的生存发展主要依赖于组织的合法性，而不是对组织技术的追求。对于组织来说，制度化的渐进过程比迎合技术需要的工具性设计过程更为重要。组织通过自身的合法性获得发展变革所需的资源，这需要与相关的社会规范和价值标准保持一致性，但是这种一致性经常与组织获得成长的效率目标相冲突。这种冲突导致组织往往发展出独立的子系统，分别保证组织合法性与组织效率。学校组织的特质决定了学校对价值规范的追求远远大于对技术效率的追求。当政府的变革目标不符合学校的原有的价值规范时，学校就可能有意无意地对政府的变革目标进行置换或曲解。

变革目标在学校中的偏离或曲解可能有以下几种情况②：第一，过分地强调变革目标中的某些方面，而忽视其他方面的目标；第二，学校单位目标的内化，即学校只考虑自己本单位或本部门目标的实现，而不考虑与其他部门的协调及与

---

① 布坎南．自由、市场和国家［M］．吴良健，译．北京：北京经济学院出版社，1998：38.

② 李春玲．理想的现实建构：政府主导型学校变革研究［D］．上海：华东师范大学，2007：122－123.

社会整体目标实现的关系，从而使整体变革目标的实现发生了曲解；第三，目标—手段的倒置，手段本来是为目标的实现服务的，但可能由于有意或无意的原因，使学校在实际运行中手段变成了目标本身，结果发生了学校变革目标的置换；第四，学校中的某些利益主体过分地追求自己的个人利益。总之，学校目标的曲解可以是人们有意识行为的结果，也可以是人们无意识行为的结果。它可能是学校中的某些成员为了谋取个人的利益而为之，可能是学校信息沟通不畅所致，可能是各利益主体对学校整体目标的认知不同造成的，也可能是次级单位对学校目标的模糊认识。比如，国家对中小学生进行“减负”，学校就要全面贯彻这种方针精神，不加班加点，不片面追求升学率。但是，从校长的角度出发，学校只有升学率上去了，才能获得领导的嘉奖与社会的认可；相反如果升学率下降了，就会受到来自各方面的批评和责难。对教师来说，学生的日常成绩和升学率是评价其工作的主要依据，是评优评先、职称晋级量化得分的关键。在如此的现实面前，学校能不把追求升学率作为重中之重吗？校长和教师关注升学率，背后的实质是关注自己的政绩或业绩。这样，不同角色赋予了不同的追求与目标，政府与学校在自身的角色扮演中造成变革目标的偏离与曲解。

（二）相关的制度建设缺失与缺陷

任何变革都需要制度的保证，学校变革亦不例外。通过前面对发展变革历程的梳理，可以看出我国的学校变革更多地受权力的影响，国家权力和个人权力在学校变革中如影随行，而相关的制度建设匮乏与缺失。学校变革是系统的完整的过程，包括目标、策略、程序、结果等。这一系列过程需要必要的制度和规定加以保障。而我国的学校变革在很大程度上受个人意志的影响，学校领导个人的能力和魅力在变革中起着至关重要的作用，学校领导的权力往往在变革中具有支配意义，而对应该如何变革和怎样进行变革并没有形成相应的制度规范。没有相应的制度激励变革有力的推进，没有相应的制度保障变革公正有序进行。这样，就容易造成领导大权独揽，把握话语权的主导权，容易使变革受到个人意志的左右。当前，学校制度的缺失主要有三种情况，即完全制度缺失、不完全制度缺失与隐性或实质性制度缺失。完全制度缺失是指完全没有某方面的制度；不完全制度缺失指的是虽然有某方面的制度，但与其相关配套的制度没有跟上，或者是有法不依，造成制度的完整性无法实现；而隐性或实质性制度缺失是指表面上某方面的制度十分齐全但实际上确毫无效果。[①] 此处的制度缺失是指制度体系中没有某些在理论逻辑上本应该拥有的某些制度，也就是上述的完全制度缺失。

另外，虽然大部分学校的规章制度从表面上看似乎都很健全，但是仔细阅读

---

① 檀传宝．制度缺失与制度伦理［J］．中国教育学刊，2005（10）：14－15.

他们的制度文本，就会发现这些文本过分强调制度的规约性和刚性，把各种要求强加给教师和学生，而对教师和学生权益的激励与保障、对学校管理层的权限监督却很少提及，这就造成学校管理制度的缺陷。① 一般来讲，特定领域的制度所面对与服务的是特定领域的所有群体，从理论上讲，这个领域的所有群体对于与他们相关的制度都有参与权，制度是在群体协商与妥协的产物，而不是在权力的强制下产生的。观照我国当前的学校制度，我们会发现虽然它涉及的是学校所有群体的行为，却不是由所有群体共同制定的。学校领导执著于对个人能力的强调，大多按照自己的预想与价值观来制定学校变革的制度规范并赋予它们合法化的地位。这些制度往往成为学校领导意志的延伸和权力的体现。学校通过制定各种管理制度，对师生实现量化管理、等级评定。制度不再是实现学校变革秩序化进而促进学生全面发展的策略，相反成为严密的管理程序、量化的评价方案甚至是毫无人情味的处罚措施，人的尊严与价值、主体性与创造性在强硬的制度约束面前消失殆尽。这种权力控制型的学校制度企图通过对教师行为的控制来改进教师的教学，促进学校变革，然而，其结果只能是束缚教师的教育教学，导致教师积极性、创造性的逐步丧失。因为教师的教育教学需要一个和谐、宽松的生活环境，需要一个快乐、愉悦的工作氛围，需要对教师的日常工作进行激励。这样的环境氛围下培养出的学生才可能保持身心健康。然而，在学校领导的行政权力下，学校领导与教师之间是一种控制与被控制的关系，教师大多是规章制度的遵守者，必须按照制度条文的规定去行动，而学校领导由于是制度的制定者和监督者，就可以超脱于制度之外而基本不受制度的约束。制度的缺陷使得对教师的人文关怀不足，也不利于学校变革的开展。

制度有缺陷就需要弥补，需要有更有效的制度来替代与补充。分析起来，目前我国学校变革缺少激励性制度和民主性制度。② 激励性制度通过各种激励措施（既包括经济上的，也包括心理上、精神上的）的驱使，推动学校成员向着预期的方向发展。这种制度能产生强大的推动力量，激发教师的潜能，深刻地影响着教师的日常教育教学。它既通过利益杠杆的调整来蕴涵正式制度的规约，同时又注重对教师、学生的精神启发与满足，激发他们的变革热情，促使他们自觉地产生变革的意愿。民主性制度，主要指民主参与管理的制度和民主监督制度。民主参与管理或者民主监督制度，体现的是群体之间的平等与权力的制约，这是完善中小学校“校长负责制”的重要组成部分。在一些发达国家，民主管理学校的途径是多种多样的，如校务公开、校长选任、家长参与、学生参与、社会监督等，都是民主管理学校的有效方式。在我国当前的学校变革中，通常采用上级的主动检查和下级的工作汇报相结合的监督方式，缺乏社会多元监督和相关利益者监督机制。在学校变革者的精心布置下，上级主动检查所看到、听到的往往是学

---

① 刘国艳．制度分析视野中的学校变革［D］．济南：山东师范大学，2007：96.

② 同①，第97页。

校希望上级看到和听到的情况，往往是表面化的浅层的，流于形式而难以深入。学校的工作汇报在自身利益的驱使下很自然地报喜不报忧，出现“虚报”“瞒报”等各种造假现象，真正要解决的问题经常被一笔带过，而且这种监督是事后反馈监督而不是过程监督，难以真正发现并解决问题。另外，变革过程也缺乏真正的责任追究制度。高效的变革方案必须制度完善、赏罚分明，但是，学校变革方案执行考核过程中缺乏必要的赏罚措施，因变革方案执行不力受到惩罚的也寥寥无几，即使有也主要是对违反规定的行为要求整改而已，很少有严格的惩处措施。因变革方案执行的好而获得奖励的情况也很少，甚至可能执行有力的还不如执行不力的，这就难以激发教师的潜能。因此，学校变革需要激励性制度和监督制度，制度的缺失会造成学校变革的举步维艰。学校变革即使因为学校领导的个人英雄主义而名噪一时，如果没有必要的制度保障，也会随着领导的更迭而难以持久。

（三）变革主体内在动力不足

变革主体推进组织的变革，是变革的实践者与执行者。学校变革中的变革主体是广大教师。教师是变革的具体实施者和落实者，他们要完成变革计划，将变革方案付诸实施，体现变革成效。学校变革意味着某种习惯的否定，是对学校原有的管理制度、行为规范和教学方法等的革新。这种否定和革新，需要教师改变甚至放弃原有的教育教学方法以及思维习惯，需要教师至少在三方面进行改变：使用新的或修订后的教材（教学资源）、使用新的教学方法或教学策略、改变教育教学理念。教材（教学资源）的改革是学校变革最常见最容易采纳的方法，但这也仅仅是理论上的。“如果必须获得新的技能和确立进行教学活动的新的方法的话，那么运用新材料的教学途径和教学风格的变革将呈现出更多的困难。信念上的变革的难度更大，因为这些变革挑战着个人就教育的目的所持有的核心价值观，而且信念通常都是不甚明确、难以讨论或不被理解的，它们更多的是埋藏在未被表述的假设层面上。”① 这种信念的改变往往使教师感到不习惯、不理解，教师会有某种自我否定的失衡感，甚至会产生强烈的感情震荡，容易产生抵制情绪。比如，教师迎接检查的所谓公开课、观摩课往往采用新的教学方法与教学手段，往往能得到专家与学生的一致好评与肯定，但是在没有检查听课的日常教学中，教师往往又回到教学的老路上，日复一日地循规蹈矩。再如，学校要求教师之间形成专业发展共同体，互相共享和交流知识。但是在传统的学校中，由于教师平时工作繁忙，备课、上课、批改作业、班主任工作、进修培训等已经让教师焦头烂额，因此教师很少有空闲时间进行交往和交流。许多教师在自己的教学生涯中，常常是单独地作出决定，一般不和同事商量，也很少和同事互相分享教学的经验。

---

① 富兰．教育变革新意义［M］．第3版．赵中建，等，译．北京：教育科学出版社，2005：46.

作为一种职业，教师通过教育教学这种方式来获得必要的劳动报酬维持自身的生存与发展，学校是教师获得经济来源的职业场所。因此，在面对变革时，教师往往会基于自身的利益进行考虑，对变革的利弊进行权衡。如果变革需要自身的教育教学发生很大的改变，需要付出较高的成本，同时这种改变又没有什么激励措施，付出没有什么补偿，那么教师很可能会抵制或变相抵制这种变革。我们经常发现教师消极对待学校变革的各项举措，虽然学校变革有利于改进教师的教育教学方法、提高教师的专业水平，这与教师的个人利益在长远上也是一致的，但是从短期看，二者是有差异与冲突的。教师需要付出更多的精力与时间来接受新事物、新方法，而这些在短期内是没有回报的。在此情况下，教师就会根据自己的评判标准进行决策，如果没有足够的激励与补偿措施，教师往往会抵制或消极对待革新与变革。比如，新课程改革对学校发展与学生发展都是有利的，但是为什么在中小学进展缓慢呢？一个根本的原因就在于新课程改革需要教师转变理念，接受更多更新的知识，运用新的教学方法，重新组织教学内容，这需要教师付出额外劳动，而这样受益的是学校与学生，教师并不能提高自身的待遇，只能是增加日常负担，因此大多数教师并没有对新课程改革显示出多高的热情。

此外，教师的日常工作已经比较烦琐与繁忙，除了日常的教学之外，教师还有很多事务需要处理，这些事务有的来自课堂内，如纪律管理和学生冲突的处理，有的来自教室外，如协调与学生家长以及教职工的关系等，教师还需要参加各种继续教育的学习和培训，不断提升自己的教学技能，促进自身专业发展。诸如，新课程培训、普通话培训、职称外语培训、计算机等级考试培训、现代教育技术学科培训、师德培训、心理健康培训等过多过繁的培训造成教师身心俱疲。教师不仅感受不到培训给自己带来的好处，相反往往视培训为额外的负担和麻烦，产生消极抵制情绪。教师必须克服这些日常的考验和负担，因此他们没有多少时间进行变革，而是经常感到时间的严重匮乏。学校变革脱离了教师的真正支持与参与，也就缺乏了变革的内在动力源泉，而去追求表面化的文章，这只能使得变革更糟。

（四）变革方案缺乏可操作性

目前我国学校变革的方案许多是由相关政府部门来制定，政府提供变革方案给学校，学校来付诸实施。政府在制定变革方案时，会基于自身的角度出发，而往往对学校的实际考虑不周。再者，由于我国学校间差异巨大，政府制定的方案即使将学校的实际考虑在内，“一刀切”的做法也难以满足学校的各种实际需求。如果政府变革方案本身有缺陷或不切合学校的实际情况，学校在执行变革方案时不对原有方案根据实际加以变通，那么就可能导致学校变革流于形式或归于失败。因为学校在变革过程中只是执行上级的方案，认为只要执行了上级的方案指示就可以了，至于实际的效果则较少过问，即使过问，更多的也是关注表面的、象征性的东西，而对结合学校的实际推进变革缺乏研究，对变革的实际效果也缺乏关注，这就导致了学校的变革流于形式，缺乏对教育教学生活的真实的关注，变革停留在表面而难以真正推行下去。

即使变革方案不是由政府单独制定，其制定的过程也是各方博弈妥协的结果。各方会从自身的角度与立场出发，努力使变革方案最大程度地体现本方的利益。参与者根据自己的经验、技术、资源、背景等诸多条件赋予变革方案意义，这个过程也是充满争论而且变化无常的。这种博弈暴露了各教育团体之间固有的、不对称的诉求和期待，他们无不想在变革方案中留下自己的烙印，因此变革政策方案制定过程中充满了临时性、偶然性和讨价还价。“我们希望在任何问题上都能及时听到不同的声音，问题在于那些吹毛求疵的声音和那些‘合法’声音同时出现，而且通常前者导致人们对于政策文本的模糊解读，并进一步导致公众的迷惑和怀疑气氛的蔓延。”① 因此，变革方案是不同参与团体不断让步的产物，是所有参与变革政策方案制定的利益群体之间博弈妥协的结果。政策制定中的政治模式认为，组织的总目标是不稳定的、不明确的和有争议的。个人、利益群体和联盟各有各的目的，并为自己的目的而采取行动。总目标往往是有争议的，并成为群体之间利益冲突中的一个重要因素。某些群体成功地把自己群体的目标转化为组织的总目标，而另一些利益群体则设法使自己的目标取代总目标。同时，学校变革要考虑学校现有的资源、人员、财力、设备等现实条件，在这些现实条件的基础上制定变革方案，这样的方案才有可能切实可行，否则，产生的变革方案在具体实施过程中难免会遇到各种实际问题，很难解决实际场域中的问题。

变革方案由学校自己制定，这样，才能扎根实际集思广益，方案的实施才可能富有成效。当然，交由学校自己制定变革方案也必须吸纳教师代表与学生代表，真正听取他们的意见与建议，并把这种意见与建议切实体现在变革方案中，这样的变革方案才具有可操作性，才会受到他们的支持，这其中尤其要倾听学生的声音。在变革中，学生往往被完全遗忘，虽然我们现在越来越关注学生，但是我们还是很少真正把学生提到组织成员角色的高度。而我们变革的目的又恰恰是为了促进学生的全面发展。所以，如果不聆听学生的声音，不了解他们的思想，我们的变革也就失去了其应有之义，也就迷失了目标与方向，因此我们需要倾听学生的声音，以使变革更好地促进学生的发展。相反，如果只是学校管理者来制定，而忽视了教师与学生的参与，那么这样产生的变革方案也难以受到教师与学生的真正欢迎与拥护，也不会产生多少实际效果。

---

① 鲍尔．教育改革——批判和后结构主义的视角［M］．侯定凯，译．上海：华东师范大学出版社，2002：31.

二、学校组织变革困境的原因探寻

组织场域中的各组织在长期的交往过程中会不断地碰撞与博弈，在此过程中会诞生一套制度规范来控制和管理不同组织之间的交流。制度规范以不同的作用机制使场域内各组织的行为结构化和模式化，并形成一套共享的符号意义系统。它为各组织提供了如何解释各种行为和现象的一套认知模板和符号概念，这就形成了制度逻辑。制度逻辑（Institutional logic）是指一套控制着特定组织场域中各种行为的信念系统①，它为组织场域的参与者提供了有关它们应该如何开展行动的指南。从某种意义上说，学校教育各种各样的行为其实都是被制度逻辑所“编程”（Programmed）后的结果，学校教育行为背后都有其特定的概念与意义。学校变革就意味着要破除这种旧有的观念符号体系，改变原有的认知方式和认知行为，建立新的行为制度规范与观念意义系统。学校这种变革不可能一帆风顺，充满了意外情况，往往相当复杂与艰难。“一方面，我们所处的现实是教育创新和改革在不断出现和不断扩大，毫不夸张地说，对待变革是后现代社会所具有的特点。然而，另一方面，我们有一个从根本上说是保守的教育系统。教师的培训方式，学校的组织形式，教育层级的运作方式以及政治决策者对待教育的方式都容易导致维持现状和难以变革的制度”。② 那么，学校变革困难的原因在哪里呢？波·达林认为，学校变革的阻抗因素是非常复杂的，存在着不同角度的冲突。“存在着价值观的冲突，因为重大的创新总是涉及教学目标、社会目标、政治目标或经济目标等方面的变革；存在着权力的斗争，因为重大的创新总是涉及权力的再分配；存在着实践的冲突，因为创新的结果不清晰，或者说各种各样与实施创新相关的实践问题不清晰；存在着心理冲突，这通常基于对未知世界的恐惧”。③ 从社会学制度主义的视角出发，我们认为有如下几方面的原因。

（一）文化认知基础的超稳定性

斯科特拓展了制度的内涵，他认为制度要素除了规范与规制外，其最深层次的构成是文化—认知。文化—认知是根植于人们头脑中的观念意义系统，这种意义系统一旦形成就难以改变。社会学制度主义注重制度中的文化—认知因素，强调认知图式对个体行为的影响，注重塑造认知图式的文化意义系统。用连接号把文化和认知这两个要素组合起来，是因为特定认知与行为的解释过程在本质上是由外部的文化系统所塑造的。韦伯认为，个体不是直接地与外界发生机械的直接

---

① Scott W R. Institutions and Organizations [M]. California: Sage Publications, Inc, 2001: 139.

② 莫兰．变革的力量——透视教育改革［M］．中央教育科学研究所，等，译．北京：教育科学出版社，2004：9.

③ 达林．理论与战略：国际视野中的学校发展［M］．范国睿，主译．北京：教育科学出版社，2002：133.

联系，在个体与外界之间需要有某种中介，这种中介就是一定的符号意义系统。个体首先赋予外界符号以某种意义，然后再输出特定的行为动作，这样，这种行为动作就代表着个体所要表达的意义，通过这种符号就能恰当地表达个体所希望表达的意义。通过这样的符号意义系统，个体与外界建立联系，交往得以完成，人类的交往过程就是不断赋予意义和表达意义的过程。在这个过程中，重要的是要保证交往各方能对特定的现象和符号作出相同的理解，这是得以交往的基础，否则有序的社会交往就不能产生。比如，在课上想发言的学生就会举手，教师和其他学生都能理解这一行为，因为“举手”这种行为代表着“要发言”，教师和学生在学校场域内都理解这种行为背后所蕴涵的意义。“各方之所以会对行为和符号能有一个大致类似的解释，是因为在特定的场域中，交往各方共享一套特定的意义和符号系统，这套系统会以一种近乎标准化的运作方式对各种现象进行自动‘解码’，它是保证社会正常运行的‘软件系统’。”①

每个组织都会形成支配组织成员行动的模式结构与组织成员遵守的行为规范，支配并希望组织成员去遵守和行动。组织内的个体通过与组织内部成员的互动，知道自身行为是否得当，并由此认识到组织的规范。当个体的行为活动与组织规范相符合时，组织规范就能得到肯定与强化。反之，当个体行为活动不符合组织规范时，组织规范所支配的行为就会使个体改变原有的认知方式，形成对组织规范的认知，个体进而调整自身的行为以符合组织规范，组织规范通过对个体认知的改变也得以延续与保持。组织规范在不断修正、肯定、强化个体行为的过程中得以巩固并形成体系。组织个体也在这种循环往复过程中不断地强化自身行为习惯和行为模式，久而久之，组织规范与组织个体的行为具有了高度稳定性。

组织场域中的学校在与政府、家庭等组织的长期交往中发展出一套文化意义系统，发展出一套制度逻辑，这种系统与逻辑内在地决定制约着场域内组织的交往，并且通过有形的和无形的制度规范得以彰显。同样，学校也有自己的组织文化，这种文化也内在地规定着组织成员的行为规范与活动方式。学校组织文化的核心是组织成员习以为常的实际运行的规范以及隐藏在行为规范后面的假设，这是一种内隐文化，它表现为成员的信仰系统、价值观念、思维模式、感情气质等，是难以用文字或符号表达的。学校通过这种内隐文化潜移默化地影响教师与学生，教师的文化认知模式会逐步契合学校内隐规范，教师的行为也在这种文化的熏陶下成为一种固定模式。学生也逐步吸收内隐文化的精神和价值观，并把它们内化为个人内在的品质，渗透到心理和行为中去，化为健康的人格精神的内驱力，同时，学生也通过接受学校内隐文化的价值观来选择个人人格精神成长和发展的方向。内隐文化是一种深层的文化，隐性教育是一种更深层次的教育，其作用的形成主要通过暗示、从众、认同、模仿等心理过程而实现，一般表现为潜移默化甚至是无意识的习惯。因此，其形成要经过不断积淀，形成后则相对稳定而

---

① 柯政．学校变革困难的新制度主义解释［J］．北京大学教育评论，2007（1）：46.

持久，有巨大的惯性力量。

学校组织的文化认知基础具有超强的稳定性，尤其是学校成员内隐的价值规范和行为习惯，一旦形成就难以改变。学校变革就是要打破原有的这种思维习惯和认知方式，改变成员头脑中旧有的观念与看法，力图通过外部干预让成员形成新的认知图式，构建新的制度作用机制与运行机理。这种构建是在一定的文化意义系统内使制度存在于与制度相关联的行动者的头脑中，通过认知系统影响行动者的行为方式。学校组织正是通过这种构建实施变革，也使制度通过这种个体认知的影响获得意义与合法性。

（二）强制度环境的依赖性

社会学制度主义者把组织环境分为技术环境和制度环境，他们认为组织不仅受技术环境的影响，还受制度环境的影响。技术环境是“这样一些环境，在其中组织的一种产品或服务得以生产并在一个市场中进行交换，这样组织因为能对其生产系统进行有效充分的控制而获得回报”①。在这样的环境中运行的组织，会集中它们的力量控制和协调组织的技术流程，以缓和或保护其核心流程少受外部环境的影响。② 制度环境则是那些以完备的规则和要求为特征的环境，在这种环境中，个体组织要想获得支持和合法性就必须遵守这些规则和要求。在制度环境中，组织由于运用了正确的结构和程序，而不是因为它们产出的数量和质量而获得了必要的资源。存在于制度环境中的组织是制度化的组织，组织在不断接受外在公认的形式、规则或“社会事实”的过程中实现制度化。如果组织或个人与这些形式、规则或事实不符，就会出现合法性危机。值得注意的是，组织的制度环境和技术环境并不是相互排斥的两种环境状态，事实上，它们是而且也能够共存的。根据对环境的这两种划分以及它们的强弱状态，我们可以把组织环境组合成四种类别：强制度弱技术环境、强制度强技术环境、弱制度强技术环境、弱制度弱技术环境。每种类别都有相应的组织形态，比如，基础设施和银行这样的组织，既需要具有非常专业的技术，又需要遵守严格的制度，因此它们属于强制度强技术的环境。这样的组织往往会形成复杂精细的行政管理系统，也有可能会出现高水平的内部冲突。一般的制造业对技术要求比较高，对制度的要求相对较弱并且变化不定，因此属于弱制度强技术环境。像学校这类组织，需要遵从较为严格的制度，对组织技术的要求相对较低，因此大多运行于强制度弱技术环境。对技术和制度要求都不高的环境中的组织有饭店和俱乐部等，它们主要运行于弱技术弱制度的环境之中。这种组织规模相对较小，生存能力也相对较弱。

---

① 鲍威尔，迪马吉奥．组织分析的新制度主义［M］．姚伟，译．上海：上海人民出版社，2008：133.

② Thompson J D. Organizations in Action［M］. New York：McGraw-Hill，1967：6.

技术环境 \ 制度环境	强	弱
强	属于基础设施的组织 银行 普通医院	一般制造业 制药业
弱	精神病院 学校和法律机构 教堂	饭店 健康俱乐部

图 1－1　技术环境与制度环境的组合①

处于强制度环境中的组织在不断接受外界既定的规则、事实的过程中实现自身的制度化。制度化的产品、服务、政策和方案像强有力的神话似的影响着组织，迫使组织不得不仪式性地采用它们，努力与制度环境同形。组织运用外部的或仪式性的评估标准来确定自身结构要素的价值，通过对外部确立的制度的依赖，减少组织的震荡与维持组织的稳定性。② 组织对强有力的制度环境的遵从与依赖，提高了自身成功和生存的可能性。组织对制度环境的遵从与依赖主要表现在③：（1）改变组织的正式结构。组织通过设计符合制度环境规定的正式结构，显示它正以一种适当、理由充分的方式为集体目标而在行动。组织将制度化要素整合到组织的正式结构中，对组织的活动提供了一个合理的解释，并使得组织的行为免受质疑。这样，组织就成为合法性的了，它可以运用这种合法化来加强组织参与者对组织的支持，维护组织的生存。（2）采纳外部评估标准。在制度完善的环境中，组织会对外部的价值评估标准十分敏感，并愿意采用这种标准。由于这种仪式性的外部评估标准是得到环境公认的，因此采用这种标准会显示组织活动的正当性，进而获得社会的认可，提高组织自身的声誉，组织就更容易获得资源和投入。组织通过对制度环境的依赖，使组织变得与制度同性，组织就能获得生存必需的合法化和资源，组织的内部和外部关系也趋于稳定，从而获得生存和成功。

学校组织处于强制度环境中，其生存与发展需要必要的经费投入和资源支持，也就是需要场域内政府及相关组织的认同。因为唯有取得政府的经费投入和资源支持，学校才可能得以生存与发展。因此，学校会努力保持与政府的制度同形与一致，努力适应这种强制度环境。制度同形可以分为三种：强制性同形、模

---

① 鲍威尔，迪马吉奥．组织分析的新制度主义［M］．姚伟，译．上海：上海人民出版社，2008：134.

② 同①，第 70 页。

③ Meyer J W，Rowan B. Institutionalized Organizations：Formal Structure as Myth and Ceremony［J］. American Journal of Sociology，1977，83：352.

仿性同形与规范性同形。① 学校通过设立与政府及相关教育部门相对应的机构来执行它们的决策与规定。如，当前我国很多学校为了适应政府科研兴教的要求，纷纷设立学校科研室或类似的部门，以与政府科研部门相对应，执行政府部门的相关指示。政府有什么文件、通知，学校会马上组织学习并贯彻；政府有什么会议精神，学校立刻组织传达实施。学校适应强制度环境的要求，通过这种仪式性行为与政府保持高度一致，实现结构与行为的合法化，这实际上是一种强制性同形的过程。同时，学校还采用政府颁布的课程标准或评估标准，其他一系列得到政府认可的经验做法，以及专家顾问的意见，来获得政府及社会的认同。如，学校通过向政府认可的先进学校的学习，学习他们的先进经验及做法，这是一种模仿性同形。学校还通过专业化的手段来与强制度环境保持一致，如，学校聘请教育专家学者进行指导，听取他们的意见，这是一种规范性同形。不论学校采取何种方法和手段，其目的都是为了保持与强制度环境的一致，实现制度同形。在此过程中，学校逐步依赖强制度环境，进而获得生存发展所需要的资源。学校对强制度环境的依赖性一旦形成就难以改变，因为作为强制度环境中的政府如果不转变职能，学校实际上仍然是政府的下属单位，学校缺乏办学的自主权与主动性，只是被动地依赖政府，政府依然处于强势地位，那么学校就难有真正意义上的变革。

当然，强制度环境对学校组织结构与行为的规制并不意味着学校就是完全被动的，学校组织也有其自身的能动性，学校会选择相应的策略来应对强制度环境对它的规制，"分离策略"就是这样一种应对方式，所谓分离就是组织把它的正式结构和实际运作分割开来，在仪式上维持对强制度环境的遵从，而学校的实际活动则是根据具体的实际需求来开展的，与正式结构没有太大关系。如，前面提到的学校科研室的设立，美其名曰是提高学校的教学科研水平，在教学中科研，以科研促教学，但是实际上很多教师的教学与科研是分离的，教学循规蹈矩、按部就班，没有科研的影子；科研脱离课堂，为了科研而科研。学校通过这种正式结构与实际运作的分离体现其组织能动性，实现仪式与实际的对接。

（三）追求基于表现的合法性

组织对强技术环境的依赖，使组织受制于其所处的制度环境。许多组织及其个体的行为并不是为效率所驱，而是为了使自身在当代社会中获得合法性，以获得生存和发展，强制度环境的组织更多地寻求这种合法性。韦伯认为，"合法性"中的"法"指的是法律和规范，合法秩序是由道德、宗教、习惯、惯例和法律等构成的。合法性是指符合某些规则，而法律知识是其中一种比较特殊的规则，此外的社会规则还有规章、标准、原则、典范以及价值观等。因此，合法性

---

① 鲍威尔，迪马吉奥．组织分析的新制度主义［M］．姚伟，译．上海：上海人民出版社，2008：72.

的基础可以是法律程序，也可以是一定的社会价值或共同体所沿袭的先例。[①] 组织要获得合法性，使自己的社会资源诉求能够得到认可，那么组织所奉行的价值观就要与社会主流的价值观、规则、标准等相一致。组织通过结构的调整与制度化要素的整合，为其行为提供一种合法性的解释，并使组织的各项活动免受质疑。这样，组织就成为合法性的组织，并运用这种合法性来加强对它的支持和保障它的生存。所以，周雪光认为合法性机制的基本思想是："社会的法律制度、文化期待、观念制度成为人们广为接受的社会事实，具有强大的约束力量，规范着人们的行为。"[②] 组织的远期前景会随着组织对制度化规则的反应能力的变化而变化。制度化规则的整合能力强的组织，其生存发展空间就会很大；相反，缺乏制度化规则整合能力的组织，其生存发展前景就会受到很大影响。像学校这样的组织，因为它与其所处的制度环境是相适应的和相配合的，能吸收制度环境的合法性要素，因此就能获得长久的生存。

学校作为一种公益性组织，由于其自身并不能创造利润和价值，因此需要外界尤其是政府的投入与支持。为了获得这种投入与支持，学校就需要与政府保持高度的一致，依法施教，照章办事，坚决执行政府的各项决策与指示，来获得合法性。如，我国教育法明确规定：学校要遵守法律、法规；贯彻国家的教育方针，执行国家教育教学标准，保证教育教学质量；维护受教育者、教师及其他职工的合法权益；以适当方式为受教育者及其监护人了解受教育者的学业成绩及其他有关情况提供便利；遵照国家有关规定收取费用并公开收费项目；依法接受监督。这些规定是学校必须履行的义务，学校通过贯彻政府制定的各项方针、政策、法律、规章、决议、标准等，获得一种合法性的身份，从而获得政府的认可与支持。此外，学校的合法性还"意味着学校组织行为必须与公众的认知和情感预期相一致，即组织会采用那些被其关联者认为是有效的、合适的、结构形式和活动"[③]。这种合法性要符合社会的价值观念与集体诉求，为公众所认可，具有和社会环境、社会的共享观念相似的性质，不违背社会或与其相关领域的基本规范和秩序。这种合法性的身份能保证学校获得生存发展所必需的投入与资源，因此，学校追求合法性的获得以满足组织生存发展的需要。

要获得政府的支持与社会的认可，学校不仅要有合法性，还要在合法性的基础上，追求自身的表现。追求基于表现的合法性成为学校获得良好发展的制胜之道。学校不仅要生存，还要获得更好的发展。如果仅仅满足于合法性的获得，学校可能仅仅能维持基本的生存。为了在场域内同类学校的竞争中脱颖而出，为了获得更多的投入，更好的资源，学校会寻求更好的表现——高升学率。学校通过追求高升学率这一表现来赢得政府的认可与公众的信任。处于一定场域内的与学

① 韦伯．经济与社会：上［M］．林荣远，译．北京：商务印书馆，1997：36.

② 周雪光．组织社会学十讲［M］．北京：社会科学文献出版社，2003：74.

③ 庄西真．学校行为的社会逻辑［D］．南京：南京师范大学，2005：94.

校关联最密切的是政府与学校，学校需要寻求他们的支持。政府要求学校执行他们的决策、规定，健全规章，按照教育规律开展教育教学活动，家长希望他们的孩子进入好的升学率高的学校，能考入更好的高一级学校。要迎合这两方面的需求，学校只有在依法治教的基础上追求高升学率，这在实质上可能是矛盾的。学校追求形式的完善和规章制度的健全是为了获得一种合法性，但为了追求高升学率，学校的规章制度往往没有得到很好的执行，往往被瓦解、被修正，这似乎是一种悖论，但是学校正是这种悖论的集合，通过追求基于表现的合法性，来获得政府支持和家长的认可。追求基于表现的合法性使得学校发展出一套相应的学校教育法则，对学校教育的各种行为与要素进行结构性控制。学校采取这种结构形式和行为策略是为了让政府与家长满意，以便获得资源。学校教育法则是指那些用以组织学校教学行为的规则结构与惯例，这种规则和惯例一旦形成就比较稳定，没有很强的力量难以改变。比如，学校表面是执行政府的各项规定，如，减轻学生负担等，但实际上学校的教学设计与组织是为了追求高升学率，这样学校就额外增加了学生的负担。政府对学校的要求与家长对学校的诉求的差异，造成这种情况的持续稳定的存在。学校需要适应二者不同的差异要求，追求基于表现的合法性，就暗合出一套教育行为法则，这具有很强的稳定性，造成了学校变革的诸多困境。

（四）既有的利益格局难以打破

在学校变革之前，教育个体在长期的交往过程中形成了自己的工作习惯与认知方式，也形成了一定的利益关系与权力格局。这种利益关系与权力格局使教育个体各归其位，各得其所，处于一种平衡状态。学校变革会打破这种平衡，会对组织既有的利益、权力、资源等进行调整或再分配。这种调整和再分配是对组织既有利益的重新分化组合，或增加个体的利益，或损害个体的利益，这会导致既有利益格局失衡，因此必然会触动某些部门和个体的切身利益与地位。当变革触及个体的切身利益与地位时，出于对自身安全的考虑，个体往往会反对变革。“一位教育者可能对某一变革极其反感，因为这个变革可能威胁到他的个人地位，分化了使他获得个人满足的一个非正式团体；也可能把这个变革解释为对他个人行为的批判，增加了他的工作负担或责任。”① 比如，学校变革有可能导致学校管理者权力缩小，使其支配权、控制权等削弱，在组织中的地位降低，或者增加了他们的劳动强度，使其工作的自由度减弱。变革中教师需要参加培训与学习，提升自己的专业技能，重新学习新的技术和新的方法，这就需要教师付出额外的时间与精力，因此教师往往不愿变革。学校变革可能带来的权力和利益的重组，这不仅影响到学校教师，而且影响到学校管理者，因此会导致学校教师以致学校管理者抵制变革、拖延变革。在传统的科层制学校中，学校管理者往往是较大利

---

① 汉森．教育管理与组织行为［M］．第5版．冯大鸣，译．上海：上海教育出版社，2005：422.

益的获得者，他们在学校居于支配地位，拥有较多的管理权限。学校变革要求学校管理者改变传统的管理观念，下放管理权限，实行组织结构的扁平化，这将大大削弱学校管理者的既得利益与权力，是对管理者的原有管理与自身行为的一种挑战。从个人的角度出发，学校管理者会担心自己的地位与权力的丧失，因此对待变革往往采取消极的态度。在变革中，教师与学校管理者往往会从经济上考虑变革的收益，如果他们既有的利益受到损害，而变革又不能给他们带来新的更大的收益，那么，教师与学校管理者往往会抵制变革。比如，学校干部制度改革，精简中层管理机构，会使某些干部失去原有的职位，这会严重削弱他们的地位，减少他们的收入。变革需要教师进一步的学习，教师自身的工作强度增加了，如果其收益没有相应的增加，那么教师往往没有变革的积极性。这样，就造成管理者与教师对既定利益的保护而不愿意参与变革。

学校组织在长期发展的过程中会形成内部固有的均衡机制，各方利益会达到平衡状态，会有各种正式与非正式组织，个体在这些群体中都有自己既定的角色，在所属群体中各有固定的位置。这种固有的机制具有很强的稳定性与制衡性，当变革来临时，它会发挥反向的平衡作用以维持其稳定，有时即使某些个体想改变他们自身的行为，群体的习惯规范也会给予一定的限制。随着变革的推行，这种均衡会被打破。“变革进行到一定程度，总有一些人率先摆脱原来的生存方式而呈现出昂扬向上的态势，从群体中脱颖而出，原来的群体氛围会被带入一个新的境界，势必会使另一部分人感到落伍的威胁。”① 个体一旦形成自己的观念态度体系之后，就必然对外部的刺激在既定群体的态度体系框架内作出反应。群体原来的均衡一旦被打破，个体往往对发起变革的人或变革中的先行分子怀有成见，往往会对这些人抱有某种看法，造成对变革的误解，进而反对变革本身。所以有时个体反对学校变革，就是害怕学校变革会打破群体内已经形成的固有均衡，因而对发起这场变革的个体心怀成见，看不顺眼，推人及物，由此而反对变革。根本原因还是在于个体对变革本身并没有真正了解，自身不愿意看到变革，当看到其他个体发起了学校变革，从感情上产生一种本能的盲目抵触情绪。比如，现在很多学校实行教师岗位聘任制，采用了末位淘汰的方法，这样就打破了学校原有的均衡状态，一定程度上引起了教师群体内部的不正当竞争、排挤甚至打压，部分教师与学校管理者关系恶化，也使得学校变革丧失了原初的意义。

（五）学校变革的不确定性

学校变革要打破学校旧有观念、制度、方法等，在本质上是一种创新。这种变革会给组织带来新观念、新方法、新行为，这为学校变革的参与者赋予了新的学习任务。由于学校变革是一种创新，这种变革往往没有固定的模式，至多可以

---

① 张立新．当代我国学校内部组织变革研究［D］．上海：华东师范大学，2007：119.

借鉴别人的经验，更多的需要在具体实践中探索，既然是探索，就可能有失败，有成功，因此变革的实际效果、持续时间、影响范围等都是难以预知的、不确定的。在这样的学校变革面前，教育个体可能就会产生不安全感，容易对学校变革缺乏信心与勇气。心理学研究表明，事物的不确定性因素会使个体产生紧张和忧虑，容易感觉处于一种威胁之中。对于不了解和不熟悉的新生事物，个体通常会产生不同程度的不安全感，这就导致个体对变革保持一定的观望和保留态度。因此对于学校变革，“缺乏安全感的教师、管理者和家长的反应多半是尽量牢牢地坚持他们熟悉的东西，或者甚至是对某些具有过去学校特征的、曾被实验证明是正确的基本原理的回归”①。

现实的学校既要接受政府的监督指导，还要迎合家长与社会的需求。政府部门的质量监控主要是以教师所教学生的考试成绩、以学校的升学率为标准，家长与社会的要求也都是集中在学生的考试成绩上，这样，教师就要千方百计地提高学生的成绩，因此承受着巨大的压力。在此情况下，在变革付诸实施证明变革是有益的之前，如果学校变革影响到学校的教学成绩，那么无论是教师还是学校都是无法接受的。学校变革的不确定性与学校教育活动的复杂性，容易使个体产生焦虑、紧张等不安的心理，对变革的效果产生疑虑，进而形成消极态度和抵触行为，妨碍和制约变革的顺利进行。另外，如果对学校变革缺乏足够的宣传和沟通，仅仅靠开会传达变革指令，下发变革方案，而没有具体的调研与实际过程中的指导，没有足够的耐心与可行的变革措施，那么学校变革往往难以顺利实施。如果教师不知道为什么要进行变革、具体如何进行变革，不知道变革是否会影响到自己的利益以及对学校与个体有什么好处等问题时，那么必然会引发对变革的忧虑和担心，教师抵制、排斥学校变革也就不足为奇了。

第二节 学校组织变革的场域分析

场域是在组织内各种位置之间存在的客观关系的一个网络。场域从整体性的层面关注相关行动者及结构的重要性。组织场域内的行动者都有其正式和非正式的价值观、规则、习俗和利益，它们在一个共同的生活空间中不断碰撞与交往。久而久之，组织场域就会发展出一套制度（正式的与非正式的）来协调和管理组织场域内行动者之间的交流与互动。从组织场域的视角来考察学校组织，我们认为在学校组织变革过程中，学校内部也形成了自身的组织场域，并衍生出自身的价值规则、权力关系与利益机制。在学校组织变革的场域内，变革的行动者在价值规则、权力关系与利益机制的共同作用下作出自己的行为抉择。所有行动者的行为抉择的集合就形成了学校变革的场力，这种场力或推动或阻碍学校变革的

① 汉森. 教育管理与组织行为［M］. 第5版. 冯大鸣，译. 上海：上海教育出版社，2005：424.

进行。同时，学校组织变革也有一定的内部层次，依据内容的不同可以分为多个不同的层次，对结构层次的剖析有助于我们把握变革的内涵与策略。

一、学校组织变革场域的要素

从一般意义上看，学校组织场域是由主体、客体及联结二者的媒介三个基本要素构成的。具体来说，学校教育教学活动一般都由四个方面的内容构成：教师、学生、教育教学内容、教育教学媒介。其中，教师与学生是主体，教育教学内容是客体。教师如何运用教育教学媒介对学生进行传授教育教学内容，在变革中什么因素影响着教师在变革中的行动。教师作为行动者，在变革中会有怎样的行为逻辑。在学校变革中，场域内的诸要素与力量以及这些要素和力量之间的冲突推动了组织变革。“场域是力量关系——不仅仅是意义关系——和旨在改变场域的斗争关系的地方，因此也是无休止的变革的地方。”① 学校变革是在一定场域内进行的，这种变革受到场域内因素的影响与制约。在学校组织变革场域中，我们需要把握价值、权力、利益三个维度。价值规定着学校变革的方向与基调，唯有正确的价值取向才能指引学校变革顺利进行。权力与利益往往是变革的动力所在，利益的冲突推动着变革的进行。价值、权力、利益共同作用于变革中的行动者，行动者在它们的作用下按照自己的行动逻辑进行着行为的抉择。

（一）价值

价值是什么？视角的不同导致理解的不同，从经济学意义上看，价值是指凝结在商品中的无差别的人类劳动。从精神生活的角度讲，价值是指事物引起人的愉悦等的情感体验。马克思认为价值“是人们所利用的并表现了对人的需要的关系的物的属性”，“表示物对人的有用或使人愉快等的属性”，价值“实际上是表示物为人而存在的”。② 由此可见，马克思从人的需要与物的属性之间关系的角度理解价值。《中国大百科全书·哲学卷》中这样界定价值：“价值是现实的人同满足其某种需要的客体的属性之间的关系。价值同人们的需要有关，但它不是由人的需要决定的，价值有其客观基础，这种客观基础就是各种物质的、精神的现象所固有的属性，但价值不单纯是这种属性的反映，而是标志着这种属性对个人、阶级和社会的一定积极意义，即满足人们对某种属性的需要，成为人们的兴趣、目的所追求的对象。”③ 根据这样的价值界定，我们可以看出价值产生需要

---

① 布迪厄，华康德. 实践与反思——反思社会学导引［M］. 李猛，等，译. 北京：中央编译出版社，1998：142.

② 马克思，恩格斯. 马克思恩格斯全集：第26卷 第3册［M］. 北京：人民出版社，1974：139，326.

③ 中国大百科全书总编辑委员会《哲学》编辑委员会，中国大百科全书出版社编辑部. 中国大百科全书：哲学卷［M］. 北京：中国大百科全书出版社，1987：364.

具备三个要素：主体及其需要、客体及其属性、价值的构成方式。客体属性满足主体需要的现实的实践活动产生了价值，价值之所以引起人们的追求，就是由于客体能满足人们的某种需要。价值来源于客体，具有满足人的需要的属性，同时，价值又取决于主体，任何客体的属性只有与人的需要联系起来，才能成为有价值的属性，客体的属性是价值存在的载体。

价值是主体与客体相互作用的产物，主客体相互作用是价值产生的基础，主客体相互作用就是主体的活动。所以，主体的活动是价值的基础。在主客体相互作用中，主体作用于客体，使主体本质力量对象化或主体客体化，生成新的价值客体，这是价值创造的过程。在主体作用于客体的同时，客体也反作用于主体，为主体服务，这是价值实现的过程。价值实现的过程实质上就是价值的产生过程。客体主体化，就形成价值，所以价值的本质在于客体主体化。价值是客体属性对于主体需要的满足，而客体对主体的积极效应则是客体主体化的集中体现。"'价值'这个概念所肯定的内容，是指客体的存在、作用以及它们的变化对于一定主体需要及其发展的某种适合、接近或一致。"① 可见，价值是反映主体需要与客体属性之间的满足与被满足的关系性范畴。在这里，我们主要从客体的精神属性理解价值，所指的价值主要是指满足人们精神生活的需要。

1. 价值的重要性

在学校变革中教育个体的价值观念与价值标准影响着个体参与变革的程度与积极性的发挥。个体是学校变革中的动力所在，是学校变革中的关键因素。个体有自身的价值观念与道德规范，有处理问题的原则与标准，同时还具有主体性与能动性，追求内在价值的实现。这些决定了教育个体参与学校变革活动的积极性。教育个体的活动可以分为两类，一类指向内部，即个体的向内式的与自我相关的反思、重建活动；一类指向外界，即个体向外式的与周围世界的关系与实践性活动。教育个体的这两类活动是与其价值观念密切相关的，价值观念指导着个体的活动。教育要重视社会生活中现实的个体，而不是抽象的个体，但目前我们的学校变革对现实个体还缺乏应有的重视。正如叶澜教授所说："就中国目前教育学理论的现状来看，在有关'人'的认识上，主要缺失的是'具体个人'的意识，需要实现的理论转换是从'抽象的人'向'具体个人'的转换。"② 由"抽象的人"向"具体的人"的转换，就是重视作为个体的现实，重视个体的内在价值。在学校变革中，教育个体的内在价值能统领个体的行为，将组织变革内化为自身的行动，提高学校变革的成效。

学校变革要重视教育个体内在价值的挖掘与发挥。教育个体的价值决定着学校变革的成效，无论是现代教育技术的变革，还是学校组织构架的调整以及课堂

① 李德顺. 价值论［M］. 北京：中国人民大学出版社，1987：13.

② 叶澜. 教育创新呼唤"具体个人"意识［J］. 中国社会科学，2003（1）：91.

教学方法的变革，都是由教育个体来推动的。如果缺少了教育个体的积极参与，我们就既看不到课堂教学的改革，也看不到学校的变革。教育个体是学校变革的推动者和承担者，他们可以有效地借助其他工具手段促成外在目标的达成，如，实现教育目的、提高学生成绩、推进课程改革等；更重要的是，教育个体的内在价值是着眼于作为“人”的个体发展的真正内涵，可以唤醒个体的专业自觉，促进个体的角色重建，提升个体的价值追求和生命意义。因此，在学校变革中要以个体价值为指引，通过必要的实施机制与变革策略，来达到学校变革目标的实现。

2. 变革中个体的价值追求

从知识与道德相关的传统认识出发，也出于对教师职业所承担的引人向善向上的教育职能的通俗考虑，公众将各种各样与德行相关的称谓加之于教师身上，这一方面体现了社会对教师所具有的高尚道德的要求，即认为教师在品德上要比一般民众更加优秀，是人之操守、道德、品性的榜样与捍卫者，另一方面也是对教师职业生活方式的规约，即认为教书育人就是一种精神性的活动，对物质与利益的追求不应该是教师概念中应有之义。公众对教师的道德期待是社会发展与教育文化长期熏陶的结果，它潜在地影响着教师道德观念与认知习惯。许多教师进入教育领域，就是这种道德价值的指引而想要有所贡献——他们想对学生的发展起重要作用，他们真诚地把对儿童、对他人有所帮助作为自己从事教育的理由。美国学者古德莱德认为教育个体的道德目的主要包括：（1）促进学生的修养。学校是国家专门负责培养年轻人具有社会所期望的文化精神的专门机构，学校负责把学生培养成符合社会价值要求的、有教养的个体，使他们懂得真理、美好和正义，能够借之以判断他们自己和社会的美德与不完美。这是一种道德的责任。（2）提供知识，提高学生的理解力。学校是社会专门负责向年轻人提供有约束地接触人类文化与文明的唯一机构，必须帮助学生理解作为物质的和生物学系统的世界，形成地球村的社会的、政治的和经济的系统，以及人类自身。教师必须努力地保证没有任何态度、信仰或行为妨碍学生接触必要的知识。（3）建立有效的师生联系。教师的道德责任具有最明显的重要性，教师和学生的生活相互交错，教师行为对学生具有示范性。（4）实行良好的管理。如果学校要成为它们必须变成的、能够及时反应的、不断更新的机构，学校中的教师就必须有目的地加入更新变革的过程。①

在学校教育中，教育个体承担着传播人类文明成果和培养未来人才的任务。在此过程中，教育个体也不断完善自身的知识结构，丰富自己的文化层次，同

---

① Goodlad J I. The Dynamic of Educational Change: Toward Responsive Schools [M]. New York: McGraw-Hill Book Company, 1975: 218. 转引自：马健生，禹明秋. 试论教育活动中教师的行为特性 [J]. 辽宁师范大学学报：社会科学版，2004 (1): 56.

时，通过自身的专业行为不断为人类文化添加新的元素，不断赋予人类文化新的特质，创造并更新着人类文化。在此过程中，教师作为个体的生命意义得以彰显，道德品性得以弘扬，精神世界得以充盈，实现自身的超越和创造。这是教育个体自我意识引领的创造性过程，是高度理性和丰富感性的统一。如果教师能正确认识其工作的重要意义和价值，不仅视工作为一种谋生的手段，而且将教师工作视为事业、生活、生命的目的和意义，那么教师就能把教书育人作为一种人生的价值目标和理想而孜孜不倦地奋斗和追求。教师生命的真正意义和价值，是在从师生共变的生命历程中获得一种生命的体验，一种生命的创造与成长，感受与学生共同成长的愉悦，得到生命的一种满足与升华。这样，教师自身的生命意义在其中得以体现和延伸，自身的生命价值得以实现与践行。

在学校变革中，教育个体适应变革的需求，提升自身的专业知识和技能，采用先进的教学方法，促进学生的健康成长。教育个体在变革中打破旧有的观念，汲取新的理念与方法，在日常教学工作中投入更多的时间与精力，不仅仅是为了获得物质回报与利益获得，而是追求价值的实现与精神的满足。在课堂上，教师一方面能给学生传授知识、讲授方法，这自然会让学生受益；另一方面，教师也是在用灵魂性的东西影响着学生，这更促成学生的健康成长。与单纯的知识传授相比，这些对学生的成长发展更有裨益。在学校变革的过程中，教师可以通过参与变革方案的制订、提出变革建议等推动变革，通过在变革中获得不断认可，教师追求更高层次的精神满足。同时，由于教师在变革中采用新的教学理念与教学手段，这又促进了学生身心的健康成长。教师的言论、教学的方式方法、对学生提问的策略、与学生的沟通交流技巧等都可能影响到学生的发展，这实际上也就是涉及教师的价值追求。教师如果追求更高的价值理念，主动参与推动变革，提升自身的专业化水准，那么，当教师面对学生个体时就能更好地促进学生个体的发展，自身也能获得一种愉悦与尊严，获得一种精神的满足和价值的实现。

（二）权力

在一般意义上，权力是一定社会实体要求对方按自己要求与意愿行动的能力以及可能性的大小。韦伯认为，权力是一个人或一些人在某一社会行动中，甚至是在不顾其他参与这种行动的人进行抵抗情况下实现自己意志的可能性。帕森斯认为权力是一种保证集体组织系统中各部分履行有约束力的义务的普遍化能力。出发点不同，对权力的界定也各不相同。无论前人如何定义，我们认为权力是指特定主体因为拥有一定的资源或者资本而得到的支配他人或者影响他人的力量。这些资源或者资本可能是经济的，也可能是政治的或者是文化的，它们的不同也导致权力的不同。我们可以从两个要素来把握权力：第一，权力是以某种形式潜藏着或显示出来的力量，这种力量反映了它所代表主体的能力、能量以及大小。第二，权力存在于人们的社会关系之中，它是特殊的人际关系的表现。

权力的基础是资本，不同的场域里存在不同的资本形态，导致这些场域具有不同的权力形态。在学校场域中，存在着社会资本、经济资本、文化资本等多种形态的资本，不同主体是通过占有不同资本，从而获取了不同形态的权力。场域中不同利益的个体或群体，由于强化或者既有位置之间客观关系（如支配与等级关系）的改变，往往导致资本或策略的争夺。资本竞争的胜利意味着一种资本被判定为比其竞争对象拥有更多的价值，且影响着其权力的大小。以此为参照视角，在学校内部权力分配的活动中，各种权力影响范围和力度表现出很大的不同：行政权力表现出控制和受控的双重性与偏重刚性的科层化特点；经济权力表现出相对依赖的影响性与内部控制的单极性特点；文化权力表现出相对式微的自主性与不易觉察的内隐性。在学校变革场域，起主要作用的是行政权力与学术权力，它们彼此间互相博弈与竞争，共同作用于场域中的行动者。

1. 变革中的行政权力

行政权力主要是指学校变革中的政治权力，即在学校变革中为实现变革目标，依据一定的规章对学校自身进行变革管理的权力。行政权力是一种职务权力，是国家法律、政府意志和规章制度所赋予的，这种权力具有强制力，它自上而下形成一个权力体系，贯穿于学校变革过程的始终。行政权力可以分为外部与内部权力，外部行政权力主要是指学校与政府的关系，内部行政权力是指学校内部各个部门之间的关系。在学校变革中，从行政权力的斗争结构及斗争走向来看，对于各个行动者来说，重要的问题不只是在于这些行动者手中掌握多少已有的现成资本，而是在于如何面对场域所呈现的行动者之间的相互关系网络，如何把握在这些网络中的不同社会地位的行动者的资本走向，如何调动行动者手中所掌握的资本。

外部行政权力的实质是处理好学校与政府的关系，其目标是在政府和学校之间建立一种平衡和谐的关系，其行动者主要指政府和学校。学校对政府的依赖导致其在变革过程中追求合法性的获得，政府对权力的垄断使学校听命于政府，学校缺乏办学的自主权与变革的积极性，这主要表现在政府对学校的管理过细过多。“教育行政管理部门对学校事务进行具体的干预，行政审批事项过多过细，办事程序过于繁琐。有些行政部门和地方热衷于行使权力，承担责任却不足，而且出现了行政管理机关权力部门化、部门权力利益化、不当利益合法化的非正常现象。”① 这样，政府在行使教育职能过程中会容易发生越位、错位、缺位等现象，容易造成自身角色的偏离，这样会对政府与学校产生不良影响，这主要表现在这样几方面：“（1）政府干预过多，造成政府精力分散，负担过重，不可避免地出现忽视大局、决策失误、行为渎职、政策失灵、效率低下等问题。（2）压抑学校的办学活力，滋长学校对政府的过度依赖。（3）导致政府垄断教育，挤

① 吴景松，尹良伟．WTO与教育行政管理体制改革［J］．煤炭高等教育，2003（2）：21.

压社会各种力量参与办学的空间，阻碍各种教育中介组织的发育与成长。”① 这些不良影响的根源在于政府与学校的关系，这需要我们对政府的角色进行重新思考与定位，重新审视政府与学校的关系，转变调整政府原有的教育管理职能与权限，赋予学校更多的自主权。

在学校变革场域内，学校组织内部层级结构分明，具有明显的科层制特点，这容易造成内部管理官本位泛化。具体来说，校长、主任、教师之间存在着明显层级，具有上下级的关系。学校的各项安排均须编列计划，经费的开支均须受法规的限制。整个学校行政系统，从校长以下分设各个处室分管各项工作。教导处负责教学活动业务，德育处负责学生安全及各项德育活动，总务（后勤）处负责学校经费的开支及各项修缮工程业务，辅导室负责学生心理辅导工作。每个部门行使自己部门的权力，具有所在领域的话语权。除此之外，广大教师负责一线教学工作。因此，学校组织的确存在着一定程度的科层性质。组织结构赋予行动者权力所需的资源，使他们的行动成为可能，但是行动又不断再生产出资源的结构性特征，对行动者形成支配，学校内部的行政化机制就是这样支配着一切权力的运作。在学校变革中，学校应制定规范章程，明确规定行政人员的职责权限，使行政人员做到有法可依，依法办事。同时，学校还要简化组织结构，建立扁平化组织，适当地约束行政人员的权力，并向一线教师放权，赋予他们必要的自主权与决定权，实行行政公开制度，使学校行政透明化，吸纳学校的教师以及其他人员参与行政决策。

2. 变革中的文化权力

文化权力的基础是文化资本，文化资本可以有三种存在形式：“（1）具体的状态，以精神和身体的持久‘性情’的形式；（2）客观的状态，以文化商品的形式（图片、书籍、词典、工具、机器，等等），这些商品是理论留下的痕迹或理论的具体显现，或是对这些理论、问题的批判，等等；（3）体制的状态，以一种客观化的形式，这一形式必须被区别对待（就像我们在教育资格中观察到的那样），因为这种形式赋予文化资本一种完全是原始性的财产，而文化资本正是受到了这笔财产的庇护。”② 我们可以把文化资本这三种形式分别称做文化能力、文化产品和体制化状态的文化。教育场域的资本主要为文化资本，“教育活动的各个要素及它们之间的联系，基本上都是通过知识而实现的。显然，教师是通过知识的组织和讲授而与学生互动的；而学生也是通过对知识的学习而实现与教师及其他教育者的交往的；教育管理者的活动也是通过对知识的组织、控制和评价等形式来实现的……我们甚至可以认为，教育活动、教育制度与其他社会活动、

① 褚宏启．审视现代学校制度．中国教育管理评论：第2卷［M］．北京：教育科学出版社，2004：92.

② 包亚明．文化资本与社会炼金术——布尔迪厄访谈录［M］．上海：上海人民出版社，1997：192－193.

社会制度之间的关系，从根本上看，也都是通过知识而完成的”①。由此可见，在教育场域，知识是教育活动的主要媒介，各种教育活动都是通过知识得以完成的。而知识是文化的载体，因此，文化是教育场域的主要纽带，文化资本是教育场域的主要媒介资本。

文化权力是在文化资本基础上知识和权力的联姻，它使知识的力量得以凸显，是文化的支配性在权力中的具体呈现。由于教育场域是一个文化场域，那么在学校变革中，拥有文化资本的行动者就会拥有文化权力。该场域内不同行动者（教育者、受教育者、管理者）之间“发生互动的前提和中介以及互动的背景、互动得以展开的形式和途径，甚至互动过程的反思和意义投射等，无不跟知识与文化紧密相连；互动主体彼此间的影响和作用无不是知识和文化上的；互动的过程和结果，如视野之拓展、经验之积累、知识之增加，亦无不是知识与文化上的”②。由此可见，教育场域内不同行动者之间互动作用的权力属于文化权力范畴，这种基于文化资本的文化权力表现为教育管理权力、施教权力和受教权力诸种具体形态，并在各种教育互动之中得以生产和再生产。正是文化权力的这些具体形式，编织了教育活动的互动之网，使教育场域得以生产和再生产。

在学校变革场域中，行动者对文化资本占有程度的不同造成其文化权力大小的差异，变革场域中的行动者主要包括教师与学生两类，由于他们所拥有的文化资本量与质的不同，其在变革场域中的位置就各不相同，进而形成了权力的差序格局。谁拥有更多的文化资本，谁就可能占据差序格局中更有利的位置，反之亦然。教师因拥有更多的文化知识（包括教师对教学内容的认识和教师对学生的认识两个方面）资本而具有了更大的文化权力，学生则因身体、经验等方面的自然落差而处于相对被动的地位。这样就容易使教师的文化权力膨胀甚至是导致文化霸权，忽视学生在变革中的文化感受。由于教师与学生个体的差异，所以这种文化权力的格局必然存在，但这并不是说在变革中我们就无能为力了。事实上，在学校变革中，如果教师真正从学生的角度出发，赋予学生一定的话语权，激发学生的活力与热情，而不是以自己为中心地把握话语霸权，那么，这种文化权力导致的效果会改变的。因此，在变革场域中，教师需要从学生的角度出发，逐步转移自己的文化权力，赋予学生必要的话语权，引导学生积极参与到变革中来。

（三）利益

利益最基本的含义是指物质利益。“利益是什么呢？利益就是由生产活动创造出来的物质生活条件。所谓物质生活条件，即人类生存和发展的最基本的具有

---

① 谢维和．教育活动的社会学分析——一种教育社会学的研究［M］．北京：教育科学出版社，2000：73－74.

② 刘生全．论教育场域［J］．北京大学教育评论，2006（1）：85.

决定性的物质因素的总和，它是包括人口、地理环境和生产方式的有机统一。"①物质利益是利益的核心内容，但是随着人类社会的发展，生产力水平的不断提高，当人类的物质利益得到满足，生存需要解决后，人的发展需要就会凸显出来，这种发展需要更多地体现在精神方面，如，对自由、民主、平等的追求，艺术享受的需要等，精神利益在人类的利益追求中所占比重越来越呈现上升趋势。如果我们还把利益仅仅界定为物质利益，就没有对客观实在的利益作出全面的主观反映，这样的利益范畴无疑是一个不完整的范畴。

功利主义的代表人物边沁（Jeremy Bentham）认为，功利主义倾向于给利益相关者带来快乐、利益、幸福或福祉；或者防止利益相关者遭到损害、痛苦、祸患或不幸。功利原则指的就是当我们对任何一种行为予以赞成或不赞成的时候，我们是看该行为是增多还是减少当事者的幸福；换句话说，就是看该行为增进或者违反当事者的幸福为准。"功利主义所致力于增进的善，无论是幸福、福利或福祉，都是我们的生活所追求的东西，也是我们希望自己所爱的人拥有的东西。功利主义者只是要求在追求人类福利或效用的过程中，应该公平地对待社会的每一个成员。"② 这里的当事者如果是个人，它就是个人的幸福；如果是社会大多数人，那它就是大多数人的幸福。功利主义就是把追求和实现人的幸福和利益看做是最根本的目的。这与我们所理解的功利主义有很大的不同。这为我们理解利益提供了新的视角。利益反映客体与主体之间多方面价值关系综合作用的结果，是对主体生存与发展产生积极影响的范畴。如果对主体的生存与发展具有积极的影响，那么就是他的利益所在；反之，就不是他的利益所在。个体对利益的追求越来越能获得合法性，在不违背社会利益的前提下获得个人利益已经得到社会的认可。那么在学校变革，变革的公共利益与个体的私人利益是可以并存、共生的。

1. 教育的公益性

教育是对人的生命价值的激发，是"培养人的一种社会活动，通过对个体传递社会生产和生活经验，促进个体身心发展，使个体社会化，并最终使社会得以延续和发展"③。其中，义务教育因其为所有社会成员提供必要的教育而具有公益性，这已为世界各国所公认。国家通过公共财政为社会成员提高必要的公共教育资源，个体有享受公共教育资源的权利。这种教育是一种公益性的教育，是不以营利为目的的，这是有法律保护的。《中华人民共和国教育法》明确规定："教育活动必须符合国家和社会的公共利益"，"任何组织和个人不得以营利为目的举办学校及其他教育机构"。《中华人民共和国义务教育法》也明确规定："义

---

① 谭培文．马克思的利益理论［M］．北京：人民出版社，2002：98.

② 金里卡．当代政治哲学［M］．刘莘，译．上海：上海三联书店，2004：21－22.

③ 劳凯声．面临挑战的教育公益性［J］．教育研究，2003（2）：4－10.

务教育是国家统一实施的所有适龄儿童、少年必须接受的教育，是国家必须予以保障的公益性事业。实施义务教育，不收学费、杂费。”这就从法律上保障了义务教育阶段学校教育活动的公益性。学校教育的目的不是为了谋求利益、获得利润，而是为了造福他人、社会乃至全人类，是使受教育者获得生存与发展的必备知识和技能，从文化、精神、技术等诸方面开发人的潜能，促进人类社会的发展与延续。因此，义务教育是一种非营利性事业，学校是一种非营利性组织，它所提供的产品或服务是一种典型的公共物品。义务教育是人人都必须接受的，只有经历了这样一个教育阶段的培养与发展，个人才能服务社会、实现自我价值。同时，义务教育是教育公平的起点，在义务教育阶段，人人都接受一种条件基本相同的教育，这是教育公平的意义所在，也是实现社会公平的重要手段，因此义务教育要由国家来实施，通过公共教育财政来负担，具有公益性、公共性。

2. 教育个体的私利性

个体是生活在一定现实环境中的，现实环境中一定的物质基础是个体生活的前提条件。没有一定的现实物质条件，个体就难以生存，也就谈不上什么发展与追求。从经济学的视角看，个体追求个人利益的满足与实现，具有自私性。个体追求个人利益的满足是个体生存与发展的基础，只要是在法律许可的范围内，个人通过正当途径与手段获取个人利益就是合法的、被允许的。尤其是在当今社会主义市场经济条件下，个体追求物质利益的合法性已经得到人们的认可与接受。教育个体也是生活在一定现实环境中的，也是以一定的物质条件为基础的。社会主义市场经济的观念也延伸到学校教育领域，教育个体对物质利益的追求也获得了其外部正当性。当然，教育个体应该有更高的价值追求与道德标准，而且这种价值追求与道德标准是引领教育个体的精神动力，但是，我们也承认教育个体会追求一定的物质利益，有其私利性，这种私利性是教育个体生存发展的前提与基础，是对教育个体劳动付出的合理回报与补偿，也日益为外部社会认可与接受。这样，一定的物质利益诉求成为教育个体日常工作生活的重要因素。从工作中获得合理而公正的报酬，生活得更加体面、舒适成为越来越多教育个体的现实需要，所以，从这种意义上看，教育个体具有私利性，这是合情合理的。

事实上，学校教育不仅是教育个体展现德性以培养学生、追求价值实现的场所，它也是教育个体谋生的基本手段。马斯洛的需要层次论清晰地描绘了人类的多层次需要，人类不仅追求低层次的物质需要，更追求高层次的精神需要，低层次的物质需要是高层次精神需要的前提和基础。教师群体也是如此，他们既要追求高层次的精神满足和价值实现，也要追求物质利益的获得，因为物质利益的获得是教师得以安身立命之基础。没有一定的物质基础，教师追求精神满足和价值实现往往就难以实现。尤其是在当今社会主义市场经济条件下，市场经济观念也延伸到学校教育领域。这种观念包括对功利价值的肯定、对等价交换原则的认可以及对外部的合理补偿。公众对物质利益的追求愈发显示出其合法性与正当性，这种体制和观念的变革对教师的价值取向、心理需要和行为选择产生了重大影响，一定的物质利益需要成为教师日常工作的重要因素。从工作中获得合理而公正的报酬，生活得更加体面、舒适成为教师的现实需要。教师逐步改变头脑中原有的认知习惯与思维定式，教师逐步改变以往不齿于物质利益的观念，对自身利益的正当诉求也日益高涨。因此，追求一定的物质利益需要，将自身行为的投入与产出、付出与所得结合起来，全面权衡利弊得失成为教师行为选择的重要因素。在此情况下，以前被道德标准与价值规范遮蔽的教师物质利益得以凸显，教师越来越多地从功利角度出发考虑教育教学行为。应该说，这在一定程度上是把教师作为一个社会人来看待，是教师作为个体对物质利益基本要求的回归。这很大程度上卸下了套在教师身上的道德枷锁，赋予教师追求应有物质利益的合理性。但是，教师对物质利益的追求容易过度，过度地追求物质利益容易使教师丧失道德规范与价值标准，容易缺乏为人师表的精神风范，因此，教师对物质利益的诉求应维持合适的度，所谓过犹不及即是这个道理。

在学校变革中，学校原有的规章制度、教学模式、教学观念等可能都要变革，而这些都是教师以前习以为常的，教师会为了变革而改变吗？会主动适应这种变革吗？实际上，教师可能会根据变革的实际进行自身的利益选择。何谓利益选择？简单来说，如果教师从学校变革中获得的利益大于付出的成本，教师往往会推动积极学校变革；如果教师在学校变革中承担的成本大于获得的利益，教师往往会消极对待学校变革，甚至是抵制学校变革。① 这就是利益选择。比如，我们强调教师的专业发展，希望教师学习新的教学理念，反思自己的教学实践，但是实践证明教师教学理念的更新是最困难的，也是阻碍学校变革的主要因素。这固然有理念是长时间形成的，一旦形成就难以改变的原因，但是教师自身的利益选择也是重要原因。教师参加专业培训，学习先进理论，这需要额外的时间与精力，需要更多的投入与付出。教师就会计算这种投入与回报的收益，如果教师认为这种投入与付出没有什么回报（这种回报可以是物质上的激励，也可以是精神上的认可），那么教师的积极性就会大打折扣，就可能抵制或变相抵制学校变革；如果认为投入与付出是有收益的，教师可能就会选择这种学习，推动学校变革。这样就不难解释当前学校变革的困境了。当前学校变革难以推进的重要原因，就是重视了教育理念、教育技术、教学方法等外围的东西，而忽视了教师对利益的诉求这样的内在原因，缺乏对教师的激励与保障，导致教师推动学校变革的内在动力不足。学校变革中教师的利益选择是教师作为社会人对物质利益追逐的体现，具有其正当性与合理性。所以，我们应当充分重视教师在学校变革中对利益的合理诉求。

传统上，我们将教育（在此指义务教育，下同）的公益性与教育个体的私

---

① 周彬．决策与执行：制度视野下的学校变革［M］．北京：教育科学出版社，2005：44.

利性是对立起来的。教育是一种公益性事业，由此我们推及教育的实施机构也就是学校等教育机构具有公益性，进而又转化为教育个体职业的公益性。教育个体不能追求个人的物质利益，而要以公共利益为重。当公共利益与教育个体的利益相冲突时，我们完全可以不用考虑教育个体的利益，因为这是与教育的公益性相违背的。正是这种基于对教育公益性的规定与维护，使我们的教育遮蔽甚至漠视了教育个体的个人利益，教育个体的利益长期得不到应有的重视，教育个体更多的是处在价值规范与道德标准的约束之下，缺乏对自身正当利益的合理诉求。于是，我们看到很多教师在物质利益匮乏的条件下依然安心从教、乐于奉献，这是个体崇高道德标准的价值引领，是为人师者的强大精神力量使然。实际上，我们不能把教育的公益性与教育个体的私利性对立起来。教育的公益性与教育机构的公益性以及教育个体的公益性是不等同的，教育的公益性并不必然等同于教育个体的公益性，教育的公益性也不必然排斥教育个体的私利性。教育的公益性最终要通过教育个体的劳动来体现，教育个体的劳动付出要有合理的回报，这种诉求是正当的、合法的。教育个体的私利性是个体生存、发展、劳动的基础，唯有在此基础上，教育个体才能有条件实现教育的公益性。所以，教育的公益性与教育个体的私利性并不是必然对立的，教育个体的私利性是教育公益性实现的基础，教育公益性是教育个体私利性的归宿。在当前市场经济条件下，教育个体对自身合理物质利益的诉求日益高涨，教育个体在自身私利性日益得到社会认可的基础上，进而可以实现教育的公益性，二者在现实情境中是可以实现统一的。

二、学校组织变革场域的层次

从行动者的视角出发，在学校组织变革的场域内，价值、权力、利益共同作用于行动者，行动者基于自身的价值追求、权力关系与利益判断作出行为抉择。从组织的视角看，学校是由诸多部分组织的系统，学校变革是对诸多层面的变革，从对学校组织变革研究的理论综述中可以看出，学校变革可以分为发展规划、学校文化、课堂教学、班级管理等诸多方面。结合前面从系统组织理论视角对学校组织的考察，我们把学校变革的层次划分为四个层次：技术层次、制度层次、战略层次与文化层次，对学校变革层次的划分有助于我们更好地把握学校变革。

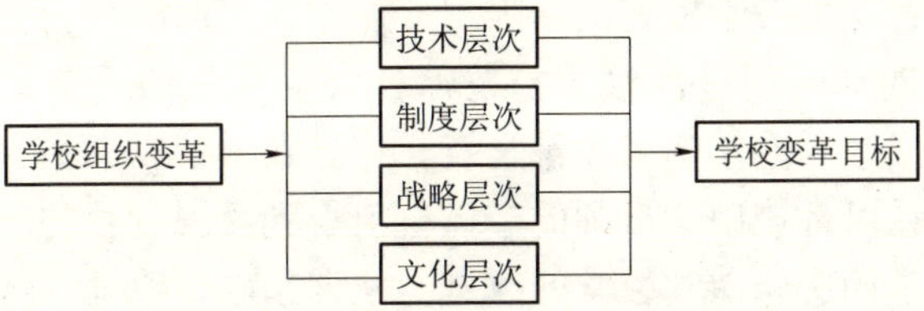

图1－2 学校组织变革场域的层次

（一）技术层次

学校变革的技术层次是指学校的教育教学，它是学校变革的中心环节，其他层次的变革都是为技术层次的变革服务的。因为学校的中心任务是培养塑造学生，教育教学承担着这一重任，学校的其他诸项工作是为教育教学服务的，因此变革的中心是对教育教学的变革。从一般的意义上看，学校教育教学包括课堂教学与思想教育。课堂教学侧重对学生知识与能力的培养，思想教育侧重对学生个体思想价值的塑造，二者统一于学生个体的整体教育中。当然，课堂教学与思想教育并不是截然分开的，课堂教学中蕴涵着思想教育，思想教育可以体现在课堂教学中，二者是相互包容、相互促进的。在这里，把它们区分开来是为了论述与行文的方便。

1. 课堂教学

对教师而言，上课是其学校工作的基本组成，是教师履行教学任务体现自身职业的基本手段。对学生而言，上课是其在校学习的主要形式，是学生获取知识、健康成长与发展的基本途径。课堂教学是师生共同作用的形式，是学校教育教学的主要载体。课堂教学质量的高低直接影响学校教学的质量，学校如果不能向社会提供高质量的教学，那么就难以获得社会的认可与支持，甚至会出现合法性危机。因此，课堂教学在学校中处于基础性地位，是学校基础性活动的日常表达。

课堂教学在学校工作中有如此重要的地位，那么，我们现在的课堂教学状况如何呢？当学校变革走入教学实践时，透过日常的课堂观察，我们发现我们的课堂与变革前相比没有太多的变化，大部分教师在课堂上还停留在传递知识的层次，很少涉及认知范围之外的能力培养等内容。即使是在基础教育课程改革正在轰轰烈烈进行中的今天，只要这节课不是公开课或者观摩课，那么我们的课堂与变革前并无两样：教师讲授，学生听讲。变化的可能是用鼠标代替了粉笔，用大屏幕代替了黑板。这种现代化教学技术与手段的应用可能调动了学生的学习情绪，激发了学生的学习兴趣，提高了教师的教学效果，但是，传统的以知识传授为主的课堂教学模式并没有改变，依然是以教师主导讲述、学生被动地接受为主要方式，学生主动参与教学过程的并不多。这与学校变革倡导的教育教学观念相去甚远，其中最缺失的是对学生作为个体生命需要的关注。

导致出现这种课堂教学模式的原因很多，如，当前的社会氛围与学校管理在实质上并不鼓励教师的创造性教学，教师自身也普遍缺乏课堂改革的动力。当前，社会主要以成绩与升学率来评价学校，这导致学校以学生成绩评价教师。在这样单一的社会认可环境中，教师的个体价值得到漠视，教师的个性和创造性受到压抑和遏制，进而影响课堂教学的改进，使课堂教学原地踏步、循规蹈矩，教学的价值取向遭到严重扭曲，课堂教学改革举步维艰。这样，教师在课堂上出现满堂灌、一个人唱独角戏的现象也就不足为怪了。在很多课堂上，教师把自己的作用主要放在知识的传授上，教师以一种近乎“独白”的形式来表述知识，把知识作为一个结论、一个结果呈现在学生面前，学生所需要做的就是以一种合理的、有效的方式去掌握、记忆这个结论、这个结果，而不是通过充分发挥自己的想象力、创造性思维去思考、探讨，甚至质疑这个结论或结果。这样的教学难以引导学生进行独立思考与探索，排除了学生动脑、动手的可能，也就难以启迪学生的智慧。我们在课堂教学中经常可以看到教师的讲解是多么精彩、教学步骤是如何环环相扣、对运算步骤和结果精确性的不厌其烦地强调，这表面上似乎也没有错，但是在其中却唯独看不到学生，看不到学生的主动，也看不到学生的创造。在学生眼里，教师的权威、标准答案和教材知识的正确性和真理性是不容置疑的；在教师那里，学生的同一性、教学的序列性以及课堂管理的控制性，是被普遍推崇的。这样的教学过程是按照固定的程序一步步达到既定的目标的过程，缺乏师生双方的有机互动与动态生成，难以产生思想的碰撞与交融。这样的课堂教学没有留给学生自由思考、自由选择的空间，容易造成学生的盲目轻信、崇拜权威、唯书唯上唯背的心理定式，容易使学生缺乏求实精神和动手能力，不利于学生的健康成长。

课堂教学应该是师生之间富于个性、充满活力的互动过程，对教师如何教、学生如何学不宜作出硬性的规定。我们应该强调教师启发引导，调动学生学习兴趣；强调发挥学生主体地位，给予学生较多的自主空间；强调多鼓励，少批评，帮助学生建立自信；强调及时反馈调节，不断改进教学。因此，学校变革首先应该是课堂教学的变革，通过确立一些课堂教学的指导原则，以实现对师生课堂教学行为的引导。

2. 思想教育

思想教育主要是通过对学生个体进行的教育，促使学生养成良好的道德品质与行为习惯，帮助学生树立正确的人生观、价值观、世界观。思想教育贯穿于学校过程的始终，既可以通过课堂教学的方式进行，也可以通过日常的课外教育实施。在这里，对学生个体的思想教育与课堂教学并不是截然分开的，课堂教学也可以促进学生个体情感的体验与价值的发展，是对学生进行思想教育的主要路径。当前，我们的思想教育主要是对学生个体生命价值的教育，是对学生作为个体的多方面发展需要的关注与养成。

思想教育是一种触及心灵深处的教育，是唤醒个体价值的教育，这在一定意义上是不可教的，是不能靠有目的的说教习得的，而是需要个体在实践中感受与体悟的。在思想教育中教师只是起着引导和促进作用，只是学生思想培养的重要外在条件，学生良好思想的养成必须通过自身的内化与吸收，经过主体的选择与能动的实践活动才有可能实现。而我们的学校思想教育在实践中主要采用苍白简单的道德说教，注重了直接传递道德知识而忽视了对学生个体价值的培养，这种教育在方法上是以灌输为主，是一种强制的、封闭的教育。这种教育试图通过一切可能的方法和措施使学生接受并最终形成特定社会所诉求的固定的价值观念和行为习惯，因此它所要传授给学生的乃是人们推崇并为社会所一致认可的、具体的道德规则规范，这通常诉诸直接的问答式教学、规劝、说服、榜样等方式。这种思想教育实质上是一种僵化教条的教育形式，由于用一种固定的规范教育学生，因而在很大的程度上禁锢了学生的主动精神与探索欲望，影响了学生的创造性的发展，所以这种方法的实际效果并不理想。在这种教育方式下，即使某些良好的德行能在学生身上得到体现，但因其维持常常是要依靠外力的强制，而没有内化为学生的自觉行动，因此，往往也难以持久。所以，对学生的思想教育必须尽快走出单纯传递知识的误区，而要对学生的情感体验、意志行为、交往能力、沟通合作等诸多方面进行培养，同时将这些方面与学生的认知活动相联系，促进学生主动健康地成长，使良好的品质与德性真正内化为学生的自觉行为。通过这样对学生进行整体的生命价值教育，达到育人的目的。

3. 现代教育新技术

在学校变革中，教育新技术与设备、学校层次的调整以及课堂先进的教学方法的运用能在很大程度上提升学校变革的空间。现代教育技术与课堂先进教学理念的应用能改变教材的观念和形式，改变相应的教学环境、手段和方法，同时变革教学模式，这一方面能促进学生自行获取信息、处理信息与表达信息，提高学生的自主学习能力，有利于面向全体学生发展学生的个性；另一方面，也能促进教师教学观念的转变与更新，引起学科教学理论的变革。尤其是以计算机辅助教学系统为代表的现代教育技术，改变了传统教学过程中学生被动接受的状态，而使学生能够积极主动地进行探究，因而能有效地激发学生的学习兴趣和创造性。在这种教学模式中，学生成为学习的主体，学生通过网络收集和整理大量的信息材料，并对这些信息进行分析处理，或者是通过运行交互性的教学平台，通过观察和思考得出一定的有意义的结论。

（二）制度层次

制度是伴随着组织产生和发展的，相对来说，制度较为刚性，一旦形成后就具有强制力。制度是对组织活动的约束与规制，以保证组织的正常运作。

一般来说，制度是由一系列经过制定的正式规则、得到社会认可的非正式规则以及实施机制构成，规则是制度的表现形式而非制度的实质。正式规则是指人们有意识制定并加以规范的一系列规则，它包括政治规则、经济规则和契约，主要特征在于其具有强制性。非正式规则是社会认可的、不成文的行为规范，主要包括价值观念、风俗习惯、道德伦理、意识形态等因素。在非正式规则中，意识形态处于核心地位，因为它蕴涵价值观念、伦理规范和风俗习惯等其他因素。① 实施机制是正式规则与非正式规则如何贯彻落实的一系列规定，是“有关制度的制度”。实际上，正式规则与非正式规则对人们的活动的影响是难以分开的。正式规则或非正式规则总是与一定的实施机制相配合来发挥作用。离开了一定的实施机制，那么，任何制度尤其是正式规则就形同虚设。制度的三个构成部分并不是独立存在、各自发挥作用的，而是相互依存、彼此结合、共同发挥相应的作用的。

学校中的制度是对学校教育生活的规定与约束，完善的制度是学校各项活动得以有序进行的保证。制度保障着学校教育具体资源的获得与运行，在相应制度的安排下，资金、物质、人员、知识、事件等各种制度要素得以被组织进学校教育生活中，并且以特定的形式进入到学校教育运作过程中。如果缺少了制度的保障，学校最基本的资源获得容易失去了稳定性，因而就可能出现更大的无序、混乱。因此，完备的制度是学校教育系统存在与发展的必要前提。这既包括学校内部正常运作需要的各种制度，也包括协调学校与政府、社会之间的复杂关系的各种政策规定。

学校制度层次负责学校的各项日常管理工作，学校的主要机构包括学校的各处室和年级组（教研组）。学校制度层次通过各种规章制度使学校日常工作得以开展，协调组织与个体之间的关系，维持学校组织的正常运转。在这里，学校结构与变革的制度层次紧密相连，为了研究的方便，我们把学校组织的结构也纳入制度层次，这样，学校制度层次的变革包括这样一些内容。

1. 组织结构

组织结构是指组织内部各个职位、部门之间正式规定的、比较稳定的相互关系形式，是在组织中互相协调的体系，它包括工作说明、规定和协调程序，以及相应的管理角色。组织中的人组成了各个层次，组织结构中不同位置的人们表现为不同角色的期望和行为。坎特认为所有的组织系统的特点对形成任何员工的工作关系都是重要的。员工在特殊组织中表现的选择是理性的，而且是可以改变的，它反映了战略决策指定的方向。一个组织的结构在面对一系列特色鲜明的亟待解决的问题和严格选择范围上，与其控制不如限制。工作的内容反映出了正式的工作说明和它在组织中所处的位置，这与人们的实际表现密切相关。在组织中，正式任务和正式职位与在职者在组织中表现出来的竞争能力密切相关。② 组织的管理幅度与管理层级是成反比的，在一定的组织范围内，扩大管理幅度就能减少管理层级，使组织结构扁平化；相反，缩小幅度就会增加层级，就会形成“直式”结构。扁平化结构强调平等，有助于培养组织成员的沟通和交流。“直式”结构增加了组织的层级，不利于组织成员相互沟通交流。

---

① 刘国艳．制度分析视野中的学校变革［D］．济南：山东师范大学，2007：74.

② 瓦休．组织行为与公共管理［M］．刘铮，等，译．北京：经济科学出版社，2004：257.

组织变革的重要方面就是通过对组织结构的调整，实现组织管理幅度与层级的变化，达到优化组合组织结构的目的。结构的调整就会影响对与结构所对应的个体行为方式，调整的实质是管理权力的强度和范围的变化。我国学校组织结构变革就是要改变原有的管理幅度与管理层级，简化学校组织管理的层级，使学校组织结构能更有效地提高学校组织的运转效率。

2. 内部管理制度

学校内部管理制度可以分为核心制度和外围制度，核心制度是指最能体现学校特性、直接涉及学校使命的制度，即如何促进学生充分、全面发展的制度（如教学制度、考试制度、学生评价制度、校本教研制度、校本培训制度、教师评价制度、教育督导制度等）。这些制度关注具体的教与学的过程，关注好学生、好教师、好学校的评价标准，关注教师和学生对学校管理的民主参与。这些方面最能体现教育精神和人文关怀，最能体现“以人为本”的现代发展观，最能体现现代教育的宗旨和追求。外围制度是核心制度的辅助、保障，主要有教育投入制度、学校产权制度、后勤管理制度、社区参与制度等。① 学校的育人价值取向是区分核心制度与外围制度的标准，学校制度的完善与创新应从学校育人的价值取向出发，从核心制度入手，核心制度是学校制度完善与创新的重点。核心制度指向的是课堂教学和教师、学生的发展，只有课堂中发生了实质性的变化，教师善教，学生乐学，我们才能说学校发生了真正意义上的变革。学校的根本是培养人才，核心制度给学校的教育教学实践以深刻的影响。教学制度、校本教研制度、校本培训制度、教师评价制度等能为教师教学行为范式与自身发展提供明确的导向，考试制度与学生评价制度等向学生传达了如何学习、什么是好学生、学校注重的是什么样的学习品质和个体品质的信息。这些对学校课堂教学、教师与学生的发展都具有导向作用，引导着教师与学生行为的方向与方式，因此，对核心制度的完善与创新是学校变革的目标导向。另外，我们也要重视外围制度的完善与创新，它们是核心制度的重要保证与补充。

（三）战略层次

学校战略层次变革是指根据社会转型与经济发展的要求，对学校发展愿景进行总体设计与规划，制定学校长期发展目标，并通过战略分析、实施与资源配置等手段实现学校愿景目标、确定学校竞争优势的过程。此外，由于学校与政府等外部环境是一种依赖的关系，学校过于追求表现的合法性，因此，学校需要变革的空间，获得必要的自主权，这些也属于学校战略层次变革的范畴。

一般来说，学校战略层次的变革包括战略制定、战略实施、战略评估三个步

---

① 褚宏启．审视现代学校制度［G］//中国教育管理评论：第2卷．北京：教育科学出版社，2004：77－78.

骤，它们共同组成了战略规划的流程。

1. 战略制定

战略制定是指对特定战略时期学校内外条件的综合调查、评价和预测，通过学校对外部环境和内部实力进行研究，确定适合学校目标任务的行动方案。通过战略分析，可以明确学校所处的位置和生存发展的可能性，进而确定学校的发展目标和实现目标的战略。在这一过程中，确定战略目标的关键是如何确定学校的竞争优势，给学校以合理的定位。这就需要对学校人、财、物等物质资源与学校文化进行分析，以明确学校的优势与劣势，确定学校的战略目标，并为达到这些目标而制定相应的行动方案。通过战略分析突出其他学校所不具有的办学特色，把发展目标选定在某些特定的群体上，形成独有的教育供给市场，使自己的教育供给处于优越的地位。同时根据学校现有条件，选择适当的办学规模，提高办学效益，使学校的办学成本低于竞争对手，从而提高学校的竞争力。战略分析需要管理者审时度势权衡各种条件、关系、矛盾，对各种机遇和挑战及时准确作出反应，并运用一定的战略性思维作出决策。常用的战略分析方法有系统分析法与SWOT 分析法。其中 SWOT 分析法通过系统分析学校优势（Strength）、劣势（Weakness）、机遇（Opportunity）、威胁（Threat），从而确定学校的战略目标。优势是指能使学校在某些方面获得领先并进行有效竞争从而实现目标的内部因素或特征。如学校优良的历史传统、充足的资金来源、良好的社会声誉等都是学校的优势。劣势是指给学校带来不利导致其无法实现其目标的消极因素，如学校师资力量薄弱、缺乏资金支持等。机会是指能帮助学校实现既定目标或超越现有水平获得发展的外部因素与可能性，如外部生源的变化、学校所在环境改变等都可能给学校变革带来机会。威胁是指有可能导致学校发展不利或影响学校实现战略目标的各种因素。相关政策的出台以及竞争者的加入等都有可能威胁到学校。①SWOT 的战略分析如图 1－3 所示。

如图 1－3 所示，第Ⅰ类型的学校具有较好的优势，如学校硬件设备好、师资力量强、社会声誉高等，同时面临着较好的机遇，如学校生源好、政府重视等。这类学校适宜采用拓展型战略，可以扩大办学规模、适当举办分校等。第Ⅱ类型的学校面临一定的机遇，如学校获得一定的自主权，但是学校自身的条件较差，如青年教师能力不突出，这类学校应该采取扭转型战略，抓住变革

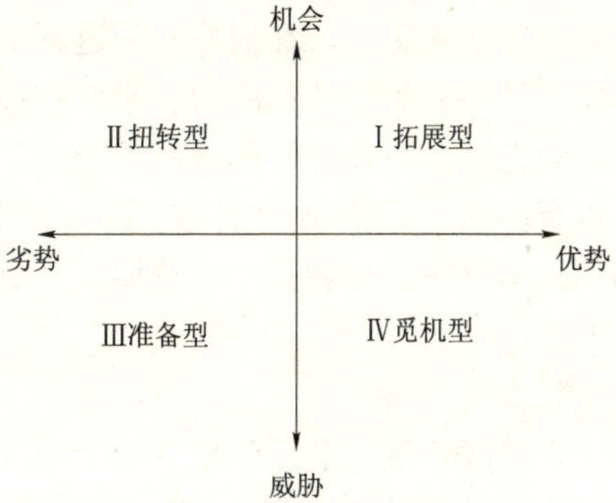

图 1－3　学校变革的 SWOT 分析

① 范国睿．多元与融合：多维视野中的学校发展［M］．北京：教育科学出版社，2002：139.

的机遇，改变学校的劣势。第Ⅲ类型的学校外部存在威胁，如竞争对手越来越强，同时学校内部状况不佳，如办学经费不足、教师不安心工作等。为了避开外部威胁与消除内部劣势，该类学校应采取准备型战略，内部进行整顿，积蓄力量以等待变革时机。第Ⅳ类型的学校有一定优势，如具有良好的校风、教职工参与变革的积极性高，但是面临一定威胁，如学校经济来源缺乏，此类学校宜采取觅机型战略，在充分发挥优势的同时避免威胁，寻找新的解决办法。在具体现实中，学校变革情况远非如此简单，因此需要在战略制定时审时度势，灵活抉择战略。①

2. 战略实施

战略实施是在战略分析的基础上将方案转化成具体行动并达到战略目标的过程。学校依据总体战略配置资源，同时把总体战略目标分解到各个职能部门和各项活动当中，然后用常规管理的各种手段推动学校步入良性运行，从而实现学校的整体目标。战略实施要求行动者在具体行动中运用激励与领导等手段，调动各方面的资源，将战略目标拓展为战略规划并付诸实施。确定战略规划是一个复杂的过程，需要权衡各方面的力量、条件和矛盾，需要管理者的战略性思维，也需要管理者具有一定的战略实施艺术，即以战略目标为指向灵活处理各种矛盾的能力。在战略实施过程中，需要学校管理者确定近期目标，调整学校现行组织结构，配置各种资源使战略规划得以实施。其中，配置各种资源尤为重要，这需要从全局的高度统筹各种人力、物力、财力、技术等资源，根据战略目标调配这些资源，发挥它们的最大效力，共同服务于学校战略的实施。战略实施是“管理者把战略目标和自身发展实际紧密结合的过程，不考虑或没有充分考虑自身发展实际都会使发展规划出现偏颇甚至严重缺陷。而这些缺陷是要通过对实施过程的反馈表现及对其认真全面分析才可得以纠正”②。因此，战略规划一开始就要尽量考虑周全，以减少以后实施中可能遇到的问题。战略实施过程是实践的过程，是对规划方案的实施。在战略实施过程中，可能会遇到变革的阻力，这就需要管理者能预见并克服变革的阻力，采取积极行动对教职工进行宣传教育，减少他们对变革的抵制，引导并激励他们参与变革。这需要管理者具有出色的驾驭全局的能力以及协调人际关系的技巧，需要整合各种资源来推动战略变革，实施战略规划。这不仅对管理者提出理论要求，更要求管理者具有丰富的实践经验。

3. 战略评估

学校战略决策会对学校变革产生显著的影响，错误的决策会给学校带来严重的后果，可能导致变革的失败。因此，管理者需要对学校确定的战略规划和战略

---

① 范国睿．多元与融合：多维视野中的学校发展［M］．北京：教育科学出版社，2002：141.

② 王建学．学校战略管理初探［J］．陕西师范大学学报：哲学社会科学版，2000（5）：57.

实施的进行状况作出评估。当发现学校内外部的环境发生变革、既定战略的局部或整体已不符合学校的内外条件时，应当立即分析变化的原因，找出差距并采取纠正措施。战略评估的过程实际上是反馈、控制和修正的过程。要保证高效的战略管理必须要以有效的反馈和监控为基础。在战略实施过程中要获得充分准确的信息并及时作出反馈，否则，整个信息回路将出现中断，导致信息不畅，将可能使战略变革失败。同时，为了保证评估的高效、准确，还必须确立一个合理的评估标准。通过这一标准对学校战略实施情况进行评估，进行系统化的检查、评价与控制，从全局高度去评判和修正，要保证评估的科学性与及时性。在战略评估过程中，要注意调动个体的参与，调动教职工的积极性，使他们参与到战略评估过程，这样能及时发现并反馈问题，也有利于战略变革目标的实现。因此，这一环节在整个战略变革过程中的作用非常重要，其运行效率在一定程度上决定了整个变革过程的运行效率。

此外，学校的战略层次的变革还包括学校与外部环境之间的关系的调整。学校处于一定的社会环境中，由于其自身的公益性特质，学校需要从外部环境获得生存发展所必要的资源。这些资源包括人（教师）、财（经费）、物（教室、设备等）等，学校运用这些资源对学生开展教育教学活动，进而培养出合格的毕业生。因此，学校获得必要的资源是学校发展的最大前提。这些资源主要由政府提供，因此学校要获得这些资源，就需要与政府保持一致，从而获得一种合法性。这种合法性是学校获得政府资源的前提，唯有保持这种合法性的身份，学校才有可能获得不断地发展。因此，学校会努力与政府的步调保持一致，遵守政府的各项决策和规定，按照政府的各种规章制度开展日常工作。

学校对合法性的追求容易导致学校对政府的依赖，导致学校领导把大部分时间与精力都用于与政府打交道，处理学校与外部环境的关系，进而获得必要的资源。学校领导层忙于处理学校外围的事务，花费大部分时间来维持与外界的关系联络，这样也就没有多少时间研究学校内部的事情，无暇顾及学校的内在发展变革，难以研究学校的教育教学，也就难以真正领导学校进行变革。这样也偏离了学校领导应有的职责与义务，使学校领导的工作片面化、局部化。有研究表明，我国中小学校长的工作内容主要有三项：战略规划、社会交往与筹措经费。除了战略规划之外，校长主要的时间与精力都花费在社会交往和筹措经费等与学校教学没有直接关系的事情上。作为学校一把手的正校长一般很少听课，学习的时间与机会也比较少。学校领导大部分时间用在应付校外的事情，真正抓教学的时间则比较少。① 这也导致校长没有多少时间研究学校变革，没有动力推进学校变革。

（四）文化层次

学校组织文化是学校在发展过程中形成的具有特色的价值观念、伦理道德、

① 乔锦忠．中小学校长工作分析［G］//中国教育管理评论：第1卷．北京：教育科学出版社，2003：276.

精神风范等意识形态的总和，反映着学校的组织个性。要对学校文化层次进行变革，需要首先把握学校文化的实质内涵。从内涵角度来看，我们可以把学校组织文化分为物质文化、制度文化与精神文化三个层次，它们整体构成了学校组织文化。第一，物质文化是学校组织文化表层的可以直接感受到的部分，它主要通过学校的环境、教学条件和科研条件等实体性的文化设施来反映，在文化冲突中较易改变。物质文化往往可以透射出学校的办学思想、价值观、人才观、道德风气、校风学风等，它是形成精神文化和制度文化的物质载体或条件。第二，制度文化是由各种规章制度和行为规范共同构成的，是通过教职工的行为表现出来的。"制度文化的核心是行为规范和惯例，行为规范是指教职工应当如何行动的共识，它体现了对行为的期望方式，例如，行为规范描述了教职工在工作中如何传播、分享、创造和利用知识。惯例是指学校在长期的办学过程中为广大师生员工所默认的正式或非正式的工作方式和程序，它对人们的行为规范有着极强的约束力。如果生活在组织中的人不遵守组织的惯例，他就会面临被唾弃或排斥的威胁，就会感受到工作或生活的巨大压力。"① 制度文化体现了学校在管理上的文化个性特征。第三，精神文化包括学校价值观、学校精神、职业道德等。它是学校组织文化的最深层次，也是学校组织文化的源泉。精神文化的核心是学校价值观。学校价值观是指学校期望达到的价值目标，这种价值目标又细化为教职工对特定结果或行为的偏好，它包括价值倾向、实现价值的行为准则、价值评判的标准和价值理想四个方面，它决定了人们赞赏什么、追求什么和反对什么。在学校组织文化这三个层次中，物质文化和制度文化具有外显性，它们以其外在的形式体现了学校组织文化的特色，体现了学校所特有的精神，改变起来相对容易。精神层面的文化深深根植于文化的底层，是最根本、最稳定的，它决定着物质文化与制度文化两个层面，具有隐性的特点，往往难以改变。

舍恩认为，学校组织文化中的价值观层面最重要，如建设什么样的学校、培养什么样的学生、怎样培养学生、学生对学习的理解、对学习内容方法的选择以及建立什么样的师生关系等方面都体现着学校的价值观。学校的主流价值观最终体现在教师在学校的生活和工作方式中，将决定、影响和形成教师的教育意识、生活态度及行为方式。②

学校文化变革本身就是为了提升学校的持续竞争力，其主要内容就是构筑有价值的、不可替代的学校文化，而学校文化是学校各群体的主流价值观的代表，是在整合了各群体的价值观基础上的价值体系。所以价值体系是学校文化的灵魂，只有当学校文化指涉的是学校主流价值观的表征，才是学校文化变革富有成效的必要条件，才能确保和促进学校的内涵发展。所以在学校文化变革过程中要注重对文化的反思，具体来说应该做到以下诸方面的工作。首先，在认识层面，

---

① 徐建培．论学校组织文化建设［J］．当代教育科学，2004（12）：7.

② 罗宾斯．组织行为学［M］．孙健敏，李原，等，译．北京：中国人民大学出版社，1997：526.

学校管理者应准确地理解把握学校文化变革的价值内涵。注重平时的理论积累，树立反思意识，辩证地看待理性在学校文化变革中发挥的作用。从多元的角度看待学校文化变革的价值内涵，避免盲目崇拜和迷信工具理性。其次，在实践层面，学校管理者可以采取合适的行动在学校成员中推广和渗透这种对学校文化变革内涵加以反思的意识和习惯。比如，可以邀请专家学者为全校教师开设相关讲座，鼓励教师阅读相关书籍并开展交流，体会相关的心得和感受，使这种反思意识在行动中加以体现，并能持之以恒地衍生为学校文化的组成部分。这样，在逐步反思过程中，教师的价值观念逐步统一，并能内化为学校变革的动力，学校的精神文化得以重塑，学校文化变革得以实施。

三、学校组织变革场域的行动者与场力

（一）行动者

1. 变革中的行动者

詹姆斯·科尔曼认为[①]，最基本的系统由两种元素组成，第一种是行动者，第二种是某种事物，即所谓“资源”或“事件”。行动者和资源之间是控制关系与利益关系，行动者控制着这些事物，并从中得到利益。这里的行动者实际上是社会系统活动的主体。具体到学校场域，学校是由个体要素根据一定的组织结构而组成的组织系统，这种组织系统有其特殊性，即学校是培养人、塑造人的组织，这有别于其他生产物化产品的组织。学校组织中有两类个体：教师（包括管理者）与学生，我们分别称之为教育个体与学生个体。作为教育个体的一方负责培养作为学生个体的一方，双方构成学校活动的主体。学校变革离不开这两类主体，由于教师在教育活动中起着主导作用，是学生学习的引导者、支持者、促进者，所以教师在学校变革中起着重要作用，是变革中的教育主体。在此，学校变革中的行动者就是指教育个体。在学校组织变革场域，行动者会有各自的行为选择。基于不同的价值追求、权力关系与利益选择，行动者在学校变革中会有不同的行动逻辑，这种行动逻辑也决定了学校变革的成效。学校变革可以分为不同层次，不同层次蕴涵着不同的内容。学校组织变革就是以教育个体的变革为核心，对学校不同层次进行的整体变革。

教育在本质上是人的社会性活动，是对人的生命的观照与意义的实现。雅斯贝尔斯认为，“教育必须在人与人之间进行精神交流和对话，如果一种教育未能触及到人的灵魂，未能引起人的灵魂深处的变革，它就不能成为教育”[②]。作为学生个体的生命成长是教育的本真目的，教育之根本是促进个体的全面发展。个体的生命价值是教育的根本价值，离开了学生个体的生命活动，就谈不上有什么

---

① 科尔曼．社会理论的基础［M］．邓方，译．北京：社会科学文献出版社，2008：12.

② 雅斯贝尔斯．什么是教育［M］．邹进，译．北京：生活·读书·新知三联书店，1991：20.

教育，就失去了教育的真正意义。教育就是要为学生的生命发展服务，为学生的健康成长创造良好的环境并提供合理可行的方法指导，最终让学生主动自觉地发展成人。“教育价值有各种定义和各种逻辑划分，但人始终是根本，教育只有通过培养出有价值的人才能实现其完整的价值。”① 所以，学生个体的全面发展是学校的根本，也是学校变革的根本。学生个体的健康成长离不开教师的培养，学生个体的生命价值是由教师来实现的，教师直接面对的是学生的生命个体，教师要培养并塑造作为学生个体的价值，这是一项直面生命、提高生命价值的事业，因此在学校组织活动中居于核心地位。教师培养并塑造学生主要是通过课堂教学这种形式，在课堂上教师具有很大的支配权，教师采用何种方法、何种手段如何培养学生等这些很大程度上由教师自由决定，因此，教师在学校教育活动中具有主导作用，学校教育正是通过教师的培养来实现学生个体的生命价值。

学校组织变革中的核心因素是个体，学生个体的培养要靠教育个体来完成，教育个体是学校变革的组织者、实施者、促进者。在这里，教育个体是指校长、中层领导与教师，他们根据学校具体实际组织设计学校变革的方案，制定变革的计划策略，并把变革方案付诸行动，使学校变革达到目标。因此，教育个体在学校变革中居于核心地位。教育个体的变革态度、变革热情、变革能力等方面影响着变革的成败。如果个体积极参与学校变革，并掌握变革所必需的技能，那么学校变革就有可能取得成功。相反，如果个体参与变革的热情不高，或者缺乏变革所需的必要技能，那么学校变革可能归于失败。个体水平上的变革是一个学习的过程，必须经历一个个体的理解、态度和行为都在发生变革的历程。美国学者吉纳·E. 霍尔、雪莱·M. 霍德强调要重视变革中的个体作用，“虽然人们已经对学校的结构、策略和其他一些能够改变的学校特征进行了关注，但对其中最为重要的因素——人，却极少留意，其实，真正需要变革的恰恰就是人以及他们是如何在教室、学校、学区和州中实施变革的”②。在别人深入研究的基础上，他们提出变革的个体不仅仅是那些改变自己实践的实施者们，还包括那些推动和促进实施者们这样做的个体。作为教育个体的教师、校长以及中层领导在学校变革中扮演着重要的角色，因此在学校变革中我们必须重视教育个体的因素。

2. 教育个体的行动逻辑

学校变革涉及学校原有的教育观念、教学方式、日常管理等方面，是对学校整体方面的变革。作为变革的根本推动力，教育个体会在变革中基于自己的行动逻辑而作出行为选择。这种行动逻辑就是教育个体的价值追求、权力关系与利益选择的复合。价值追求是引导与规范个体教育教学行为的精神内核，是个体参与

---

① 吴亚林．人的生命价值与学校教育［J］．教育研究与试验，2005（4）：11.

② 霍尔，霍德．实施变革：模式、原则与困境［M］．吴晓玲，译．杭州：浙江教育出版社，2004：34.

学校变革的内在动因。权力关系往往是变革中个体追逐的目标，影响着个体在变革中的行为表现。利益选择是支撑与推动个体开展教育教学工作的物质条件，是个体参与学校变革的外在保障。作为一种现实活动选择，教育个体的行为选择不仅仅是一种心理需要的选择，同时也是一种复杂的利益考虑。个体的行为是在动机支配下为达到一定目标而进行的活动，动机是在需要的基础上产生的，需要是产生个体的行为选择的根源所在。个体的需要是多样的、有层次的，其行为选择受主导需要（优势需要）支配明显。当个体的某种需要没有被满足，那么就会产生满足这种需要的行为动机，就会激发个体的行为选择，所以行为选择是需要与动机的外在表现。个体有什么样的需要与动机，就会有什么样的行为选择。由此可见，需要是动机产生的基础，动机是行为选择的内在动力，行为是满足需要以实现目标的活动，需要、动机与行为之间存在着直接的、因果式的关系。

教师个体的行为选择是教师个体需要与职业角色规定相结合的产物。教师个体角色行为是从个体需要出发而形成的符合自己认知结构的外在体现，是内在需要与外在目标的统一。教师作为知识层次、智力水平较高的个体，思想活跃，崇尚科学，追求真理，富于理智，具有较强的自主意识，在自己的领域追求自我价值的实现。“学高为师、身正为范”是对教师职业角色的内在规定与约束。特殊的职业活动和职业素养使教师追求一种强烈的心理满足需要。教师具有较强的事业心和社会责任感，在基本的生存需要得以满足的基础上，教师追求更高层次的精神需求，渴望自身的付出得到社会客观而公正的评价、认可和尊重，期望享有较高的社会荣誉和地位。在教育教学事业蓬勃发展的进程中，最大限度地体现自我价值，这构成了教师主导需要的高层次性和精神性特征。除了精神的满足与价值的追求，教师个体还有对权力与利益的选择，对利益的追求是教师得以生存发展的保障。随着社会主义市场经济体制的建立，市场经济观念对学校教育与教师的影响也越来越大。物质利益需要日益成为教师行为选择的重要因素。从工作中获得合理而公正的报酬，生活得更加体面、舒适已成为教师的现实需要。因此，越来越多的教师从经济的视角出发，分析自己的投入与产出、付出与所得，全面权衡自己的利弊得失，进而对日后的行为作出判断与选择。这样，基于不同的价值追求、权力关系与利益选择，教师个体进行不同的行为选择。教师个体的广泛性决定了行为选择呈现出多层次、多样化趋势，这也衍生出教师利益需求的差异与利益矛盾的碰撞。出于满足不同的需要层次，教师行为选择表现出一定的层次性和多样化的态势。这种行为选择可以分为三种：“单纯精神性需要为主——无私奉献型。这部分教师具有强烈的事业心和社会责任感，无私的奉献精神，坚定的信念和高尚的道德情操，将个人利益得失置之度外，自觉自愿地选择努力行为，独自承担外部社会成本而无怨无悔。这种行为选择只是极少数教师。单纯物质性需要为主——机会主义型。基于信息不对称，教师努力程度难以有效监督和评价，会出现‘败德’行为，如工作不努力，没有事业心和责任感，消极怠工，把主要精力投放在社会兼职上，造成教师隐性流失，直接影响工作绩效。这种类型选择也是少数教师。精神性需要和物质性需要相结合——等价交换型。这部分教师出于精神性需要和特质性满足的利益权衡，要求自身的付出（努力）与所得、投入与产出对等，按劳取酬，按酬付劳，行为选择取决于激励和约束机制，大多数教师属于这种选择。"①

在学校变革中，教师会基于价值追求、权力关系与利益选择而进行自己的行为选择。如前所述，由于不同教师个体对学校变革中的价值追求、权力关系与利益选择的期望不同，因此我们把他们分为无私奉献型、机会主义型以及等价交换型。大部分教师是属于等价交换型的，也就是精神性需要与物质性需要的相互结合。在当前市场经济条件下，教师的物质性需要显得更加明显，教师越来越多地从物质利益的角度出发思考处理问题。这样，教师的不同期望尤其是对物质利益的期望导致了学校变革中不同的行为选择。教师不仅会计算变革过程中可能获得的收益，而且会计算参与变革的成本，以此来决定是否推动学校的变革。如果教师认为从学校变革中获得的收益（这种收益包括物质的，也包括精神的）小于参与学校变革的成本时，教师可能就会抵抗或阻碍学校变革。如果教师认为从学校变革中获得的收益大于参与变革的成本时，比如，新课程改革的推行，尽管新课程改革的理论研究工作已经比较充分，尽管之前对新课程改革进行了必要的宣传动员，尽管之前组织相当的人力进行了相关的课程培训，但是在实际上大多数学校的教师对新课程改革表现得并不是那么积极。根本的原因是没有调动起教师参与新课程改革的积极性，也就是没有相关的激励措施尤其是物质激励措施推动教师参与新课程改革。

不同的教育个体会基于不同的价值追求、权力关系与利益选择而产生不同的行为。价值追求、权力关系与利益选择是学校变革中教育个体行为选择的三个维度，三者的共同作用就产生了他们的行动，对三者不同的偏好导致教育个体不同的行为选择，他们就是遵循这样的行动逻辑来参与学校变革的。因此，我们在学校变革中不仅要看到教育个体的行为选择，更要研究行为选择背后的逻辑与动机，这有助于我们把握他们的行动逻辑，并采取措施激励教育个体，使每个教育个体的行为都能聚合形成变革的有效场力，推动学校变革的进行。

（二）场力

学校变革是组织场域的革新，它与学校组织特性、组织文化、组织氛围等密切相关。如前所述，学校组织的文化认知基础、对强制度环境的依赖性以及对合法性的追求致使学校组织变革陷入困境。那么，如何使学校组织变革脱离困境？换言之，学校组织变革的根本动力在哪里呢？在学校组织变革的场域，价值、权力、利益等要素共同作用于每一位行动者，每一位行动者都会基于自身的逻辑判断作出行为抉择，这种行为会对学校变革产生或积极或消极的影响。变革场域中

---

① 梁若冬．教师行为选择的激励制度构建［J］．教书育人，2004（1）：51.

的所有行动者的行为集合在一起，会形成一种场力，也是所有行动者的合力，这种场力作用于场域的四个层次，促使学校场域的四个层次发生变革，进而实现学校变革的目标（如图1－4）。

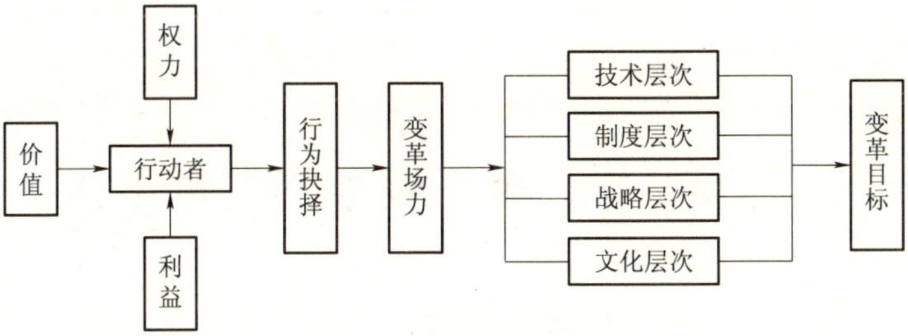

图1－4 学校组织变革场域的场力

我们可以用力的三要素来考察学校变革形成的场力。力的三要素包括：大小、方向与作用点。在此，场力的作用点是变革中的行动者。从场力的方向来考察，会出现下面三种可能：

第一，如果行动者形成的场力是积极的、正向的，那么就能推动学校组织变革；第二，如果行动者形成的场力是消极的、负向的，那么就会阻碍学校组织变革；第三，如果场域不能形成场力，那么说明每个行动者的力量已经此消彼长，相互抵消。

同时，学校变革场域形成的场力的大小也会影响变革的进行，这也会出现三种可能：

第一，如果行动者的行为大多都是正向的、一致的，那么形成的场力就会比较强大，就能有力地推动变革；第二，如果行动者的行为大多都是负向的、一致的，那么形成的场力也会比较强大，只是这种强大的负向场力会阻碍变革的进行；第三，如果行动者的行为正向的与负向的都存在，而且数量相当，那么他们这些行为产生的力量就会相互抵消，几乎不能形成组织场力，也就难以推动变革。

由此可见，场力的大小与方向对学校变革至关重要，它直接影响着学校变革的进展。因此，要使学校变革取得成功，就要使学校变革场域形成的场力是正向的、强大的。

那么如何使学校变革场域形成的场力是正向的、强大的呢？这就需要激发行动者个体的正向积极力量。因为唯有每个行动者各自的力量都是积极的、正向的，才能使由每个行动者形成的场力是正向的、强大的。组织变革需要诉诸微观层面的因素，而微观层面的因素是行动者个体，个体因素是组织变革的直接推动力，组织变革的根本动力在于个体，在于激发个体的变革动力。学校组织亦不例外，学校组织变革的根本动力在于教育个体，在于激发教育个体参与学校变革的动力，这也是组织场力的源泉，场力的大小方向取决于教育个体参与变革动力的大小方向。学校变革中的教育个体可以包括学校管理者、教师、学生等，在不同的语境中所指不同。在此，我们所说的教育个体指管理者与教师。在变革场域中，教育个体既关注精神满足与价值追求，也寻求物质实现与利益获得。价值、权力、利益等作用教育个体，使教育个体在变革场域中作出自己的行为抉择，进而影响着变革场力的形成。

第三节　学校组织变革的推进策略

学校组织变革是一个复杂的系统过程，变革要真正实现人的转变，把先进的教育教学理念转化为日常的教育教学行为，这是对传统理念决裂与扬弃的过程，这个过程是复杂的、艰辛的。

一、学校组织变革成功影响因素的探索性研究

（一）学校组织变革的维度

对学校组织变革研究的理论综述中可以看出，学校组织变革可以分为发展规划、学校文化、课堂教学、班级管理等诸多方面，同时，学校组织变革关注人的观念与行为，人是变革中的核心要素。此外，我们可以借鉴对企业组织变革的研究。彼得斯（Tomas Peters）和沃特曼（Robert，H. W.）提出了有效组织的7S模式，通过系统的思维方式来分析组织。他们认为组织变革应该包括七个因素：共享的价值观、战略、结构、体系、管理风格、人员以及技能。以美国GE公司的变革为典范的企业组织变革包括了战略、组织、流程、技术、人员与文化这样六个层面。根据前面对学校组织变革的场域分析，我们把学校组织变革分为这样四个维度：战略变革、技术变革、制度变革与文化变革。这四个维度都是与人的因素高度关联的，因此我们可以把学校组织变革的维度与人的认知与行为结合起来。

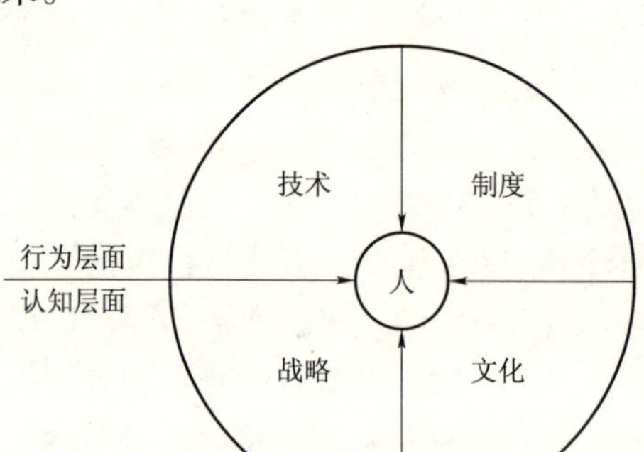

图1-5　学校组织变革维度

在这四个维度中，技术与制度更多是为了改变人的行为，处于变革的表层。战略与文化则更多地与人的认知改变相关，处于变革的深层。任何学校的变革都会涉及这四个方面中的一个或几个方面，都会或多或少地改变人的认知与行为。具体来说，这四个维度有不同的内涵。

技术变革主要是指学校变革的具体方面的变革，它既包括学校课堂教

学手段、方式、方法的变革，也包括学校思想教育方法与途径的改进，还包括学校现代教育教学设备与技术的更新等。

制度变革既包括学校内部组织结构的优化，也包括学校人事制度、分配制度等内部管理制度的调整，这是学校得以正常运作的前提与基础。

战略变革是指学校发展规划的制定与调整，这主要包括确定学校发展的远期目标与愿景，制定实施的步骤与实现阶段，以此来激励并带领学校的发展与变革。另外，学校与外部环境的关系调整也属于这一范畴。

文化变革是指学校文化的建立与塑造，包括对原有文化的更新与重塑等。文化变革是对学校软实力的提升，文化变革大多与学校其他方面的具体变革结合起来，通过学校文化的建设来提高学校的整体凝聚力与影响力。

（二）学校组织变革成功影响因素的理论分析

对学校变革成功的影响因素进行分析，我们可以从内部与外部两个方面进行考察。

1. 内部因素

内部因素是影响组织变革成功的核心因素，它是组织变革能否成功的关键。内部因素有这样几点。

（1）校长。学校变革往往是从校长发起的，校长是学校变革的领导者。校长的办学思想、教育理念、领导艺术、管理方法、才智水平等都对变革产生着直接的影响。校长要充分发挥自己的领导才能与聪明才智，带领学校教师进行变革，努力达到变革的目标与愿景。

（2）教师。教师是学校变革的推动力与执行者，是变革的真正实施者。学校变革是对学校原有制度与具体做法的更新与改变，是对原有传统的破坏与革新，这可能与教师的某些价值观念与习惯发生冲突，可能影响到教师的切身利益，也可能会引发教师的不理解，因此可能会遇到教师的抵抗与阻碍。所以，学校变革一定要注意对教师的引导与激励，激发教师参与变革的动力，使他们真正参与到变革中来，这是变革能否成功的关键。

（3）文化。文化是学校在发展过程中形成的价值观念、伦理道德、精神风范等意识形态的总和，每个学校都有自己相对稳定的组织文化。文化对学校变革的影响是内隐的，学校变革必须考虑到文化因素的影响。文化一旦形成就具有很强的稳定性，如果变革与学校原有的文化抵触太大将很难获得成功，因此变革要充分考虑学校原有的文化因素，逐步使学校原有文化发生变化。

2. 外部因素

（1）政府。一方面，政府是学校经费与资源的主要来源；另一方面，政府通过制定政策法规、确立办学质量标准、人事调配及任免、督导评价等方式手段对学校进行宏观管理。如果没有政府必要的经费投入与资源支持，学校生存也就难以为继，也就谈不上进行学校变革了。当然，学校变革必须在政府政策法规允许的范围内进行，而不能违背相关的政策法规。

（2）家长。家长是学校教育的重要力量，许多研究证明，家长与学生教育的联系越密切，其对学生的发展与教育成就的影响就越大。教师需要在实践工作中加强与家长的联系与合作，共同帮助学生健康成长。家长也越来越多地参与到学校管理与变革中，其在学校教育的声音也日渐增强。

（3）资源。学校变革需要必要的资源支持，这包括人力、财力、社会支持等。有了必要的社会资源，学校具备了变革的必要条件，这样变革的成功度就会增强。

二、学校组织变革的推进策略

学校组织作为教育系统的基础建制，受到场域内各种力量的影响与制约，其自身形成了一套相应的制度逻辑与意义系统，因此变革过程并不是一种简单的线性逻辑，而是各种因素各种力量共同作用的过程。学校变革要从组织自身的内在特性出发，重新认识学校，重新认识个体，揭示变革的内在机理。学校变革首先需要理念的更新，通过理念的更新来引领变革的进行，然后在此基础上创造适宜的变革空间，具体推进变革的进行。

（一）走向基于正义的合理性

强制度环境中的组织会通过结构的调整与制度要素的整合，为其行为提供一种合法性的解释，这样组织就具有了合法性，并运用这种合法性来加强和保障它的生存。如前所述，作为一种强制度环境中的组织，学校为了获得政府与家长的资源投入与支持，学校会追求基于表现的合法性，以实现学校的生存与发展。追求基于表现的合法性会使学校过于关注外部的因素，迎合外部力量的需求，而往往忽视了自身的发展规律，忽视了内部主体的诉求。这样不利于学校的整体发展，因此，学校变革需要改变这种格局，首先需要变革理念的更新，理念的更新能引领学校变革的顺利进行，提高变革的效果，这种理念的更新就是走向基于正义的合理性。

从语言学意义上看，合理性可以被理解为合乎理性。韦伯最早把人的行为方式分为两类：（合）理性行为和非理性行为，他严格区分了价值和事实、目的与手段、实体系统与形式系统等一系列概念范畴，并把（合）理性分为价值合理性（实质合理性）与工具合理性（形式合理性）。价值合理性是一种主观合理性，是关于不同行为目的和后果的价值关系的认识和判断，工具合理性是一种客观合理性，是关于不同事实之间因果关系的判断。价值合理性与工具合理性构成了合理性的内涵。伯纳德·巴伯认为“理性思维”就是合乎逻辑规则①，从这个意义上理解，理性的思维和行为方式合乎事实之间的因果关系，合乎客观规律，合乎逻辑规则。反之，如果某种思维和行为方式脱离了事实之间的因果关系，违背了客观规律，违反了逻辑规则，它就不是理性的思维和行为方式，不是合理性的而是非理性的。② 人类理性的根本目的是为了获得关于客观世界和人类自身的正确的理解和认识，以指导人类认识和改造世界和社会实践的活动。通过人类理性的观照与科学的思维，发现事物的客观规律，遵循逻辑规则，使活动获得一种合理性。

合理性的教育是一种与“实然”相对应的范畴，是指学校教育教学符合客观事实和科学规律。个体在追求一定的教育教学目的或实现一定的教育理想的过程中，能够比较客观地分析当前的形势和任务以及开展教育活动过程所需要的条件，保持一种理智的倾向性，按照相应的教育教学规律开展各项活动，从而使学校教育具有合理性。学校变革也要遵循合理性，使变革实践符合客观事实和科学规律，我们可以从工具合理性和价值合理性两个方面来把握。

学校变革的工具合理性是指在学校变革过程中学校的教育实践活动应遵循可操作的程序或原则，符合一定的逻辑顺序，所采用的手段和方式应是正当、公开的。学校变革的工具合理性解决的是学校变革由谁或谁有权组织实施，如何进行落实、如何对变革进行监督等问题，它确保变革的决策、推行及监督能够遵循严格的程序性标准，按照既定的程序和秩序进行。学校变革的工具合理性要保证变革是基于解决现实的问题，变革要符合一定的教育教学规律而不是为了迎合上级部门的要求而违背教育教学规律。针对学校的具体实际进行有针对性的变革，采取一系列行之有效的措施推动变革而不是让变革流于形式。这种工具合理性既包括采取必要的教育教学技术与先进的教学设备，更包括学校变革方案具有可操作性，结合学校实际采取合理的教育理念、教学手段与教学方式。通过这样合理性的程序与方法来推动学校变革。学校变革工具合理性的实现，依赖于变革实践中的一系列原则性的价值要求，这些价值要求主要包括：第一，学校变革决策的程序化和正当化。程序化要求学校变革的决策从封闭走向开放、透明，按照科学的步骤进行。正当化要求学校变革的决策既具有目的的正当性又具备手段的正当性。第二，学校变革执行机制和监督机制的公开化、透明化。变革处于教师的监督之下，接受教师的监督。工具合理性保证学校变革遵循科学规律，符合教育教学的实际，不受学校中的群体或者个人意志的影响与左右，从而使学校变革可以取得一定的实效。

学校变革的价值合理性，是指学校变革所选择的价值标准、所追求的目的应该合乎一定的价值原则。价值合理性是对学校变革的道德指向和约束。任何学校

---

① 巴伯．科学与社会秩序［M］．顾昕，等，译．北京：生活·读书·新知三联书店，1991：7.

② 刘复兴．教育政策的价值分析［M］．北京：教育科学出版社，2003：138.

变革都应有一定的价值向度，这种向度指导着变革的进程，贯穿于变革的始终。没有这种价值向度，学校变革就容易失去变革的方向与意义。学校变革在变革之初就体现了变革者的观念、目的和意愿，就具备一定的价值基础，但这种价值基础不一定引领学校变革的正确方向。学校变革的价值合理性涉及的是以何种价值观来进行学校变革。学校变革是维护学校的教育功能、实现学校的社会使命。这种价值合理性当前就表现为学校变革的育人取向，学校变革应体现学校的“为了人的发展”的精神，应保障学校的教育资源能为全体学生平等地享用，而不应该成为歪曲教育价值、扭曲学校功能、复制社会不公的工具。学校变革的价值合理性的关注焦点在于学校变革与人的发展之关系上，这需要相应的学校教育制度来保障，而对教育制度或者整体的学校制度的要求是教育公正①，这是制度对整个社会教育的责任。唯有秉持公正的育人取向，学校变革才可能具有价值合理性。

价值合理性是学校变革的根基，相对于工具合理性来说它具有优先性。价值合理性与工具合理性是合理性的不可分割的两个方面，它们是目的与手段、内容与形式、结果与过程的关系。价值合理性确保学校变革可能达到的结果符合大多数人的利益，工具合理性通过对变革实践中的公正、正当的原则性规定，保证变革目的的实现。价值合理性的实现需要借助于每一个具体环节上的工具合理性、在一系列的程序保证下才能得以实现。变革的各个环节都是为实现特定的目的服务的。如果说价值合理性表征的是目的的话，那么工具合理性就表征着过程，是实现目的的过程。二者统一在学校变革过程中，学校变革在价值合理性的引领下实现工具合理性，通过一系列过程而达到变革目的。

在宽泛的意义上，学校变革的合理性需要正义的引领，变革要追求基于正义的合理性。罗尔斯在他的《正义论》中认为：“正义是社会制度的首要价值，正像真理是思想体系的首要价值一样。一种理论，无论它多么精致和简洁，只要它不真实，就必须加以拒绝或修正；同样，某些法律和制度，不管它们如何有效率和有条理，只要它们不正义，就必须加以改造和废除。”② 罗尔斯提出了正义的两个原则：“第一个原则：每个人对其他人所拥有的最广泛的基本自由体系相容的类似自由体系都应有一种平等的权利。第二个原则：社会的和经济的不平等应这样安排，使它们①被合理地期望适合于每一个人的利益，并且②依系于地位和职务向所有人开放。”③ 在这里，第一个原则的基本要求是“平等”，每个人作为社会的一员，都应平等地享有自由、权利、财富等社会资源。第二个原则的基本要求是“对不平等的补偿”，社会与经济的不平等，只要其能给每个人尤其是能给那些处于最弱势地位的社会成员带来最大利益和补偿，那么，它也是符合正义原则的。这样，“平等”与“对不平等的补偿”就是正义的最基本含义。罗尔斯

① 王本陆．教育公正：教育制度伦理的核心原则［J］．华南师范大学学报：社会科学版，2005（8）：102.

② 罗尔斯．正义论［M］．何怀宏，等，译．北京：中国社会科学出版社，1988：3.

③ 同②，第60～61页。

认为，纯粹理性的行为主体可能没有任何他们想通过公平合作来发展他们自己的目的；而纯粹合理的行为主体则可能缺乏一种正义感，认识不到别人要求的独立有效性。因此，行为主体的合理性行为需要正义的引领。

罗尔斯对正义原则的阐述对于我们理解学校教育、理解学校教育变革有着重要的启发意义。正义所表达的是对公正平等的诉求，对良好社会秩序的维护。它总是符合社会义理、促进人的发展和社会进步的存在。它推动着我们的社会和学校向着人性化的方向发展。正义之于学校变革的价值合理性有着特殊的意义。因为教育是社会的公共性事业，学校作为教育的实施机构与场所，不仅是社会文化的传播地，还承载着社会的理想与责任，是为每一个人的人生奠基的地方。学校作为一个培养人的场所，是培植个体创造力和传播社会价值的地方。学校为社会的发展服务归根结底是通过培养人这一途径来实现的，而社会对教育的要求也集中反映在对人才的素质的要求上。学校教育要面对所有的个体，实际上，由于每个个体的家庭出身、财富、社会关系、地位等方面的差异，所以他们实际上是不平等的。这违背了罗尔斯正义论的第一个原则。良好的学校教育应该基于每个个体的差异采取不同的教育策略，来补偿个体先天的这种不平等，采用差异原则对不平等进行补偿，那么这也符合正义的第二个原则，但是实际上，我们的很多学校并不是这样。我们的很多学校过于追求成绩与升学率，注重了少数成绩好的所谓尖子生而忽视了多数的学生，而这多数的学生往往原初就是处于不平等地位的，学校并没有给他们应有的补偿，没有采取差异原则对他们进行必要的个别辅导。这样就违背了罗尔斯正义论的第二个原则。我们的学校变革也是如此，很多学校变革的目的只是为了提高学校的成绩与升学率，过于关注少数学生的成绩与利益，而忽视多数学生的权利与诉求。这就违背了罗尔斯正义论的两原则，人为地造成新的不平等。这样的学校变革是为了满足社会对高升学率的要求，过于注重外部环境对学校的期待，而忽视了学校内部自身的规律与主体的合理性诉求，追求一种基于表现的合法性。因此，我们的学校变革要改变这种过于注重成绩的现状，改变追求基于表现的合法性，而要从学校教育教学规律出发，关注每个学生个体，追求一种基于正义的合理性。

表1－1　两者之比较

	基于表现的合法性	基于正义的合理性
组织价值向度	关注外部环境的规制与期待	关注内部规律与主体的诉求
与外界关系	迎合外界环境，依赖性较强	较为独立，自主性较强
关系群体	政府、家长	教师、学生
目标追求	成绩与升学率	价值与创造力
关注对象	关注少数学生	关注所有学生

（二）创造适宜的变革空间

在学校组织场域中，学校资源的获得与经费的投入很大程度上依赖于政府，这种对政府的过度依赖导致学校追求基于表现的合法性。这样，在与学校组织的关系场域中，政府处于强势地位。处于强势的政府可能跨越自己的组织边界，进入学校组织的范围领域，这种越界行为是政府自身权力的延伸，容易导致学校自身应有权力的缺失。同时，学校也要清楚自身的权限，努力维护自身应有的权力。因此，学校变革要明确政府应该干什么，不应该干什么；明确学校应该干什么，不应该干什么，为学校变革创造适宜的空间。

1. 厘清学校的组织边界

创造适宜的变革空间，就需要厘清学校的组织边界，调整政府与学校的关系。首先，需要确定双方的职责与角色定位。政府的职能是对学校进行管理，这种管理主要应该是一种宏观管理与指导。同时，政府承担着学校的经费投入，为学校提供资源支持。政府对资源与权力的集中掌控容易导致政府对学校工作的过度干预，对学校的管理过于微观与直接。政府对学校的审批过多过细，办事程序过于烦琐，这些都影响了学校自身的发展，违背了学校教育的规律。政府的职能与角色存在缺位、越位与错位的现象，这影响了学校的发展与变革。因此，政府不应垄断学校管理的权限，应当对学校适当地放权。政府可以保留应有的重要事项的决策权与控制权，保留对学校进行宏观管理的权限，将其他的一些权限与责任交给学校与社会，赋予学校更多的自主权，变无限政府为有限政府。同时，学校也要明确自身的职能与角色，学校是教书育人的场所，教育教学是学校的根本职能，其他的各项职能都是为此服务的。因此，学校的各项活动都要以此为中心，而不能脱离这个中心。当前学校在很大程度上受到政府的约束与管制，缺乏应有的自主权，进行组织变革的空间有限。这需要政府下放管理权限，赋予学校必要的自主权，为学校变革创造适宜的空间。其次，需要建立与完善政策、法规、制度来规范政府与学校的关系，使政府与学校的各项活动法规化、制度化，约束政府与学校的行为，为学校变革提供制度保障。确立相应的制度规范后，政府要依法行政，为学校提供必要的人力、财力等条件保障，确定教育教学标准，对学校办学行为进行宏观管理与调控。学校也需要依法开展各项活动，执行教育教学标准，接受政府的宏观管理与督导评估。在获得必要的自主权后，学校也具有了变革的主导权与空间，就可以根据本校的实际情况进行组织变革。

2. 营造良好的内外部环境

创造适宜的变革空间需要营造良好的内外部环境，这首先需要学校外部的授权，尤其是各级政府与教育行政部门在制度层面的赋权，以制度规范的方式对学校的自主性给予保障。但是学校的自主并不意味着政府与学校脱离关系，政府放弃监管的责任，对学校的发展变革听之任之，而在于政府能否把本应属于学校的权力还给学校。我国《关于教育体制改革的决定》指出："改革管理体制，在加强宏观管理的同时，坚决实行简政放权，扩大学校办学自主权。"简政放权并非把政府所有的权力都下放给学校，而是"有些下放给社会中介组织，有些下放给学校；而下放给学校的权力，有的是下放给校长，有的则是下放给学校委员会，有的则是下放给学校各种各样的专业小组、工作小组或教师专业团体"①。学校所拥有的自主权包含办学的自主性、财产的独立性、人事的自决性、教学的专业性等内容。这些自主权是学校开展变革的前提，为学校变革提供了有效的空间。

其次，创造适宜的变革空间还需要在学校内部营造良好的环境氛围。要使变革得到广泛的认同，必须在变革实施之前进行有效的沟通。学校组织变革必须首先在高层领导者内部达成共识，然后还需要得到中层管理者的支持。如果高层领导者内部无法达成共识，甚至互相唱反调，那么变革就会缺乏强有力的领导，也不可能得到广泛支持。同样，变革如果不能得到中层管理者的支持，那么具体的方案实施也就难以传达贯彻下去。

最后，也是最重要的是变革还需要得到广大教师的支持，唯有如此，变革才能真正得以实施并取得成效。这就需要了解教师对变革的基本态度，在此基础上需要通过舆论宣传，就变革的目标、范围、方法等各方面的问题进行沟通，通过充分的沟通与解释让教师了解变革并认同变革，使全体教师产生危机感而理解变革的必要性和迫切性，通过创造机会让教师表达他们对现状的评价，对变革过程的希望和建议，来为变革预热，使教师成为变革中的一分子而不是旁观者。这样既有利于确保计划内容的科学性，也能够调动员工的广泛参与，而这本身就具有激励作用。通过这样一些措施，为学校变革营造有利的空间与良好的氛围，推动变革的开展。

（三）形成多层次的活动参与机制

1. 扎根于课堂实践

学校变革需要体现在教育实践中，教育实践是以学校课堂教学为基点的，因此学校变革最终需要落实到课堂教学上，扎根于课堂实践，以课堂教学变革为出发点与归宿。课堂教学变革需要改变原有的过于关注知识与技能的观念，关注学生个体的价值培养与实现，通过课堂的师生主体交往有机地生成课堂教学活动。

（1）关注教学实践中个体的价值

在我们当前的学校教学实践活动中，大部分教师的日常教学还停留在传递知识的层面，即使有少部分教师关注到学生技巧、能力等方面的培养，但这些也往往是知识的点缀。多数教师还是以学生掌握知识多寡为重点，以学科教材传授为中心。这与我们倡导的以学生为本的价值理念相去甚远，这种教学缺乏对学生作

---

① 范国睿. 政府·学校·社会［J］. 教育发展研究，2005（1）：14.

为生命个体的多方面发展需要的关注，更多的是对学生的单向度的知识传递，以完成具体知识目标为宗旨，知识本身成为了目的，知识控制了学生，控制了课堂教学。这种教学导致师生缺乏有效的互动，课堂教学枯燥、沉闷、程式化，缺乏生气与活力，难以激发学生个体内在的生命活力。课堂教学的工具价值压抑了个体价值，教师与学生失掉了对生活与学习的感悟、兴趣，这也就是学生厌学、教师厌教的原因所在。

课堂教学是教师与学生人生过程中的重要经历，是作为个体生命意义的组成部分。它是学生学校生活的最基本的意义单位，直接影响着学生个体价值的养成，是学生个体的生命成长的重要经历，直接影响着学生人生观、价值观的形成。而传统课堂教学的方式使得教师与学生不再作为一种“人”而存在，个体的价值处于迷失之中。“教师成为照搬复印书本教材内容的工具，自身的创造性理解意义得不到发挥；学生成为一种被动知识授受的容器，他们的心灵和精神世界为理性所占有，作为‘自我’的主体性没有或难以得到发挥。”① 因此，课堂教学要关注教师与学生个体的价值，它不仅仅是学生成长的组成部分与特有方式，也是教师自己生命价值的体现与自身发展的实现。所以，学校变革要关注教学实践中教师与学生的个体价值，激发教师个体的生命价值，转变课堂教学方式与手段，并以此带动学生个体生命价值的实现。

（2）注重师生双方主体间的互动生成

工具理性的课堂教学以向学生灌输知识为本位，教学目标更多的是关注学生知识的获得而忽视学生情感培养与精神世界的丰富；课堂教学方式更多的是以获得科学知识为旨趣的系统讲授和理性探究，而缺乏的是学生亲身体验和感悟。这种课堂教学背后实际上是师生双方一种主体与客体的关系，学生是被作为客体来看待的，这是一种传统认识论的观点。传统认识论下的课堂教学缺乏对学生作为人的关注。这促使我们对师生关系进行重新的审视。由于教育的对象是学生，是活生生的生命个体，他们是有思想、有意识的。因而我们不能简单地把它们当做自然物、客体来看待，不能简单地用“主体—客体”或“主体—中介—客体”的模式来审视学生，而应运用“主体—主体”或“主体—中介—主体”的模式来理解学生。教师和学生同为教育的主体。二者是人与人之间的关系，而不是简单的人与自然或人与物的关系。同时，师生之间这种关系是交互性的，而非对立性的；是主体与主体之间的，而非主体与客体之间的。

在教育活动中，作为主体的教师和学生之间的交往是交互的，交互的双方作为整体性的存在，每一方都不可或缺。师生双方在这种全方位的交往中相互影响、相互作用、相互交流，不断重构原有的知识结构和认知水平。它是双向度的交流，而不是单向度的灌输。师生双方在课堂上的互动交流是动态生成的，而不是也不可能是预先设定的。这种互动生成是双方作为主体的共融共生，是主体间

---

① 赵文平．追寻存在的意义：当代课堂教学改革的价值取向［J］．当代教育科学，2008（24）：37.

的意义的追求与共享。作为具有主体性的存在，教师与学生不会满足于生命支配的本能生活，而是利用自身的主体性去创造生活的价值和意义。学校变革要重视师生双方这种主体与主体之间的关系，建构双方主体间的良性互动，践行课堂教学变革的意义。

2. 构建学校专业结构

当前，学校组织结构具有科层制组织的特点，这种组织结构形态强调管理的制度性和规范性，设计了一系列的组织原则，主要包括劳动分工、非人格化、层级结构、规章制度、职业取向等。劳动分工造就了专家，非人格化取向的专家会根据事实作出合理正确的决策。一旦作出合理正确的决策，层级结构就能保证遵从规章制度，保证组织内部各要素的顺畅运行。最后，职业取向激励员工对组织忠诚，鼓励额外的努力。通过这些组织原则，组织能达到理性决策和管理效率的最大化。科层制组织通过建立组织常规的运作流程，使组织工作程序规范化，从而使组织的许多问题得到迅速有效的处理，具有很高的组织效率。但是，这种组织结构在追求效率最大化的同时，也有其自身难以克服的功能障碍。它忽视了员工的情感因素，使得他们循规蹈矩，容易感到枯燥导致士气低下，这样容易使组织僵化而失去活力，缺乏应变能力而降低组织的效率。同时，层级结构会有损于沟通，导致组织成员交流的障碍与失真，职业取向晋升的依据是成员的资历与成就，这也有可能会引起成员的不满与冲突。

表 1-2　科层制组织的特征、功能与障碍

科层制组织特征	功　能	功能障碍
劳动分工	专业知识造就了专家	单调、枯燥
非人格化	理性化	缺乏士气
层级结构	层次明确，强调服从与协调	沟通障碍
规章制度	维持组织持续发展、稳定统一	僵化、循规蹈矩
职业取向	激发成员的工作热情与忠诚	成就与资历的冲突

我国的学校组织在很大程度上具有科层制组织的特征。在科层制组织中，权力是集中的，并且是自上而下流动的。体现在学校中，学校各部门的运作是分割式的，校长与教师和学生之间缺乏有效的互动。校长处于层级结构的顶端，具有最终的发言权。校长以行政命令和规章制度来管理学校，教师、学生只是被动地接受校长的指令，这样就忽视了教师和学生的自主性，不能充分发挥他们的积极性和主动性，不能使他们很好地参与学校的管理决策。因此，科层制的组织结构并不适合学校组织，我们需要转变学校科层制的组织结构，转变为能调动教师专业权力的专业结构。

专业结构是由专业人员作出重要决策并进行管理的结构，群体成员是拥有专业知识、有能力作出组织决策的专业人员。规则与程序的作用是指导，而不是必须严格执行的划一的形式。[①] 这种结构是相对松散的、流动的、非正式的，教师专业人员拥有参与组织管理决策的权力，学校各项活动都由教师进行决策与组织，管理人员是为教师服务的，进而推动教学过程。在这种专业组织结构中，有高度专业化的人员、多元化的目标与高度自治的教师。学校是由教师的专业活动组成的，并不是依靠校长的行政命令。校长的权力也不再仅仅来自于其职位的权威，而更多是要依赖其专业知识与能力进行领导与管理。校长的行政权力也逐步为专业权力所取代，校长与教师之间也不再是上下级垂直的关系，而是处于一种水平状态；不再是领导与被领导的关系，而是一种平等关系。校长与教师组成学校的专业共同体，共同决定学校的各项事务。这种专业组织结构依赖于专业人员的专业知识与能力，不管是在稳定的还是复杂的环境中，专业组织都具有高效能，专业组织的可信度来自于其专业人员。学校组织就要由科层制组织结构变革为专业组织结构，通过这样一种专业结构赋予教师等专业人员专业权力，发挥其专业知识优势，促进学校组织与学生个体的发展。

表 1－3 科层制组织结构与专业组织结构之比较

	科层制组织结构	专业组织结构
结构特质	较为严格的层级结构，强调服从与协调	各方结成专业共同体，倡导平等合作，结构较为松散、灵活
内部关系	各层之间是上下级的垂直关系	各方处于水平的平等关系
决策机制	组织决策管理集中于少数领导	专业共同体共同决定
管理方式	行政命令	专业知识

通过对学校管理部门的简化合并，使组织结构扁平化，提高学校日常管理的效率。如将学校管理机构逐步由原有的校长室——教导处、政教处——年级组、教研组三级管理向校长室——年级组、教研组二级管理过渡。这样就撤销了教导处和政教处两个中层机构，校长室直接面对年级组和教研组，去除了中间环节而直接关注基层，扩大年级组与教研组的权限。通过重新修订年级组长和教研组长的职责和义务，制定二级管理中占据主要地位的组室制度，这样就提升了组室长在学校管理中的地位和作用。

3. 推动学校制度创新

学校变革就是要完善学校的各种制度，实现学校制度的创新。学校制度创新的首要任务是完善学校各项规章制度，真正实现由“人治”走向“法治”。我们

① 霍伊，米斯克尔．教育管理学：理论·研究·实践［M］．第7版．范国睿，主译．北京：教育科学出版社，2007：96.

的学校制度在很大程度上是不完善的，学校的日常运作有过多的个人主义的色彩，个人的行政命令往往代替了应有的制度建设，这导致学校活动的主观性与随意性。学校内部制度的健全与完善，是实现学校教育法制化的重要途径，它使得学校日常运作和个人行为有法可依。“对于管理者来说，学校制度是保证学校运行的基础性自治规范；对教师来说，学校制度是规范自己为人师之言行的准则，是促进自己专业发展的手段；对于学生来说，学校制度是社会要求的传递，接受学校制度的约束是自己走向社会的前提。”① 有了制度的保证，学校组织的运行就会尽可能少地受到人为因素的干扰，让学校组织按照法定的程序和既定的流程进行运作，这样的学校组织往往更加有序、公正。

学校变革需要制度的完善与创新，变革必须符合一定的制度要求才能具备合法性的根基。这意味着学校变革要适应现实的要求，对现有的制度作出某些改变。需要改变的是已经不能适应学校变革需要的落后制度，那些与变革的理念一致、代表了变革方向的、顺应时代发展和先进教育理念要求的学校制度规则是学校变革的方向。那些无论理论倾向抑或实践效果均不佳的制度则会被修正或淘汰。同时，在学校变革的过程中，随着变革形势的发展，会产生新的制度需求，在合适的条件下，这些制度需求会上升为现实的制度。

从总体上看，我国学校内部管理制度的变革实践主要包括三个方面：“以优化教职工队伍为目标的用人制度变革；以岗位责任制为主要内容的校内管理制度变革；以调动教职工积极性、主动性、创造性为目的校内分配制度变革。”②

学校用人制度的变革主要是实行定编定员、定岗定职、聘任上岗。学校的具体做法可能不尽相同。根据《中华人民共和国教师法》与《中小学教师职业道德规范》等国家与地方政府的相关政策法规，许多中小学校也都实施了教师聘任制，实施教师聘任制的主要目的在于优化教师队伍、激励教师提高自身业务素质。试点学校在聘任教职工时，一般会贯彻双向选择、公平竞争、择优聘任、统筹兼顾、相对稳定、妥善安排的原则。在教师聘任制过程中，校长对教职工可以聘任、不聘、试聘、缓聘和解聘，教职工可以受聘、拒聘或辞聘。实践证明，教师聘任制如果实施得当能稳定教职工队伍，在一定程度上优化学校劳动组合，调动了教职工的工作积极性。同时随着改革的深化，教育法制的健全，教师聘任制逐步纳入了法制化的轨道。

中小学内部管理制度变革的另一内容是实行岗位责任制。岗位责任制的核心是责任，其目的是通过建立全员岗位规范，明确各个岗位职责，使上自校长，下至每一位教职工都明确自己所在岗位以及需要履行的任务和职责。

学校分配制度变革的目的是调动广大教职工积极性、主动性和创造性，克服

---

① 刘国艳．制度分析视野中的学校变革［D］．济南：山东师范大学，2007：131.

② “深化基础教育管理体制改革研究”课题组．深化基础教育管理体制改革研究报告［J］．教育研究，1998（12）：28.

平均主义思想，增强学校内部活力。《教育改革和发展纲要》要求："在分配上按照工作实绩拉开差距，……运用正确的政策导向、思想教育和物质激励手段，打破平均主义，调动广大教职工积极性，转换学校内部运行机制，提高办学水平和效益。"大多数的中小学根据国家的方针政策，结合学校的实际建立了相应的教师管理制度，将教师的工作业绩与收入、荣誉、职称晋升、岗位聘任等挂钩，从而激励教师更好地从事教育教学。教师管理制度主要有教学奖励制度、教学惩罚制度、岗位津贴制度等。教学奖励制度和教学惩罚制度，一般来说，直接指向教师的教学效果，往往是根据教师教学业绩的高低尤其是学生考试成绩的好坏，通过某种量化的计算方法，给予相应的奖励和惩罚。奖励的方式主要有奖金、福利、荣誉称号、优先晋升等；而惩罚的手段则主要包括警告、罚款、工资下调、甚至劝离教学岗位等。岗位津贴制度在目前的中小学运用比较广泛，它注重对教师德、能、勤、绩的全方位考核，注重对教师的正面激励，对所有教师根据其工作业绩的大小，分别给予相应"浮动制"的津贴补助，旨在提高教师工作积极性。

这里，我们尤其要注意在变革对教师激励制度的完善与创新。我们学校原有的制度对教师缺乏必要的激励，这表现为教师在工作中缺少积极性与主动性，更谈不上参与变革。前面我们对变革中的教师个体行为进行了分析，在变革中对教师进行一定的激励是完全必要的，这有助于激发教师参与变革的热情，因此我们需要完善与创新学校教师的激励制度，我国现阶段要在义务教育阶段实行的教师绩效工资就是对教师很好的激励制度安排，这有助于调动教师的工作积极性与主动性。

4. 重塑学校组织文化

文化强调价值观念、理想信念和道德伦理的力量，强调个体内在的自觉与自律。组织文化就是通过政策、原则、制度、规定等所表达出来的组织核心价值理念而形成的强大聚合力。组织文化不仅仅具有其发展过程中所形成的共同价值观念、道德精神、行为准则等历史性的因素，更是一种组织与周围环境交互作用相互影响的重要方式。组织一旦形成自己独立的组织文化，就会具有很强的稳定性，组织文化就将反过来对组织产生巨大的作用。从这种意义上看，文化实际上已经发展成为了一种权力，一种起控制或强制作用的支配力量。"文化是人的活动，它从不停止在历史或自然过程所给定的东西上，而是坚持寻求增进、变化和改革。人不是单纯地问事物是怎样的，而是问它应该是怎样的。以这种方式，它能够通过确立超过实际状况的规范（超越性），而突破自然过程中或历史过程中所产生的确定条件（固有性）。"① 文化具有对自身与社会的动态性与超越性，学校文化是动态发展的，自学校成立之日起，学校文化就开始形成、发展，在学校

① 皮尔森．文化战略［M］．刘利圭，等，译．北京：中国社会科学出版社，1992：4.

的日常事务中慢慢建构起来。它对组织成员进行着影响与控制，通过对成员的行为进行引导、约束和选择，使成员产生心理上的依赖。

学校组织文化是一种社会亚文化，是学校在发展过程中形成的具有自身特色的价值观念、伦理道德、精神风范等意识形态的总和，它反映着学校组织的个性。学校文化是学校发展变革的精神内核，“最成功的学校领导会告诉你，形成正确的文化以及关注父母、教师和学生所共同认同的意义，是人们普遍认同的创造成功学校的两条基本规律”①。学校文化既是学校群体成员的做事方式，也是成员共享的经验集体感、归属感和团队意识。对学生来说，学校文化超越其原来只作为教育内容构成的定位，上升到更高的目的层次，即它能开发学生潜能并赋予其生命意义。对教师来说，学校文化内在地影响他们的价值理念与行为选择，是他们个体文化与群体文化的积聚与提升。总之，学校文化是学校组织的思想和灵魂，它统帅学校变革的各个方面。

当前，我们的学校变革就是要形成学校的文化个性，重塑学校文化。我们的学校在长期的发展过程中形成了行政式的、单一的模式，缺乏各自学校的特色，这样的学校文化塑造出来的学生也缺乏创造性与多样性。因此，学校变革要重塑学校文化，形成学校的不同文化个性。在学校变革中，学校文化起着价值引导、观念整合、情感激励、规范调节等重要的整合作用，变革不能被简单地视为教材、教法、评价等方面改革的机械拼凑，因为课程教材的改变并不意味着习惯、信念、技能的改变。学校文化体现着学校的办学理念与精神追求，这不仅要求校长要把握当今社会变化与文化环境，还要有师生的认同与参与，要在学校日常的教育活动中体现出来学校文化的理念与个性。“学校文化个性最为深入的表现是在师生的精神面貌、心理状态、行为举止、人际关系以及学校各项活动的过程和处理各种教育事件的方式方法上，它也是学校文化个性形成中最富活力和能将文化精神转换成真实的教育力量的构成。”② 因此，学校变革要注重学校文化个性的培育，重塑学校文化。这既包括表层的学校建筑布局、教室风格等学校环境这些外显文化，更包括学校组织成员的行为规矩、价值观念等深层的内隐文化，因为学校的内隐文化决定着学校成员的思维习惯与行为方式，是学校变革的根本所在。

学校变革需要学校制度的创新与文化的重塑，学校制度与文化是相互交错，互为表现的。制度本身就是一种文化，它是学校文化的正式表达与成文约束，是学校文化的有机组成部分；文化是制度的内核，是制度各组成要素中最深层次的东西，从根本上制约着制度的其他要素。作为一种外显的规约，制度的约束能保证学校的正常运作，但是学校发展与提升需要制度的不断创新，更需要学校整体

---

① Sergiovanni T J. Organization or Communities? Changing the Metaphor Changes the Theory [J]. Educational Administration Quarterly, 1994, 30 (2): 223.

② 叶澜. 新基础教育论——关于当代中国学校变革的探究与认识 [M]. 北京：教育科学出版社，2006：390.

文化的重塑。组织各项规章制度的制定是组织文化的具体阐述和体现，必须以组织核心价值观为准则。制度往往以规章、条例、标准、纪律、指标等形式表现出来，这些都是有形的。而学校文化的核心是价值观，这是无形的，它存在于成员的头脑之中，是一种精神状态，需要通过有形的事物、活动反映和折射出来，也就是通过有形的制度载体得以表现。学校制度所起到的就是这样的作用，通过确定学校的变革目标，提供学校成员的行为准则，整合学校内部的各种变革力量，为变革者提供激励和支持。在学校变革过程中，当学校的制度不健全、不完善，缺乏基本的制度管理时，学校变革的任务是完善制度、从无序走向有序。当学校制度完善、秩序井然时，学校的任务是思考如何超越制度、从强序走向弱序、从他控走向自律。学校具体情况各异，学校变革的制度创新与文化重塑也各不相同。学校制度创新有不同的着眼点，文化重塑也要具体问题具体分析。学校的整体变革就是要通过学校制度的完善创新与文化的重塑，来带动与促进的变革。

（四）完善相应的激励评价机制

1. 激发教师的变革动力

学校变革需要广大教师的参与，他们是变革的真正推动者。没有教师的真正参与，变革就会流于形式。作为不同的教育个体，教师都有自己的价值追求与利益选择，他们会根据变革的情况作出自己的行动选择。激发教师参与变革的动力与热情，既需要教师的自我意识的提升，也需要相应的制度规范的激励与评价。

（1）对教师进行精神引领，激发其参与变革的意识

变革的行动需要意识的引领，对新教育理念的价值认识，是鞭策和激励教师参与变革不断进步的最现实最有力度的动力。在当今市场经济和商品社会的环境中，各种价值观之间的冲突尤为激烈，个体作为“经济人”追逐利益的动机日益显现，利益在人生价值观中地位的提升已成为不争的事实。当无限制地追逐利益成为人生的首要目标时，当个人不顾他人与社会而追求自身利益最大化时，这样的社会就会呈现出急躁、功利的病态，个人就会为物所役，为利所驱，成为异化的工具，呈现不同程度的偏执、焦虑，进而丧失生活的意义和精神的追求。这种功利主义的倾向也直接影响到学校的教师，很多教师也驶入了趋利的快车道，上课留一手、课后补课收费已是屡见不鲜，自办辅导班、身兼数职也是司空见惯。另外，西方的享乐主义和个人主义的观念也日益侵蚀着教师的价值观念，很多教师或多或少地呈现追洋西化之风。所有这些都说明了教师价值观的缺失，精神家园的沦陷。这严重影响了教师对工作的热情和投入，导致教师缺乏对变革的关注与参与，对学生关注不够，对教学研究不多，对研究重视不足，违背了教育本来的应有之义。因此，在变革过程中，需要从宏观上对教师进行精神文化的引领，引导教师树立积极、向上、崇高的文化价值观，在道德上进行自我约束。唯有强大的精神动力和崇高的价值追求，教师才有可能摆脱功利的束缚，实现自身的超越，积极参与变革，实现自身观念与行为的转变。

教师的教育理念变了，学生观变了，学科教育价值观变了，最终会带来精神面貌和精神境界的变化，会带来自身教育行为的变革。教师意识能否转变是教师能否真正参与变革的关键，有什么样的变革意识，就会有什么样的变革行为。因此，在变革中首先需要培养教师参与变革的意识，倡导更高的价值追求，以带动教师积极参与变革。只有真正激发了教师参与变革的意识，教师真正投入到变革实践中，他们才能发现变革中的现实问题，发现问题就是发现了发展的空间。在变革过程中，教师通过不断的学习、实践、探究，转变了传统的教育观念，教师对课堂教学的解读发生了变化，面对开放的课堂，面对课堂中呈现出的丰富的学生资源，更激发起教师探索和追求上好每一节课的愿望。在变革中教师具有了主动探究的精神，教师会带着研究的精神与态度对待每一堂课，教育、教学、研究、学习等就会成为许多教师自觉的行为实践。教师会关注每节课的教育价值以及不同学生的学习准备状态，在教学过程中注意及时反思，关注课堂的生成性，及时进行教学重构，思考教学的改进。尤其是一些司空见惯、从未引起教师自身注意的却又有教育价值的课堂现象，以及这些现象背后的教师观念层面上的问题，在学校变革过程中借助于团队的力量揭示出来，使教师得到真正的发展、成长。这样，教师在变革过程中关注学生的状态与发展，在日常教育教学实践中促进学生主动健康地发展，学校变革就容易取得实际效果。

（2）从制度方面进行设计，完善相应的制度规范

制度是约束人们行为、调节人们利益关系的一套行为方式的规则。制度本身是一种资源，良好的制度设计能调动个体的积极性，激发个体内在的潜能，并能较好地进行约束与监督，规范个体的行为抉择。一般来说，制度包括激励机制、约束机制和一套规则，它分为正式制度和非正式制度。正式制度是形成文字的、需要强行执行的制度，非正式制度包括价值观、行为方式、风俗习惯等。具体到教育方面，正式教育制度需要得到教育共同体全体成员的接受与遵守，非正式教育制度包括教育个体的价值观、教师教学习惯等，它对教育个体不具有强制性。但是，由于非正式教育制度植根于教育个体中，因此它对教育个体的影响往往比正式教育制度更深刻、更广泛，而且，非正式教育制度的变迁往往导致正式教育制度的变迁。因此，我们要重视正式教育制度的规范性，更要重视非正式教育制度的影响力。

在学校组织变革过程中，制度旨在规范和引导教育个体的行为，以维护和增进学校组织变革的效果。良好的制度设计能激发教育个体的潜能，发挥教育个体的能动性，规范和监督教育个体的行为，不断为个体自主意识的觉醒提供空间和发展方向。制度根据变革的进程作出合理的修订，在发挥保持稳定和秩序功能的同时，反映和推进着变革的发展，发挥着相应的激励、保障的作用。制度本身的价值各不相同，有的是提供基础层面的规范要求，有的则在于提升教育价值的内在含义，还有的是为了进行创新激励，随着变革进程的推进，制度本身随着变革的需要进行着不断的更新性的调整。不同的学校变革会有不同的制度需求，如果

学校缺乏基本的规范、秩序和常规，就需要首先建立起维持学校运转的基本制度，并使之得以执行。在变革初期，需要参与者形成变革的共识，在自愿基础上进行动员，这就需要一定外在促进式的奖励性的制度，通过这种制度来激励教师参与到变革中，使他们关注制作教学案例、撰写论文、参加学习、开展科研等教学活动，通过这些活动来推动变革。当变革推进到一定程度之后，就需要建立相应的提升性制度，为教师自主性的发展提供制度支持。这时的重点集中在对研讨制度、学习制度的水平提升，同时需要逐步把研究制度转变为学校的常规制度，通过制度推进各项变革不断得以创新性的开展。

目前，我们需要完善学校教育的激励制度，通过选择性激励促使教育个体来参与变革，研究教育，热心教学，使其获得应有的回报。同时，我们还要建立并完善教育个体的约束监督机制，规范变革中教育个体的行为选择，使其真正感到公正、公平。另外，我们还需要完善变革中制度的实施机制，使这些制度措施真正得以实施并落到实处。这样，有了合理的制度设计和良好的实施机制的保证，才能激发教师的变革动力，调动教师的变革潜能，教师也才可能真正参与变革，变革才有可能真正取得实效。

2. 重视非正式组织的作用

非正式组织是组织中未被正式计划而由组织成员自发需要的过程与行为，是一种人际关系系统，是组织成员在交往过程中衍生的自然秩序与结构化。人们在相互交往过程中，对行为产生重要影响的非正式关系网络随之形成。这种非正式关系包括沟通、合作、竞争等这样一些互动模式，人们会相互谈论一些个人问题与社会问题，结果是一些人喜欢，另一些人则不喜欢。在此情况下，人们会找他们喜欢的人与之互动，而减少或者避免与他们不喜欢的人的来往。这样，非正式互动就不可避免地形成了，这造成了群体成员之间人际关系上的差异，使得群体的非正式结构的界限分明。非正式互动产生了亚群体，它们有各自的规范取向与价值观念，这样就形成了非正式组织。

非正式组织对正式组织的影响可能是建设性的，也可能是破坏性的。我们需要发挥其建设性作用的一面，遏制其破坏性作用的一面。切斯特·巴纳德认为，非正式组织至少有三个关键作用：一是一种有效的沟通工具，二是一种形成凝聚力的手段，三是维护个体相对独立的方法。① 在如学校这样的组织中，正式的沟通往往是不充分的，这就不可避免地需要非正式沟通加以补充。首先，非正式沟通往往是比较充分的，而且也能准确反映出问题的关键，因此有效的管理者往往能充分利用这种非正式沟通，避免正式沟通不充分而造成的信息不畅。其次，非正式组织也能提高组织的凝聚力。非正式组织是根据个体特质与兴趣等自发形成

① 霍伊，米斯克尔．教育管理学：理论·研究·实践［M］．第7版．范国睿，主译．北京：教育科学出版社，2007：90.

的，团体的成员之间能保持一种热情友好的关系氛围，这能使他们对团体有归属感，容易将成员团结起来，提高其凝聚力。最后，非正式组织还能使个体相对独立，保持自身的个性。正式组织为了实现组织的目标而具有非人格化的特征，会忽视对个体的尊重。非正式组织则能满足个体的个性需求，提供个体发挥个性的空间，保持人格的相对独立。

非正式组织在学校中也是客观存在的，是学校变革中不可忽视的力量。如果我们能充分地发挥其建设性作用，那么学校变革的成功度会大大增加。相反，如果非正式组织与学校变革相违背，那么我们需要化解其力量并使之为学校变革服务。非正式组织是从正式组织中产生的，它会持续不断地对正式组织施加影响，在变革中关注非正式组织，对他们的声音进行积极反馈，就能了解学校变革过程的动态变化。人的因素是学校变革中的关键因素，变革中最难处理的是人际关系，而非正式组织是一种人际关系系统，把握好它就能较好地处理好变革中的人际关系。非正式组织能联络教师的情感，一些教师在变革中可能会很受尊敬，其他教师可能会向他们征询建议，这种情感与行为是群体形成的基础。变革中我们要适当把握并发挥这些非正式组织的领导者的作用，听取他们对于变革的意见与建议，吸纳他们参与到变革的决策管理过程中，并通过他们的影响力来带动非正式组织积极参与变革。这样，学校变革就会比较顺畅，就容易调动教师的热情并得到他们的支持。因此，学校变革要取得实际效果，一方面需要明确变革的目标，确立并完善必要的制度规范，制定相应的实施步骤；另一方面，还需要重视非正式组织的作用，吸纳他们支持并参与到变革过程中，以增加学校组织变革的成功度。

第二章　学校发展模式

学校发展模式就是对学校发展结构或过程的主要组成部分与主要环节之间的关系进行抽象描述。它反映了学校为实现教育目标，合理配置教育资源，而采用的运行方式，是学校工作实践的具体形式，是学校运行的参照性范本。本章我们通过对学校组织关键要素的研究，提出了旨在概括出学校发展模式的分析框架，希望以此能对解决学校发展问题提供较清晰的思路。

第一节　聚焦学校发展

一、学校发展的现实背景

近年来，社会对教育的需求愈来愈高，原有的体制、观念与新时期的需求不相适应的问题越来越突出，学校正面临着严重的挑战，如何改革和发展会成为人们关注的话题。

社会的不断发展，对于组织自身发展的要求也不断提高，传统功能下的学校组织在学校外围发生变革的条件下必然促使学校内部作出相应的调整，构成了学校发展的动力。我们发现21世纪的今天，学校外围的变化是显著的，政治民主化、经济全球化、信息技术的发展、市场的竞争等，这些变革对于学校组织形成了重要的冲击，在外围发生变革的条件下，学校自身如果不能及时更新自我，将会桎梏学校发展，学校发展将会面临生存的危机。在社会变迁的过程中学校向何处去，学校怎么办，也许是诸多学校不得不思考的问题。

组织的活力来源于组织自身的不断发展与创新，学校的活力来源于学校组织的不断发展和创新。更新学校发展观念、变革学校制度、重新规划学校发展战略等，都为学校组织的发展提供了思路，指出了变革的方向。在变革中求发展，在创新中求发展，学校才能实现自我超越。组织发展理论以其独特的对组织现状和未来的关注为我们分析学校发展提供了思路。

发展是学校保持生命力的重要保障。学校发展是一个复杂的问题，因为学校是一个开放的系统。学校既要受制于外围环境的制约，包括制度的、政策的、技术的、经济的、体制的；同时学校又是一个结构完整的自组织，具有自身内在的发展规律，因此在既定的外在环境条件下学校如何发展是当前世界各国学校面临的共同问题。

当前学校发展中存在着诸多制约学校发展的问题，针对学校发展中存在的问题，选择一条合适的发展道路对学校来说是至关重要的。如果学校能及时开拓发展的内部空间，从内部寻找突破口，走内涵式发展之路将是一条重要的发展途径。走内涵式发展之路就要从组织内部寻找支配组织发展的关键要素，通过对学校发展的要素进行系统分析，探索学校发展的内在运行机制和发展逻辑，寻找学校发展的内生机制。学校发展模式就是对学校发展过程中的各主要组成部分与主要环节之间的关系进行安排。它反映了为了实现教育目标，学校组织怎样合理地配置教育资源，实现学校的良性运行而采取的运行方式，是学校发展形态的具体形式，是学校各要素在发展运作过程中形成的程式。因此，研究学校发展模式是探索学校内涵式发展的一条重要途径。从学校发展史来看，学校发展模式的创造、选择和合理应用对学校发展有着重要的意义，教育质量的提高，教育资源的优化配置，学校功能的发挥，无不和学校发展模式的选择和创新有关。研究学校发展的不同模式并对其运行过程进行描述，在把握其特质的基础上去探究学校发展模式的特征，进一步了解学校发展模式的变化发展及其运行规律，运用新理念指导学校发展实现学校发展模式优质化，着力形成和创造一种有利于学生的自主发展、有利于教师的专业成长以及提升学校竞争力的良好态势。因此，选择和探索学校发展模式对学校发展具有重要意义。

现实中，无论从世界范围内还是我国当前的现实，学校无疑成为了人们关注的热点。研究学校发展和学校发展模式，我们主要基于以下四点现实的思考。

（一）世界范围内的教育改革对学校发展的关注是研究学校发展的外在动因

随着经济全球化、信息技术的飞速发展，产业结构和劳动力市场的需求发生了很大的变化，各国教育发展均面临着如何提升教育质量、以适应社会需求新挑战的问题。世界各个国家都将学校改革作为教育改革的一项重要战略。学校变革成为了世界教育改革的焦点，兴起了追求卓越、重建学校运动。美国自 20 世纪 80 年代以来开展的“有效学校”运动，围绕着什么学校是有效的、有效学校的影响因素、怎样建设一所有效学校等问题展开了深入的研究。围绕着提高教育质量问题，世界各国采取了很多学校改革措施，比如，改革教育教学方法、课程设计、改善学校设施、缩小班额、引进新的管理理念和方法等，这些改革还在继续。世界范围内对教育质量的关注，对学校发展的研究兴趣，一方面为我们研究学校发展提供了宏观的理论视野，另一方面也促使我们不得不重新审视我国学校的发展现实，顺应世界学校改革的浪潮，促进我国的学校发展，提高我国学校教育质量。

（二）优质学校与薄弱学校的差异性日益突出是研究学校发展的客观要求

优质学校和薄弱学校之间的差距越来越大，而追求优质是学校的发展目标，如何缩小薄弱学校与优质学校之间的差距，提高薄弱学校的效能不仅是学校自身的愿望，也是整个社会的愿望。当前有的学校越做越大，走向了规模化、集团化，但是有些学校却日益萎缩，直至被兼并。优质学校与薄弱学校的差异问题越来越突出。薄弱学校如何走向优质，缩小薄弱学校和优质学校之间的差距，从而为社会贡献更多优质教育资源成为研究学校发展的又一因素。

（三）对优质教育资源和教育质量的诉求是研究学校发展模式的现实需求

随着知识经济时代的到来和终身学习理念、学习型社会的倡导，人们接受教育的需求发生了变化，基础教育的质量问题越来越受到人们的关注。教育服务已从量的需求向质的需求转变。家长对接受优质教育的诉求也不断提高，人们不再满足于能够进入学校学习，而是考虑进入什么样的学校。能否进入优质学校、接受优质教育成为当今人们关心的焦点问题。“择校”已经在各个国家和地区普遍存在，人们对学校的选择造就了“买方市场”的形成，学校面临着激烈的竞争。学校提供优质的教育服务已经成为学校的生存之本，充分考虑学生的需求，满足学生个性化的需求是学校发展的重要选择。为了生存，学校必须重新考虑发展的道路，原有的发展模式必须转向市场，根据市场的要求重新选择学校发展的道路。

（四）传统学校发展模式中存在的问题是研究学校发展模式的内在因素

学校的生存环境越来越严重，学校发展中的问题也逐渐暴露出来。学校缺乏自我更新机制，原有的组织架构和内在机制束缚了组织的更新能力，越来越不能适应环境的变化需求，原有的发展模式成为桎梏学校发展的瓶颈。因此我们要研究学校发展模式，探索学校发展的内在机制及其制约因素之间的相互关系，解析传统的学校发展模式，寻找制约和影响学校发展的关键力量，探索学校发展的新的适应性机制是变革传统的学校发展模式，促进学校发展的内在要求。

二、当前学校发展存在的主要问题

当前我国社会转型和教育变革给学校带来了种种不适应，也暴露了学校发展中存在的种种问题，对学校问题的讨论不能仅仅停留于对现象的分析，而必须从深层的组织内部加以理解，我们将从组织视角分析学校内部原因，从而为学校发展寻找突破口。

（一）学校组织的“家养”性质

学校组织的“家养”性质导致了学校发展的被动和学校缺乏内在的自我变革能力。长期以来，计划经济体制下学校没有办学自主权，学校隶属于教育行政部门，长期以来学校缺乏自主决策和自主发展的意识。“学校组织的家养性质使学校处于保护性的绝缘层中，形成了现代公立学校资源利用效率和办学绩效不高的缺陷。”① 由于学校受到政府的庇护和支持，学校对自我的发展规划和发展思想比较淡漠。学校发展观念过分受制于外在因素的影响，把外在的观念和意识渗透为自我的发展观念，这样学校便缺乏主动自我管理、自我发展、自我学习、自我提升的意识，学校发展就往往按部就班，缺少创新，“学校组织的自我更新机制贫弱”②，更不能把新的发展思想和管理理念应用到学校中去。

长期以来，我国的学校组织缺乏应对变革和发展的自我意识，习惯根据上级行政命令办学的方式，存在固化、呆板的倾向。过去的学校处于相对稳定的环境中，占绝大多数的又是公立学校，处于政府保护性的绝缘层中。稳定的环境和公立学校的“家养”性质，使其既无变革的压力又无变革的动力。另外一个原因是，学校组织经过一段时期的发展以后，本身固有一种自我保存的惯性。

学校领导长期形成了固定的认识结构和思维习惯，缺乏学校发展愿景和战略规划，对学校组织自身的目标认识不清楚。长期以来，学校发展的动力往往来自于上级的要求和监督、检查，造成学校失去了自主发展的自觉性和主动性，学校发展没有考虑自身的特点和需要，缺乏自主发展的选择。以上级的行政命令代替学校工作目标，执行上级的命令就是实现学校目标的过程，产生了目标置换现象。当前学校变革中凸显了学校作为变革的主体地位，增强学校的主动性和活力是新型学校创建的方向。

而且，由于“学校系统自身具有保守性”，学校在长期的办学过程中与社会直接的接触甚少，形成自成一体的封闭系统。这样导致了学校自身缺乏积极性和主动性，活力不足，形成了学校发展的老化机制。造成了学校没有生机，没有活力，一旦环境发生变化，学校缺乏自我主动发展的意识识别变革的能力，无法适时进行调整和变革，只能顺其自然，最终导致学校无能。

（二）学校发展观念落后

学校教育因为工业文明的兴起而发展，不可避免地带有工业文明对数量、规模、效率、效益等价值观的追求，近代以来，学校适应工业生产的需要，成为批量人才生产基地，学校组织追求生产效率、规模经济效益，组织的规模越来越大。单一的价值取向使学校组织片面地追求规模效益而导致片面发展，把学校当成工厂，把学生当成产品，认为学生的质量就是由分数的高低决定的，忽视了学生作为个体的生存和发展的全面满足。学校长期以来在应试教育的指导下，坚守分数和升学率作为衡量学校绩效的标准，限制了学校的发展。

工具理性主义指导下的机械发展观仍然是当前学校的主导发展观，升学率和

---

① 庄西真．从封闭到开放——学校组织变革的分析［J］．教育理论与实践，2003（8）：21.

② 王海英．从“封闭”到“开放”——信息社会中学校组织的重构［J］．教育理论与实践，2006（15）：27.

考试分数仍然是学校发展的主导价值追求。学校组织“抱守成就本位取向”。由于思维惯性和动力定型的影响，学校组织在发展目标上还很难走出既有的发展框架，重塑起指导其发展目标的新型教育理念。审视近现代的中国学校教育，其价值取向虽然不断变换，但总体上以经济、政治为核心。可以说，近现代的中国教育几乎成为经济、政治和文化的工具，而教育的主体理念和终极目标——促进人的发展，始终处于边缘地位。①

在应试教育片面的发展观指导下，学校的选拔功能越来越强，造成了很多学校成为应试的工具，而忽视了教育的文化传承及对人的教育发展功能。学校发展观念上的问题要求我们重新反思学校功能和重新认识学校教育的特质。学校适应社会变革的需要，用新的发展观代替旧的发展观是学校未来发展的必然要求。“强调以物为中心，关心学生数的增加、新大楼的修建、新设备的引进的旧的学校发展观，已暴露出越来越严重的文化缺陷，必须树立以人的生存性发展为旨归的新的学校发展观。”②

当前学校发展过程中存在的理性工具主义为指导的发展观，是与素质教育不相容的，阻碍了学校的发展。树立科学的学校发展观，实践以人为本的素质教育理念，以实现工作中心、工作职能、服务内容和方式以及工作目标的转变是当前学校发展观念转变的根本要求。学校发展观念是指导学校发展的根本理念，有什么样的发展观就有什么样的发展状态和结果。因此，转变发展观念，使学校发展真正走向以人为本的道路是当前学校发展的重要任务。

（三）科层制主导的学校组织体制

我国学校长期以来沿袭了韦伯的科层制模式，形成了封闭僵化的学校组织规范，强调等级、秩序，强调程式化与组织的纪律制度的组织体系，即注重组织理性的一面。达·波林认为学校组织科层制具有如下特点③：① 目标不明确，学校目标通常是笼统的、不明确的，目标之间还经常相互抵触；② 依赖性强，学校在很大程度上依靠经济支持，很少有可供自己支配的资源；③ 整合性差，教师只在自己的班级中工作，很少有班级之间、年级之间以及学校之间合作；④ 信息基础薄弱，我们对课堂中的教与学知之甚少，而且，与其他组织不同的是，学校不具备预测技术；⑤ 缺乏竞争，无论发生何事，学校都始终存在，学校的生存不依赖于其“产品”的质量。因此，学校之间不存在竞争。科层制的学校组织模式造成了学校组织僵化，组织观念封闭，信息沟通不畅，组织文化的淡漠，

---

① 王海英．从“封闭”到“开放”——信息社会中学校组织的重构［J］．教育理论与实践，2006（15）：27.

② 叶澜．世纪之交中国学校教育文化使命之思考［J］．教育改革，1996（5）：4.

③ 波林．理论与战略：国际视野中的学校发展［M］．范国睿，译．北京：教育科学出版社，2002：70.

各部门封闭分割、各自为政，缺乏团队协作，缺乏部门之间的系统协同，没有充分运用组织的系统协同能力，靠粗放式的组织管理方式来回应社会变革。没有形成良性运行机制，学校的决策目标系统、动力传输系统、组织实施系统、监督评价系统等还没有形成有效的整合运作系统。学校内部缺乏有效协调，学校自我设计、自我调节、自我发展的自组织格局还没有形成。组织模式僵化，不能适应学校任务的差异、学校发展阶段需求的变化而作出灵活的调整。学校组织结构过分刚性，缺乏弹性和渗透力，运行机制僵化，对环境的适应能力较差。组织观念封闭，学校组织未能走向开放系统。

当前学校管理制度依然崇尚科学管理对效率的追求和对个性的遏制，造成了学校管理制度中的价值危机，“我国学校的制度体系，其主要特征体现在追求效率，重视结果而轻视过程；强调服从和划一化，使个体生命的能动性和丰富性受到压抑；学校过多地关注制度的建立、强制性的实施，而往往忽视学生的存在和价值；学校中盛行烦琐、刻板和划一化的规章制度，在一定意义上，使学生生活在制度所编织的网中”①。在这种情况下，教师队伍整体上的消极被动工作态度，不重视个体的心理需求，限制了员工的积极性，刻板地执行固定的程序，造成了制度运行中的僵化守旧，阻碍了学校发展。“当下我国社会深刻转型时期有关学校制度调整的缓慢和制度建设的相对滞后是造成现行学校出现某些功能偏离的主要原因。”②

（四）学校发展的战略意识淡漠

在发展战略上仍缺乏整体性、长远性，无法形成独特的办学理念。而且，当前在学校组织所处环境从相对稳定变为复杂多变的情况下，封闭的组织观念和保守的组织发展思想已远远不能适应当今社会发展的要求。而且也还有很多学校依然保持封闭的状态，对学校发展缺乏前瞻性，对战略和规划的重视不够，且受机械的线性思维影响，不能按照有效性整体实施架构，形成基于战略的组织结构，因此也就无法按照战略目标来规划学校未来的发展方向，形成稳定的发展模式。“学校管理的视点比较狭窄，缺乏战略思考和宏观把握。在学校管理环境日趋复杂的今天，学校管理仍较多的是微观细节的思考，缺乏战略思考，眼前看得多，长远看得少；局部看得多，整体看得少；内部看得多，外部看得少。”③当不可预测性已成为学校所面对的未来事实，环境的不确定性影响到传统的运行规则，使得以往的假设不再有用，越来越多的学校不得不考虑“未来”，愿景越来越成为学校发展的重要因素。

---

① 官根苗．学校制度文化的涵义、结构与功能［EB/OL］．（2005－10－26）［2011－05－20］．http：//www. xdxx. com. cn/show. aspx？page＝2&id＝723&cid＝5.

② 李兴洲．重构学校精神［D］．南京：南京师范大学，2005：12.

③ 程振响．学校管理创新：一个永恒的主题［J］．安徽教育学院学报，2001（2）：102.

（五）守旧的教学过程观

随着近代工业化的冲击，在科学技术和工具理性的支配下，教师日益承担了传递知识的角色，教育过程成为单向的灌输，学校日益沦为知识传递的场所。教育过多地注重了知识内容的传输，教育成为传授技艺的方式和工具，只有知识性价值，而没有人的价值，表现出单向传递过程。单向过程传递的教学观主要特征①："单向流动"的基本形态是：教学过程是一个从教材到教师、再从教师到学生、然后返回教材的"单向"的"单向流动"过程，即"教材→教师→学生"。包括了三种传递形态："教师→学生"的单向流动过程 、"学生→教材"的单向流动过程和"教材→教师"的单向流动过程。单向传递教育过程认定教师是知识的传递者、学生是知识的接受者，忽视了学生个体的需求，忽视了师生之间的双向互动交流，淡化了认知过程中的智慧碰撞和情感冲突，导致了本应是丰富的、充满生命活力的课堂教学变得机械化、程式化，缺乏生机与活力。

单向传递的教学过程是按照工业生产的标准化程序设计教学程序实施教学。"过分重视学校工作的静态有序性。传统的教学过程，深受泰罗理论的影响，把学校工作设计成严密的程序和环环相连的流程。一是过分看中了工作程序，把程序本身看成是至高无上的，师生员工在繁文缛节中浪费了大量的时间和精力。二是程序标准过于细致，以致事事处处、一言一行都有明确的规范加以约束，限制了教师创造性地开展工作。三是各级管理人员把程序当成天经地义、不可更改的金科玉律，长此以往成了规程的奴隶，其头脑在规程的桎梏下，难以创造性地开展学校管理工作。因而，学校在教学管理科学化、规范化的口号下被管得越来越死。"②

由于现实教育过程被等同于单向传递过程、知识的传授过程，师生交往蜕变成知识信息的交流，教师和学生只是作为知识的载体进行单一、片面的交往，导致原本内容丰富的师生交往关系被异化为主客体关系。在这种被异化的师生关系中，教师居高临下成为课堂、知识、学生的控制者。这种单一、片面的教学模式给教育实践带来了巨大的消极影响，将单纯的以知识授受为主的教学当做教育的全部，使师生间的关系异化。

第二节　学校组织的关键要素

学校发展的成效与学校组织体系及架构的组织构造方式有很大的关系，组织

---

① 刘良华．中国学校教育的深层危机与整体转型——论"新基础教育"的学校变革路径［EB/OL］．(2007－03－15)［2011－05－24］http：//blog. cersp. com/18893/906863. aspx.

② 陈大超．论新课程背景下的学校管理模式转型［J］．教育科学，2003（2）：46.

变革和创新的前提是进行组织分析，而组织分析的目的就是要判断目前学校组织运行的状态以及决定这些状态的素质。我们已经对学校组织的环境作了分析，并对学校的现状作了考察，认识到了组织面临的危机和组织发展的必要性，但是学校如何发展呢？本文借鉴组织变革与发展理论提出学校组织的变革与发展的思想，要理解学校组织的变革，探求当前学校组织向未来学校组织的转型就要首先分析推动组织变革的变量，这些变量也是构成组织的关键要素，一所学校到底具有哪些关键要素？这些因素怎样才能激活、整合，有序运行，使学校整体具有精神和活力？遵循这样的思路，我们首先对学校进行系统分析。

系统论的观点强调系统与要素的关系是认识事物的基点。系统论认为一种要素和其他要素相互作用，这些要素之间存在着相互关系，具有相互关系的要素的集合组成系统，系统是由相互联系、相互作用的要素与部分所组成的、具有一定结构和功能的相对独立的有机整体。根据系统理论，组织是相互依赖、相互影响的各个要素，通过一定的结构和功能而构成的完整的系统。以系统观看待组织并分析系统要素对于优化组织结构、促进组织发展和提高组织效率都很有必要。

学校作为一种社会组织，有它自身的内在逻辑结构。根据组织构成的结构层次，我们可以把学校组织的构成要素确定为：技术、制度和愿景，三者构成了学校组织存在和发展的三维结构，即学校发展是以技术的发展为物质基础，以制度的建设与规范为调控手段，以愿景和战略规划为发展导向。这三个基本要素相互联系、相互作用，三者的动态有机结合构成了学校发展的三维立体结构，共同构成一个完整的学校组织系统。首先，任何学校的发展都离不开一定的技术支撑，技术是学校赖以存在和发展的基础性条件，因此，技术是构成学校组织的基础要素。其次，组织还涉及处理人与人、人与事、人与物、事与事、物与物之间的相互关系，而协调这些关系依靠的是一定的规则，组织内部的种种规则体系就是组织的内部制度，所以制度是组织的基本构成要素之二。再次，组织是为实现某一特定目标而建立的，组织的发展需要一个高远的目标作为拉力，吸引组织自觉向前迈进，这个拉力就是愿景，愿景是构成组织的核心要素。由此，我们得出学校发展的三个要素：技术、制度和愿景。而由这三个要素构成了学校发展的三轮驱动模型（如图 2－1 所示）。

在这三个基本要素中，愿景居于核心地位，主导着其他要素。一方面，技术和制度是按愿景的要求来构建的；另一方面，技术和制度有时可能不能满足愿景的要求，因而它们又往往影响着战略的实现。同样，技术和制度之间也存在着有机的内在联系。一方面，技术的发展推动着组织结构的变革；另一方面，良好的制度可以合理地实现技术整合。可见，技术、制度和愿景之间存在相互依存、相互作用

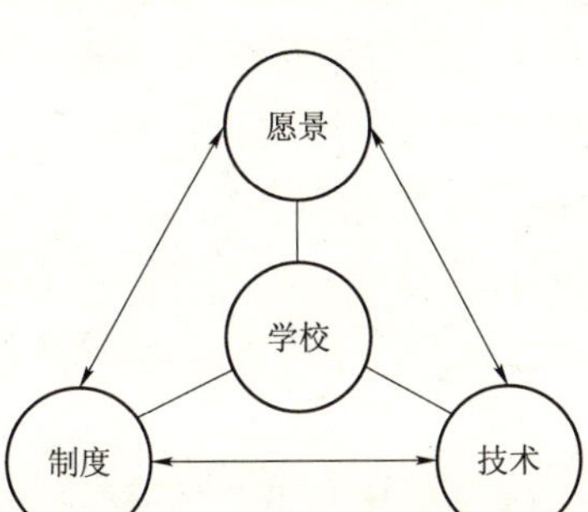

图 2－1　学校组织发展的三轮驱动模型

的互动关系，它们之间的匹配状况决定了组织绩效的优劣。

（一）技术

所谓学校技术，是指支持学校组织运作的软硬件设备和学校组织工作开展的一系列程序、方法和为达成学校组织目标的计划、监督和控制，包括学校的教育教学材料和设备，学校的日常工作流程，包括日常的教学工作、行政工作、总务后勤工作等操作层面的事务等。技术是学校组织管理中基础的层面，通常是学校组织中一些技术性的、简单的、事务性的零散的工作，比如，制定和执行某些教育教学计划和目标、按某种教学程序开展某项工作、对教育教学工作的控制和监管等，这些工作保证了学校最基本的维持和运行。

学校工作技术是教师和管理人员在工作时采用的技巧和方法，因此将学校工作技术分为教育工作技术与教育管理技术两个方面。①对于学校组织，技术主要包括教学技术、科研技术和管理技术三个方面。

教学技术：教室是传播知识的主要场所。教科书、图书资料、教学幻灯片对教学技术具有辅助性作用。计算机和网络技术的发展为远程教育提供了可能。

科研技术：通过科研创造需要实验室、研讨会、仪器、计算机软件等。

管理技术：为保证教学和科研活动的顺利开展，还需对大学进行有效的管理。使用的技术手段包括校园网、办公自动化系统等。先进的管理技术可以使大学管理提高效率，改善效能。②

还有从技术的表现形态上对技术加以分类，“每一种形态的技术都包含着三种构成要素，即实体性技术、过程性技术和规范性技术”③。据此，我们认为学校组织中技术主要包括物质技术、活动技术和管理技术。

根据组织中技术应用的领域和技术的复杂性、易分解性程度，技术可以分为不同的类型，技术的特点对组织设计和控制系统有着直接影响，不同的技术类型对组织的结构、人员配置以及组织形态等都产生相对应的关系。技术类型的分析有助于我们理解学校组织的技术特征，帮助管理者更好地处理战略、结构和过程之间的关系，从而作好学校组织设计。

技术是学校发展的基础，学校发展离不开一定的技术支撑，技术的发展也成为推动学校发展的有利因素之一，学校的产生和发展与技术的发展是分不开的。英国的教育家阿什比（Ashby. E）曾总结说：“人类教育自产生以来共发生了四次教育的革命，第一次是文字的产生，人类开始采用书写的文字作为教育工具。第二次是学校的产生，使教育的主要功能由家庭转为学校。第三次是印刷术的发

---

① 季诚钧．大学属性与结构的组织学分析［M］．北京：人民教育出版社，2006：94.

② 倪莹，刘向兵．研究型大学组织系统变革与跨越式发展［G］//中国高等教育管理：现实与理想．桂林：广西师范大学出版社，2006：194.

③ 丁云龙．论技术的三种形态及其演化［J］．自然辩证法研究，2006（12）：43.

明，教育实现了大规模化和一致化。第四次是一系列新工艺，如电影、电视、电台、程序教学机、计算机等在教育上的应用。”①20世纪80年代以后，信息技术的飞速发展及其在学校组织管理中的应用，在提高组织管理效率的同时，也对组织本身产生了深刻影响。信息技术的应用使得组织的信息处理方式和决策方法都发生了变化，信息技术方便了组织内外部信息的沟通，导致了组织结构流程的变革，从而促进组织发展理念、组织管理过程和方式、信息传递方式等诸多方面的创新，信息技术必然要求对组织进行重组。信息技术对组织设计的影响主要体现在：管理过程日益集成化，组织结构趋向扁平化、分权化，组织规模由片面追求越大越好转变为适度发展，组织成员的行为方式和人员构成发生转变。②

在学校领域，信息技术的飞速发展和计算机的小型化、微型化，使得计算机开始大量进入学校教学、管理领域，计算机辅助教学、多媒体课件以及管理信息系统等技术的应用，信息技术正在改变知识获得、运用的方式，知识的存储、处理、搜集、利用方式都将发生改变，也在改变着教育工作的方式，远程教育、网络学习、非学校化运动，等等，都是信息技术给学校带来的革命。信息技术的飞速发展在学校领域的广泛应用，学校引入信息技术、利用信息技术成为增强学校的竞争力的要素之一。我国随着学校信息化的不断深入，信息化在学校组织发展的影响主要表现在信息技术对学校组织的影响及在组织变革中的作用，如信息技术在学校组织不同层级上的影响，对领导者的决策的影响、对学校管理方式的影响、对教师的教学方式方法的影响，对学生学习的影响等；信息技术对学校组织结构、组织战略、组织目标和学校文化的影响；信息技术在组织变革中的作用，诸如根据技术的变化，修正组织目标、优化组织结构、增进组织内部沟通、加强与其他组织的合作、降低信息成本等。

（二）制度

学校内部制度是学校组织运作的规则，是对学校组织中的各种活动和各种人员之间相互关系的制约，包括正式规则和非正式规则。学校内部制度是学校组织自身有效运行的体制和机制的总称，主要涉及学校的内部管理体制、运行机制以及组织行为的规范体系。制度可以维持组织中行为的一致性和条理性，显示组织的秩序和效率，是学校的“内部规则”。学校组织技术层面的要素是零散的、无规则的，通过一定的制度来分配人员和物资之间的关系，通过制度来规范和制约技术层面的要素，才能形成一定的秩序，从而维持组织的正常运作。如果没有一定的制度建立它们之间的相互关系，那么技术层面要素之间是相互独立的，正是有了一定的制度，这些成分才纳入了学校运作的轨道，才构成了学校运作的不可

---

① 朱小蔓，刘贵华．功能·环境·制度——基于生态理念的现代学校制度建设［J］．华东师范大学学报：教育科学版，2006（2）：3－9.

② 任浩．现代企业组织设计［M］．北京：清华大学出版社，2005：149－153.

或缺的构成部分，才具有了学校的属性。学校组织是在一定的制度下设立的，并通过一定的制度而运作。

制度的构成有三个基本要素①：一是制度的理性观念原则，体现了组织制度的目的、宗旨和价值，也意味着，当某种制度的形式在观念上被全体成员所认同时，组织的制度就可以臻至完善和不断发展；而一旦这一制度的理性观念与所有社会成员的价值理性发生冲突而被普遍抛弃时，那么，主宰这一社会制度形态也将随之而消失。因此，理性观念的原则是制度得以存在和发展的基本前提条件，也是制度得以转化的内在观念依据。二是一定的组织结构，维持组织的稳定和发展。在组织内部，存在着组织的层级结构或职权层级，组织的权威与其成员角色的地位差别构成了组织的层次结构，由此形成各类贯穿该组织的稳定制度形式。三是组织成员的角色构成，制度的结构只有通过组织成员所担任的角色活动才能运转并发挥其应有的特定功能，人在组织中通过活动获得了其相应的地位，构成了一定的角色，这意味着他们接受了组织制度的控制和规范，意味着在特定的组织中，人与人结成了一定的社会关系。

学校制度就是协调、规范学校组织的各种行为，使其成为一个有机整体，以有效地适应环境的一系列的制度安排及运行机制。它对内处理学校组织成员之间的相互关系，学校制度实际上由许多功能不同但又相互联系的制度安排所组成，学校组织的内部运作体现为一系列的制度安排，学校日常的教学和科研管理、人员聘任、资源的分配和使用等一系列运作无不是通过一套基本的规章和制度来保证的。特别需要指出的是，学校最重要的制度是学校章程，作为学校办学的纲领性文件，是学校成为法人组织的必备要件。学校要真正实现自主管理，形成自主发展、自我约束的机制，就必须制定和完善学校章程。章程是学校的“母法”，比学校一般规章制度更具有权威性和约束力，因此，通过章程的形式将学校各项制度规定下来更有利于学校各项制度的落实。学校规范、规则、条例、规程、措施、准则、方案、纲要、条例、细则等用文本形式表达学校政策含义。

制度是学校组织的规范力量，用于约束技术层面的物资、设备和组织运作程序，把技术与一定的人员结合起来，并对两者的关系作出适当的安排，形成一定的规范和秩序，从而提高组织运行效率的规章制度、条文和约定等，通常包括规范、条例、法规、政策等，制度起着规范组织要素、协调组织各种力量，提高组织运行效率的作用。

学校制度的规范能力对提高组织效率和促进学校发展有着重要作用。制度可以有效地理顺学校内在运作的秩序，使得学校各种资源要素的协调配置更加规范，提高学校资源配置的效率，互相融洽整合并产生增值，减少学校运作中不必要的摩擦成本，制度在这时起到了降低学校内部沟通的信息成本，减少交易成本，充分发挥各种要素资源的功能，从而使得学校运作程序井然，提高组织行为

① 陆江兵．技术·理性·制度与社会发展［M］．南京：南京大学出版社，2000：216－217.

的效率。

学校在发展的过程中，通过逐渐对各种要素的协调整合，形成了稳定的学校治理结构、组织结构、运行机制和规章制度体系，规范了学校内部的指挥和沟通体系，建立了学校的内在秩序，为学校稳定发展奠定了基础。学校制度化构建的过程与学校的成长发展过程是一致的，学校的成长是伴随着规章制度的不断制定和完善，组织架构的建立健全，治理结构的逐步完善的。

（三）愿景

所谓学校愿景，就是学校对自身未来发展的一种理想和展望，包括学校发展的信念、态度、价值、理想、使命和理念等，是指导学校发展、规划学校未来的思想和信念，对学校发展具有方向性指导，是学校发展的目标和行动纲领。这种理想是建立在学校对自身发展哲学分析和价值追求基础上所形成的系统化的认识、理想和观念体系，是对学校实践的长期总结和理性思考之后的对于学校的职能和使命的理性陈述。从根本上回答了学校的发展方向以及为什么这样发展的问题。愿景明确了学校发展的思路，引领着学校发展的方向，是学校发展的动力。愿景对学校发展具有相当重要的作用，正如彼得·圣吉在《第五项修炼》一书中所言："共同愿景也是组织中人们所共同持有的意象或景象，它创造出众人是一体的感觉，并遍布到组织全面的活动，而使各种不同的活动融汇起来。"① 随着环境的不确定性增强，愿景在组织中的作用越来越突出，"愿景越来越成为组织的一个重要变量。一个清晰并且表达明确的愿景，是组织有效性的强有力构成要素"②。

在学校组织的三维结构模型中，学校组织愿景居于核心地位，它着眼于学校组织的未来，根据学校组织外部环境的变化和内部资源条件，为求得学校的生存和长期发展而进行的总体性谋划，它涉及一定时期内组织的全局方针、主要政策与任务的运筹谋划，决定着组织在一定时期内的活动方向和水平，是制定策略和各项计划的基准。

学校愿景具有三层含义：一是哲学含义。愿景是学校基于社会的发展、人的发展及教育的发展等形成的一种思想，是经过对学校发展的理性思考所形成的理论化、系统化的认识，主要包括学校发展与教育发展、社会发展的关系，学校的性质和功能、学校的使命和目的等，从根本上回答学校是什么的问题，揭示学校的本质。二是战略含义。愿景还包含了学校怎么发展，怎样实现目标的战略和策略问题，是学校在实践核心价值观、使命过程中的一种体现。愿景是从战略的高度对学校发展的规划。战略是围绕愿景制定的阶段性战略指标体系，是愿景的具体化过程。三是文化含义。愿景是一种文化，以一种感召力和号召力，团结校内

---

① 圣吉．第五项修炼［M］．郭进隆，译．上海：上海三联书店，1998：241.

② 弗伦奇，等．组织发展与转型［M］．阎海峰，等，译．北京：机械工业出版社，2006：5.

各种力量，能够产生凝聚力和向心力，是学校文化的重要组成部分。

愿景告诉我们学校是什么、学校将做成什么样子，是对学校未来发展的一种期望和描述。一个美好的愿景能够激发人们发自内心的感召力量，激发人们强大的凝聚力和向心力。这里我们对愿景的理解较为宽泛，包含了学校的经营哲学、理念、价值观、使命、宗旨、目标、信念等意识层次，可以说明学校存在的理由、意义、价值和期望等哲学高度上的思考。

愿景是学校发展的核心动力。在愿景的动力机制作用下，会激励学校内部成员不断提高自己的知识水平，逐渐将个人的愿景与学校愿景的联结更加密切。愿景可以激励成员克服任何困难，不管环境如何变化，不管资源如何缺乏，不管现实是多么艰难，都会想方设法去探索追寻实现愿景的途径。如果没有愿景的强大推动力，组织就很难有去克服困难的信心和强大的动力。正如圣吉所言："如果没有一个拉力把人们拉向真正想要实现的目标，维持现状的力量将牢不可破。愿景建立一个高远目标，以激发新的思考与行动方式。"①

愿景还能起到软约束的效果，在由于制度的缺陷无法对学校中的行为形成有效的制约时，经常可以利用愿景形成对学校成员的约束机制，学校愿景能对人员发挥无形的制约作用，学校愿景能够融合成员的个人愿景，将个人利益和学校利益之间形成一致性，学校变成了帮助他们实现自我价值的平台。

第三节　学校发展模式构建

我们运用系统分析方法，将学校组织作为完整的组织体系进行了研究，并分解出学校组织体系的三个关键要素。本节我们将在三个关键要素基础上构建学校组织三维立体模式，进而揭示学校组织内在运作机制。学校组织的三维立体模式充分体现了学校活动的内在特征，并最终从三个不同维度总结出学校发展的基本模式。用模式的基本组成元素及其相互间的结构关系对模式进行描述和识别。

一、学校发展的三维结构框架

由前面的分析，我们知道影响学校发展的要素主要有：技术、制度和愿景。技术主要指的是学校组织中一些技术性的、简单的、事务性的工作，技术层面是学校组织的基础层面。制度是用来规范技术层面的零散的要素，形成一定的规范和秩序，从而提高组织运行效率的规章制度、条文和约定等，有人事制度、学生日常行为规范、财务制度、考评制度、总务和后勤管理制度等，制度起着规范组织要素、协调组织各种力量，提高组织运行效率的作用。愿景是对学校发展的未

① 圣吉．第五项修炼［M］．郭进隆，译．上海：上海三联书店，1998：242.

来的展望和理想，包括学校发展的信念、态度、价值、理想、使命和理念等，愿景是指导学校发展、规划学校未来的理想和信念，对学校发展具有方向性指导作用，是学校发展的目标和行动纲领。

这三个要素体现了学校发展的不同层次，三个要素从低到高形成了学校组织的三个维度，三个维度也显示了学校组织工作的不同重心，有的学校重技术、有的重制度、有的重技术和制度、有的三个并重，以三个要素为维度，并对三个要素相应的工作重心和组织领导的思维特征作分析，重技术的学校其学校发展的思维特征表现在重视事实层面，学校缺乏健全有力的规章和制度，学校秩序比较散乱，往往出现一个问题抓一个问题，工作上注重的是具体的每一个事件，缺乏系统的、整体的思考，主要以问题应对为主；重制度的学校其学校发展的思维特征表现在重视规范层面，注重规章制度的建设，以权力为中心，形成了等级制的层次结构，学校管理严格，有良好的秩序，事事有章可循，有严格的制度约束和保证，避免了产生无人负责、无人监管的局面，提高了组织工作的效率；注重愿景的学校其思维特征表现在关注的是学校未来怎样发展，学校发展的思路和办学理念等对价值层面的思考，是学校发展的行动纲领和指南，是对学校发展的宏观规划，从总体上构思了办成什么样的学校和怎样发展的问题，从整体上系统地对学校未来发展的勾画和展望，其工作重心着眼于整个学校系统，而不是每一个具体的事件。事实上，只重视一个层面的学校很少，每个学校发展的侧重点可能存在着差异，由于其思维特征和工作重心不同，经常表现在某个学校的发展过分重视某一个或两个层面，而对别的层面不够重视或者忽略，从而影响了学校发展。

三个要素分别从三个层次反映了学校组织的发展形态，有的处在发展的技术层面，主要任务是完成一系列学校常规工作，但对于学校的组织和管理缺少条理化、秩序化，也缺少学校发展的宏观规划和长远设想；有的学校具有较为完善的制度，并注重制度的不断补充，从而使学校的管理井井有条，一切按制度行事，减少了主观性和无序性，完善的制度也保障了技术的正常运行和资源的合理配置；有的学校善于分析周边的环境和自身的实际情况，审时度势，规划自身的发展未来前景，从而指导学校的未来发展方向和发展目标。

由技术、制度和愿景构成了学校发展的三个要素，这三个要素从三个维度构成了学校发展的理论模型。在学校具体工作实践中，学校的工作是由一定的思维方式决定的，思维方式是人们在研究进行思维的方法与形式，以及思维过程在整体上的特征。思维决定人的工作指向和侧重点，思维决定了人们能否把握客观事物及其认识的正确态度。学校发展思维方式是指领导者在思考学校发展问题时所表现出来的思维特点。学校发展模式的转换依赖于思维方式的转换，彼得·圣吉提出学习型组织五项修炼的重要前提是改善心智模式，心智模式影响人们的认知方式。温恒福通过对教育思维方式的研究，对思维方式进行了分类，提出了教育思维中几种传统思维方式①：依附性思维、教科书思维、纵向线性思维、外在功利性思维、知识传授思维、管制性思维、移植思维和封闭思维。古典组织理论注重理性思维和量化思维。学习型组织理论提出了改变心智模式，克服线性思维，建立系统思考模式。思维方式将组织工作转移到了行为背后的心理和认识，不仅关注外显的行为，而且更注意从根本上转变心智模式，思维品质决定了行为能力，有什么样的思维就有什么样的学校发展之路。思维决定出路，学校发展创新有赖于思维方式的创新，只有超越传统的思维方式，才能实现组织创新，在学校组织发展中，不同的学校发展思维方式决定了不同的学校组织发展不同格局，由此决定了学校发展的工作重点也不一样，工作重点是学校工作范围和着力点所在，每个人在工作的过程中都会有自己的工作选择，先做什么、后做什么，重点做什么、非重点做什么，这就形成了不同的工作重点。工作重点反映了不同的价值选择，是效率导向、成本导向还是情感导向，也反映了学校管理层次和水平以及领导者的决策水平看问题的视野，是事件层次、系统层次还是战略层次。工作重点不同产生不同的工作结果，导致学校不同的发展水平。

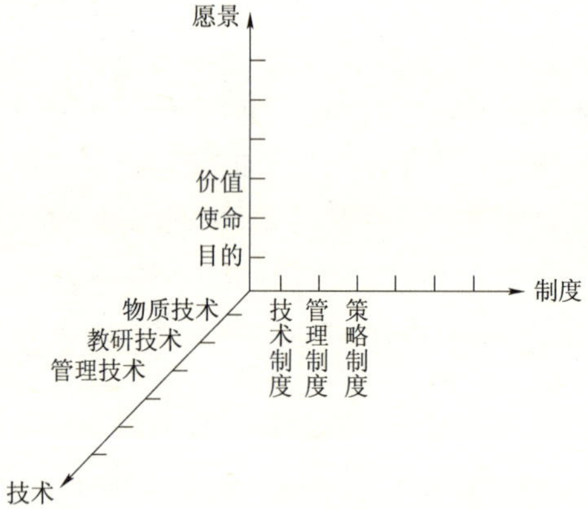

图2－2 学校组织发展特征三维结构

因此，我们又选取了思维特征和工作重点两个维度来描绘学校发展的状态，以三个要素为维度，并对三个要素相应的工作重心和组织领导的思维特征作了分析，这样，就形成了以组织要素、工作重点和思维特征为维度的三维结构（见图2－2），形成了与理论模型相对应的学校发展的操作模型。

通过以上对各组织要素所反映的学校组织发展的不同特性的分析，我们以组织要素作为基础，对相应的思维特征和工作重心加以分析。学校发展处于以技术要素为关键特征的学校，其思维特征表现为以事实分析为主，即主要关注学校发展中的基本事实，并根据事实信息形成事实判断。比如，对于学校教育教学活动、校园各项活动、各项业务的工作流程、对学校资源的基本事实分析，基于基本事件形成的局部思考问题的方式，总是出现什么问题解决什么问题，哪里出现问题解决哪里的问题，采取局部的修修补补的解决方式，其思维方式是一种技术理性，注重工作程序和方法步骤，由此，学校组织的工作重心表现为对基本事件的关注，事件的完成、问题的解决是组织发展的重要标志，而不考虑学校整体的系统性发展，对于学校组织的整体缺乏完整的把握，以致机械地割裂事物、要素成分之间的关系，以孤立的方

① 温恒福．教育创新组织的领导与管理［M］．北京：教育科学出版社，2006：179－183.

式认识组织对象。

学校发展处于制度要素为关键特征的学校，其思维特征表现为以规范分析为主，即主要关注学校组织运行的伦理依据和基本准则，并根据一定的规范形成对于学校活动的规范判断。比如，对于学校日常行为规范和资源的分配管理规则等的基本规范分析，基于规范的力量对技术要素中的各成分加以约束，形成一定的秩序，以期提高组织运作的效率。由此，可以看出其工作重心表现为对效率的关注，效率是制度的基本逻辑，为了提高组织的工作效率，就要由无序、无规则的零乱状态过渡到有秩序、有规则的状态，制度无疑是形成规则的重要手段，制度约束和规范是以制度要素为标志的学校组织发展的重要特征。

学校发展处于愿景要素为关键特征的学校，其思维特征表现为以价值分析为主，即主要关注学校组织未来的发展方向以及基于对学校本质的理解而形成的对学校的价值分析，以及基于价值信息所形成的价值判断。比如，对于学校未来的规划、学校发展目标、为什么设立这样的目标等问题。从哲学的高度根据学校的使命对于学校发展方向的把握，其工作重点表现为学校发展的战略，为实现共同的愿景必须通过什么战略来达成，基于愿景的战略规划是这一阶段学校发展的关键特征，战略是从系统的、整体的眼光审视学校，而不是基于对学校片面和局部的认识，共同的愿景是基于系统思考的结果。因此，愿景层次的学校组织是学校发展的较高阶段。

三维结构说明学校组织的特征分别是：组织要素维，包括三个层次：技术层面、制度层面和愿景层面；思维特征维，包括事实分析、规范分析和价值分析；工作重心维，包括问题、结构和战略。

二、学校发展的三种模式

三个维度中分别包括从低到高的三个层次并相对应，这样又形成了三个层次的组织模式，分别是：技术—事实—问题型；制度—规范—结构型；愿景—价值—战略发展型。

（一）技术—事实—问题型发展模式

技术—事实—问题型。这是一种以问题应对为主，缺乏有效的规则和制度，目标不清晰，以技术为主导的发展模式，其思维类型以事实分析为主，一般是经验的、感性的局部思考，以事务性的管理为主，一般处于学校发展的起步和初期阶段，这一发展模式只能使组织处于维持现状的状态，缺乏前瞻性的思考，被称为维持模式。这是学校发展的第一个阶段，主要依赖技术维持组织的日常运作，学校内部管理混乱，呈现一种暂时的无序状态，学校完全是被外在控制的，学校按照上级主管部门的既定规范进行运作，无须采用新的管理方式以应对变动不居的环境。学校主要对付习惯性和事务性常规工作，标准的操作规程；组织结构简单和单向，有明确规定的信息通道。采取防御性战略，专注于个别事件，缺乏整体系统思考。学校的设备设施尚不完备；学校的人力和物质资源组合的效益尚未发挥，学校教育制度、教育质量和社会声誉都没有建立，学校必须加速从无序到有序的过程，其基本对策就是加强规范和投入。

（二）制度—规范—结构型发展模式

制度—规范—结构型。具有严格的规章制度，重视制度的约束和规范作用，强化组织的秩序，是以制度为主导的发展模式，其思维类型以规范分析为主，一般是理性的、整体的，以形成组织的规范、提高组织的效率为目的，以规范性管理为主，是学校发展的整合阶段，这一发展模式强化制度的控制作用，被称为控制模式。这是学校发展的第二阶段，学校进入规范化阶段是指学校相对于不稳定状态的稳定前进，即学校内部体制、规章制度和运作机制的合理化已经达到规范化要求，形成了学校的整体面貌，因此，学校的发展就进入到由政策导向、制度保障发展阶段。学校的主要任务是通过有效的管理建立正常的教育教学运行秩序，确保有一个稳定的教学质量，成为合格学校。在这一阶段，建立规范、实施规范是必须要做的。学校只有建立了比较系统的规章制度，学校才能按规章制度办事。规范管理使办学进入良性运行的轨道，重新组织和运用资源，内部管理开始紧张有序进行，组织体制、程序章程和基本规范合理，教育教学质量有了基本的保障。

（三）愿景—价值—战略发展型模式

愿景—价值—战略发展型。具有共同的愿景和团队合作精神，重视人在组织中的发展，形成一种共享的文化，在弥漫的文化氛围中不断学习，有利于促进组织发展，其思维类型以系统分析为主，以促进人的发展为目的，是一种人本管理，是学校发展的系统化阶段，这一发展模式被称为促进模式。这一阶段，学校有比较健全的规章制度，学校发展的动力源于学校群体的智慧，表现为全员共同参与学校规划的制定，并全方位、全过程参与学校的改革活动，具有个体与学校组织融为一体的自我发展意识、自我约束机制和自我实现的价值追求。在学习中发挥组织团体智慧，在开放中不断认识自我，完善组织的功能。

通过以上对学校发展的三维特征分析，三个维度分别从三个侧面说明了学校发展的某种特征和学校类型，而这一特征形成了学校发展的不同模式，在分析学校发展的不同性质和特征的基础上构建了学校发展的三种模式（见表2－1）。

表2－1 学校发展模式及其特征表

特征 模式	主导特征	工作重心	思维范式	管理风格	管理理论	学校发展的阶段
维持模式	技术	问题	事实分析	事务管理	经验管理	学校发展的无序阶段
控制模式	制度	结构	规范分析	规范管理	行政管理	学校发展的规范阶段
促进模式	愿景	战略	价值分析	价值管理	战略管理	学校发展的系统阶段

学校的形成和发展同其他组织一样具有生命体的发展形态，即学校的发展具有阶段性。学校发展是学校不断在高于原来水平的基础上运行，表现为学校组织规模的扩大、社会影响力的提高、学校运作以及管理水平由低级向高级的转化等，学校处于追求自我生存和永续发展的过程之中。学校发展的不同阶段不仅带来组织形态、经营策略等方面的变化，而且不可避免地影响到学校的治理机制。从动态的角度探讨学校发展的阶段与学校治理机制之间的关系，有助于分析学校发展的不同阶段中学校治理机制的特点。根据每一种模式的不同特征，我们又划分出了相应的学校发展的不同阶段，分别为：学校发展的生存阶段、学校发展的成长阶段、学校发展的系统阶段。

第四节　重建学校：升级学校发展模式

我们已经在要素分析的基础上构建了三种学校发展模式，据此我们可以对当前学校发展的模式作出大致判断。从当前我国的学校整体看，尽管学校分处不同类型，但重心区间尚处于控制模式框架下。我们认为重建学校的切入点以前述发展模式分类操作是可行的。

一、重建学校的基点与原则

重建学校，我们恐怕首先不得不面对的问题是学校发展的价值取向问题，即学校发展追求什么？这是学校重建的基点，也是终点。其次，还需要对学校重建的原则加以考虑，即学校重建要遵循哪些原则，这些原则是学校重建所必须坚守的根本尺度，是维护学校本质的根本要求。

（一）基点："以人为本"的学校自主发展

纵观人类社会的发展，发展观的演变经历了五次转变①：第一代发展观：20世纪50年代，发展＝经济增长；第二代发展观：20世纪60年代，发展＝经济增长＋结构变化；第三代发展观：20世纪70年代，发展＝经济增长＋社会变革；第四代发展观：20世纪80年代，发展＝可持续发展；第五代发展观：20世纪90年代，发展＝以人为中心的综合发展。纵观社会发展观的演化历程，可以发现，发展观经历了从单一发展到综合发展，从短期的发展向长远发展，从物本导向朝人本导向的转变。当前我国提出了科学发展观和构建和谐社会的新的发展观。科学发展观是一个完整的新的发展理念，是对人类发展观念的理论创新，是发展范式的转换。历史的经验告诉我们，不同的发展观会产生不同的发展模式，不同的

---

① 魏海燕．发展观的演进探讨［J］．理论界，2005（5）：14.

发展模式会产生不同的发展结果。学校树立什么样的发展观直接决定了学校产生什么样的发展模式，科学发展观强调“以人为本”的发展宗旨，“可持续发展”的发展方向，“全面、协调”的发展思路，与学校教育的本质具有一致性，学校是育人的场所，促进人的发展是学校教育的本质所在，同时学校是面向未来的事业，理应具有可持续的发展方向。此外，学校发展是学校全体人员的发展，不仅有学生的发展，还有教师和领导的发展，全体成员的相互协调、共同发展是学校的发展途径。因此，树立科学的发展观是学校科学发展的前提，科学的学校发展观应该以全面协调发展为基础，以可持续发展为指向并最终实现人的全面发展。在“以人为本”的学校科学发展观指导下，学校从办学理念、发展方式到管理机制应该实现以下几个方面的转变。

第一，发展目标由知识传递转变为全人教育。传统的学校受应试教育的指导，导致了学校过多重视知识的传递功能，由此形成的学校把有用的知识传递给学生作为发展目标，而对于学校本身作为育人的场所所应该承担的育人功能认识不足。人的成长是综合的、多方面因素的结果，获得知识只是其中之一，以人为本的学校发展强调学校发展承担起培养全人教育的职责，把学校发展目标由片面的知识传递转变为全人的教育。

第二，发展理念由工具理性的发展观转向人文主义发展观。科学的学校发展观要求学校在发展理念上把人作为思考问题的出发点和落脚点。传统的学校发展观念受工业时代的工具理性价值观支配，学校发展观念上表现为过分强调社会本位、数量发展、数字指标、制度为本等，而忘却了学校发展的真正内涵。随着时代的发展对人的关注和重新发现，必然要求学校回归其本质含义，肩负起学校所具有的提升人的价值的使命，并围绕着“人”为中心开展工作。教育的本质在于促进人的发展，“以人为本”的学校发展模式与教育的根本目的是一致的，体现了学校与人的发展的一致性。学校发展坚持以人为本的价值取向，是实践素质教育的宗旨，体现并落实素质教育目标，以育人为本，面向全体学生，促进学生全面、和谐发展。

第三，发展机制从政府主导转变为学校自主发展。随着公共管理范式的兴起，学校与政府之间正在由单纯的隶属关系转变为自主权和行政权相互协调、相互制约的关系。政府侧重于宏观管理和组织协调，政府职能转变的核心是权力下放、重心下移，突出政府的职责和服务功能。与之相应的教育行政体制转变，政府必然下放教育权，管理重心下移，学校发展由被动转为主动，学校根据自身的情况，自主选择自我的发展途径是学校发展的必然方向。

第四，发展方式由外延发展转变为学校内涵发展。外延发展主要是通过增加数量、扩大规模来谋求发展，这种发展方式受我们国家计划经济时代粗放式的发展方式影响，单纯追求硬件投资和 GDP 数字。学校的发展不仅在于这些硬性因素的影响，更重要的还在于学校的一些软性要素，比如，学校管理方式、组织结构、领导体制、学校文化等。对学校而言，这些软性要素可能更重要，因此学校发展要挖掘现有的学校潜力、优化教育结构、提高效益和质量来推动学校发展，充分挖掘学校内部的优势和功能来提高教育的质量和效益即学校内涵式发展。"在学校的发展中，外延式发展之路的本质特征是'利用'，即充分利用客观外界已经存在的条件去实现学校自身的发展。而内涵式发展之路的本质特征是'生成'，是在创造各种条件的基础上，使学校发展的因素从无到有，从小到大，从而形成学校发展的动力、氛围、态势和成果。"① 随着经济增长方式的转变和发展观念的更新，内涵式发展是学校发展的理想途径。

第五，发展形态上由封闭性和同一性转变为开放性和动态性发展。市场经济的发展加剧了学校之间的竞争，而且随着 WTO 的加入，未来学校之间的竞争更趋于全球化，因此学校必须具有开放意识，从传统的封闭的自我办学观念转变为开放的相互竞争和合作的办学意识。学校从传统走向现代、从依附走向自主、从封闭走向开放是未来学校发展的必然选择。

总之，当前学校组织赖以生存的环境已经发生了巨大的变化，学校组织面临着强大的变革与发展的外在压力，需要学校组织对其生存与发展的方式作出新的思考与选择。由传统社会向知识社会的转变，知识在未来社会中的地位发生了根本的变化，同时，知识的存在、传播和知识的形态也都发生了变革，学校作为知识生产和传播的场所，由于知识的性质的变革对学校的功能也将产生影响；信息技术正在改变工作方式、教学方式和学习方式，也改变了知识的运用方式；针对社会转型和技术变革，人才的需求也发生了变化，不仅仅需要掌握牢固知识的人才，更需要创新人才以适应不断变化的社会。"在今天，使学校成为学校的因素正在迅速变化，因此，受教育意味着什么的观念也正在发生改变。随着电子课堂的出现以及知识的大爆炸，关于学校的目标和如何组织学校以确保学生受到教育的问题还大量存在。"② 这就需要对传统的学校性质和功能进行重新认识和反思。

随着社会的发展，环境对学校组织的要求越来越高、越来越多、越来越多样化。学校组织不得不关注和思考在不确定性环境中学校自身的发展问题，学校越是自觉清晰地认识社会变化着的需求和发展趋势，就越能认清变革的方向，有效地利用社会提供的发展条件和机遇，把外在的需求内化为学校的目标，走主动发展的变革之路。因此，学校需要具有对环境变化的危机意识，了解组织变革，推动组织变革，重新审视组织定位及目标，制定组织的发展战略、结构和过程，提升教育质量是新时期学校发展所必需的。

（二）重建学校需要秉持的原则

学校重建必须考虑到学校组织的特性，学校组织必须从学校的本质属性上全

---

① 蓝维，张景斌．构建"以人的发展为中心"的学校发展模式的理论思考［EB/OL］．（2003 - 08 - 06）［2008 - 09 - 05］．http：//www. edu200. com/scriptures/development/061030115027152761293. shtml.

② Fielstein L，Phelps P. 教师新概念［M］．王建平，等，译．北京：中国轻工业出版社，2002：308.

面构建组织系统，学校组织所具有的独特本质是学校重建所必须考虑的，是重建学校的基础。

1. 学校组织的公共性

公共性是学校教育所具有的既使社会受益，又使个人受益的责任和功效。基础教育是公共事业，属于公共领域，具有公益性。公共性是基础教育，特别是义务教育最重要的功能和目标，学校是义务教育基本的公共场所，学校组织具有公共性特征。当前，受市场经济的影响，学校公共性地位正在遭到冲击，我们在重建学校时要避免受市场经济的影响而违背学校组织的本身属性，学校教育的公共性是重建学校的基础，因此必须对学校教育的公共性有充分认识。

2. 学校组织的专业性

学校组织是一个以知识为载体的专业性组织，知识性和专业性是学校组织的突出特征。教育是学校组织的主要活动和功能，承载教育工作的是拥有职业资格的教师，他们是具有教育教学和专业知识的专业人员，因此学校组织主要是由专业人员构成的，教师要经过一定的培训，必须获得教师资格证书，在教学时教师要教学机智，根据具体教育对象和情境进行教学，教师一般还要具有敬业精神，注意职业道德和为人师表等。学校工作的核心是教学，知识是教和学工作的重要载体，知识在组织内的流动构成了学校组织工作独特的魅力，学校是通过特定的组织人员，以知识的逻辑形式按学科传授给学生的专业性机构，以期培养相应专业性人才；学校是培养人才的专业机构，以培养人、教化人为主要活动和工作目标。因此，学校作为专业性组织是由专业人员利用掌握的专业知识，从事着专业性的教学工作，培养专业性人才的专业机构，学校组织是专业性组织。在学校发展的历史中，学校的专业品质曾一度受到忽视，学校抑或成为实现政治功能的工具，抑或成为实现经济功能的工具，学校的专业价值合理性遭遇迷失。重建学校要考虑到学校教育的专业性，不受工具主义的价值观所左右，实现学校的真实使命。

3. 学校组织的服务性

学校是一种提供教育服务的机构，一方面接受国家委托培养社会所需要的人才，另一方面接受家长的委托为子女提供需要的教育服务，学校是一种委托服务机构。知识的增加和技能水平的提高是学校服务于“顾客”的内在功能。“基础教育学校服务，就是在基础教育阶段中的学校所提供的、能够促使学生知识增加和技能水平提高的各种服务的总和。”[①]赢得“顾客”的认同是学校追求的目标之一。随着社会的转型，传统意义上计划经济时代学校教育的公共性含义随着市场

① 张伟坤．基础教育学校教育服务：涵义、范围与策略［J］．基础教育研究，2005（2）：6.

经济的发展正在发生变化，学校的服务性功能正越来越受到认同。

4. 学校组织的复杂性

学校是整个教育系统的基础，是特殊的、复杂性组织。国内外学者应用复杂科学的原理和方法，将学校作为一个有机的、自组织的系统，从不同的角度对学校的复杂性进行了分析。学校组织的复杂性主要表现在：学校组织目标的复杂性，学校组织功能的相对性，以及学校组织活动组成因素的多样性和可变性，学校组织的结构与功能、系统与部分之间的非线性相互作用，学校教育过程的动态性和教育结果的不确定性等。另外，学校教育过程内部诸要素之间显现出各种不确定的非线性关系，这些都体现出了学校教育的复杂性。重建学校要考虑到学校教育的复杂性，用非线性的、非还原的、系统的、动态的思维方式来思考学校的变革。

二、构建学校发展的操作框架

在学校发展的动态演进过程中，随着学校内部和外部环境的变化，学校发展要不断地进行适应性调整、变革和创新，要不断地解决由于内外环境和条件变化所带来的新问题。从支撑学校发展的基本要素出发，构建学校持续发展的操作框架，主要包括：技术优化、制度重构和愿景构筑。技术优化体现了生产力方面的要素如设备、校舍、技术等，是对学校的硬件设施和所提供的服务以及提供方式进行创新；制度重构体现了生产关系方面的要素如组织结构、管理模式等，是对学校本身组织结构及其机制的创新；愿景构筑体现了在生产力和生产关系之上，联结和协调生产力与生产关系的发展理念和发展愿景。其中技术优化是手段，制度重构是保证，愿景构筑是前提，三者相互作用、相互影响，共同形成学校的持续发展能力，提升学校的发展活力。

（一）技术优化

技术是组织发展的物质基础，随着技术的飞速发展，尤其是信息技术的发展，技术在组织发展的作用也越来越突出，越来越成为组织发展和取得竞争优势的不可或缺的力量。在实践中，我们经常把技术等同于机器、设备等，其实技术不仅包括这些，还包括更重要的知识和信息。在知识经济时代，技术的知识性和信息价值更重要，这些知识和信息有的是显性的，有的是隐性的，构成了组织发展的重要动力。“人们往往将技术看成是机器。其实，机器只是技术最为明显的物质表象。就组织的技术而言，它所指的是将投入转化为产出的过程中所使用的技术与知识。”①

---

① 朱国云．组织理论［M］．南京：南京大学出版社，1997：295.

技术是实现学校功能的过程性因素。技术主要指通过改善教学设备、工具、教学方法和技能等途径，达到提高教育质量，改进教学水平的措施，技术优化的目的是节约教育成本，改进教学方法，提高教育质量。学校组织技术系统的变革应以学校发展理念为指导，并围绕着组建更具活力的学校为目的。

技术的变革与学校组织变革有着密切的关系。波尔·达林在《理论与战略：国际视野中的学校发展》一书中阐述了学校变革三种不同取向：技术的观点、政治的观点和文化的观点，其中技术观点是一种重要的学校改革路径。学校发展在美国自20世纪50年代苏联卫星事件之后，有效学校研究开始关注影响学校发展和学生成绩的因素，其中开始关注的焦点是课程改革。到60年代，转向了对技术的关注，相信从技术上可以发现解决学校问题的方法，“学校改进应该建立在以学校中所使用的材料为基础的经验知识之上，主要的发展过程趋向于一个系统的、理性的和‘技术导向’的创新过程”①。技术观点是与生产和过程相联系，这一观点的主要特征是：②解决学校问题的方法是基于技术的合法性和关联性能被运用到不同的情境中去。技术观点关心的是产品，该过程中不同人之间的关系是由技术要素构成和改变的。70年代后，人们对单纯依靠技术解决学校问题越来越产生怀疑，技术观点渐趋衰落。

我们认为现代学校中的技术优化主要涉及学校教学和管理信息化程度、教学设备和课程教材的满足程度、教师的教学方法和技术能力、教师的科研素质等方面。学校技术优化是一个系统工程，涉及学校教学的每一个环节，教学技术的优化对于提高教学质量，改进学校管理有着重要的作用，并将促使学校组织发生变革。在当前，技术在学校中主要表现在两个方面：一是信息化程度，涉及信息化的设备、信息化与课堂教学的整合、信息化应用程度，二是表现在教学方法和技术手段上的创新，这是技术优化的核心；还有就是管理技术的创新。其中技术优化要遵循学校发展的原则，要以促进学校发展为目标，具体而言，技术优化要遵循以下原则：（1）技术优化应以促进学校发展为前提；（2）技术优化的本质是将投入转换为产出，实现技术与教学的有机结合；（3）技术优化的关键是学生的发展；（4）教师是技术优化的主体；（5）技术优化最重要的是要和教学实践相适应，技术的选择和采用一方面要结合学校的经济能力和发展水平，另一方面也要考虑技术的应用范围和技术的实际效用。

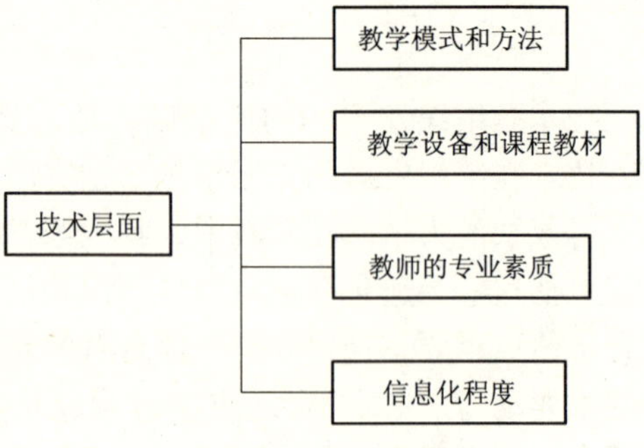

图2-3 技术层面的影响

①② 达林．理论与战略：国际视野中的学校发展［M］．范国睿，译．北京：教育科学出版社，2002：113.

（二）制度重构

技术优化对于促进学校发展无疑具有重要意义，但是如果没有制度提供良好的环境，技术优化将不可能，技术变革需要良好的政策环境和制度保障，有赖于制度的改革和创新。学校发展不仅在于技术的发展，而且还在于领导者能够突破传统思维限制，主动应对环境变化、整合组织内外部资源的能力，因此制度创新是学校组织发展的必然要求。由于我国传统的学校管理体制性弊端仍然存在，推进学校整体发展，就需要加大体制改革和制度重构，建立一个良好的制度环境和运作体系对于促进学校整体协调发展具有重大意义。

制度重构是通过对制度的合理设计，协调组织内部的人员和资源，发挥最大的组合效益，使制度更符合学校发展的需要。制度重构涉及不同部门和人员的协调过程，这一过程必然产生员工共同信念及其相互关系的改变，权、责、利的调整必须依赖相应的机制，组织与管理原则方法等的变革。制度重构是学校组织创新的重要内容，主要包括学校的组织结构和管理制度重构，以制度重构促进学校协调发展及其组织结构和运行机制的协调配置。

制度重构具有必然性。随着社会物质基础的变化而要求不断改变传统制度的控制模式，以适应组织发展的需要，一方面，组织物质条件的变化是制度变革的前提条件，它要求制度必须在现有基础上不断创新，为组织的物质技术的发展创造条件和开辟道路；另一方面，制度重构又是物质基础得以巩固的坚强后盾，为整个组织的发展提供可靠的制度保证，从而推动整个组织的发展。因此，制度重构是组织发展的必然要求。而且制度本身的发展也要求制度不断创新。由于制度构建有其天生的缺陷，学校形成了一套制度安排之后，往往会按照制度安排的惯例去运作。这样做，一方面会保持学校的连贯性与持续性，但另一方面可能会束缚人的创造力，造成学校因循守旧，缺乏活力。由于制度形成的惯性和日益滋长的官僚主义使得学校在面临环境突变时反应迟钝，不能及时采取应对措施，组织的创造力减退，威胁着学校的发展。随着社会的飞速发展，信息技术的广泛应用，学校的内、外部环境都在随时随地发生着变化，一些旧的制度已不能满足学校目前的需要，已成为学校发展的桎梏，不废除这些不利于学校运行的旧制度，学校将难以为继。同时，还应看到，学校有些制度的出台，是当时特定环境下的产物，这种制度表面上是解决了已经出现的某一方面问题，但它可能会对其他方面产生不利的影响。所以，学校制度的构建是不断完善的过程，制度往往会面临衰退的威胁，制度的规范性优势蜕变成束缚和阻碍学校发展的劣势，此时需要变革制度，重新创建制度的优势。在学校发展进程中，面对不断变化的外部环境和内部环境，适时制定相应的制度跟上时代的需要是学校发展必需的。“学校发展过程中制度本身需要不断地调整和生成，不断地选择、改造、优化原有的制度，将改革中行之有效的经验转化为新的制度，重建学校教育制度体系。如何创建新型的学校制度，实现制度重构，是学校发展的一个重要环节。”①

学校是一个动态的开放的系统，其外部环境和内部条件都在不断变化，这必然会对学校的活动内容、活动形式和活动要素产生不同程度的影响。学校为了寻求发展和尽量适应市场变化，就必然需要设计出一些新的制度或对学校内部已有的、在实际操作中存在很大弊端的制度进行重新设计。如果学校固守原有的制度，不能适时进行局部或全局的调整，则可能会被变化的环境所淘汰，或为改变了的内部要素所不容。这种为适应学校内外变化而进行的制度调整，就是学校内部制度重构。

良好的学校制度设计能够为学校组织发展增值。组织价值是指通过组织系统内部诸多资源的组合、共生所表现出来的被社会所认可的组织能力和社会影响力。组织价值表现为保证组织的增值性。组织的增值是通过组织把各种人员、资源组合起来，使之产生大于人员、资源单独散落时所具有的价值之和。组织价值的提升就是实现组织价值的增值，致力于实现组织价值的持续增值。

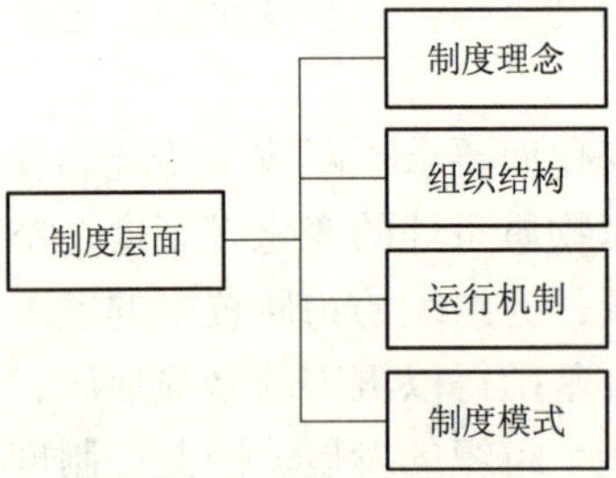

图 2－4 制度层面的影响

学校制度是一个系统的规则体系，各种制度间的相互关系和搭配后所形成的一个从一般规则到具体规则的层级结构对学校行为的引导和制约能力，包括学校的组织制度、领导制度、管理制度以及在这种制度下学校在处理各种关系时所表现出来的行为规范、行为方式、行为准则等。我们认为制度重构是一个综合的体系化创新，主要涉及调整和改变学校组织结构、管理体制、组织运行机制等，从而使组织更符合环境的要求，为组织的良性发展提供发展的空间和制度环境。

（三）愿景构筑

技术创新和制度重构主要是学校内部创新，协调学校内部各要素和部分的关系，实现学校自身效益的最大化，是学校发展的战术问题。愿景是不仅仅指向学校内部，更重要的是关注学校的外部环境，以多维视野，从战略的高度审视学校发展。“中小学管理者再也不能只关注管理的战术问题，而必须在战略管理层面上运作。”② “中小学的战略管理就是立足长远、放眼全局、以抉择和实施战略为手段来统揽管理工作的各个环节和方面的管理形态。”③学校发展十年以后靠什么？这就要看它有没有一个长期的发展战略，有没有自己主动的发展方向和战略重点。因此，从战略的高度关注愿景构筑对于实现学校整体变革具有重要意义。

---

① 李家成．学校“战略管理”论［J］．教育科学研究，2005（1）：37．

② 熊川武．中小学需要战略管理［J］．中小学管理，1997（6）：6．

③ 丁之合．北京市第十一中学学习型学校结题报告［EB/OL］．（2008－09－05）［2008－11－07］．http：//www. chuangzheng. cn/bbs/archiver/？ tid－2101. html.

愿景构筑是在审视学校内外环境的基础上，重新思考学校发展的思路和发展理想，包括目标和价值系统的更新，以新的价值观代替旧的价值观，以新的发展目标代替旧的发展目标，以及相应地重新对学校的战略规划，而这一切变革是与卓越的领导分不开的。因此学校愿景构筑可以包含以下几个方面：观念系统和思维方式的更新、构建共同愿景和培养愿景型领导等。

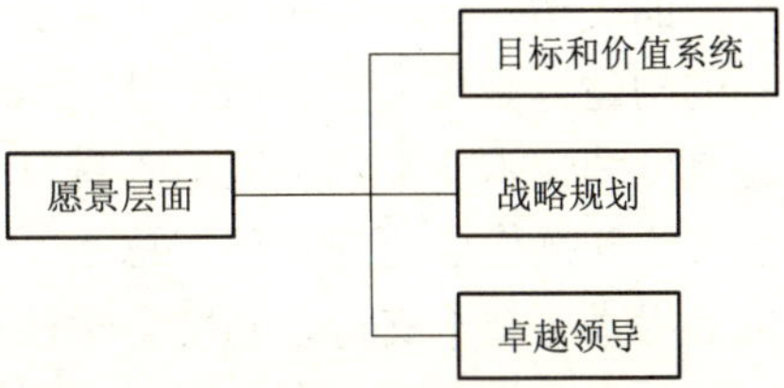

图 2－5　愿景层面的影响

三、整合创新：学校重建的必然选择

组织系统具有多维度属性，任何一个属性都对组织的生存发展有着不可替代的作用，组织发展应该整合各个方面的因素，形成组织的整合发展框架。学校发展是非常复杂的，但是众多研究都是从学校内部某一方面的特性来论述的，比如，教师发展、领导转型、组织结构变革、学校文化变革、学校制度变革等。本文提出组织的整体性发展理论，旨在从系统的视角寻求学校的整体发展。学校发展是由多因素构成的系统的发展过程，我们要克服传统的片面的学校发展观，单独强调组织的某一要素或某一方面，而强调学校发展的协同性。学校发展是一个复杂的系统，内部涉及人、财、物等要素，外部涉及政治、经济、文化、政策等影响因素，因而学校发展创新要充分认识其作为一个系统的复杂性，把任何一种发展因素都置于一个系统有机协调的框架之中，既要考虑组织的发展性，也要考虑组织的协调性，使学校在稳定中发展，在创新中发展。从系统的视角，学校创新是各种要素的整合性创新。

所谓整合创新，就是学校将技术、管理、战略、文化等各个要素进行选择和优化，形成优势互补的有机整体的动态创新过程，整合创新超越了单纯的技术创新、制度重构等范畴，强调的是技术、结构、战略的一体化创新，以整合创新来整合学校的各项能力，可以有效地促进学校的成长与协调发展。

学校组织变革的本质就是要通过打破并重构组织惯例，从而形成组织新的运作方式，进而打造组织的核心竞争力，以适应深刻变化的环境和形势，保证学校的可持续发展。技术优化、制度重构和愿景构筑为学校组织变革提供了创新框架，通过学校组织的这三个层次的变革和创新为提高学校竞争力提供了技术支撑、制度保障和动力来源。愿景构筑是战略层面的变革；制度重构是中位的目标，重建学校制度体系；技术优化是基础层面；三者的组合创新最终达到学校文化的变革，共同目标是重建新型学校。以上三个层面中，愿景构筑是核心和先导，制度重构是保障，技术优化是手段。有的学校重视技术方面的投资和更新，但是技术在学校中的真正应用还需要外部体制、制度、文化等的支撑，也就是技术方面的成功变革，有赖于组织制度和组织文化与此相匹配；有的学校注重制度体系的构建，制度固然重要，但是学校制度体系建设，如果没有战略规划作导向，制度和技术变革就可能陷入盲目。没有价值追求意识的学校管理，可能是技术、方法和操作层面的管理。总之，学校发展是一个综合的发展过程，技术为学校发展提供了技术支持，制度为学校发展提供了规范保障，愿景指引着学校发展的方向。也有学者从生态学观点出发提出学校变革的整体性改革思想，“必须坚持全面地思考、有联系地思考等思维方式，综合考察影响教育改革与学校变革的各种要素以及这些要素之间的动态互动关系”①。“所谓整体性改革是指学校各方面改革的整合和有机性的形成，这表现为，当前的教育改革，不应是点状改革，整合不是各项改革的简单相加。教育系统与学校组织的健康持续发展，要通过学校教育观念到目标、价值观、制度、组织活动、教师教学方式和学生学习方式、学校文化等密切相关的，相互渗透和影响的一系列改革，才能取得成功的教育，只有用综合、整体改革的方式才能实现。”②这说明了成功的学校变革是综合因素的结果，不仅是组织技术、组织结构、管理体制和组织目标等方面的变革，还需要从文化上生成新的文化，现代学校发展愈加要求技术、制度和组织文化的协同创新。

技术、制度和愿景概括了支撑学校发展的基本方面，三者的功能各不相同，功能的互补与协同是学校发展得以保持的内在机制。愿景蕴涵了学校所独特的办学理想和方针，是学校核心特征的体现；技术和制度保证了学校的技术效率和管理效率，技术优势是学校的“生产性”优势，为学校获得竞争优势奠定了物质和过程基础；好的制度能够整合学校资源，使学校的资源配置富于效率，是学校具有取得优势的保障。技术、制度、愿景三者相互依存、相互作用，共同促进学校的发展，并共同促成和体现学校文化。学校的竞争优势表现为学校独特的文化优势，具有良好文化的学校，学校的发展就能越稳定越持续；当学校文化失去了优势，学校的发展也将失去活力。学校文化的优势，将为学校发展带来“功能性”优势和“影响力”优势，从而促进技术、制度和愿景的发展，最终使学校发展能力得以进一步加强。它们之间的协同作用决定和支撑着学校发展的能力与竞争优势。而且，三者的相互作用、相互推动和共同成长将为学校发展提供良好的支持机制。现实中我们经常会发现某个学校其技术并非具有优势，学校设备、资源和技术配备情况并不占优势，但是学校却能经营得井井有条；有的学校制度也并不那么完善，但是学校人员却能够很好地遵守；有的学校愿景并不比别的学校高远，但是学校却能取得满意的社会认可，这就说明，学校发展过程中要素的相互作用所形成的相互补充形成了稳定的学校结构，对于促进学校的稳定持续发展具有重要价值。

学校协同创新的要素互动及其协同能力是建设全面优质学校的重要途径。通

---

①② 范国睿．从时代需求到战略抉择：社会转型期的学校变革［J］．教育发展研究，2006（1）：6.

过对技术、制度和愿景等核心要素在学校创新中影响的分析，揭示了学校整体优化的学校协同创新能力方案，整合是组织创新的重要方面，单一创新针对学校发展中存在某一方面的缺失是有益的，学校全面优质就必须整合不同要素，协调各要素之间的关系，减少相互之间的摩擦，促成各要素之间的有益的统一，共同为学校发展目标而调整优化。

组织变革的三维度从理论和方法上加深了我们对学校组织变革的认识，组织变革的三个维度是一种内部高度联系的动态过程，组织的变革不能仅仅关注于某一维度或在某一种形式的指导下进行，而要从相互联系的、动态的发展过程中寻求组织的整体优化发展。而且任何一个维度的变革都将导致其他方面的变革，因为三个维度是彼此依赖、相互制约的。图2－6表示的是组织三个维度的变革及其相互关系，三个圆分别表示各个不同维度的变革，圆间的相交部分表示各个维度的交叉达到最佳的组织变革状态，即文化的变革。

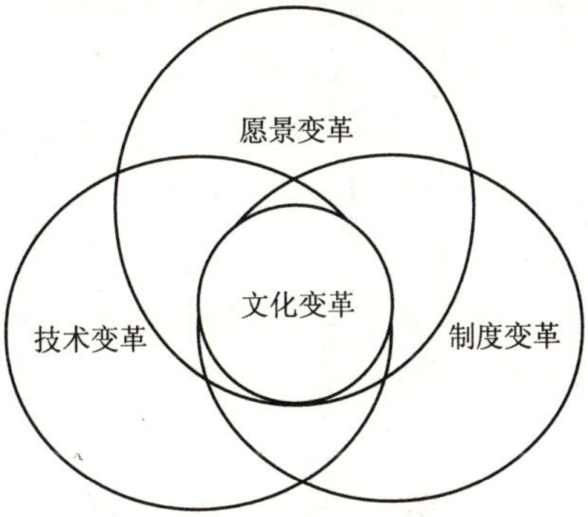

图2－6　组织变革的维度及其相互之间的关系

同时，我们也要认识到，学校作为一个复杂的系统，从协同学的思想来看，协同学的序参量是支配系统发展的动力，序参量从对系统发展的影响效果上看可以分为："慢变量"和"快变量"。对于学校而言，学校内部环境便是其序参量，学校发展中的技术工具和手段是促进系统发展的"快变量"，学校文化是"慢变量"。协同学认为：系统发展取决于"慢变量"。由此可以得出学校文化是最终决定系统的演进方向与速度的重要因素。也就是说，学校文化的发展是学校发展的决定力量和成功的重要标志。在学校变革中我们要关注学校文化的变革，积极地打造优质的学校文化是促进学校发展的最终方向和目标。

第三章　校长领导力

学校发展的具体引领者和推动者来自校长。校长领导力是否有效直接关系到学校发展的方向和进程。教育作为一种复杂的社会现象，校长领导力从简单科学逻辑走向复杂性科学逻辑成为必然。本章以此为指导思想，研究校长领导力要素，尝试性提出了校长领导力提升的解决方案，希望能对校长如何促进学校发展问题作出回答。

第一节　聚焦校长领导力

一、校长领导力的现实困境

刚刚过去的世纪中对组织主要有两种观点，一种是将组织视为权力、信息集中于高层的等级体系，重视等级控制的逻辑；而另一种将组织视为协作的社团系统，更重视组织成员的思想、观点。后一种观点即组织行为学的观点。组织行为学研究的是组织环境中人的行为。它出现于 20 世纪 30 年代，“是应用于管理实践的一门社会科学，旨在理解和运用不同社会文化背景中人的行为的知识，去改进组织表现”①，被证明为更适应当前快速变化的环境。组织行为学理论的充分发展，使人们越来越意识到领导在组织生活中的重要性，因为领导主要是通过与他人一道工作实现组织目标，领导如何充分发挥下属的才能，调动他们的积极性，通过关注组织中“人”的行为实现目标，领导之领导力的重要性才会凸显出来。在提升学校效能的过程中，校长需要强化意识，扎根于学校变革实践，在多元主体的复杂关系中，发挥自己独特的价值。对学校的任何主要组成部分进行根本性变革都会遭遇不确定性和重重阻力。② 这时，作为学校变革的直接负责人，校长责无旁贷。尤其是在学校变革过程中，校长领导力的重要性更为明显。

---

① 欧文斯．教育组织行为学——适应型领导与学校改革［M］．第 8 版．窦卫霖，温建平，译．北京：中国人民大学出版社，2007：65.

② 霍伊，米斯克尔．教育管理学：理论·研究·实践［M］．第 7 版．范国睿，主译．北京：教育科学出版社，2007：387.

领导者和领导之所以重要，是因为他们是组织的支柱，在变革时期会为组织指引方向，并对组织效能负责。综合来看，在持续变革的学校环境中，旧有的领导模式被证明是无效的，需要新的领导。① 校长是学校变革的首要“催化剂”和促进者。② 鉴于当前学校变革的复杂性特征以及校长领导力的重要意义，复杂性科学指引下的校长领导力是推动当前学校实现变革、不断发展的重要因素。学校变革的发起、开展与深化需要校长提升其领导力、有所作为。

而在当前学校变革实践中，校长要么是简单执行上级命令，要么是流行什么学什么，要么就万变不离其“宗”——学生分数为主，要么把自己完全当成外部关系的协调者，整天湮没在繁杂的交际事务中，要么倡导彻底的“管理主义”，为了管理而管理，完全忽视组织内最重要的人。目前对于学校领导者的预期已经发生了变化，旧有的权力主义和独裁的方式已经失效了。人们提出需要新的领导力范式。③ 我们可以通过下面这个例子更加深入地了解当前我国中小学校长领导力存在的一些问题。

案例：遭遇发展瓶颈的 F 中学

F 中学从 2003 年至今获得了不小的发展。2003 年以前，用现任 W 校长的话说，已经濒临崩溃的边缘。学校领导无力，教师人心涣散，学生无心向学，学校不仅升学率居于全县倒数，而且学生常常打架斗殴且自由散漫，是所处区域内“远近闻名”的差学校，很多学区内的家长都“竭尽所能”地让自己的孩子去其他学校读书，学校逐渐陷入了一种恶性循环的境地。2002 年，县教委为了彻底整治 F 中学，从其他学校和教委机关选派了两名干部到 F 中学担任校长和书记，即 W 校长和 S 书记，并在 2004 年投资为 F 中学修建了 M 县域内顶尖水平的校舍，F 中学迎来了发展的“春天”。

W 校长在接手 F 中学后，首先以德育为抓手，着手改变全体学生的精神面貌，严格制定各项行为规范，取得了立竿见影的效果。在笔者问到为什么以“德育”为抓手时，W 校长说，一是当时 F 中学学生的整体道德素养堪忧，另一个原因是以德育为抓手操作性强，只要抓得紧变化会比较迅速，毕竟升学率的提高没那么容易。W 校长的举措在全校由上至下推行开来。因为 F 中学的新校区就在县城里，离教委非常近，新修的塑胶跑道和现代化大礼堂派上了用场。县里稍微大型一点的活动开始都在 F 中学举行。很快，F 中学学生崭新的精神面貌得到了上级领导和各界人士的一致好评。W 校长社会交际广泛，“资源”丰富，口才极佳，常为教师们谋得“实惠”，深得教师认同，随着 F 中学社会口碑的提升，教

---

① Reinhartz J, Beach D M. Educational Leadership: Changing Schools, Changing Roles [M]. Pearson Education, Inc, 2004: 4.

② 霍尔，霍德. 实施变革：模式、原则与困境 [M]. 吴晓玲，译. 杭州：浙江教育出版社，2004: 32.

③ 同①，第 21 页。

师们深感在此校工作有干劲、有前途而且有回报，于是，纷纷积极投入到本职工作中，升学率渐渐回升，学校上下一派欣欣向荣的景象。

当然，W 校长最关心的还是升学率，他说，这就是中国教育的现实。社会既然拿它来衡量我的学校，那这就是我们学校的核心议题。家长凭什么把自己的孩子送来你的学校？当然是希望孩子能考上重点。校长和教师怎样才能获得别人的认可？当然是学生的成绩好。学校的升学率提高了，学生的成绩有竞争优势了，学校才能有更好的生源，吸引更好的老师，得到更多的投入，进入良性循环。因此，W 校长非常重视对于“尖子生”的培养。

从 2006 年以来，学校的改观似乎没有前几年那么明显了，学生的成绩进步比较缓慢，W 校长开始从教师身上找原因。W 校长认为，教师的教学能力强，才能教出更多好学生，才能帮助学生获得好成绩。因此，他利用自己良好的人际关系，组织校内年轻教师向县教委教研室各科教师拜师，共同教研，希望借此打造出 F 校的名师。W 校长认为，教师最重要的素质就是能上好课，所以，他非常重视教师教学技能的培养。但是，W 校长非常“看不起”理论研究，认为校长是纯实践性工作，讲得好的人不一定写得好。他也认为让教师作科研是毫无意义的事情，教师最主要的工作是教书育人，搞研究不是他们的事情，会不会写无所谓，主要是要会讲，让教师搞科研只是走形式、耽误时间，教师的压力已经很大了，让他们把主要精力放在教学生上是最好的。

对于校本课程的开发、校本教材的编写等县教委布置下来的任务，W 校长认为其“形式”大于“意义”，因此找几名教师从网上下载些材料拼凑一下了事，因为在县教委有很多熟人，没有人会跟他较真。W 校长在 F 中学中很有威信，对于学校发展的大事，W 校长基本上说一不二，他认为教师只要能够做好校长要求的事，学校就一定能够得到迅速的发展。学校里大部分教师谈到校长时都充满敬畏，他们认为校长是非常伟大的，毕竟在学校处于极度困难的状态下，W 校长帮助他们摆脱了困境。而且，W 校长很有办法，常能给教师们带来些实惠，整个学校现在的状态比五年前要好很多。

实践总是鲜活而生动的，每个学校的校长领导力都有自己与众不同的地方，只是从根本要旨和层面进行分析时一些基本特征是相同的。W 校长的领导具有一定的代表性，下面笔者将以 W 校长为代表，分析当前我国校长领导力现实中存在的主要问题。

（一）领导力实施的价值取向——“工具理性膨胀，价值理性缺失”

不可否认，W 校长的领导对帮助 F 中学脱离困境确实起到了一定作用，在 F 中学改革之初，W 校长首先从“学生精神面貌”入手，是学校迅速扭转局面的重要原因之一，但学校摆脱困境后止步不前，与 W 校长“成事重于成人”的做法有直接关系，这种做法体现了 W 校长“工具理性膨胀，价值理性缺失”的观念。为了能使学校在社会上有更好的口碑，从而吸引来更好的生源和更多的投资，F中学一切工作围绕着培养尖子生、提高升学率来进行，“什么看起来有用就做什么，什么参加高考就学什么”，重并未当所重，轻并未当所轻，整个学校处于一种教育“功利主义”和“工具主义”的氛围中，素质教育至今仍停留在增加几节课外活动阶段，没有深入课堂，除了现代化的校舍以外，课堂与十年前没有太大分别。

当前中国的学校变革，处于独特的历史文化之中，经费问题、体制问题，更多牵涉着校长的工作，并对学校内部改革形成至关重要的制约。也正是因为处于这一状态，校长能否处理好与外部教育行政部门及相关部门、社区、家庭的关系，能否为学校发展争取办学经费等学校发展资源，创造良好的外部环境，就构成了校长非常重要的工作内容。但是学校的核心价值取向是什么？我们要培养什么样的人、学校归根结底是个什么样的组织？这是每个校长必须首先要思考的问题。

在相当长的时间里，学校教育在一定程度上渗透着许多功利色彩：在办学目标上，只是把升入高一级学校，或者是考试的各种“率”的程度，作为学校的目标，组织学校的教育活动。牺牲人而“成事”和先“成人”再通过“成人”而促进“成事”是两种不同的境界。举例来说，要求中小学生跳集体舞本是为了陶冶学生的情操，然而青岛某学校在举行集体舞大赛时，为了整体效果的美观，竟然要求全体学生在11月里身穿短裤、裙子参加比赛，学生们在瑟瑟秋风里抖作一团，试问这样的活动能让学生们有什么样的体验呢？即使再美观也是没有用的，甚至起到相反的效果。很多校长在学校工作中，更多的是考虑“事情”是否圆满，而忽视了其中最重要的是人的体验和成长，这是本末倒置的表现。

这样的情况有很多，F中学也是如此。现代化的校园环境、教学设施一直是W校长津津乐道的，也是W校长“创收”的途径之一。很多企业大型的活动都在F中学举行，若只是在周末还好，但很多重要的活动是在学生上课时间进行的，这难免给课堂带来干扰。确实，在我国当前的条件下，政府还不能给学校以充足的投入，学校主动寻求资金是难免的。但主次应该分清，若“创收”凌驾于学生的发展之上，那就值得三思了。

（二）领导力实施的组织结构——典型的金字塔结构的科层组织

F中学的组织机构呈现了典型的金字塔式的特征（见图3-1），校长处于一个塔尖的位置，虽然党支部与校长同处于领导地位，但因为中小学是校长负责制，而且F中学党支部S书记在到F中学之前并没有中学工作经验，所以在F中学，W校长是集权力和信息于一身的。学校组织结构严谨，各传统职能部门正常运转，权责明确，命令统一同时便于监控，管理效率较高，学校内部层级较多，沟通通过既定的渠道进行，信息沟通不够顺畅，依赖规则和规范，由组织的规章来对教学进行控制：校长在决策上起主要的、决定性的作用，为实现学校的目标，在学校管理中强调科学化、规范化及完整的规章制度。

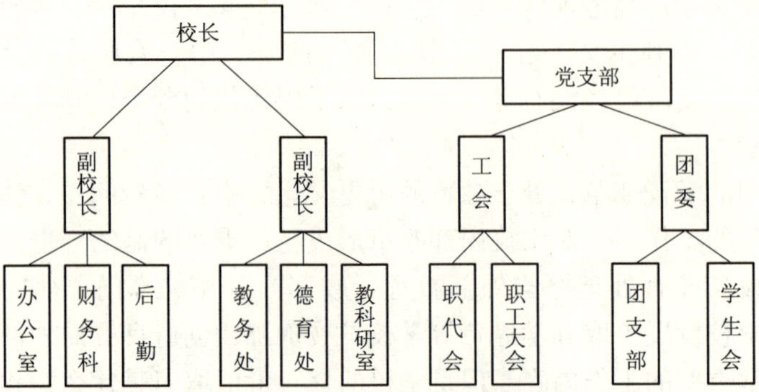

图 3 -1　F 中学组织结构特征

计划和目标是校长的首要工具，校长依赖职位权力来影响他人，将重点放在把目标的设置和工作职位的明确作为保证正常秩序、效率和连续性的方式，我们需要明确的是，虽然结构、计划和理性是所有组织都需要的，但过于追求会导致组织的僵化和领导者的专制。在这样的组织结构里，学校领导以及中层干部都被视为要比教师水平更高、能力更强，有更多的专业知识和能力，决策往往从领导层中得出，教师只要尽量领会并执行就好。就像 F 中学正在进行的“教师发展工程”，完全是按照行政命令逐层推行的，教师学习什么、跟谁学、学到什么程度这都是由校领导来安排和决定的。学校命令自上而下传达，管理系统比较复杂。校长个人意见在学校决策过程中基本上能够起到决定性的作用。学校文化较松散、随意，而且常用行政命令的方式解决。

（三）领导方式——“命令与交易”

在 F 中学，W 校长或者通过直接命令的方式，或是通过给教师承诺换取教师的付出来实现目标。教师只要遵守规则、按照学校领导的要求来做就可以了，教师的潜能并没有被完全激发出来，没有渠道或机会表达对于学校发展的看法，久而久之，教师对这些问题也不再感兴趣。校长和教师之间首先是绝对的上下级关系，命令与交易构成了 F 中学 W 校长与下级或教师沟通的主题词。

W 校长在思考学校停滞不前的原因时，将视线投到了教师身上。然而，他的重视还仅仅停留在教师作为传统的“教书匠”这个层面上，这也是笔者认为 F 中学存在的一个最大的问题。F 中学的教师们仅仅被鼓励去提高自己的教学技巧，方式就是向老教师学习，如此陈腐的理念是 W 校长非常坚持的。他坚信教师只要能“讲好课就可以了”，至于作研究“那跟教师没关系”，“也没什么意义”。

事实上，从教师的成长来说，在学校变革过程中，教师的参与非常重要。只有吸引教师积极参与，才能促使课程和教学发生变革。学校自治理论通常表明，正是那些最接近（教育）“行动”的人——也就是教师——才是改革最该赋权的对象。[①] 教师已从单纯的“授业者”发展为“教育专业人员、新知识及科技学习者、教育伙伴、改革激活者、决策者及学校理想实现者”[②]，但是教师的这种地位并没有得到 W 校长的认可。

二、校长领导力的内涵

在认识“校长领导力”的内涵之前，我们有必要深入分析“领导力”这一概念。学者们对于领导力的界定选取了不同的角度。有的学者从领导者所具备的能力方面来界定领导力，美国著名学者詹姆斯·库泽斯、巴里·波斯纳修订的《领导力》第 3 版内容指出：领导力，是领导者如何激励他人自愿地在组织中做出卓越成就的能力。[③]

领导力是在实现组织愿景的过程中，领导者影响被领导者及部分利益相关者的能力以及领导者与被领导者和部分利益相关者之间的相互作用；领导力本身，既是一种能力，又是一个作用的过程。这个过程，既包含领导者与追随者的二元关系构建过程，也包括领导者在组织内部设定组织机构、提升组织效能的过程，还包括领导者帮助组织适应环境、发展创新的过程。

在这个概念中，“利益相关者”（Stakeholder）的含义需要进一步阐释。利益相关者理论产生于 20 世纪 60 年代，它是在对美、英等国奉行“股东至上”公司治理实践的质疑中逐步发展起来的。从广义上讲，利益相关者比较经典的定义是——“企业利益相关者是指那些能够影响企业目标的实现或者被企业目标的实现所影响的个人或群体”[④]。事实上利益相关者包括了被领导者，但为了更好地分析领导者发挥领导力的过程，本文把被领导者从利益相关者的范畴中拿了出来。为什么在领导力的概念中包括了利益相关者呢？

领导力不是附属于特定职位上的特殊权力，一个领导者除了有处于他/她职位以下的群体（经由职位序列规定的被领导者）以外，组织内外还有很多与之有利益关联的人，他们在职位上可能并没有领导与被领导的关系，但是对于组织目标的实现，这类群体却起了很重要的影响作用，组织目标的实现对他们同样有意义。领导者在推动组织目标实现的过程中，如何发挥与利益相关者间的相互作用，这是重要的问题，这种影响作用，事实上也是领导者领导力的组成部分。基

---

① 惠迪，鲍尔，哈尔平．教育中的放权与择校：学校、政府和市场［M］．马忠虎，译．北京：教育科学出版社，2003：82.

② 郑燕祥．学校效能与校本管理：一种发展的机制［M］．陈国萍，译．上海：上海教育出版社，2002：156.

③ 李昌明．领导力与造就优秀企业人才［J］．经济论坛，2005（6）：75－76.

④ Freeman R E，Evan W M．Corporate Governance：A stakeholder Interpretation［J］．Journal of Behavioral Economics，1990，19：337－359.

本上所有领导者都有追随者，同时也都有上级，利益相关者也包括领导者的上级，但这就属于另一意义范畴内的领导与被领导关系，不包括在领导力概念范畴之内，所以使用了部分利益相关者这样的词汇。

那么，“校长领导力”的特殊性在哪里？当然，在“校长”的特殊限定上。世界各国各级各类学校均设有校长，人们对于这一概念是比较熟悉的。但用发展的眼光来看，校长的内涵随着时代的发展不断地发生着变化。在我国，远在古代社会就出现了校长这一职业的萌芽，并随着朝代的更替变化，有着不同的称谓。进入近代，1904 年，清末兴办学堂时，按《奏定学堂章程》规定，中学行政负责人叫监督，小学行政负责人叫堂长，民国成立，1912 年把学堂一律改称学校，学校负责人自此改为校长。新中国成立后，由于领导体制的变革，校长的领导权力和管理责任范围先后发生了几次比较大的变化。至 1985 年，中共中央颁布了《关于教育体制改革的决定》，重新确立了校长负责制，并拓展了新的内容，逐渐趋于完善、合理、科学。迄今为止，我国一直仍实行校长负责制。校长是一所学校的主要负责人。随着经济体制改革与教育体制改革的深入进行，校长的内涵是有变化的。在计划经济体制时期，校长角色主要是行政干部的定位，专业特征基本丧失，“学校完全成为政府和教育行政部门的附属物，在政府高度集权的控制下，校长不能自主地进行办学、管理和发展”①。随着经济体制改革的深入进行、政治体制的逐步完善、教育改革和课程改革的逐步推进，校长角色的内涵逐渐发生了一些变化：校长身上除了仍具有行政领导的特征，学生成绩的压力使校长更加关注教学过程，课程改革的推进使校长承担了更多课程领导的责任，学校间竞争的压力使校长必须寻找到学校发展的突破口、规划学校的发展方向……校长作为学校行政的最高负责人，对外代表学校，对内主持全面校务。② 当然，校长不再被看做只是针对现状执行上层官僚机构政策的被动管理者。相反，今天的校长要负责塑造其学校，使之成为有效学习的显著标志。他们面临的挑战是澄清自己的价值观、信仰和立场，并主动鼓励他人和自己一起重新设计并改进其学校。对此，有学者总结得非常全面，“校长是学校的行政首长，具有领导地位；校长是学校的当家人，具有管理地位；校长是学校的教师之师，具有教育地位；校长是学校的设计师，具有改革地位；校长是学校的科研带头人，具有学术地位；校长是学校师生的服务员，具有公仆地位；校长是学校的对外联络者，具有法人地位”③。

下面，我们来具体了解“校长领导力”的内涵。

在学校组织范畴内，被领导者即全校教师、员工，而利益相关者范围则比较广，当然，最主要的利益相关者就是学生和家长。校长领导力，就是校长在实现学校愿景、推动学校发展的过程中影响全校教师、员工和以学生为代表的利益相

---

① 吴恒山．学校领导者成功之道［M］．北京：新华出版社，2005：3.

② 顾明远．教育大辞典：第一卷［M］．上海：上海教育出版社，1990：235.

③ 同①，第 3 ~7 页．

关者的能力，以及与全校教师、员工和以学生为代表的利益相关者之间的相互作用。主要包括如下过程：校长引领学校适应环境、实现愿景的过程、校长通过调整学校组织机构提升学校效能的过程以及校长与教师二元关系构建的过程。

把握校长领导力的内涵有如下几个问题需要强调。

第一，校长领导力既包括校长的领导能力，也包括校长发挥领导、施加影响的过程。前者比较容易理解，因为大部分领导力研究者都是从“能力”的视角出发的；在理解后者时，我们应该意识到，虽然力的作用是相互的，领导力事实上也是一种相互影响和相互作用，但因为校长在一所学校中所处的地位，校长领导力与教师或中层管理者的领导力必然不会处于同一意义世界中，将领导者和追随者的领导力放在同一意义世界中考察是危险的。

第二，领导力就是影响力吗？很多研究者都将领导力的内涵最终归结为一种影响力，这在前面关于概念的探讨中可以看得出来。在本文中，也多次出现了影响这个词，确实，领导归根结底确实是一种影响，但这种影响是有前提条件的，即基于共同目标的一种影响。忽略了共同目标的影响力，仅仅是个体之间随意的影响作用，称不上是领导力。

第三，校长权力和校长领导力。权力是职位的产物。一个人一旦成为校长，那么这个职位本身就赋予了他很多权力，可以要求和命令他人做事情。但是领导力并非完全附着于职位上的，学校中每个人都有可能发挥领导力。校长领导力和校长职位权力并不等同。权力在某种程度上为领导力的发挥提供了某种便利，但滥用权力可能会导致更加恶劣的结果。同时，校长只有在获得全校教职员工认同和拥护的基础上，他才具有领导力，否则只是权力。

三、校长领导理论的主要分析视角

结合教育组织背景的领导研究二三十年以来取得了较大进展，出现了教育领导理论的“丛林”现象。这给教育领导理论的发展奠定了坚实的基础，在很大程度上改变了教育管理研究只能借鉴普通管理理论、领导理论发展的态势，教育领导研究逐渐有了自身“有教育特性”的发展，下面主要介绍变革型领导、道德领导、教学领导和分布式领导。

（一）变革型领导

变革型领导（Transformational/Transformative leadership）提出之前，权变理论曾被寄予厚望。由于权变理论改变了以往领导行为研究局限于“领导者——下属”二元互动的考察模式，提出了领导的方式和组织的结果受情境因素制约的理论假设，广为研究者所接受。然而，当权变理论真正被推向广泛的教育领导实践时，它的两大缺陷也就随之显露出来了。其一，权变理论强调情境变量的重要性，主张领导者以不同的领导方式去“适应”不同的情境，却无意“改变”情境；其二，权变理论有时几乎让人感到绝望：现实世界的复杂多变，使领导者必须以无数的领导方式去适应无数的不同情境。从20世纪70年代后期开始，对权变理论的类似质疑已经逐渐增多，变革型领导正是在这样的艰难时期问世的。

变革型领导首先由詹姆斯·麦格雷戈·伯恩斯（James MacGregor Burns）提出。伯恩斯在其1978年出版的《领导》一书中，鉴别了两种基本的领导类型：交易式领导和变革型领导。交易式领导的基本假设是：家长、教师、学生是理性的人，他们只受自我利益的激励，他们不断地为最多获得和最少付出而努力，常常毫不顾及共同的利益。个人需要被认为重于团队规范。变革型领导的假设是家长、教师、学生发挥着以规范为参照的个体作用，他们属于某一特定的群体，并受群体规范的影响。他们有能力传递牺牲个人日常利益以发展共同利益的道德判断，群体规范被看做重于个人需要。变革型领导是一般领导理论的基础，可以在一切背景下应用。

20世纪90年代中期，肯尼斯·雷斯伍德（Kenneth Leithwood）提炼了变革型领导模式下的领导工作维度：指向甄别并清晰表达愿景的活动；培育对团队目标的接受性；向员工提供个别化的支持；激励组织成员对其工作作出反思性的和批判性的思考；提供恰当的实践模式和被认为组织核心的价值观；坚持对高绩效的期望；构建共享的规范和信仰（文化）；形成允许广泛决策参与的组织结构。

萨乔万尼（Sergiovanni）在对学校领导进行反思性的研究中指出，在结构严密但文化松散的学校环境下，交易式领导能够发挥作用；在组织结构宽松而文化联结紧密的学校环境中，变革型领导能够发挥作用。萨乔万尼曾在许多著述中反复表达过，结构严密但文化松散不是学校组织应有的特征，作为一种学习共同体，学校典型的特征应当是结构宽松而文化联结紧密。

（二）道德领导

萨乔万尼的道德领导（Moral leadership）理论试图打破教育管理追随企业管理亦步亦趋的定式，努力探寻真正适合于学校组织的领导理论。萨乔万尼认为，构筑真正适合于学校的领导理论，首先要对领导的权威来源进行再认识。他甄别了领导的五种来源：科层权威、心理权威、技术—理性权威、专业权威和道德权威。在萨乔万尼看来，前三种权威，构成了现有的领导工作维度，而后两种权威则是对传统领导权威来源的扩展也正是道德领导的工作维度。

按照萨乔万尼的分析，利用科层权威开展领导，只能保证教师被动地按既定的政策行事，显然不能满足学习共同体的领导要求；利用心理权威实施领导，虽然已在一定程度上考虑了教师内在的心理需要，但是其背后的基本假定是：驱动教师积极工作的根本动因是教师个人的自利，这与学习共同体成员应当具备的素质还相距甚远；利用技术—理性权威实施领导，虽然强调的是对于科学知识和科学研究结果的尊重，但是学校教育属于科学不发达领域，有关的研究结论常常不能超出人们早已了解的常识范围。萨乔万尼由此得出结论：以往的领导理论往往只根据前三种领导权威来考虑领导的工作维度。这虽然是必要的，但还远远不够。倡导道德领导，不是要抛弃现有的领导工作维度，而是主张对现有的领导工作维度加以扩展。如果将科层领导、心理领导或技术—理性领导置于首位，那么效率就会成为组织的最高价值。真正适于学校组织的领导理论，当然应将道德领导置于首位。

有价值的领导，最终还是那种以不同方式触动人们的领导：开掘他们的情感、呼唤他们的价值观念、回应他们联结他人的需要。这就是一种以道德为基础的领导。萨乔万尼进一步指出，当领导者将领导实践建基于道德权威，当领导者把领导活动看做是为共同体成员共享的理念服务时，所谓领导的风格、采用何种领导方式等都仅仅是过程中的问题，都变得不那么重要了。

（三）教学领导

伴随着学校效能与改进运动的发展，学校领导的教学维度受到越来越多的关注，教学领导（Instructional leadership）也成了教育领导研究的一个焦点。有学者认为，在关注校长的核心能力之时，要强调校长的教学领导力。校长拥有教学领导力是教师专业发展和课程改革背景下的必然取向之一。[①] 有的研究对于校长在学生学习方面的领导力放在了重中之重的位置。美国学校目前的主要任务有：确保所有学生满足政府学习标准；弥补不同背景的学生间的成绩的差距；在满足前两者的过程中学校实现明显进步。既然学生学习是所有学校和学区的目标，那么校长就被要求成为“学习的领导者”。[②]

教学领导的主要观点包括：第一，尽管家庭背景在解释学生学习成就方面起着重要作用，但是教师和校长的作为也会给学生的学习结果带来显著的差异；第二，学校的校长，在学校成功开展改革方面扮演着关键的角色，一旦校长自身缺乏改革精神，那么，没有校长积极支持的学校改革是难以实现的；第三，校长真正有影响的领导应集中在教学领导方面。

当然，还是有研究者认为教学领导的思想存在着若干问题：第一，虽然学校领导在学校效能与改进方面能够发挥重要的影响，但是其影响不是直接的，而是间接的；第二，有关教学领导的研究往往把注意力全部集中在校长一人身上，不仅在一定程度上忽略了教师及其他学校成员在学校效能与改进方面的重要作用，而且把他们置于一种被动响应者的地位，等等。

（四）分布式领导

分布式领导（Distributed/Distributive leadership）的思想来源是学习型组织理论和“领导者的领导者”思想。这种思想认为校长的第一要务并不是直接改进课堂教学和学生的表现，而是树立目的、培育文化、发展具有共享价值观的学习共同体，然后通过分布于组织中各个工作团队的领导“流”（flow），来改进课堂

① 关景双．教学领导力不容忽视［J］．上海教育，2006（6A）：52.

② Jackson J. Leadership for Urban Public School［J］. The Educational Forum，2005，69：199.

教学和学生的表现。

有关分布式领导的进一步研究，大致可以分为以下四类。

第一，对早先已有的相关假设和论断加以验证，如创建合作性的工作关系和团队精神是分布式领导的核心工作，在教师自己没有获得此种工作氛围的情况下，却要求教师去创设和维持改进学生学习的环境是很困难的。

第二，以成功的学校实例来验证分布式领导，领导已不再是校长独占的领域了。

第三，第三类研究是探讨和澄清分布式领导的边界的研究，这类研究主要是文献研究，而不是经验性研究，分布式领导不是人人都来领导学校，J. 斯皮兰（J. Spillaine）指出，分布式领导是通过领导职能在整个组织层面的较为广泛的分布来增加领导的厚度，而并不能理解为人人都来领导学校。哈里斯也指出，分布式领导并非意味着违背组织的精简原则去无谓地设置许多额外的正式领导岗位，更不是要否定校长对学校绩效所担负的终极责任。实施分布式领导的最终目的是改进学校的效能和学生的学习结果。

第四，主要是分析分布式领导应用于实践时，可能会遭遇的困难。第一个困难，我们现有的学校系统都属于一种科层化的组织系统，要打破原有的科层结构时，大量的操作性的细节问题就会浮现出来。第二个困难是，分布式领导意味着校长要放弃对他人的某些控制权，要放弃对某些事物的决定权。第三个困难是，既然分布式领导并非意味着人人都来领导学校，那么在教师领导者和非教师领导者之间就可能产生一些人际关系问题。第四个困难是，实施分布式领导不仅需要文化建设、教师能力建设、人力资源开发等一系列短期内难以完成的先行工作，而且还涉及教师领导者的工作时间配置、统筹及时间投入评估问题。

第二节　校长领导力的要素分析

教育环境已经发生迅速转变，科学技术迅猛发展，知识更新速度不断加快，公众对学校表现的关注程度不断增加，学校担任的角色开始转变，为满足教育环境的变化，教育理论、教育策略的更新势在必行。“学校需面对公众较高的问责，而教师则需发展不同的专业能力，以满足学生、家长、教育团队、社区以及公众等不同的期望。”①

在“校长领导力”的内涵界定中，笔者谈到，校长领导力，就是校长在实现学校愿景、推动学校发展的过程中影响全校教师、员工和以学生为代表的利益

---

① 郑燕祥．学校效能与校本管理：一种发展的机制［M］．陈国萍，译．上海：上海教育出版社，2002：154.

相关者的能力，以及与全校教师、员工和以学生为代表的利益相关者之间的相互作用，主要包括组织发展引领力、团队效能提升力和二元关系构建力（见图3－2）。

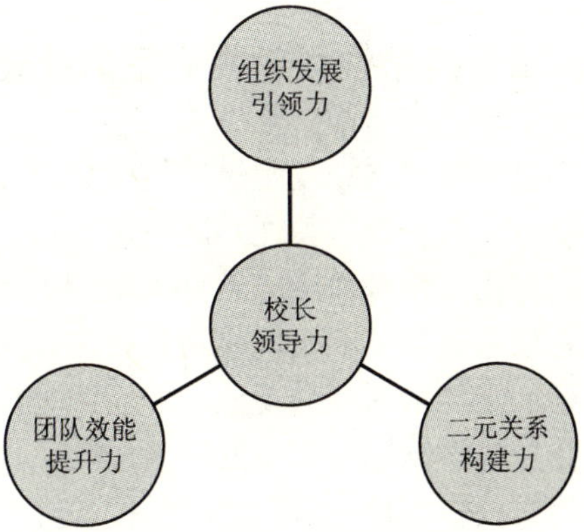

图3－2　校长领导力的构成

一、三大要素

（一）组织发展引领力

一个组织的生存和发展取决于它是否能有效地适应环境[①]，这对一所学校来说，就意味着它所培养的学生能否成为合格的公民，能否得到家长的满意，能否得到上级部门的认可，能否获得社会上良好的声誉，能否成为所在社区活动的积极参与者……此时，校长的一个基本功能就是帮助学校适应这个环境，获取生存所需的资源。如何有效适应环境、如何营造利于变革的组织环境、制定什么样的战略目标、如何生成组织愿景，等等，都是组织发展引领力中的内容。

（二）团队效能提升力

领导力的团队过程主要表现为在一个任务团队中领导角色的性质，以及一个领导者如何贡献于团队的效能。从学校内部的角度来讲，校长该如何通过实施领导力提高团队效能从而实现发展呢？这个过程包括校长角色假定、学校结构、学校文化三个方面。

（三）二元关系构建力

重点在于一个校长与另一个通常为追随者的两人之间的关系、领导者与追随者的相互影响过程。目前大多数对于校长权力和影响技巧的研究，也是按照二元过程加以定义的。“大多数关于领导效能的理论主要是在二元层次上加以定义的，这些理论通常认为，团队和组织的过程涉及领导，但它们并没有清晰地描述这些过程。”[②] 因此，二元领导力研究得到了极大的重视。在二元关系构建力中，主要包括人性假定、沟通性质、二元关系构建方式以及二元关系构建结果四个方面。

总而言之，校长领导力的概念层次中，二元关系构建力是基础，团队效能提升力是依托，组织发展引领力是方向，三者缺一不可。

---

① 尤克尔．组织领导学［M］．第5版．陶文昭，译．北京：中国人民大学出版社，2004：19.

② 同①，第14页。

二、复杂性科学视野下的校长领导力

教育环境已经发生迅速转变，科学技术迅猛发展，知识更新速度不断加快，公众对学校表现的关注程度不断增加，学校担任的角色开始转变，为满足教育环境的变化，教育理论、教育策略的更新势在必行。这是教育的一个根本问题，这种思想的改革要求我们将视角回溯到问题的本原——哲学思维的转换上。教育是一种非常复杂的社会现象，然而因为简单性科学（在西方主导下的近现代科学）在自然科学领域所取得的巨大成就，人们习惯于运用简单性科学的思维方式和方法论解决一切社会领域的问题，包括教育，实际上这已经不再适合当今学校的现实。

（一）从简单到复杂——当前校长领导力研究的必然哲学转向

从历史发展的角度讲，科学的第一个形态是古代科学，古代科学是前工业文明的智力工具，其特点是不分科；科学的第二个形态是西方主导下的近现代科学，特点为分科的学问，是工业文明的智力工具，可以称为简单性科学。世界的简单性信念是近代科学研究的重要传统和发展动力之一。这种传统一直延续到20世纪初。20世纪伊始，由相对论和量子论开始，科学一再出现革命性变革，产生了一系列新学科、新理论，六七十年代以来，伴随着以耗散结构理论的诞生为先导的系统自组织理论的兴起，受后现代世界观的影响，许多科学家越来越不满足于自牛顿以来一直主导科学的线性的、还原的思想束缚。80年代以来，复杂性科学的研究迅速兴起。“复杂性科学的兴起，对于教育组织管理研究具有重要意义。”①

叶澜教授在“世纪初中国教育理论发展的断想”一文中，强调了研究教育的思维方式从简单走向复杂的必要。叶澜教授指出，教育理论的发展与时代有着内在的、直接的、多方面和多层次的关联。在一定意义上，教育理论属于“时代学”之列。“在当今的学术领域里，关于复杂事物和复杂性的研究已异军突起，引起不同学科领域内，尤其是面对复杂对象研究人员越来越多的关注……当许多学科的专家加入到复杂性研究，或者说用复杂的思维方式重新认识自己的研究对象时，我们面对着最复杂的研究对象——教育的研究人员，是否感受到、认识到这一点，并积极地行动起来？”②

“现在当校长比十年前、十五年前难当多了”，访谈中，很多老校长表达了这样的感受。“和20年前相比，我们更清楚地了解到，学校和其他组织一样，是

---

① 范国睿．复杂性科学与教育组织管理研究［J］．教育研究，2004（2）：52.

② 叶澜．世纪初中国教育理论发展的断想［J］．华东师范大学学报：教育科学版，2001（3）：4.

个复杂、令人迷惑的地方，甚至充满了矛盾、犹豫不定、模棱两可和不确定性。”① 本文研究的核心词汇为“校长领导力”，长久以来，领导实践中的简单性思维一直根深蒂固。而领导事实上是一种非常复杂的社会现象，领导力作为对领导能力和领导过程的剖析，其复杂性不言而喻。不仅体现在涉及主体的复杂多样、方式纷繁变化上，还体现在与学校环境息息相关的外部环境的复杂多变上。在校长发挥领导力的过程中，涉及多种方式、多重关系、多维过程、多个阶段、多方面内容，以往多数对于校长领导力的研究，要么简单挪用企业管理、行政管理关于领导力的论述，要么是总结一些“放之四海而皆准”的普遍性原则，要么缺乏对时代背景、社会大环境的呼应，更多以简单的、线性的、还原的、静态的思维方式解决校长领导力问题，收效甚微，复杂性思维对于解决校长领导力问题具有重要的作用。

选择复杂性科学作为本文的支撑，一个很重要的原因就是校长领导力是一个复杂的问题。复杂性科学超越了简单性科学可以成为我们当前解决复杂现实问题的主要思路。人类的各种组织是世界上最为复杂的系统，对它的管理本身需要复杂系统思想和形成复杂系统的管理方法。② 因此，复杂性思维对于教育组织管理问题的研究和解决具有重要的启发意义。

复杂性，是一个组织的重要特点，作为连接国家宏观政策和微观课堂教学的中观层面，学校是整个教育系统的基础，是实施教育的专门场所，是一个特殊的、复杂的组织，已经“感受到了从公共领域向私有部门规范转换的压力”③。一方面，如同其他正式组织一样，学校必须对一个复杂的人力物力资源的混合体的组织、管理、指挥等方面的事务加以处理；另一方面，它又与大多数其他正式组织不同，学校因为面对的是人，所以具有其组织管理的独特性。因此，学校的领导和管理过程极其复杂。

（二）复杂性科学视野下的校长领导力要素分析

和所有的开放系统一样，组织是随着不稳定的状态而变化发展的，无序可能就是有序的开始。因此应该关注整体，而不是孤立的局部，减少部门与组织之间的界限以生成新的关系模式，承认人和组织的健康发展是建立在不稳定的基础上的。

1. 组织发展引领力

从组织发展的视角来讲，校长如何把握学校所处的大环境、如何执行上级行政部门的政策要求、如何树立学校愿景、怎样设定战略目标、如何获取信息和资

① 欧文斯．教育组织行为学——适应型领导与学校改革［M］．第8版．窦卫霖，温建平，译．北京：中国人民大学出版社，2007：129.

② 颜泽贤，范冬萍，张华夏．系统科学导论——复杂性探索［M］．北京：人民出版社，2006：436.

③ Thomas J S. The Virtues of Leadership［J］. The Educational Forum，2005，69：115.

源是主要问题，在复杂性科学视野下，校长组织发展引领力体现为：有效适应环境、主动引领变革、发展组织愿景、动态生成目标。

第一，有效适应环境。

即校长如何处理学校与环境间的关系。简单性科学对事物的考察总是从某一实体性的事物出发的，校长更重视学校“当下”的状态，认为环境具有明晰性和精确性，是可以被完全掌握的，通常习惯在环境变化之后作出反应，呈现出了“被动反应”的特点。事实上在当前，学校环境充满不确定性和模糊性，组织不是静态的、固定不变的，而是经常谋求与外界环境及内部情况变化的适应。改进组织适应能力，让学校能够有效适应环境是校长领导力的一个重要方面。

在复杂性科学视野下的领导中，校长能够认识到把握组织与环境间的关系非常重要，学校所处环境在保持一定规律的基础上同时具有动态性和模糊性，重视引导学校在现有环境下实现“理想中”的状态。校长并非被动回应环境要求，而是努力与环境产生互动，如何在快速变化的环境中良好发展是校长思考的重要问题。

第二，主动引领变革。

即在学校范围内，变革是如何发生的。我们知道，外部环境的变化既为学校的变革带来了挑战同时也是学校变革的动力。但是在两种不同科学视野下，变革的形态是不同的。在简单性科学视野下，组织变革是组织领导者完全规划好的具体行动，学校变革主要呈现为一种“外力驱动下的变革”。一般来讲，学校依据什么样的理念发生变革、朝着什么样的目标转变、采取何种方式转变更多是由教育专家或者上级主管部门来规定、设计，由行政指令来保证，学校领导者的主要任务就是怎样在学校内有效地执行校外专家和领导提出的变革策略、实现目标。

如今全世界普遍相信，社会不必局限于对变化中的价值观和发生的时间作出适当的反应，而是能够自觉地运用变革力量去适应预定的目标和社会价值。① 复杂性科学认识到生命系统中系统目标的非预设性，从这个意义上说，变革并不是完全因为受到外力驱使所致，而是组织惯常的表现形式。组织变革是组织的常态，而不应该视为有意为之的结果。呈现在复杂性科学视野下的校长领导力，更重视从学校内部寻找变革的力量不断推动学校向前发展。因为变革并非是预设好的，也并非是有条不紊的、单一层面的，常常呈现出多重性、长期性、不确定性等特征，学校领导者关注教育专家的观点和意见，但更重视专家意见与本校教师、学生需求的沟通与融合，学校不是校长一个人的学校，而是所有人的学校。

第三，发展组织愿景。

---

① 欧文斯．教育组织行为学——适应型领导与学校改革［M］．第8版．窦卫霖，温建平，译．北京：中国人民大学出版社，2007：184.

在学习型组织研究走入学校管理的视野后，组织的“愿景”成为学校领导者和管理者关注的重点问题。“愿景是谁的”成为区分校长不同领导取向的一个标准。在简单性科学视野下的校长领导力实施过程中，普通员工和教师的思想并没有得到足够的重视，愿景规划是领导者个人的责任，主要依靠领导者个人的卓见、智慧和技能。很多校长在接受访谈时都有这样的态度，“教师只要能够做好自己的本职工作就够了，学校的发展问题是校长要考虑的事情”，可以说，愿景主要是校长“个人”对于学校发展的愿景。

在复杂性科学视野下的领导中，校长们能够认识到由自己简单地宣布一个愿景然后强加给学校无法产生推动学校向前发展的集体力量，因而更注重发展能够鼓舞教师投入到努力工作的愿景目标中。教师个人的愿景必须得到发展和分享。这也就是说，组织愿景的开发虽然注重领导者的主导作用，但更强调共享性，强调愿景开发是领导者和被领导者共同的任务。传达和自上而下的宣扬并不是组织愿景建立的有效方式，而是尝试从自上而下的管理向合作、分权、参与式的领导形式发展。

第四，动态生成目标。

制定目标是领导的一项重要职能。制定学校目标是重要的，“除非明确学校的目标，否则为教育观念、技巧和价值所设计的具体细节变成了目的而不是手段，从而模糊更大的目标。”[①] 简单性科学视野下的校长领导力是建立在工业时代的基础上的，把组织“机器化”，认为所有的目标都能被识别、描述和测量。通常来讲，在简单性科学视野下的校长领导过程中，确立目标只是领导活动的起始步骤，是必须在一个相对短暂的时间内完成的工作，是领导活动的一个“点”，目标相对简单而且处于静态，多以数字为指标，一旦确定在一定时期内不会更改。目标错位常常出现在长期惯例化的工作中。

在复杂性科学视野下的领导中，校长们认识到目标的设立并非短期内完成的一次性的领导步骤，学校发展目标需要围绕着一个核心价值观随着环境和资源的变化不断调整，这是一个动态的同时具有自主生成特征的过程。目标的生成不是领导活动的一个“点”，而是贯穿领导活动中的一条“线”。校长最重要的行动之一就是根据新生事件、新生观点、新生信念不断调整目标，以此把组织的成员凝聚在共同目标与共同决策之中。

2. 团队效能提升力

领导力的团队过程主要表现为在一个任务团队中领导角色的性质，以及一个领导者如何贡献于团队的效能。从学校内部的角度来讲，校长该如何通过实施领导力提高团队效能从而实现发展呢？本书主要从校长的角色定位、学校组织机构的调整、学校文化呈现出的特征三个方面来展开研究。

---

① Goodlad J. A Place Called School［M］. New York：McGraw-Hill，1984：290.

第一，变革的推动者。

组织中各种职务和职位都伴随着旁观者和角色担任者自身的一些预期。这些预期就是角色的定义。[①] 角色假定主要指在特定文化和情境中对于不同角色行为标准的基本信念和理解。在简单性科学视野下的领导中，校长应该是“万能的”或者“英雄式”的，居于组织的顶端，领导者在决策上起主要的、决定性的作用，学校领导以组织赋予的权力为基础，以自己拥有的行政权威进行管理。校长需要解决学校发展中的所有问题，给学校成员分派具体任务并监督执行，尽量在学校中营造和谐的人际关系和发展氛围，在这种模式下，“执行者”是教师、员工的理想角色。

在复杂性科学视野下的领导中，校长是“变革的推动者”和“教师学生发展的服务者”，校长通过向教师、员工授权和使用自主的团队来体现追随者的重要性，让他们进行批判性、独立的思考，采取行动改善组织；赋予教师自主权，给教师提供帮助、支持和专业发展的机会；对他人表示信任，鼓励和支持学习；关注学校的核心工作——教学，愿意在课堂上花时间。而教师不再是“唯唯诺诺”的“盲从者”或是“斤斤计较”的投入者，应该是具有独立意识和批判精神的思考者、实践者，同时积极地参与组织活动，不逃避风险或者冲突，为了组织的利益勇于倡导创新。

第二，学校结构双重化。

“组织结构”是指“对于工作任务如何进行分工、分组和协调合作”[②]。组织内部各个要素的联结方式和联结框架就是组织的结构，学校的组织结构反映了学校组织的框架体系。在简单性科学视野中，学校主要被描绘成科层组织，一个角色和职责的层级序列；权力集中在主要领导的手中；沟通通过既定的渠道进行；由组织的规章制度来对教学进行控制。组织被视为封闭的系统，试图“通过规范化、定量化、精确化、简单化和最优化来把管理变得更有效率”[③]，非正式组织受到限制，个人的兴趣、志向得不到鼓励，各部门往往独立地处理各自领域的事务，相互之间往往缺乏必要的协作，甚至还进行直接的竞争。学校结构的形状像一个金字塔，校长处于金字塔的最高点，其他人都处在其下的某个层级中。

事实上，在复杂性科学视野中，学校不仅具有科层特征，还具有松散结合特征，是一种具有“双重系统的教育组织”[④]。一方面，它具有官僚组织的特征，

---

① 欧文斯．教育组织行为学——适应型领导与学校改革［M］．第 8 版．窦卫霖，温建平，译．北京：中国人民大学出版社，2007：105.

② 罗宾斯．组织行为学［M］．孙健敏，李原，等，译．北京：中国人民大学出版，1997：423.

③ 孟繁华．教育管理决策新论——教育组织决策机制的系统分析［M］．北京：教育科学出版社，2002：58.

④ 欧文斯．教育组织行为学——适应型领导与学校改革［M］．第 8 版．窦卫霖，温建平，译．北京：中国人民大学出版社，2007：134.

需要通过正式的规章和权力来避免混乱，提高效率；另一方面，由于教师的专业学习和学生的学习都需要自主性，都需要创造，一个学校的不同子部门（如学科组、教务处、校长办公室）都有它们各自的特点、作用和分界线，松散的结合允许一个教育组织在同一时刻针对不同的问题，从若干不同的方向进行适应性运动。在复杂性科学视野下的领导中，校长能够认识到教育组织的双重性特征，着力于改变过于精密的控制，给学校和教职工的发展与变革提供空间。校长并非只关注呈现线性特征的行政组织子团队的建立，而是既包括行政组织，也包括非行政组织。

第三，学校文化联结紧密。

文化是组织或群体的核心价值观和在此影响下形成的规范、态度和行为，组织文化是决定教育组织品质的根本要素，学校文化是一所学校全体成员在一段时间内的共同产物。学校因为文化的不同而不同。在简单性科学视野下的领导中，校长将更多的精力用于维持不同教师、员工身份、角色的差别性上，文化成为行政管理的手段之一，甚至很多校长习惯性地使用行政办法解决文化问题，文化成为一种附属在科层管理上的手段，科层制规则占据了文化的大部分语言，重视执行，鼓励遵守章程，支持稳定而非变化，追求同一性，学校文化普遍化、浅表化，缺乏特色。组织文化模糊，建设较失衡、随意、松散、无序。

在复杂性科学视野下的领导中，文化作为维系全校成员共同发展的核心力量，与程序、规则和关系等学校结构方面的重构是相辅相成的。文化并非行政管理的手段，当然关注文化也并不意味着忽视组织结构。迈克·富兰认为，“重视组织文化将使组织结构的重构更加有效，在组织结构变革和文化变革之间存在着相互依赖的关系。”① 强势的学校文化使学校组织显示出独特的凝聚力和别具特色的整体氛围，在文化联结紧密的学校中，师生员工具有团结、积极、向上的行为态度价值观，学校改进持续而持久，人们互相依赖和支持，相互信任、共享知识、具有强烈的责任感，校长避免用行政的逻辑来生成文化，重视以文化引导学校、教育学生、引领教师。

3. 二元关系构建力

二元关系构建力主要描述的是领导者构建自身与追随者之间关系的能力以及两者相互影响的过程，是领导力的基础。二元关系构建力的重点在于一个校长与另一个通常为追随者的两人之间的关系、领导者与追随者的相互影响过程。在学校情境中，这种二元关系主要就是校长与教师及员工之间的关系。在二元关系构建力中，主要从人性假设、沟通性质、二元关系构建方式以及二元关系构建结果

---

① Fullan M. Change forces：Probing the depths of educational reform [M]. London：Falmer Press，1993：3.

四个方面展开探讨。

第一，人性假设：复杂人。

从本质上讲，领导力是一种基于共同目标的影响力，这种影响主要就是发生在领导者与被领导者之间的。“人性假设”是管理学和领导学中一个极其重要的问题，是行为科学管理理论的出发点，每种情境中的人都会接受某些隐含的基本假设，对人性有些基本假定，这种假定决定了我们的信念、价值和行为方式。在简单性科学视野下，校长对于教师的基本假定是“工具人”。教师只是完成某种目标的“工具”，接受上级布置的任务和命令是其重要职能，教师是被动的、愿意偷懒的、需要控制的，工作只是教师用以谋生的手段，怎样让教师服从命令、设置机构监管教师的工作最重要。

在复杂性科学视野中，领导者对于追随者的人性假设为“复杂人”。即人有许多种不同的需要，且需要会随着时间、环境的改变发生变化，领导的重点在于创造一个使人得以发挥才能的工作环境，发挥出被领导者的潜力，并使被领导者在为实现组织的目标贡献力量时，也能达到自己的目标；在激励方式方面，关注被领导者多层面的需求，对人的激励主要是让其担当具有挑战性的工作，担负更多的责任，满足其自我实现的需要；给予被领导者更多的自主权，实行自我控制，让被领导者参与管理和决策，并共同分享权力。

第二，性质：领导沟通。

领导者实施领导力的过程从二元关系的角度来讲就是与被领导者间的沟通过程，通过沟通影响他人实现共同目标以及想要的结果。在这个过程中信息和理解在信息的发送者和接收者之间完成了转移。在简单性科学视野下的领导中，校长与教师间的沟通以“管理”沟通为主。人们认为最好的信息和解决问题的最好思想来自组织上层，然后应该向下传达，由基层的人去执行。校长每天要处理大量的信息和指令，将信息和指令传达给被领导者，事件、规则和大量的信息构成了领导者和被领导者即校长和教师沟通的主要内容，被领导者通常向领导者汇报信息的反馈情况，以便领导者把握沟通的效果。

在复杂性科学视野下的领导中，校长与教师间的沟通以“领导”沟通为主。校长经常是沟通、传递总的规划——愿景，而不是事实和一些琐碎的信息。沟通对于学校愿景的实现是至关重要的。人们认为有创造性的想法并非只集中在组织上层，人人都有机会表达自己的“奇思妙想”，沟通不再以传达指令为主，校长和教师的主动性都能够极大调动起来。领导沟通着重于创造令人向往的愿景，学习、解决问题、作出决定以及战略规划都围绕着并从属于这一愿景。有效的沟通并非建立在等级基础之上。教师在学校组织的成功中可以发挥积极、重要的作用。价值观、愿景、信息等成为领导者和被领导者即校长和教师沟通的主要内容。

第三，方式：激励或授权。

在简单性科学视野下的领导中，校长在实施领导力的过程中对教师和员工主要采取“控制”或“交易”的方式。校长要么就明确告诉教师们该做什么事情、怎么去做、何时去做以及谁去做，同时监督各种负有不同职责的人工作，通过严格的控制保证学校高效率运行，维持僵硬的组织层级和结构化的程序；要么擅长了解教师、员工的需要，与教师、员工通过交易各取所需，创造良好的人际关系，使教师满意、提升工作表现。

激励和授权是在复杂性科学视野下的领导中校长常用来与教师和员工进行沟通的方式。“激励是指引起人们采取某种行动的热情和毅力的内部或外部的力量。”① 校长怎样通过行动引发教师具有达成共享教育目标的意图，并激励他们采取达成目标的最佳行动是非常重要的。校长不会专横地监管教师的工作，而是重视教师的体会感受，从而使教师的责任心、独立性和创造力增强。这种激励不仅是在情感与态度上给予信心、信任并激发士气，更是给追随者独立思考的空间并在需要的时候给予帮助。授权可以满足教师个人的高层次需求，让教师认识到自己的价值，可以促使教师主人翁精神的发扬，增强他们的责任感和工作动机。授权并不是领导者将有限的权力下放，而是分享，建立了一个更广泛的权力基础。从过度控制中释放出来，使得员工可以自由发挥智慧和能力。授权的过程中，领导需要让员工充分了解信息，给他们机会掌握知识、技能和决定权，了解自己工作的意义和产生的影响。“权力与责任、承诺并用可能比与指挥并用更能发挥作用。”②

第四，结果：伙伴关系的形成。

科层制的、机械的学校组织结构、自上而下的权力等级、控制或交易的领导方式等一系列因素使得校长与教师、员工之间形成了严格的层阶关系。校长和教师们严格遵守职位所带来的权力特征，领导力成为附着在领导者身上特有的一种影响过程，教师作为校长的下级，需要按步骤执行自己的工作，被监控感很强，教师常常因为校长能够满足他们的某种需求或给予某种奖赏才按要求工作，教师的主动性得不到发挥。

而在复杂性科学视野下的领导中，校长鼓励教师成为领导，不断发掘出教师们的潜力，而不是用领导权力来约束、限制他们，把他们从被动的、不用进行独立思考、命令什么做什么的状态中解放出来。校长与教师、员工形成了超越层阶关系的伙伴关系。在这种伙伴关系中，校长与教师共同分享了更广泛的权力，“教师为发展学校愿景出谋划策，提供知识，提供远见，从而积极参与动态的领导过程；教师在学校价值观及其塑造的愿景方面增强了主人翁意识，从而获得更强的个人责任感；教师通过积极参与以及对结果承担个体责任，更加意识到学校

---

① 达夫特．领导学：原理与实践［M］．第2版．杨斌，译．北京：机械工业出版社，2005：145.

② 萨乔万尼．道德领导：抵及学校改善的核心［M］．冯大鸣，译．上海：上海教育出版社，2002：序言．

的重大使命以及完成使命与自己日常工作的关系。"①

经过如上分析，我们意识到，校长需要运用复杂性视角有创造性地工作。校长在自身的领导实践中应该有意识地转变思维方式，运用动态的、多元的、非线性的、生成性的等复杂性科学方法论指引实践，提升领导力。

第三节 校长领导力的提升

一、校长领导力的提升

人们已经意识到：组织生活的复杂和不确定性使得任何关于领导的简单描述都变得问题重重，甚至是危机重重。② 领导力应该在个人、组织与广泛的社会情境的复杂互动中被重新理解，超越个人或职位的责任。

（一）组织层面校长领导力的提升

学校的发展方向、组织定位是校长最先要思考的问题。这也是很多研究者谈到的"做正确的事"与"把事做正确"的差别。从组织层面来讲，校长领导力主要体现在如下两个方面：第一，凝练学校的核心愿景和价值观；第二，营造利于变革的学校组织环境。

1. 凝练学校组织的共同愿景及价值观和核心价值

近年来，对校长的认识已经发生了巨大的变化，正如教师营造课堂氛围一样，校长在营造学校氛围中扮演了极其重要的角色。"学校领导不再被看做被动管理者。相反，今天的校长要负责塑造其学校，使之成为有效学习的显著标志。他们面临的挑战是澄清自己的价值观、信仰和立场，并主动鼓励他人和自己一起重新设计并改进其学校。"③

从哲学的角度来看，"价值"是指客体（事物或人）满足主体（个人主体或集体主体）需要的关系。也就是说，"价值"表现的是主体基于自身的需要、偏好与理想，对客体某种特性的选择或倾向，价值观是相对稳定和持久的，能够从总体上影响一个人的态度和行为，代表了人们最基本的信念。而核心愿景是一所学校主要的精神旨归，一旦被人们接纳并付诸行动，就会产生巨大动力。愿景能

---

① 欧文斯．教育组织行为学——适应型领导与学校改革［M］．第8版．窦卫霖，温建平，译．北京：中国人民大学出版社，2007：231.

② Glatter R，Kydd L．"Best Practice" in Educational Leadership and Management：Can we Identify it and Learn from it？［J］．Educational Management & Administration，2003，31（3）：231－244.

③ 厄本恩，休斯，诺里斯．校长论：有效学校的创新型领导［M］．第4版．黄崴，龙君伟，译．重庆：重庆大学出版社，2004：4.

够激发人们通过创造性的方式改善现状，以价值观为核心，现实可行，有着丰富的想象力，表达清楚明确，能提供一种新秩序使组织与众不同。如果一种愿景不能提供清晰的未来前景并证明可以为组织或成员带来更多优势的话，那么很可能是失败的。理想的愿景要符合时代和环境，要反映出组织的独特性。组织中的成员必须相信愿景是完全可以实现的。笔者认为，一个理想学校发展应该具有如下核心愿景（见图 3 –3）。

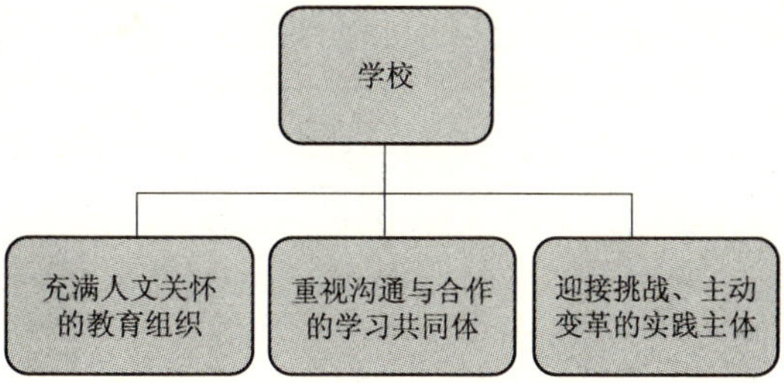

图 3 –3　学校发展的核心愿景

• 充满人文关怀的教育组织

在社会学看来，学校是一个有目的、有组织的社会群体，称为社会组织，这从一般意义上揭示了学校的性质，而教育社会学的研究又给学校从特殊性上予以了把握，即学校是受社会委托、按照一定的目的和计划进行教育活动的组织。[①] 也就是说，学校是专门进行教育活动的组织，以育人为核心工作，教育性是学校的本质属性。

“学校的本质属性是教育性”这样一个命题没有人会反对。但在实践中，却混乱不堪。中央电视台“焦点访谈”节目曾曝光甘肃省永靖县某中学“按成绩排名收管理费”的事件，该校将学习成绩与交纳学费挂钩，同时规定，每学期考试后，排在全年级 548 名后的理科生和排在 95 名后的文科生每人交纳 400 元的管理费，而校长认为这是对学生的一种激励机制。江苏某中学专门拿出十多间套房，免费提供给学校里学习成绩名列前茅的十几个“尖子生”作为宿舍，每间套房 30 多平方米，设备豪华，不但有淋浴器、空调机、洗衣机、微波炉，还为每个学生配备了手提电脑，将之作为优待好学生、使之安心学习、有学习动力的手段。还有一些学校，对学生实行所谓的“军事化”管理，对学生和老师“管理到牙齿”，甚至诸如学生在什么地方能说话，老师必须采取什么方式批改作业都规定得极其详细，认为管理条例制定得越多越详细，就必定越科学，越有效。中小学“企业化”“国家机关化”“军队化”甚至“监狱化”的倾向实际上是教育工作者对学校的本质属性——教育性没有准确把握的表现。

参与到教育过程中的人首先是鲜活的生命体，叶澜教授曾经对“教育”二字作出过如下解释：教，是教天地人事；育，就是育出人的生命自觉。因此关注人的主动性和潜能是非常重要的。当然，对人的生命关怀不代表知识学习不重要，让学生放任自流，知识学习毕竟是学生在学校里学习的主要内容，只是在教育过程中应该以人的成长和发展为本。两者是相辅相成的。美国著名教育家柯尔伯格曾指出：“学校的隐蔽课程必须体现某种更重要的目的而不仅仅是体现学校

① 鲁洁，吴康宁．教育社会学［M］．北京：人民教育出版社，1998：358.

本身的目标和社会秩序。”① 实际上，柯尔伯格这里强调的“更重要的目的”就是教育目的，也就是使学生成为什么样的人。由此，学校的教育性特征、学校应成为充满人文关怀的教育组织是校长作为学校领导核心实施领导力的重要关注点之一。

- 重视沟通与合作的学习共同体

高度不确定性、复杂性和动态变化的社会环境也要求组织具备较强的自我学习能力，很强的灵活性与应变能力。因此，为提升组织素质，增强组织的生命活力，组织必须不断创新努力成为学习共同体。教学和学习永远都是中小学的核心任务。但是在进入知识社会的今天，在终身学习已经成为共识的时代，学校如何转变传统的自上而下传授知识的形式，值得我们思考。“学校即学习共同体”，安迪·哈格里夫斯（Andy Hargreaves）在他的新作《知识社会中的教学》里再次重申了这一观点。

学习是共同体本身内在的属性。在学习共同体中，学生和共同体的其他成员担负着思维、成长和探究的义务，学习既是一项活动又是一种态度，既是一个过程又是一种生活方式。学习共同体所依赖的是共同的核心价值观、思想和信念，在学习共同体内部，共同体成员有相类似的意向，而在非共同体的组织里，是由他者建立关系的。普通组织和共同体都必须处理控制问题，但是共同体不依靠外在的控制测量标准，而是更多地依靠规范、目的、价值观、专业人员社会化、团队精神和自然的相互依赖。当共同体的纽带在学校建立的时候，代替了正规的监督、评价和教职员发展系统。

此时，学校就是由学生、教师、领导、专家等形成的具有共同目标、支持性的共同体，所有参与者在不断互动的过程中沟通和交流，体验和分享，形成相互影响、相互促进的人际关系，共同学习，实现发展。在学校作为学习共同体的构建过程中，创造互动合作、支持共享的学习文化是非常重要的。授权、去权威化、组织扁平化、师生平等、对话、合作等词汇也走进了学校领导的视野。

- 迎接挑战、主动变革的实践主体

在知识经济时代，变革将不再是一个特定时期的特定的活动，而是生活的一种普遍形态。持续变革是知识经济时代的一个重要的特征。学校教育不再仅仅是为维持秩序而设，而且也是为改造秩序而设，不再仅仅为接受而教，而且为创造而教。国家教育改革的细胞组织是学校，因为学校是教育的实践主体，教育改革的每一步都要在学校的范畴中进行，学校改革的核心是要改变管理和日常教育教学实践，日常实践是学校改革的舞台，千千万万校长和教师是改革的主体。因此，在国家政策方针的指引下，充分调动学校的主动性、积极性是非常重要且必要的。学校应将权力和责任充分转移给教师和学生，使变革从集体的层面真正落实到个体层面，依托教师和学生的需求真正成为变革的主体，取得实效。

---

① 柯尔伯格．道德教育的哲学［M］．魏贤超，等，译．杭州：浙江教育出版社，2003：276.

因此，学校作为改革的主体和策源地，在改革过程中更应该主动发挥首创精神，主动改变自身面貌，沿着健康的道路向前发展。其工作思路应该从等政策、靠领导向主动实践、主动创新发展，从被动执行者发展为创造型执行者。校长应该在国家战略方针的指引下，充分结合社会、教师、学生的发展需求，结合学校历史传统、发展特色，创造性地推动学校发展。学校变革处于具体的情境之中，既要遵循教育的规律，又要尊重个体的成长；既需要肩负起对国家和民族的责任，又要肩负起对每一个个体生命、对人类命运的责任；既要具有国际视野，充分借鉴其他国家和地区学校的先进经验，又要充分发挥学校校长、教师的主体精神，紧密结合学校实际，主动创新，只有这样，才能推动学校变革的成功进行，充分发挥学校的功能。

“教育组织的独特之处在于其教育使命，学校必须是有助于成长的教育组织：促进成员的学习进步和个人成长与发展，鼓励不断成熟，增进自信和自尊、满足感、主动性和对自己行为的责任感。”① 这就是校长领导的价值。

2. 营造利于变革的学校组织环境

复杂性和不确定性是环境的主要特征，当今的学校必须敏锐地适应这种环境。领导的作为在变革的环境中举足轻重。领导不得不几乎是连续地改变组织，否则就无法与外部环境的变化保持一致。组织应付外部变化的一些方法是转变成自主工作团队或者进行结构创新，领导者需要不断地改变组织结构和文化，还需要处理技术方面的革新。在进行具体的变革之前，营造一个利于变革的环境是非常重要的。重大的变革并不是轻易产生的。领导者只有通过推动变革才能帮助组织更好地迎接外部的挑战，抓住外部的机遇。校长若想营造利于变革的学校组织环境，就需要跨越情感障碍、文化和环境障碍、认知与沟通障碍，这需要校长在实际工作中形成认同、循序渐进地创造利于变革推行的心理环境，充分运用智慧、在超越现实局限过程中把握创造空间，重视学习和沟通。

（二）团队层面校长领导力的提升

不同领导力层面的相对重要性依照组织的发展阶段有所不同，当组织初形成时或变革刚刚发生时，愿景非常重要，而在组织已经认同一个愿景之后，实现愿景的组织结构就更为重要。因此，在探讨完校长在组织层面如何提升领导力后，我们进入下一个层面——团队层面。在这个层面，校长领导力主要体现在如下两个方面：第一，从行政命令走向专业引领；第二，构建紧密联结的文化。

1. 从行政命令走向专业引领

校长角色有专业引领者和行政管理者两个层面。然而目前校长们越来越觉得

① 欧文斯．教育组织行为学——适应型领导与学校改革［M］．第8版．窦卫霖，温建平，译．北京：中国人民大学出版社，2007：17.

这两个层面是冲突的，校长角色中管理要素的比重呈几何增长，包括战略规划、预算、资源分配、与政府官员打交道和绩效管理等占据了校长的大部分时间，而关于“建立并维持一个组织内共享的愿景和价值观，提供明确的方向，最至关紧要的是激励他人，释放他们的能力、责任感，促进思维和技能的发展”① 等，事实上更为重要的专业引领责任反而被忽视。有时候，校长没有能力直接改变教师们的动机，但可以创造一种促进教师个人发展的学校内部环境——一种支持团队建设和参与解决问题的组织结构，这样，校长能够触及内在动机力量的强大能源，增强教师的动机，为教师发挥创造性开拓空间，而传统组织环境按常规是抑制、阻止这种动机力量的。调整组织机构、增强校长的专业引领力从而为教师发挥创造性开拓空间成为校长在团队层面增强领导力的主要入手点。

校长在实行专业引领的过程中应该重视如下两点。

- 调整学校中层组织机构

学校组织结构涉及学校的职能分配、任务分工及与此相关的评价、考核和反馈机制等，主要的结构要素有工作专门化、部门化、命令链、控制跨度、集权与分权、正规化等。合理的学校组织结构能使学校组织各职能部门为学校目标的达成很好地分工和协调，通过评价、考核等控制手段及时反馈，保证目标的实现；学校管理制度则通过强制性的规定和条例约束教师和学生的行为。

可以发现目前人们对于学校组织形态的研究意见大都把矛头直指在科层组织上，似乎科层组织是造成学校所有管理问题的源头，学校要想获得良好的发展必须取消科层制。这无疑是走向了另一个极端。当然，以往学校仅仅运用科层制，忽视了教育组织的主要特性，必须要调整和变革。但是不能由此否认科层机制的意义。学校是具有松散结合特征的组织，教育组织在一些主要方面是松散结合的，在另外一些方面却具有鲜明的科层组织的特点，例如，人事、财务、时间控制、资源分配、招生，等等，科层机制的高效性对于学校都有重要的意义。有时候，当学校沉重地承载着经济、社会和结构方面的问题时，广泛的结构性松散会造成大量的协调、合作和信息的获取问题，进行综合性问题解决非常必要。在这个过程中，建立适宜的中层组织机构非常重要且必要。

在各种系统中，只有结构才是系统保持整体性并具有一定功能的内在根据。因此，一般情况是结构决定功能。但是在系统演化的过程中，结构是相对稳定的，功能则是相对活跃的，功能变化是结构变化的前提。但因为功能的实现必须通过与环境相互发生作用，而环境是不断变化的，环境变化首先影响的是系统功能，因此功能变化在一定程度上必然导致系统结构的变化。

校长有责任设立、控制和变革学校运行的结构、策略以及程序，以确保学校的组织循环和周期。在现代学校产生之后的很长一段时间里，已经逐步建立了一

---

① Lawlor H, Sills P. Successful Leadership-Evidence from Highly Effective Headteachers [J]. Improving Schools, 1999, 2 (2): 58.

套完善的体系和制度，各个部门分工明确、各司其职，然而随着社会的发展，人才观、教师观、课程观等均发生了转变，原有的组织结构已经无法实现新的功能要求，此时调整学校内部组织结构就成为校长重要的任务。

校长应该有意识地发展组织的动态适应能力，使之能随机调整结构关系，以适应社会发展和变迁的需要。这种适应能力的特征主要表现为：第一，当原有的稳定状态被打破时，组织能自我调整过渡到一个新的稳定状态；第二，当组织稳定状态受环境干扰时，能产生抗干扰的力量，修补被破坏的因素，使组织回到稳定状态；第三，当组织遭受环境突然变迁造成稳态结构瓦解之时，能够迅速再生新的稳态结构。如果组织结构一旦失去了动态适应能力，最后必然导致组织的僵化与衰亡。这种动态适应能力就是复杂性科学中所说的“自组织”能力。

此时，校长要主动与全校成员共同沟通与协商，削减不需要的部门或者合并功能类似的部门同时增加必要的部门；改变传统垂直传递信息的组织沟通方式，增加横向联系与沟通；减少学校领导层与执行层之间的间隔层次，增强组织结构的弹性。重视横向联系与沟通，强调授权，使学校成为一个重视学习、系统思考、协调合作、灵活、更具适应性的组织。

- 鼓励教师非行政性团队的创建

在学校内，校长需要加强对教师自主性和专业化的引领。在这一过程中，校长应该在确认学校的价值观和目标、管理教学和课程的同时，给予教师充分的空间和强有力的支持，非行政性组织的范围非常广泛，比如，教师学科专业交流组织、教师组织、学生自愿参加的导师工作组等，还可以包括形态固定的文化沙龙、读书会，等等。在行政组织和非行政组织相互交织的情况下，学校才有可能成为一个专业的学习型团队，一个专业的学习型团队的意思即“一个员工发展的基础组织”，包括所有在职员工的教学，校本教学专题小组以及合作教学和同辈在职辅导培训。[①] 在这种领导模式中基础组织的目标是确保教师学习到外界先进的知识和技能，训练他们采用指定的最好的实践。

2. 构建紧密联结的文化

教育组织具有双重组织特性。它在一些主要方面是松散结合的，通常，松散结合这一术语意指组织的子系统（以及它们从事的活动）相互关联，然而却保持着各自的特点和个性。[②] 如何使这些保持着各自特点和个性的子系统良好协作，共同完成学校的发展愿景和目标，这就需要紧密联结的文化。文化的力量异常重要。

对于学校，常有人有不同的描述，这可以从一个侧面反映出不同学校管理组

---

① Hopkins D. Instructional Leadership and School Improvement [G] //Harris A, Day C, Hopkins D, et al. Effective Leadership for School Improvement. London: Routledge Falmer, 2003: 59 - 65.

② 欧文斯. 教育组织行为学——适应型领导与学校改革 [M]. 第8版. 窦卫霖，温建平，译. 北京：中国人民大学出版社，2007：161 - 162.

织文化的特征以及校长在其中的作用：有的人把学校比喻为学习的殿堂，在这个殿堂里校长首先应是一个优秀的教师，是学术带头人；有人把学校比喻为工厂，教师就是在生产线上进行零件组装，而校长像是工头；有人认为学校是监狱，学生在里面处处受到监督，学生需要控制和训练，校长就像是监狱长；有人认为学校是家庭，学生在家里被教养和成长，校长就像是父母；还有的人认为学校就是一个小社会，外面社会中有的东西学校里都应有，学校应该培养学生一切作为成人进入社会后应该具备的技能，校长就是这个小社会的领头人。

对于一所学校来说，构建与学校发展愿景、价值观相适宜的紧密联结的组织文化是校长在团队层面提升领导力所必需的。组织文化即把个人纳入一个整体并且使该团队形成特有的思维模式从而区别于其他团队的力量，也就是一个社会单元或团队中所有人共同持有的价值观、规范、信仰和习惯。学校文化有利于形成学校的凝聚力。学校文化的存在能让教师、学生、家长、学校管理人员及其他学校员工都很清楚地知道学校对他们的期望是什么，使他们的行动和努力与学校的目标紧紧地联系在一起，使学校具备内在的凝聚力，教师的教学、学生的学习都能得到学校内部各部门的支持，以及校外家长和社会的支持。其次，通过学校文化，学校组织能更容易与外部人士进行交流。如果学校的文化不明显，学校内部的观念繁多，学校很难得到外部群体的认可，而如果学校的文化鲜明，学校具有所有成员所共享的价值观和鲜明的学校特色，则便于与外部人士进行交流，并得到他们的支持。因此，发展强势的、显著的学校文化是校长提升领导力的重要元素。文化是领导者培育共同的信念和教师间的共同体感与合作感的主要手段。

按照由内到外、由深层到表层的变化过程，学校文化的结构应该包括学校精神文化、学校制度文化、学校行为文化和学校物质文化四个方面①。其中学校的精神文化属于隐性文化，它包括学校成员共有的价值观和学校经过长期的历史积淀形成的学校精神，学校的制度文化、行为文化和物质文化，属于显性文化，是学校精神文化的体现，而其中的行为文化又通过制度文化、物质文化和精神文化塑造。因此，强势的学校文化是精神文化、制度文化、物质文化及其塑造下的行为文化的综合体。强势的学校文化具备以下特征。

第一，共享的价值观和独特的学校精神。组织文化研究的奠基人沙因认为组织文化在深层次上应保留基本的假设和信条②，这些基本的假设和信条表现为组织的共同价值观和独特的学校精神，它在无形中指导和规范着人们的行为，使人们有意识或无意识地根据这些假设和信条行事。学校的价值观是学校成员对某种事物或行为衡量价值标准（对与错、好与坏）的共有的认同状况，比如，对学校目标的一致性认同感、对教师或学生行为标准的认同感、对学生的期望，等等。而独特的学校精神则是“学校在长期的教育实践过程中，为谋求发展而精心

---

① 赵中建．学校文化［M］．上海：华东师范大学出版社，2004：299.

② 朱国云．组织理论的历史与流派［M］．南京：南京大学出版社，1997：347.

培育并与学校个性相结合而形成的一种学校主导意识”①，是在长期的历史积淀中形成的，一旦形成，便具有稳定性，正如E. 马克·汉森所言，当文化演化到一个团体的共同的体验核心，以及建立起关于何谓正确的共享的背景时，就成了一个组织的财富。②

第二，合理的学校组织结构和强有力的学校管理制度。学校组织结构涉及学校的职能分配、任务分工及与此相关的评价、考核和反馈机制等，主要的结构要素有工作专门化、部门化、命令链、控制跨度、集权与分权、正规化。合理的学校组织结构能使学校组织各职能部门为学校目标的达成很好地分工和协调，通过评价、考核等控制手段及时反馈，保证目标的实现；学校管理制度则通过强制性的规定和条例约束教师和学生的行为。如果说共享的价值观和独特的学校精神是从无形中使学校成员有意识或无意识地践行学校规范、认同学校的目标的话，那么，合理的学校组织结构和强有力的学校管理制度则是通过显性的方式使学校成员身体力行学校的规范。

第三，具有折射出学校精神风貌的学校行为和反映了学校价值理念的物质设施，这是强势学校文化的外在表现。Jon Saphier 和 Matthew King 认为影响到学校改进的学校文化往往有十二种行为表现③：学校教职员工的同心协力，敢于尝试新观念和新方法，对学生有高度的期望，对教师和学生的信任和信心，对教师和学生有实际的支持，校长和教师要有关于教学和学生的广泛知识基础，人与人之间能互相欣赏和互相认可，学校成员之间互相关心、充满愉悦，教师参与决策，对学校重要的事务持支持的态度，对传统的继承，以及坦诚、开放的沟通气氛。而学校的一些反映了学校价值理念的物质设施，如，学校建筑、学校环境及其规划，等等，都能使学校师生员工身处其中耳濡目染，从而更深刻地理解学校的价值理念，以支撑他们的行为方式。

学校文化在学校改进和学校效能提升中起着重要的作用，如果学校文化是强势的，那么学校则可以得到持续长久的改进，反之，如果学校文化是弱势的，那么学校的改进则是缓慢的和短暂的。学校强势文化表现为如下方面：学校员工同心协力、敢于尝试新事物、对学校寄予高期望并不断追求卓越，管理者和家长对教师的信任及教师有促进自身专业发展的信心，学校对教师明确的支持，教师具有丰厚和完备的知识基础，学校充满关怀的和谐的气氛，教师积极参与学校决策，把教学和学习作为学校的重要之事并加以维护，通过仪式和活动保持学校的传统，教职员工之间坦诚开放的沟通，等等，都是学校强势文化的表现。

强势的学校文化是建设有效学校的前提，从有效学校的特征中，我们可以找到强势学校文化的痕迹。Terrence E. Deal 对有效学校与组织文化之间的关系是

---

① 赵中建．学校文化［M］．上海：华东师范大学出版社，2004：32.

② 汉森．教育管理与组织行为［M］．冯大鸣，译．上海：上海教育出版社，2005：79.

③ Saphier J，King M. Good Seeds Grow in Strong Cultures［J］. Educational Leadership，1985（42）：67－74.

这样描述的（见表3－1）。

表3－1 有效学校的特征与强势组织文化①

有效学校的特征	强势的学校文化
• 对做事方式的一致的风气，对教学目标的一致性；	• 共享的价值观和关于“我们如何做事”有一致性的强力文化；
• 校长作为领导者的重要性；	• 校长作为体现核心价值的英雄人物的重要性；
• 关于教和学的强烈的信仰；	• 在有特色的实践和典礼中所反映出的共享的信念；
• 教师的任务感和学生的责任感；	• 教职工是代表着核心价值观的特定情境中的英雄人物；
• 全校范围的教师培训；	• 有对新文化形式传入的仪式和文化的更新；
• 为解决问题和共同规划的有效会议；	• 转换核心价值观时的潜在的仪式；
• 不僵化、不压抑的有序的学校氛围；	• 在革新与传统、自主与权威之间取得平衡；
• 共同决策。	• 对文化仪式的广泛参与。

强大的学校文化可以保障学校的成功。学校领导有责任形成紧密联结的学校文化。因此，很多学者谈到了校长的文化领导职能，就是通过领导活动的实践，塑造优质的组织文化，形成一种软规范，不断将文化的力量转化为领导力，从而影响组织成员的信念、价值观、行为，并得到组织成员认同。此时，文化是一种具有渗透性的软领导力，一点一滴地、潜移默化地改变着被领导者。

领导者对追随者人性假设的不同会导致采用不同的领导模式，从而在组织内部形成不同的氛围，形成不同的组织文化。由此可见，组织文化是由领导者设定的，是领导者的基本假设在组织中的反映。因此，领导者需要学会建设紧密连接的、共享的、合作的组织文化，营造良好的组织环境氛围，使抽象的文化在组织中落地生根，使员工接纳并共同努力推进组织文化建设，使自己成为文化领导的践行者。

首先，以团队建设培养合作意识。在当前我国中小学中，评价方式使得竞争成为教师间、学生间的“主题词”，适度的竞争确实可以激发活力，但过度竞争却带来了很多问题。比如，很多学校中评价教师使用考试平均分大排队的方式，谁带的班级平均分高谁就获得奖励，这种方式使得教师之间没法团结，相互间藏卷子、藏练习题是很平常的事情。此时，教师是以“个体”的面貌出现的。但校长若重视团队建设，以团队作为评价单位，关注每个团队的凝聚力，必然会帮助教师打开视野，以合作实现发展。

其次，以文化的语言和方式传播文化，把随意的零散的行动转化为自觉的、

---

① Deal T E. The Symbolism of Effective Schools [J]. The Elementary School Journal: 1985, 85 (5): 612.

长期的、主动的、发挥作用的体制和机制。大部分校长习惯于用行政的逻辑解决文化问题，校长在建设学校文化时怎样避免用行政化的方法是非常重要的，因为这种做法所带来的结果必然是流于表面和形式化。校长可以命令教师集体备课，但无法命令教师在集体备课的过程中真诚地交流；可以命令学生去背诵古诗，却无法命令学生热爱传统文化。组织文化确定着组织参与者的假定、价值观、信仰、规范，必须获得组织成员发自内心的认可。因此，校长在构建组织文化的过程中，要重视挖掘内涵，呼唤组织成员的内心情感，用文化的力量凝聚人，学校才会拥有一种被全体成员认同的文化，全校师生才能在这种文化机制中一起向共同的愿景努力，具有向心力，敢于尝试新事物、对学校具有高期望并不断追求卓越。

最后，校长要重视学校文化特殊性与一般规律的结合。不可否认，文化具有一般性特征，但现在大多数学校的做法是从一般的文化定义来推演学校文化定义，使得学校文化普遍化、浅表化，缺乏校本文化的特色。但是，优质学校文化绝不是“拷贝”出来的，而是一代又一代校长在不懈的研究和探索中创造出来的，教师和学生之所以珍视学校文化是因为它是自己的、是独特的。因此，校长应该重视在事实中考察学校的文化，直面学校文化现实，重视学校的历史传统、经典细节等，以此触摸学校文化内涵。

（三）二元层面校长领导力的提升

学校的改变必须同时自上而下和自下而上，不可能各自为政只从机构或个人做起。在促进学校参与的过程中，教师一定要实实在在地参与进来。学生们也一定要通过与集体的联系，通过和教师们进行真正的对话，参与到这个改变的过程中来。这个过程就是校长授权并分享领导力的过程。组织内的每个人越是拥有权力，组织成员就越有主人翁意识，越愿意投入。从二元层面来讲，校长领导力的提升要解决两个方面的问题——授权与分享并重视能力建设。

1. 授权与分享

校长独自一人完成所有事情是不可能的，即使这点非常令人向往。因此，怎样分部领导力给不同的人和职位是非常重要的。再一次需要强调的是，授权与能力建设并非将有限的权力下放，而是在组织范围内分享更广泛的领导力。领导应该超越个体，以多元变化的形式在与学校相关的多个领域出现。能力建设的核心即伴随凝聚力和信任感而产生的分布式领导，分布式领导是在试图突破“正统”的领导研究思路和基于领导者角色的研究取向中出现的学校领导思想。20 世纪 90 年代中期以后，社会变迁速度明显加快，组织怎样才能适应迅速变化的社会成为人们思考的问题。强调持续学习能力的学习型组织概念被普遍接纳，而学习型组织所强调的能力很显然不仅需要一个高效的领导者，更需要“发展集体的智商”。校长的第一要务并不是直接改进课堂教学和学生的表现，而是树立目的、培育文化、发展具有共享价值观的学习共同体，然后通过分布于组织中各个工作团队的领导“流”，来改进课堂教学和学生的表现。①

从这个视角来说，领导力存在于学校内许多角色和职位中，内含在其中的是教师的领导力实践，或非正式领导者的实践。许多研究都只重视校长的正规领导力，忽视其他水平或从其他视角上看领导力。这往往会导致“校长筋疲力尽，学校举步维艰”的状况出现。因此，校长如何挖掘和培养学校内其他人的领导力，如何成为“领导者的领导者”，也是校长领导力的重要组成部分。

分布式领导目前来说更多的是给人们带来了观念上的冲击，这种领导模式与学生成绩间的关系仍需要进一步研究。而且，这与学校内自上而下的领导方式以及内部结构是相矛盾的。甚至有人提出，彻底地实行分布式领导会导致学校里不再需要校长。真的会出现没有校长的现象，或者说校长真的不必要了吗？有学者提出了不同观点。“领导者必须是‘领导’，萨乔万尼指出，有价值的领导，最终还是那种以不同方式触动人们的领导：开掘他们的情感、呼唤他们的价值观念、回应他们联结他人的需要……当领导者把领导活动看做是为共同体成员共享的理念服务时，所谓领导的风格、采用的何种领导方式都仅仅是过程中的问题，都变得不那么重要了……领导者重要的职责之一，就是要努力把员工培养成为他们各自工作范围内的领导者。同时，领导者就无需扮演单打独斗的英雄，而是一批领导者的领导者。”② 由此，学校能力建设成为校长发挥领导力的重要切入点。

2. 进行能力建设

能力建设（Capacity building）并不是新名词。顾名思义，能力建设主要指领导者关注被领导者能力的发展，将之作为组织可持续发展中的核心问题来解决。若能推动所有被领导者能力的发展，组织必定会有较大的飞跃。而现有的领导力和可持续性发展最多是一种随机行为，因此，目前在学校改进领域内，越来越多的资料表明了能力建设作为一种可持续改进方式的重要性。

领导者不仅应该重视学校改进的“现在”，还应同时在学校内部进行战略能力建设，以实现学校的持续发展。不管怎样，人们都已经认识到，有效的领导力在实现学校改进的过程中是一个非常重要的要素，但若只有校长，还远远不够。随着学校所承担的压力越来越大，近些年一个词非常普遍地伴随学校领导力出现，即“不可能的”。校长虽然被描绘为学校内最重要的人，但把所有压力和责任都放在校长这一个职位上，不仅给校长的领导力带来了极大的挑战，也是有些不现实的。因此，能否在学校范围内进行能力建设是考察校长领导力的重要因素之一。

- 提升中层干部执行力

在当代中国社会变迁与教育变革的背景下，学校变革已经从课堂教学变革、

---

① 冯大鸣. 美、英、澳教育管理前沿图景［M］. 北京：教育科学出版社，2004：74－76.

② 同①，第66页。

班级建设变革拓展到学校管理变革。学校管理团队中的中层干部，就是学校转型与管理变革中不可缺失的变革力量。① 很多研究者认为，执行力是一个组织的核心竞争力之一。而在学校这个组织视域内，我们所关注的执行力建设主要集中在中层干部层面。中层干部主要指学校内部各职能部门的主要负责人，在我国大部分中小学校里，中层干部主要包括具体分管教学工作的教导主任、分管德育和学生管理的政教主任、教研室主任、年级组长、教研组长等，主要是联系学校领导层与一线教师的枢纽，承上启下，在确保学校组织内部沟通顺畅、各项决策顺利执行的中坚力量。进行能力建设，要提升中层干部自我管理能力，构建有效的沟通渠道；重视中层干部的培训。

将学校从一个由章程、规则、人物组成的组织转换为有意识地自我管理的团队应该是复杂性科学视野的目标。校长鼓励中层干部自我管理非常重要。校长如何鼓励自我管理、帮助中层干部发展自我管理能力呢？首先，校长要向追随者解释追随者需要自我管理的理由，加里·尤克尔指出，自我管理包括行为和认知两种战略，其中行为战略包括自我奖励、自我惩罚、自我监督、自我确定目标、自我演练、自我暗示等；而认知战略主要是帮助人建立信心和乐观的心态。② 其次，校长可以尝试建立一个自我管理的范式，让干部、教师可以从实践中获取深刻的体会，在这个过程中，适当的授权是非常必要的。

- 加强教师专业成长力

教学组织的核心活动是教与学的过程，这就要求处于教育系统基层的教师对这一过程进行控制。加强教师专业成长力主要是指加强教师改变自身思维模式及行为的能力，教师的专业发展应是一种主体行为，它不仅来自外在的要求与规定，更在于自身的一种需求而产生的动力，或者说，把外在的要求与规定内化为自己的需求，转化为自己的自觉行为。学习将会改变教师的生活方式，改善教师的生存状态。其实，学习应成为教师的工作方式和生活方式。

校长对教师专业成长力的引领要注重以下几个环节。其一，从内容上讲，专业引领应该同时关注具体经验、实践情境以及理论提升。其二，从过程上讲，专业引领应该引领教师不断自我反思，在反思的基础上总结、归纳并再次进行验证。其三，从方式上讲，专业引领可以运用很多种方式，可以为教师与专家间构建沟通方式，如对话、现场指导、专题讲座和示范等，还可以为教师创造共同成长的情境，如示范课、集体备课、文化沙龙等，让教师真正实现从理论到实践的转换，生成实践智慧。

当然，校长领导力变革是整体性变革。随着我国社会不断的发展变化，各类组织和社会中涌现出种种问题，这些问题与其他问题以复杂的关系交织在一起，大部分问题的解决都不仅是“问题本身”的事情。学校自身的变革，不能仅仅

---

① 李家成．学校变革视野下的中层管理者成长［J］．人民教育，2007（24）：22.

② 尤克尔．组织领导学［M］．第5版．陶文昭，译．北京：中国人民大学出版社，2004：158.

关注一个一个的要素问题或局部问题，而必须处理好各要素、各部分之间复杂的相互联系与相互作用，关注整体，重视学校整体的改善。校长领导力是多层面的，包括组织层面、团队层面和二元层面，任何一个层面都无法取代，三个层面共同构成了校长领导力分析的整体性框架。鉴于校长领导力的多层面、复杂性特征，我们必须要强调的是，校长领导力的提升是一场整体性变革。整体性变革将对整体的关注放在对局部的关注之前，关注部分之间的关系、互动以及相互合作，关注每个部分的同时更关注部分是否服从于整体的目标。

因此，校长领导力的提升是一场整体性的变革，而且需要一个过程。孰先孰后、以哪个层面为切入点要根据每个学校的具体情况来决定。比如，当校长与教师的目标和兴趣不相一致的情况下，交易式领导有助于推动工作的开展，校长通过给教师他们想要的东西来换取对学校发展有益的事情。这时，交易式领导不是领导的本质，而是一种手段，在这个过程中，校长可以着力于提供一种支持性氛围并创设良好的人际关系，这种氛围和关系可以增加满足教师成就、职责、能力和尊重等需要的机会。当教师与校长的目标和兴趣开始互相接近时，校长就可以与教师共同沟通组织愿景，与全体教师一起共同投入到组织愿景的实现中，在这个过程里，学校内一些组织形态会慢慢发生变化，将学校共享愿景和价值观的活动制度化，即从校长领导力走向学校领导力。

二、从校长领导力走向学校领导力

学校作为教育改革的“细胞组织”应如何承担起自身责任，走出一条符合自身发展需要的变革之路，是值得研究者和实践者关注的重要课题。《国家中长期教育改革和发展规划纲要（2010—2020 年）》就指出，要完善中小学学校管理制度，实行校务会议等管理制度，建立健全教职工代表大会制度，不断完善科学民主决策机制……加强学校领导班子和领导干部队伍建设。由此可见，在教育改革和学校发展的过程中，有效的领导力是一个非常重要的要素，学校领导力的构建与提升将起到关键性作用。

（一）学校领导力：当前学校变革与发展的诉求

学校领导力是一个新兴的研究与实践领域。在 20 世纪 80 年代以前，谈起学校领导，国内外研究者的关注点基本都集中在了校长的领导上，认为学校领导问题主要就是与校长的领导相关的问题。自 80 年代中期以后，研究者对教师专业发展的关注逐步增多，随着研究的深入，人们进而认识到，一个学校仅有强有力的校长是不够的，教师等学校组织成员的领导力水平同样重要，由此，以教师为代表的领导实践开始受到重视。

为什么要谈学校作为一个组织和机构的领导力而非像以往一样去强调主要领导者的领导力？很明显学校领导力的提出更符合当前领导理论的发展和学校变

革实践的需求。有研究者指出“从根本上说，领导力是组织机构中全体成员的集体行为……对整个变革过程来说，组织机构领导力的影响比个人行为的影响要大得多。”① “领导工作不能够被简单地简化为单个‘领导者’的工作，相反，它们应该被视做分享的工作，依靠组织内部和组织外部全体的参与者打破学校的界限来完成它们，并获得意义。”② 学校是一个需要娴熟的、多层面领导力的社会组织。

学校领导力的构建与提升有助于解决变革情境中学校面临的压力与问题，引领学校更好地发展。伦敦大学教育学院院长乔夫·维提指出学校领导力可能以一种分散的形式存在，在教育领域，传统的自上而下的领导模式正在被新的途径所取代。③ 校长、教师、行政人员以及学生多个层面领导力的共同发展是当前学校领导力实践发展的一个主要趋势。校长虽然被称做是学校内最重要的人，但把所有压力和责任都放在校长这一个职位上，不仅给校长的领导力带来了极大的挑战，同时也是有些不现实的。因此，构建和提升学校领导力是当前学校改革和发展的内在诉求。由此，学校领导力的研究正在吸引越来越多的注意力。

当前学校领导力的现状远不能满足学校发展与变革的需要。将学校建设成为学习型组织或者学习共同体虽然已经成为共识，然而通过依赖个人或者单一的领导力实践这是无法实现的。因为“教师、学生、管理人员包括校长的行为、态度、日常生活实践原本就内含在学校变革之中，因而会被学校变革所吸收、容纳，并构成学校变革不可忽视的内容之一，同时对学校变革产生着不可忽视的影响”④，所以学校里的领导和管理工作应包括除校长外的副校长、课程专家、部门负责人，还有虽然没有指派但显然起到重要作用的教室里的教师和学生。然而，目前除了校长领导力受到重视以外，学校里其他组织成员对学校领导力的贡献显然被忽视了。

（二）学校领导力：一种整体性视角

关于学校领导力是什么，给出定论的研究者不多，而其中大部分研究者从学校领导力的构成、任务和性质等特征方面给予了界定。

纵览国外学者对于学校领导力研究的界定，可以发现大部分研究学校领导力的文献都是从分布式领导入手的，这显然是领导理论逐渐成熟并运用到教育管理、学校管理领域的结果。显然，研究者并不急于直接给出学校领导力是什么的

---

① Sinha M. 知识社会与领导力［G］//丁钢，黄锦樟．聆听世界——多元社会中的教育领导．上海：华东师范大学出版社，2008：16－19.

② 怀特，等．教育领导与问责技术［G］//丁钢，黄锦樟．聆听世界——多元社会中的教育领导．上海：华东师范大学出版社，2008：27－36.

③ 本刊编辑．伦敦大学教育学院院长乔夫·维提指出学校领导力可能以一种分散的形式存在［J］．上海教育，2009（06B）：45.

④ 吴遵民，李家成．学校转型中的管理变革——21世纪中国新型学校管理理论的构建［M］．北京：教育科学出版社，2007：70.

结论，而是通过实证的、质性的研究探讨当前中小学分布式领导的必要性以及实施途径，在这一过程中，构建学校领导力通常是作为实施分布式领导的必要条件和结果出现的。因此，国外研究中直接描述学校领导力是什么非常少，大部分研究者仍在探讨学校领导力的必要性、核心价值；当前认识有哪些充满争议，诸如，“学校领导力对课堂教学和学生学习成绩的影响”“学校领导者对提高教职工能力的作用”“学校领导力在广泛分布时是否会对学校和学生的发展有更大的促进”“一种分权模式一定比另一种模式有效”等仍未有定论[①]；在学校领导范畴内，校长该注意什么，教师该注意什么；该构建怎样的文化保证学校领导力的实现等。

分析已有界定，我们不难发现，大家已经取得共识的是学校领导力与学校组织目标的实现是直接相关的；但很多方面仍有争议，比如，学校领导力的主体到底是学校全体成员还是以校长为主的领导团队，学校领导力是否只存在于正式组织之中，学校领导力的分布是否有一种最好的模式，等等。基于对领导、领导力概念的把握以及与学校情境的紧密结合，本文提出，学校领导力是学校组织成员在与学校内外环境互动的过程中为实现学校组织愿景和目标、推动学校发展与变革，影响他人并由此与学校组织结构相互作用的过程与结果。学校领导力按不同标准可划分为多种类型，按主体划分可划分为校长领导力、行政人员领导力、教师领导力和学生领导力；按领导力作用层次可划分为组织引领力、团队效能提升力、二元关系构建力；按对象范畴可划分为文化领导力、课程领导力、教学领导力、结构领导力、人际领导力等；按照领导影响力的性质来看可划分为权力性领导力和非权力性领导力。

从这个界定中，我们应该把握如下要点。

第一，学校领导力分布于学校组织内所有成员身上，包括校长、行政人员、教师和学生，而非仅局限于校长或经过正式任命的领导者中，当然，不同主体实施领导出于不同的意义世界之中，也不能混淆。呼吁学校领导力不是不要校长，构建学校领导力是通过在整个学校组织层面更广泛的分布领导力来增加领导的厚度，而非人人都来领导学校，也不是无端增加额外的领导岗位，更不是否定校长对学校发展的终极责任。校长领导力变得更为重要，领导者重要的职责之一，就是要努力把员工培养成为他们各自工作范围内的领导者。同时，领导者就无需扮演单打独斗的英雄，而是一批领导者的领导者[②]；

第二，学校领导力是组织成员在与学校内外环境互动的过程中产生并发生作用的，组织内外环境对于学校领导力的意义不能忽视。台湾学者谢文全在综述了大量组织研究文献的基础上，指出组织是人们为达成特定共同目标所结合而成的

---

① Leithwood K, Harris A, Hopkins D. Seven strong claims about successful school leadership [J]. School Leadership and Management, 2008 (2): 27 .

② 冯大鸣. 美、英、澳教育管理前沿图景 [M]. 北京：教育科学出版社，2004：66.

有机体，通过人员、结构与环境的互动调适来完成其任务。[①] 很显然，组织通过与环境交互调适来求生存和发展，这是学校领导力探讨的“场域”。

第三，学校领导力是一种影响力，但不只是影响力。这种影响是有前提条件的，即基于共同目标的一种影响，是为了实现学校组织愿景和目标而产生的影响力，不是个体之间随意的影响作用。同时这种影响不仅是因为职位、权力的限制所带来的行政影响，更多的是一种基于个体的学术修养、成就、经验、人品等因素为基础的影响力，不以严格的等级为依托。

第四，在学校领导力构建、实施的过程中，作用的过程与结果体现在人与结构两个层面上。还是回到前面谢文全对组织的界定上，由他的研究可以得出的结论是，组织由人员及结构两个基本要素构成。领导虽然主要是发生在个体之间的活动，然而势必会给组织结构带来变化并被组织结构推动或阻碍，组织结构的变化既是一种结果，其适切的变革也是保证学校领导力可持续发展的必要条件。“一个好校长就是一所好学校”的正确性在我国当前看来无需怀疑，但这也从一个侧面反映出中小学领导机制不健全、非常依赖校长个人能力的现状。

（三）学校领导力：新的分析框架

现在我们已经认识到，学校领导力是一个包含了多个动态过程和关系的复杂性事物。为了更清晰地把握学校领导力的核心内容，本文构建了一个分析框架作为研究学校领导力的抓手。

图 3 -4 展现了学校领导力模式的一个发展变革，这种变革主要体现在两个方面：一个是组织成员领导力相互作用的过程，另一个是伴随着前者带来的与学校组织结构的相互作用，既包括学校组织结构的调整和变革，也包括调整后的学校组织结构对学校领导力实施的作用。制度的创立、结构的调整以及机制运行的保障等都会在这个维度中得到体现。这由此也形成了学校领导力的一个新的分析框架。

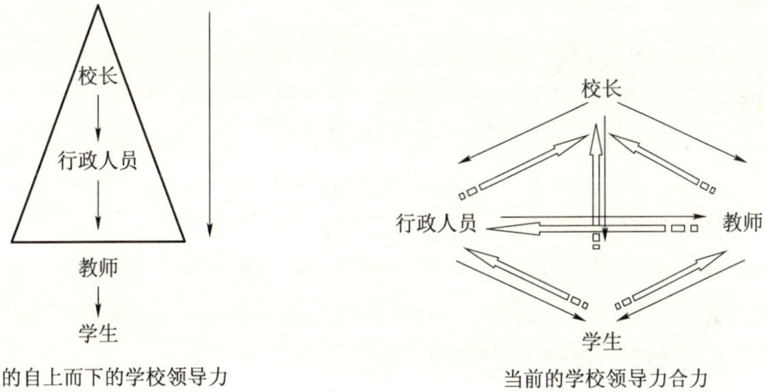

图 3 -4　学校领导力研究的发展变革

---

① 谢文全. 教育行政学［M］. 台北：高等教育文化事业有限公司，2004：22.

1. 学校组织成员层面

本部分以“学校组织成员”和“领导力层次”为维度，构建了一个学校组织成员领导力的分析框架。

- 学校组织成员

学校领导力就是分散在学校组织成员间的一种以共同愿景为基础的相互影响，因此学校组织成员必然是分析学校领导力的重要维度。在我国中小学，学校组织成员主要由校长、行政人员、教师以及学生四类群体构成，这四类群体在不同的意义世界中都可能成为领导者和追随者。再次强调一下，此处的领导已经超越了我们传统上习惯性认定的上下级关系，更主要的是一种影响力（图中实线箭头是通常已获得共识的领导过程，而虚尾箭头代表还未得到足够重视的领导过程)。同时，虽然我们不断强调教师、行政人员、学生等群体领导力实践的重要性，但必须要明确的是，校长领导力仍然是学校领导力的核心。

- 领导力层次

学校领导力，要考察学校组织特点和领导力作用规律来划分层次。本文认为，学校领导力作用的层次可以划分为如下三个方面：组织层面、团队层面和二元层面。一个组织的生存和发展取决于它是否能有效地适应环境，这就是组织层面要解决的问题；领导力的团队过程主要表现为在一个任务团队中领导角色的性质，以及一个领导如何提升团队效能，这是团队层面要解决的问题；领导者与追随者之间相互影响的过程通常是领导力的核心问题，大部分关于领导效能的理论多是在二元层次上作出定义的，这就是二元层面要解决的问题。

- 主要视角

在这个框架下，我们可以得出分析学校领导力的如下视角，当然，因为篇幅所限每个视角都无法详细探讨，不过这也为未来的研究打下了一个基础。

(1) 校长领导力

校长是学校变革的首要“催化剂”和促进者，是组织的支柱，会为组织指引方向并对学校发展负责。校长领导力是学校领导力的核心。

组织层面

学校组织不是封闭和静态的，学校必然会受到环境广泛而深刻的影响，与环境不断互动。学校的发展方向、组织定位是校长最先要思考的问题，因为校长最终要为学校负责。在组织层面，校长领导力主要体现在如下方面：凝练学校愿景和核心价值观；明确学校发展目标和战略决策；重视专业发展和教学改进；提供技术支持和资源保障；与家长、上级行政部门、社区、其他学校的沟通与合作；构建具有学校特色的、合作的、信任的文化。

团队层面

团队通常表示小的任务团体，在那里成员具有共同的目的、相互依赖的角色以及互补的技能。根据诸如是否独立决定任务和目标、工作程序以及团队存在的时限、成员的稳定性等维度，可将团队划分为功能操作型团队、跨功能团队、自我管理团队、自我决定团队等。[1] 这可以给校长在团队层面领导力的实施一定的启发，即根据团队不同特征和需求以不同的领导方式，如行政组织和教学组织的领导应是不同的。同时，校长在团队层面的领导力要重视积极主动调整学校组织结构，以保障学校内部各团队的协调运转和功能的良好实现；积极协调学校内部人际合作，有效解决矛盾，创设良好的人际关系氛围；打造强有力的、分工明确的学校领导集体，沟通领导机制。

二元层面

校长领导力的实施在二元层面主要体现在：重视沟通，这种沟通不仅是琐碎的信息或事务，更多的是与愿景和学校发展相关的；激励教师和行政人员对工作的投入，提升其责任心、创造力和学校的凝聚力；鼓励教师和行政人员参与学校决策，这种鼓励不是随意的，而是长期的、规范的、制度化的；向教师和行政人员授权，建立一个更广泛的权力基础；提升教师、行政人员和学生的能力；与学生沟通理想、信念，以语言和行为给学生良好的引领。

（2）行政人员领导力

在我国大部分中小学校里，行政人员主要包括党总支、教务处、政教处、总务处、学生处、团总支（或少先队）、工会等部门的负责人和工作人员，这个群体是保障学校各机构顺畅运转的中坚力量。

组织层面

行政人员在组织层面的领导力包括：参与学校领导；协助校长、动员教师凝练学校愿景，发展学校目标；执行并带领教师一起讨论、反思学校决策；明确自身工作定位，并将之与学校核心精神统一起来；建立全校一体的氛围和归属感；协助资源开发及管理；为学生成长和教师专业发展服务。

团队层面

行政人员在团队层面的领导力包括：创设合作的机会和氛围，重视团队精神的培育；根据功能需求协助调整学校组织结构；鼓励学校内非正式组织的发育；与其他校内部门良好合作；善于解决内部冲突，明确分工；提升所在团队的效能；与教师、学生等组成临时的项目团队；发展和谐的人际关系；建立学生干部团队。

二元层面

行政人员在二元层面的领导力包括：积极主动给予校长反馈和建议；与同事互助，共同发展；学会授权；与教师良好沟通；正确评价同事、学生；协助培养全面发展的学生。

（3）教师领导力

教师的领导实践正在日益受到重视。根据司瓦（D. Y. Silva）等人的观点，

---

① 尤克尔．组织领导学［M］．第5版．陶文昭，译．北京：中国人民大学出版社，2004：362－363.

可以把教师领导的演变分成三个浪潮。① 第一个浪潮是教师承担领导者的身份，如承担行政人员的角色，关注点在于学校组织的运作和效率；第二个浪潮是让优秀教师承担课程领导的角色，这也是校本课程发展的要求；第三个浪潮认为教师是学校的中坚力量，教师的发展更多的是依靠学校内的教师文化的发展。学校全体教师都需要成为领袖去推进教育变革。

组织层面

教师在组织层面的领导力包括：参与学校领导；以专业发展引领学校变革；扎实专业知识，改善教学表现，提升学校核心竞争力；自下而上表达愿景，推动学校愿景的形成；参与制定、评价、反馈学校决策；建立全校一体的氛围和归属感；进行课程领导和资源提供。

团队层面

教师在团队层面的领导力包括：在学校内创建学习共同体，如读书会、沙龙、专家工作室等；形成有归属感的教师团队，合作、分享、互相信任；与行政人员、学生等组成临时的项目团队；构建有凝聚力的班集体，为学生发展创设良好的班级环境；帮助建立学生兴趣小组；有效解决内部矛盾。

二元层面

教师在二元层面的领导力包括：主动向校长提供专业建议，并对学校领导集体的决策给予积极的评价和反馈；同事间互助，课堂观摩、集体备课、设置课程等；老教师要积极参与新教师的聘任和培训工作；形成良好的师生关系；激励学生学习，教学过程中与学生的有效沟通；与学生家长就学生成长、学校发展等问题的良好沟通；正确评价同事、学生。

（4）学生领导力

传统视野中，学生作为学校的培养目标，其对校长、行政人员和教师以及学校发展的影响力并未受到关注。学生领导力更多指的是我们所培养的学生应该具备的素质，诸如在国际视野、公民责任、就业能力、心理素质、知识基础、人生态度、解决问题的能力等方面的素养。在此处，学生领导力主要的理解是在学校发展与变革过程中，学生对校长、行政人员和教师的影响，当然，前面所谈素质越高的学生，这种影响力就会越大。

组织层面

在组织层面，学生领导力主要体现在参与学校领导；有突出表现的学生对学校形象的提升；生源特点对学校定位的引导；学生发展需求对学校特色的规束；对学校决策的反馈和建议；表达愿景，推动学校愿景的形成；为学校发展提供信息和资源。

团队层面

在团队层面，学生领导力主要体现在协助教师及行政人员创建诸如兴趣小组

---

① Silva D Y, Gimbert B, Nolan J. Sliding the doors: Locking and unlocking possibilities for teacher leadership [J]. Teacher College Record, 2000, 102 (4): 792.

或学生群体、学生干部团队等学生组织；参与班级管理，创设良好的班级环境；解决团队、班级内部矛盾；与行政人员、教师形成临时的项目团队。

二元层面

在二元层面，学生领导力主要体现在积极与教师互动、反馈；形成良好的师生关系，客观评价教师；优秀学生对其他学生的榜样力量；向校长提供建议；学生间互助、互相促进等。

2. 学校组织结构层面

组织结构决定人们惯常的行为方式，而人们惯常的行为方式反过来形成组织的结构或对组织进行重构。[①] 组织结构是在相互作用过程中不断形成并得以重新创造、同时反过来影响相互作用的一种复杂的控制媒介；它由相互作用形成，同时也推动了相互作用的变化。[②] 在本文的界定中，学校领导力还包含了学校组织成员与学校组织结构的互动过程，这实际上与前面论述的层面中校长、行政人员、教师等在团队层面的领导力是重合的。因此，此处只强调几个要点。

（1）学校组织结构调整的价值取向：功能决定结构

托马斯·格林菲尔德认为，人们并非存在于组织之中，相反，是组织存在于个体之中并通过个体而存在。人总是主动地、积极地构建着他所生存的组织管理世界，也在不断地改变着他所创造的组织管理世界。[③] 这与我国学者叶澜教授的研究不谋而合。叶澜教授早在 20 世纪 80 年代末就已经提出，从教育系统形成的角度看，与自然系统不同，是功能选择在先，结构形成在后，因此在教育系统内，是功能决定结构。由此，伴随着学校变革的推进和学校内部领导、管理活动的调整，组织机构、制度、机制的变革是必然的阶段，这反过来会更有利于学校功能的实现。

（2）创建、调整学校领导机制

在人们对领导的研究深入到一定程度后，必然会进入到领导机制的研究上，这已经取得了共识。机制泛指一个工作系统的组织或部分之间相互作用的过程与方式。机制的实质，是在动态中呈现和保持某种带规律性的稳定与平衡。[④] 学校领导机制的研究有助于在动态变化中把握静态平衡，保证学校领导力的实施更加规范、广泛、长效和持续。综合当前的研究来看，成功组织的领导机制主要涉及平行领导、参与式领导、分布式领导和协同领导，从自上而下的垂直领导走向多

---

① Sewell W H. A Theory of Structure：Duality，Agency，and Transformation［J］. American Journal of Sociology，1992，98：4.

② Ranson S，Hinings B，Greenwood R. The Structuring of Organizational Structures［J］. Administrative Science Quarterly，1980，25：3.

③ Greenfield T，Ribbins P. Greenfield on Educational Administration：Towards a Humane Science［M］. London：Roudedge，1993：152.

④ 杨小微. 全球化进程中的学校变革［M］. 上海：华东师范大学出版社，2004：200.

元互动领导，那么如何在学校领导力机制研究中渗透成功组织领导机制的特点，构建有效的学校领导力激励、运行、反馈机制，是未来研究的重中之重。

最后，笔者需要强调的是，学校领导力的终极目标是在学校范围内构建可持续发展的领导力。哈格里夫斯等学者在研究中界定了可持续领导力的原则，即可持续领导是切实发挥作用的，它创造并保护可持续的学习；可持续领导是延续性的；可持续领导是维护他人的多层面领导；可持续领导体现社会公平；可持续领导是创造丰富资源的；可持续领导形成环境的多样性和包容性；可持续领导积极融入其周围的环境；可持续领导是有警觉性的，它随时监控环境；可持续领导尊重过去并在过去的基础上创造更好的未来；可持续领导要等待满意的而不是暂时的结果。[①] 这也是当前保障学校探索出一条适合于自身的变革之路的重要原则。

① 哈格里夫斯．可持续变革［G］//丁钢，黄锦樟．聆听世界——多元社会中的教育领导．上海：华东师范大学出版社，2008：3－15.

第四章　教师共同体

教师是学校发展的核心资源。在学校发展中，从关注教师个体，到关注教师团队，再到建设教师共同体，已经成为教师管理工作的基本走向。这是教育领域，乃至全社会一种合作哲学观凸显的反映，更是学校发展挖掘核心资源的实际需要。本章聚焦教师共同体，研究了教师共同体理论和实践的演进线索，提出了教师共同体治理的善治模型，希望能引发对学校发展中教师队伍建设改革方向的深层思考。

第一节　聚焦教师共同体

教师共同体是学校内部的旨在促进教师专业发展的组织形式，是一种由学校推动的或教师自发组织的以本校为基地的新的在职教师专业发展的形式。近几年来，在我国基础教育改革深入发展的情况下，不同类型的教师共同体应运而生。

一、共同体、教师共同体

基础教育和教师教育改革深刻地触动并改变着传统思维的方式和行为的方式。这种改变的突出体现就是我国中小学教师由过去工具化的个体劳动走向自主与合作发展、由专业技术熟练的适应型教师，转向反思型实践者，转向教学研合一的专业工作者，转向教学团队的合作者。于是，近几年来，相当数量的各种各样的教师共同体应运而生，以不同的方式推动着教师专业发展，尝试着把现实教育中教师之间的矛盾与冲突转化为不同主体之间的平等交往与对话，试图实现教师之间相互平等、相互理解、相互尊重，形成自我与他人同时得到提升与改变的新的思维方式和行为方式。其中包括大学和中小学合作的、旨在促进教师专业发展的学习共同体，区域教师发展共同体，校际教师发展共同体，城乡教师发展共同体，移动性教师发展共同体和学校内部的教师共同体。学校内部的教师共同体是我们关注的重点。本研究讨论的教师共同体是学校内部的旨在促进教师专业发展的组织形式，是一种由学校推动的或教师自发组织的以本校为基地的新的在职教师专业发展的形式。这种形式将具有相同愿望的教师个体之间的亲切融洽的主体间性充分地体现出来，认识到在人的发展过程中其社会性方面和认知方面具有同等重要的作用。这种教师共同体形式强调人与人之间的合作、对话和共生、共享、共发展的精神。

（一）共同体

共同体（Community）是一个社会学的基本概念，它是由德国著名社会学家和哲学家斐迪南·滕尼斯从社会这一概念中分离出来的。在滕尼斯的视野中，共同体的含义十分广泛，它强调人与人之间所形成的亲密关系和共同的精神意识以及对共同体的归属感、认同感；而且他强调得更多的是一种研究的路径、一种理想类型。这种共同体不仅包括地域共同体，还包括血缘共同体和精神共同体，人与人之间具有共同的文化意识是其精髓。滕尼斯强调共同体是建立在自然基础上的、历史和思想积淀的联合体，是有关人员共同的本能和习惯，或思想的共同记忆，是人们对某种共同关系的心理反应，表现为直接自愿的、和睦共处的、更具有意义的一种平等互助关系。

齐格蒙特·鲍曼在滕尼斯的意义上指出，共同体一直是一个象征着互助、和谐和信任的褒义词，其本质是传递出一种安全、愉悦和令人神往的满足感，意味着怀念一种传统的稳定生活，或者渴望重新拥有一个团结和谐的世界。同时，共同体及其成员的身份不是人为设计的自然存在物，成员资格的认同也不需要去刻意寻求，更无法接受来自外界的任何反思、批判或试验。因此，一旦人为地夸大它的温馨和纯洁之美或贬低其存在的价值，就意味着共同体濒临消亡，而且共同体一旦解体，它就不可能再还原。在其著作《共同体》中他用坦塔罗斯的痛苦来隐喻共同体的实践历程。

而我国的社会学前辈学者吴文藻先生直接把这种“共同体”解释为“自然社会”，而把“社会”解释为“人为社会”。

本书把共同体界定为以共同体成员自愿为基础，以具有共同的价值追求为背景，旨在获得一种和睦共处的及更具有意义的一种平等互助关系的组织形式。

（二）教师共同体

从概念的表述来看，国内外研究中出现了众多以“教师”“共同体”等为主题词的表述及相应研究，如教师专业共同体、教师学习共同体、教师专业学习共同体、教师协作学习共同体、教师研究共同体，等等。但究其实质，这些表述都是建立在学习共同体或学习型学校基础之上虽然相关讨论各有侧重，却没有在同一层面上达成表述的规范性。为了统一各种表述且避免在建构共同体意义上的有所侧重，本书使用了“教师共同体”这一概念或者说，用“教师共同体”这一表述来统领这些有不同侧重，但指向相同的、以教师为主体的学习共同体，即教师共同体的概念还涵盖了以上几个具体的概念。

另外，由于与中小学相关的教师共同体有多种组织形式，如校内教师共同体，“大学—中小学”合作的教师共同体、校际合作的教师共同体、区域合作的教师共同体，等等，其研究范围较广，因此本研究仅以学校内部的教师共同体为主要研究对象，以促进教师共同体健康发展为基础，以如何使学校对教师共同体的管理达到善治作为研究重点，作出相应的理论梳理、实践分析及讨论建议。

由此，本书认为，教师共同体是一种专业性的团体，是教师基于共同的目标和兴趣自愿组织的、旨在通过合作对话与分享性活动促进教师专业成长的教师团体。教师共同体是一个诸多个体的集合，这些个体长时间地共享共同确定的实践、信念和理解，追求一个共同的事业。教师共同体不仅具有共同的文化历史传统，包括共同的目标、协商的意义、实践，而且个体与个体之间形成了相互依赖的系统，每个个体在系统中获得了身份。这种教师共同体超越了以校为本实践共同体的人际或利益关系的束缚，他们围绕对教学研究与教学优异的需求，以合作的形式对教研组、学年组等学校中级组织进行动态的再造而成，或自下而上地自愿组合而成。因为教师共同体是建立在合作基础上的，这应当是一个有机组合的团队，有共同的愿景、互相理解和分享的思维方式、共同的教学研活动，并拥有共同专业发展的集体记忆与特有的话语体系。

二、什么引发我们思考：教师共同体的现实问题

“教育发展，教师为本”的提出标志着我国基础教育发展进入了一个新的境界。境界决定行动的方向。促进教师专业发展，提高师资质量，是相当长一段时间里我国教育发展战略选择。教师的问题凸显出来。

（一）教师专业发展的自主性不足，教师之间合作流于形式

在目前基础教育课程改革深入发展的情况下，统一的专门化的集中培训效果的局限突出地显露出来，其弊端是教师专业发展的自主性不足，合作交流缺乏。中小学教师很多合作是在课程改革理念驱动下由行政主导的硬性要求，如合作备课、合作研讨、合作搞课题，等等。由于教师主动性缺失，所以常常是形式上的合作，而实际上相互割裂的传统的各自为战仍然是主流。这种情况非但没有促进教师专业发展的积极性，反倒使这种积极性在形式主义的合作中窒息。教育改革实践要求必须克服这个弊端，在激发教师自主发展意识的条件下，促进教师之间积极主动地合作，通过合作实现自身自主专业发展和整体教师队伍的发展，只有这样才能有一支高素质的师资队伍，保证基础教育的健康发展。从另一角度看，基础教育课程改革的推进，特别是第二期课改及其新教材给教师带来的新问题和新压力，在某种程度上迫使教师走到一起共同面对和共同解决面临的共同问题。在共同解决问题的过程中教师之间的合作交流机会得到增加，在信息、知识、经验的分享上也更多。因此，从某种意义上讲，我国教师共同体的建设也是学校领导和教师面对挑战的一种选择。

正是在这种情况下，在一些地方中小学校内部出现了许多教师共同体，使教

师发展的自主性、创造性得到了发挥，给中小学教师专业发展和办学水平的提高注入了新的活力。目前，在全国许多地方的中小学在建设教师共同体方面也进行了很多积极的尝试，并形成了许多生动新鲜的多样化的做法。教师共同体的初衷就是“让教师找到成长的力量”。如有些学校的教师冲破教研组和年级组的界限，成立学习与发展共同体。还有些学校在学校内成立不同主题的研究小组、某一学科教师自愿组合的工作坊、教师实践共同体等。还有的学校通过课题的方式结成学习共同体等。在尝试建立教师共同体的过程中一些学校积累了成功的经验。

（二）如何管理教师共同体使其获得健康发展

在这种新的背景下，如何对学校内部的教师共同体实施有效管理，促进教师的自主发展就成为了一个学校管理的重要问题。我国教师共同体的出现是改革开放以来，在基础教育领域发生的深刻改变，其意义还正在不断地释放出来。这种教师共同体的出现对学校的传统管理观念与实践提出新的挑战，呼唤着新的管理理念、管理方式。对于这样一种新的教师专业发展的组织形式——教师共同体，如何管理尚无专门的理论或教材可参照，许多学校并不知道应该如何应对，不知道怎样的管理才能促使其健康发展。一些校长茫然，一些校长则以惯常的科层管理手段对待教师共同体，以致于影响了教师共同体的发展，影响了教师自主发展的首创精神和积极性，不利于学校的改进。关注、探讨和对教师共同体管理的研究已经成为一个迫切的理论问题和实际操作问题摆在我国中小学和研究者面前了。

（三）中小学管理方式和理念需要更新

而如何对教师共同体实施有效管理，实际上是管理方式和管理理念转变的问题。教师共同体作为一个由教师自愿组成的，旨在促进自身自主专业发展的组织，它具有自身不同于传统行政组织的特点。如果按照那些常见的科层管理、下级服从上级、惯用刚性制度实施“硬”管理，是不能激发教师自主发展的积极性，不能有效地促进教师专业发展，也不可能有效地推动教师共同体的建设的。教师共同体洋溢着教师的主体意识，表现着教师为培养学生事业而献身的精神和态度。这样的教师和教师共同体尤其应当受到尊重和信任。因此，如何改变那种传统的行政的管理方式，本身就已经成为问题，需要在对教师共同体管理中得到解决。

而传统的行政管理方式的背后，是主客二分的思维方式。长期以来，学校管理秉承的是领导与被领导是主客关系，领导把自己看成是学校的主宰，把教师看成是必须服从自己的下级，是培养学生的工具，是推动学校事业发展的工具。学校管理的主要职能时常是“管”，用制度和规章“管住”教师，用评价的“刚性指标”限制住教师。在这种情况下，教师哪里能真正有自主发展的空间，教师共同体哪儿还有存在与发展的空间？传统的“主体—客体”的管理关系在学校改革深入发展的今天也已经成为不能回避的问题了。教师共同体的出现搅动了学校已经习惯的传统管理方式、管理理念和思维方式，在某种意义上也推动了我们对学校管理变革的思考。

第二节　教师共同体：理论与实践的演进

教师共同体的思想渊源来自于社会学，它是社会学领域中的共同体理论对学校教育改革影响的力证。教师共同体在现实的教育改革与发展中不断地涌现，促进了教师专业发展，为教师之间的合作和教师的自主发展，以及学校的进一步发展提供了契机。共同体一词由来已久，含义丰富，关于共同体的思想早在古希腊亚里士多德那里就产生了，而后在西方经西塞罗、奥古斯丁、阿奎那、埃德蒙·伯克，一直到约翰·密尔、费迪南·滕尼斯、黑格尔和杜威，共同体及共同体关系概念的内涵和意义虽历经变化，但这一思想传统在西方历史上一直没有中断过。[①] 就共同体思想的发展而言，历史上具有两条大的脉络："在政治哲学上，共同体（Community）一词的意义，可溯源自亚里士多德的政治共同体（Kovovia），是为达到某些善之目的所形成的共同关系或团体。然而，在 19 世纪，社会学对共同体的讨论，并不是源自这一意涵。在社会学框架内，共同体概念一开始指的是社会的某种组织方式、联系纽带和结合原则。威廉姆斯（Raymond Williams）指共同体（Community）这个词的复杂性，是与历史过程中所发展出来的各种思潮复杂的互动有关：一方面，它具有'直接、共同关怀'的意涵；另一方面，它意指各种不同形式的共同组织，而这些组织也许可能、也许不可能充分表现出上述的关怀。"[②] 当代国际社会政治、经济、社会、文化，包括教育的改革都往往会从共同体的理念中吸取精神助力。20 世纪 80 年代以来的美国中小学教育和教师教育改革，便是从共同体的理念里获取了教师专业发展的一个重要的思想支点。

一、教师共同体的发展脉络

共同体理论自从其诞生开始，便以各种形式影响着人类社会的许多领域。共同体理论也对教育领域的变革与发展发挥着重要作用。教师共同体的产生与发展便是一例。

在现代社会的发展中，面对公共空间的萎缩，单面人的出现，西方社会酝酿并产生了一场旷日持久的旨在恢复共同体、使之得以新生的社会活动构想与实践

---

① 李建兵．共同体主义：批判中寻求存续空间［J］．广西社会科学，2004（3）：1.

② 陈美萍．共同体（Community）：一个社会学话语的演变［J］．南通大学学报：社会科学版，2009（1）：1.

运动。这种思想与实践在教育领域产生了非常广阔的影响力。

（一）从个人化努力转向学习者的共同体：国际教师专业发展的趋势

20 世纪 70 年代石油危机后，新保守主义和新自由主义思潮凸显，在教育领域里出现了将市场经济的竞争机制引入教育，刺激教育发展的趋势。但是，人们逐渐地发现，在教育领域里更多的还是要注重人、尊重人、倡导不同人的合作，教师和教师的合作就是包括领导与教师的合作、教师和学生的合作、学校与社区及家庭合作的核心。正是在这种条件下，“学习共同体”“学校共同体”“实践共同体”等成为西方社会教育领域受到普遍关注与青睐的术语，教师共同体的提出与彰显正是在这一形势下发生的。

在 20 世纪 90 年代，利特（Judith Warren Little）和迈克拉林（Milbrey McLaughlin）就提醒教育学者从社会学和人类学中借鉴共同体的概念，然后把它直接应用于学校教育。[①] 而目前的教师共同体，就主要是把共同体概念应用于教育领域的产物，它的出现旨在促进教师的专业化。

教师专业化是当代旨在提高教师专业水平，促进教师教育改革的一种取向。对教师专业发展的普遍关注始于 20 世纪 60 年代中期，当时西方发达国家社会发生急剧变化。由于人口出生率急剧下降、政府大幅度削减公共支出、学校教育质量与公众预期质量的巨大差距等原因，这些国家的教师教育承受了前所未有的压力，改革已是势在必行。在教师教育改革中，职前教师培养质量和在职教师素养与能力被纳入改革视野，教师专业化、教师的专业发展逐渐成为教师教育改革的主导方向。

1963 年，世界教育年鉴的主题是“教育与教师培养”（Education and training of teachers）。1966 年，联合国教科文组织和国际劳工组织共同发布《关于教师地位的建议》（以下简称《建议》）。该《建议》强调：必须把教师职业作为专业来看待。1980 年，世界教育年鉴的主题是“教师专业发展”（Professional development of teachers）。1983 年，美国出台了《国家处于危险之中，教育改革势在必行》的调研报告。该报告指出美国中小学教育的弊端在“平庸”，“平庸”的原因在于师资质量不高。在这种背景下，美国开始了旨在提高公共教育质量，推动教学成为真正的专业的教师专业发展运动。美国教师专业发展运动对国际社会特别是西方社会的教育产生了很大的影响。此后，英国等发达国家开始将教师专业化纳入政策视野，并对理论与实践相脱节的传统教师教育模式的弊端进行一系列改革。新的教师教育模式在目标定位、课程设置、教学形式和组织管理等方面，都呈现出与传统教师教育模式迥然不同的特征。就其中教师教育的组织形式而言，新模式实现了一个重要转向，这就是将关注的重心从“个人化的努力”（Individual

---

① Grossman P, etc. Toward a Theory of Teacher Community [M]. Teachers College Record, 2001: 1.

effort）转向“学习者的共同体”（Communities of learners）[①]。它更加强调教师的交流与合作，强调将教师置于各种专业共同体之中。这样一来，教师能够通过参与合作性的实践来滋养自己的教学知识和实践智慧，能够更有利于教师提高自身的教学水平和授课质量，更好地促进学生的发展。教师专业化已成为指引当代国际教师教育改革的主要方向。

在这种背景下，美国、日本等发达国家先后开始将在职教师专业发展的重心从“个人化的努力”转向“学习者的共同体”，相继出现了教师专业共同体。

而把专业化的概念与共同体进行整合也具有丰富的历史，可以追溯到改革家和社会工作者们为儿童福利的实践和政策而建立的一套支持系统和团队。然而，研究者们热衷于记录专业共同体的形成，特别是教师中间的共同体，却很少有人去建立它。最早把共同体的建立与专业化问题联系在一起的是古德（William J. Goode）。古德认为像法律和医药这样的专业在一定范围内具有多样性，他们是真正的共同体，而且他们也的确显示出了一定的共同体的“特点”。相同专业的成员具有相同的认同感（身份感）和共同价值观。相对于非成员，他们具有相同的角色界定，共享共同的语言，他们通过选择步骤和社会化过程控制着群体的再生。古德提出，专业共同体是一个“被包容（包含、容纳）的共同体”，是一个存在于结构限制和更大的社会支持内的群体。[②]

其实，教师共同体就是这样一个“被包容（包含、容纳）的共同体”，它被包围在学校、社区等这些更大的社会组织中。2004 年 7 月 13 至 17 日，在香港大学举行了国际教育教学委员会（ICET）大会，会议的主题就是：“教师即学习者：构建专业发展的共同体”。这是教师专业发展背景下对教师群体和学校提出的要求和描绘的共同愿景。

（二）教师共同体：中国教师专业发展的选择

改革开放 30 多年来，我国基础教育改革经历了学校工作重心的转移、教育体制改革、素质教育改革和为推进素质教育的基础教育课程改革。从改革开放至今经历了相当长的教育改革与发展的历程，我国教育工作者清醒地发现：市场经济体制的逐步建立和完善，社会的进步，教育改革的深化都要求不断提高师资质量，教师专业化自然成为我国教育改革的具有时代特点的战略选择，这也是我国教育高质量发展的历史机遇。教师专业化必然要求教师教育的一体化和终身化。如何回应 21 世纪要求高质量教师的呼唤，如何以教师专业发展为取向深入改革是我国教师教育面临的一个重大课题。

“教师专业化是指教师在整个专业生涯中，通过终身专业训练，习得教育专

---

① Thomas G, Wineburg S, etc. In the company of colleagues: an interimreport of the development of a community teacher learners [J]. Teaching and Teacher Education, 1998 (1): 17.

② Grossman P, etc. Toward a Theory of Teacher Community [M]. Teachers College Record, 2001: 5.

业知识技能，实施专业自主，表现专业道德，并逐步提高自身从教素质，成为一个良好的教育专业工作者的专业成长过程。”① 正如教育部部长袁贵仁所指出的“教师专业化是现代教育的重要标志，提高教师专业化水平是世界各国的共同目标，21 世纪中国教育需要专业化的教师队伍”。② 我国以教师专业化和教师专业发展为方向进行深入改革是时代的要求。教师专业发展是我国教师教育改革的主题。

随着素质教育的稳步推进，基础教育对教师的需求逐渐从数量的满足转向质量的提高，教师专业化问题也越来越受到关注。1998 年，在北京师范大学召开的“面向 21 世纪师范教育国际研讨会”就明确提出了“当前师范教育改革的核心是教师专业化问题”。2001 年 5 月，国务院召开了全国基础教育工作会议，发布《关于基础教育改革与发展的决定》，其中第 28 条指出：“建立一支高素质的教师队伍是扎实推进素质教育的关键。”这是具有战略意义的结论。这一结论道出了教师在教育改革中的重要性，也揭示了改革深入的方向。这样，我国教育改革的主题终于走近教育改革的主体——1300 万中小学教师。这是从物质到精神，从思想到思想并行动着的人，从制度到实践者、从课程到教师的内在于我国社会真实情景的多维交错的教育发展线索。由此拉开了深化教育改革浪潮的大幕。教师正在成为新一轮教育改革的主角，而教师专业化则是目前实际上已经开始了的新一轮教育改革的主要标志。我国进入 21 世纪后开始推行的课程改革，不仅深化了中小学素质教育的发展，而且对中小学教师的自身专业化水平提出了更高的要求。

教师专业化的实践有力地推动了教师教育改革、基础教育改革和高等教育改革，在理论上经过重新理解教育，重新发现教师，重新认识学校促进新型教师教育文化的生成；在方法论上促进我国现阶段教育研究事业的繁荣。

同时，我们也要认识到：我国基础教育虽然获得了较大的发展，课程改革也开始从局部到全面推进；在改革过程中，教师的专业发展也已经纳入政策视野。但是，一线教师专业自主发展动力不足，成为一大难题。这种动力不足有很多原因，客观上讲既有体制上的原因，也有形式主义的大培训在教师心理造成的逆反心理以及学校管理行政化等原因。我国很多学校都积极地想办法解决教师自主发展的问题。

2010 年 7 月公布的《国家中长期教育改革和发展规划纲要（2010—2020 年）》（以下简称《纲要》），为解决上述问题提供了政策上的重要保证。这是进入 21 世纪以来我国第一个教育改革和发展规划。国家中长期教育改革和发展规划纲要指出：要把提高质量作为教育改革发展的核心任务。树立科学的教育质量观，把促进人的全面发展、适应社会需要作为衡量教育质量的根本标准。树立以

---

① 教育部师范教育司. 教师专业化的理论与实践［M］. 北京：人民教育出版社，2003：11.

② 同①，第 2 ~ 5 页。

提高质量为核心的教育发展观，注重教育内涵发展，鼓励学校办出特色、办出水平，出名师，育英才。建立以提高教育质量为导向的管理制度和工作机制，把教育资源配置和学校工作重点集中到强化教学环节、提高教育质量上来。制定教育质量国家标准，建立教育质量保障体系。加强教师队伍建设，提高教师整体素质。《纲要》明确指出：建设高素质教师队伍。教育大计，教师为本。有好的教师，才有好的教育。文件并提出要"保障教师地位，维护教师权益，提高教师待遇，使教师成为受人尊重的职业。严格教师资质，提升教师素质，努力造就一支师德高尚、业务精湛、结构合理、充满活力的高素质专业化教师队伍。"要"倡导教育家办学。创造有利条件，鼓励教师和校长在实践中大胆探索，创新教育思想、教育模式和教育方法，形成教学特色和办学风格，造就一批教育家。大力表彰和宣传模范教师的先进事迹。国家对作出突出贡献的教师和教育工作者设立荣誉称号。"《纲要》的发表和实施指明了我国基础教育和教师教育发展的基本方向和基本任务。《纲要》对教师队伍建设、教师专业化、教育家办学和实践中大胆探索，创新教育思想的要求必将使我国包括在职教师继续教育的教师教育改革出现生机勃勃的新局面。

在我国基础教育改革进入 21 世纪第二个十年的时候，在职教师的专业发展已经成为推动基础教育质量提高的关键。从学校内部的微观看，以往单兵作战、互不往来的教师个体劳动已经不能够适应基础教育的进一步发展，更需要指出的是以往科层制度下以工具理性看待与管理教师的方式也已经不能适应教育管理科学化与民主化的需要。我国以教师专业发展为取向的在职教师继续教育经历了由外控式的、以大学或各级培训机构为基地逐步演化到重视内控式的以中小学校为基地的发展历程。教师个体的学历结构和素养虽已得到了提高，但在教师的专业发展水平和教师之间的合作发展方面还存在很大问题。这表现在教师与教师之间缺乏互动和沟通，彼此之间互相隔绝，教师在学校就像生活在"鸡蛋格"中一样，在教室中忙于自己的事务而与其他教师几乎没有实质性交流。在市场经济大潮涌起那种互相竞争和防范的文化阻隔了教师之间的交流。教室中的教师就像是自我雇用的个体从业者，各自做着自己的事情。而现在的一些集体备课和研讨也往往都是外控式的、早已由学校管理层规定好了的，教师缺乏合作的积极性。这不仅导致优秀教师的实践经验无法得到共享，那些在专业发展上有困难的教师也无法得到及时帮助，使教师群体内部无法形成合力，无法真正促进教师专业自主发展和整个学校教学水平的提升。

在不断深入的改革面前，上述传统的教师自我中心的、互相隔绝的思维方式、行为方式已经不能适应中小学教育的要求。因此，合作与发展成为对教师专业发展的一个重要方面，新的课程改革倡导教师之间的合作，强调教师不仅要有传授知识的能力，还必须具备与他人合作的能力和从事教学研究的能力。

于是，一些中小学领导或教师在国际教师教育改革思潮的影响下，特别是受到美国教师学习与发展共同体的影响，结合我国实际，努力寻找教师专业自主发展的生长家园，开始构建教师共同体。在我国许多学校内部出现了不同形式的教师共同体，有力地推动了教师的发展和基础教育改革。

教师共同体是在学校推动下或自发情况下，教师基于共同的目标和兴趣自愿组织的、旨在通过合作对话与分享性活动促进教师专业成长的教师团体。这是一种在学校内部能够促进中小学教师自身专业发展的组织。更进一步可以说，教师共同体“是一种以一系列核心信念为特征的模式和理论。这些信念包括教师专业发展对改善学生的学习十分重要；当教师专业发展是合作的、同事间的时候，它是最为有效的；这种合作应当包括在真实的日常教学实践情境下的研究和问题解决”①。

二、教师共同体的特点

学校内部产生的教师共同体，除了具有共同体组成的自愿性，共同体成员关系的平等性，共同体活动的合作性和成果的分享性这些特点之外，还具有一系列自己的特点。它们分别为：

第一个特点是本校性。教师共同体产生于学校，运行于学校，作用于学校，它具有很强的本校的情境性，这也是它的一个具有根本性的特点。因为教师共同体是扎根于本校，所以才能真正地与本校的教育教学实践紧密结合，既能够及时地发现教育教学中存在的问题，又能群策群力地研究并解决这些问题。也正因为它的本校性，教师共同体是和学生的发展密切相连的，这样就能够更有效地在教育教学实践中促进教学相长。

第二个特点是非全员性。教师共同体是由学校领导推动或在教师自发自愿的基础上形成和发展起来的，它是根据不同教师的兴趣或所教学科所组成的，因此非全员性是它的一个基本特点。非全员性能够使不同教师共同体的活动指向更明确，更有针对性，也能够使教师共同体的活动形式和时间的安排更加灵活，容易协调，还能够使教师共同体内部不同教师之间的交流更富有成效。

第三个特点是研究性。教师共同体是以研究教师在教育教学中所遇到的问题为主要活动内容的，这种研究是一种合作性的同伴研究，不是在行政命令和考核指标的压力下作的研究。这种研究一般都是有的放矢、生动活泼，成果的分享也富有成效。这种研究与专业人员的学术研究是不同的，它是以对课堂教学和各种教学活动的反思为基础的。因此，自由探究精神是教师共同体的一个灵魂。

第四个特点是专业性。教师共同体是一个由教师这一专业群体中的人员自愿组成的专业团队，其活动目的、活动内容、活动方式和活动结果都与教师各自的专业和专业成长密不可分。因此，专业性也是教师共同体与其他共同体的一个边

① Servage L. Critical and Transformative Practices in Professional Learning Communities [J]. Teacher Education Quarterly, 2008, 35: 64.

界。只有理解教师共同体的专业性才能够更好地建设和发展它。因为教师专业发展的质量和水平直接关系到学校的生存和学生的发展，关系到整个基础教育的质量，所以如何通过教师共同体的活动促进教师专业发展始终是教师共同体建设的大方向。

第五个特点是开放性。教师共同体既是教师自愿建立的，也是在学校推动下教师自愿组织的，所以它具有一种非正式安排的性质，是一种相对宽松或自由的存在，在学校内部和外部复杂的教育关系中，经常会出现已有成员的流动和外来人员的加入，还会出现一个共同体成员同时是很多共同体成员这种情况，也还会有邀请大学教师、地方教研部门和社区人员参与教师共同体活动的可能性。只有这样不断地与外界交流，才能够使教师共同体成员的视野更加宽阔，对问题的思维和解决才能更富有成效。因此，教师共同体不可能是一个封闭的、单一的，各教师共同体之间的关系也不可能是不相往来的一种割裂的状况。所以开放性应该是教师共同体的一种必然要求。

教师共同体的本校性、非全员性、研究性、专业性和开放性这五个特点使它不仅区别于其他社会领域的共同体，而且也区别于教育领域内部不同形式的共同体。有了以上五个特点的保证，教师共同体才能够更好地促进教师之间的交流与合作，促进教师的自主专业发展，促进学校的改进。它为究竟什么是教师共同体提供了进一步的说明和辨别，也为教师共同体勾勒出了一幅更完全的画面。如果不具有以上的五个特点，就不能称其是真正的教师共同体。

三、教师共同体的意义

如前所述，教师共同体是在学校推动下或在自发情况下，由教师组成的，旨在促进自身专业发展的组织形式。它出现与存在的意义就在于能够更好地促进目前中小学教师的专业发展。不同于以往的在职教师教育模式，教师共同体能够更好地促进教师之间经验的分享与交流，促进教师之间的真正富有成效的合作，使教师自身重要的个人知识得到传播，推动教师专业发展从要我发展到我要发展的转变，不仅仅使个体教师获得发展，而且使作为专业集体的教师获得整体发展。教师共同体的意义在改革实践中初步得到彰显和认同。

（一）教师共同体为学校内部教师之间的合作和专业自主发展的实现提供了精神家园

教师自主发展需要专业上的自由空间。长期以来，受到原有计划经济体制安排下的影响，学校教育实行集中管理，中小学教师从教什么到怎么教等一切都已经是被制度安排好的。在学校中，教师自己思想的体现和能自由支配的时间很少，导致学校教师管理的行政化，也使教师发展处于相当被动的状态。这种状态的长期存在就造就了一种教师发展的外控式传统。这种传统至今仍有很大影响。自主发展是教师拥有专业自觉，不断主动地改变原有的知识、观念，吸纳新的知识、观念，提高自己的能力，促进学生学习的过程。这是教师专业成长的关键点，是教师主体性的一种重要表现，也是教师职业道德的一个重要内容。它应该是一切自觉为教育事业献身的教育工作者的自觉行动。

在当前进行课程改革的背景下，教师进行自主发展尤其有着极不寻常的重要意义，事关教师的身心健康和新课改能否成功。教师的自主发展并不意味着完全是教师个人的行为，相反，所有的教师都可以一起合作、交流，形成教学研究合一的教师专业生活方式，真正走上自主发展的道路。教师共同体中，教师立足于教育教学实践自觉进行反思教学研究活动，不仅可以相互学习、相互激励，加快自主发展的步伐，而且特别重要的是能够有效地提高教育教学质量，促进学生健康成长。“在共同体中，我们相互都很了解，我们可以相信我们所听到的事情，在大多数的时间里我们是安全的，并且几乎从来不会感到困惑、迷茫或是震惊。其次，在共同体中，我们能够互相依靠对方。我们的责任，只不过是互相帮助，而且，我们的权利，也只不过是希望我们需要的帮助即将到来。”① 教师共同体恰恰为教师之间的合作和教师的自主发展提供了安全、亲切而有效的平台。在教师共同体中，教师之间彼此分享教育教学经验和各自所学，并在专业对话和合作实践中通过思想碰撞和观点交流，为教师个体的自主发展提供丰富的发展资源。教师既可以学习其他教师的优秀教育教学经验，了解他们学习的新知识、新观念；也可以从与其他教师的对话分享中，了解到对问题的不同观察角度和观点，从而在反思中建构新知识。另外，在教师共同体中存在着鼓励与支持教师学习的文化氛围，并提供各种支持性条件和学习资源来支持教师学习。教师在这样的学习氛围中彼此相互影响，相互鼓励，使教师在遇到困难和压力的时候，能够坦然面对，积极解决，不断发展。

教师自主发展不仅仅关注作为个体教师的发展，更应该关注作为整体的教师专业水平的提升。因为只有作为整体的教师专业水平有了很大的提升，才能从根本上提高其所在学校的教育教学水平。而教师队伍整体专业水平的提升需要教师之间资源的分享与传递，其核心是个人的教师专业知识、能力的分享与传递。在学校平时的工作中，教师之间很少有实质性的交流和分享。而以往借助培训机构和基于校本的教师教育途径是教师教育的两种形式，它们也都不能使教师摆脱孤立的境地。在外控式的培训方式中，假设教师的专业知识是能够全部用显性知识来进行表征的，通过代表权威的教师教育培训者把教师职业的专业知识传递给教师，接受培训的教师只要运用这些专业知识就能够有效地指导自我的教育教学实践。这种培训方式存在两个方面的问题：一是教育教学理论和实践的分离；二是教师专业知识都可以用显性知识进行表征的假设不成立。因为教师教学质量的优劣，难以用明确的语言和符号等进行传递。第二种培训方式是基于校本的教师教育，针对教育教学实践问题，关注教师个体教育教学实践角色的完善。这种方式

① 鲍曼. 共同体 [M]. 欧阳景根，译. 南京：江苏人民出版社，2007：89.

凸显了教师个体作为人的存在，但校本培训的途径有反思、教师叙事研究、教育案例等方式，这些途径大多数时间都是教师个体独自进行的，缺乏教师与教师之间的合作交流。[①] 这些培训措施对于促进教师个体角色的转变、改进个人教育教学实践有一定的意义，但对于整个教师职业群体的专业化贡献不大，也依然无法真正地促使作为整体的教师专业水平的提升。教师共同体这种新型的教师专业发展形式，能够使教师从孤立的主体走向多元主体，通过教师之间的合作、互动与交流，实践知识的共享有效地促进作为整体的教师专业水平的提升。

（二）教师共同体成为教师教学研究学习三合一的专业生活方式的载体

教师共同体促进了教师专业发展。教师共同体的核心功能在于激发教师主动发展的热情，通过教师共同体内部教师之间的合作，以及参与教师共同体对教学反思和研讨促进教师专业自主发展。帕克·帕尔默认为："真正的共同体绝对不是线性的、静态的、分等级的，而是圆形的、互动的、动态的……真正共同体就是通过论争而不是竞争来推进我们的认知的。竞争是个人为了牟取私利而秘密进行的、得失所系的比赛；而论争是公开的，有时是喧闹的，但永远是群体共享的。在这个公开的、群体的论争中，每个人都有可能在学习和成长的过程中成为胜者"。[②]

在教师共同体中，教师们在共同的专业生活中，相互学习，共同研究，在教育教学实践中，不断提升自己的专业发展水平，树立专业的自信，并获得自我的身份认同。"共同体是个体内部不可见的魅力的外部可见的标志，是自身认同和自身完善与世界的交融。"[③] 教师共同体是一种充满魅力的存在，这种魅力表现在个体的自愿参与，经过与其他成员的不断的交流、沟通而达成。也就是说，共同体的魅力是个人魅力的彰显，个人魅力又是共同体魅力的富于个性的表达。教师共同体因此而成为个体与同伴互助共生的沃土。

这里讲的教师共同体专指具有专业自主发展要求，而且相互理解的教师为了一个共同的目标而建立起来的，这是教师在学校推动下自我创立的一种学习与发展的共同体，这种共同体为教师专业发展提供了一个心情舒畅的、亲切的、可以互相依赖的、具有激励性的专业生活场景。正是在这种专业生活场景中，教师共同体的成员能够首先得到尊重和信任，得到自主表达的充分机会，而且能够和其他成员共同分享各自的个人知识、相关信息，开发新的更加丰富和广阔的学习与发展的资源。因此，教师共同体有效地运行一定能够促进教师的专业发展，提高教育教学质量，实现教学相长，并推动学校的改进和变革。

教师共同体为教师自身重要的个人知识得到传播和共享提供了有利的环境，

---

① 王旭红．对构建教师专业共同体的思考［J］．企业家天地：理论版，2009（05 下）：161－162.

② 帕尔默．教学勇气［M］．吴国珍，译．上海：华东师大出版社，2006：10.

③ 王旭红．对构建教师专业共同体的思考［J］．企业家天地：理论版，2009（05 下）：161.

为知识的立体化创造了条件。首先，教师专业知识能力的提升与教师的精神愿望意志是分不开的。科学理论总体逻辑的运演本身就被一定科学主体个体的价值、信仰，特别是个人对理论框架的特殊选择和主观偏好所左右，所以任何科学理论框架都是以个人意向为先导范式的特定结果。“在一切科学决策过程——某项科学研究之探寻、研究成果之公布、接受公众质疑并为之辩护——中，难度将更大，它们都涉及科学家的良心，对科学家来说，其中的每个过程都在检验他们对科学理想的诚意与奉献精神”。①个人知识和集体知识相互转化，逐步形成共享性专业知识。无论是在个体身上，还是在集体内部，个人知识共享的过程就是知识创生的过程，关键在于提供一个合适的实践参与的平台，而教师共同体的出现为实现知识立体化创造了条件。②

（三）教师共同体能够促进学生的发展

教与学之间的关系是一种共享生命。课程改革日益深入的情况下，虽然教师的教育思想和课堂教学行为都发生了一些可喜变化，但还存在着不少不尽如人意的地方。其中一个关键问题是教师主动发展的意识不强，教师之间的合作程度不够。为了解决这一问题，一些中小学校长尝试着通过倡导建立教师共同体，激发教师的主动发展的热情，促进教师之间的合作，并以此提高教育教学质量，推动学校的改进。

学校领导作为学校的管理者，在学校改进的过程中具有无法替代的重要作用。但学校领导不同于其他行业的管理者，他们的管理中心不是取得最大的经济利益，而是学生在校的学习成绩和未来的发展。由此，学校领导应该意识到“学校改进的中心是学生的学习，学校领导应该清晰地描述出对学生学习的期望，并具有一种改进的紧迫感。因此，在学校中进行的任何管理行为都应该与学校教育的核心建立密切关联。而学校领导往往在这个重要方面做得不到位，很多学校的领导甚至还远离学校的教学实践。”③

教师共同体建设的宗旨是促进教师专业自主发展，其活动是以教学实践为基础的，学生的学习和发展是教师共同体关注的重点。只有在发现并解决学生学习与发展过程中存在的问题，教师专业发展才能真正获得实现。离开了学生，离开了学生学习，教师专业发展便失去了意义，将学生从教师共同体活动的主题中抽离，教师共同体也便失去了存在的理由。正因为如此，教师共同体的活动总是和对学生的研究和理解联系在一起。

教师共同体对学生学习与发展的促进又是以促进教师之间的合作，激发教师自主发展为前提的。只有教师之间具有了富有成效的合作，拥有了自主发展的热望，

---

① 波兰尼．科学、信仰与社会［M］．王靖华，译．南京：南京大学出版社，2004：38.

② 王旭红．对构建教师专业共同体的思考［J］．企业家天地：理论版，2009（05下）：161－162.

③ 王天晓．教学改进：艾尔默对学校改进理论的深化［J］．比较教育研究，2009（3）：88.

一切才有可能实现。在这个意义上，教师共同体的意义得到了十分重要的体现。

（四）教师共同体能够为学校改进提供助力

学校改进是一种“系统而持续的努力，目的是在一所或多所学校里改变学习条件及其他相关的内部条件，从而更有效地实现教育目标”。[①] 学校改进是学校走向进一步发展的一条路径。通过学校改进，学校能够改掉过去影响学校发展和学生学习的消极文化，以及那些不适当的工作方法，促进学校主动适应环境争取积极的发展和变化，最终使学校、教师和学生三者都获得很好的发展。而学校改进和发展的终极目的是学生学习水平的进步，能力的提高。总而言之，“学校改进的根本在于教学改进。他的学校改进思想注重学校内部的责任感、教职员工的共同愿景、教师的专业化，认为只有具备这些条件，才有可能真正促进教学实践向好的方向发展，才能真正获得改进，从而促使学校获得真正发展”[②]。

“不论采取何种方式管理学校，如果其结果对课堂没有积极的影响那将是没有意义的”。[③] 教师共同体正是植根于课堂教学，教师共同体活动的开展有力地改变着教师的教和学生的学，使之更加积极化。特别重要的一点是：教师共同体的建设会使学校教师具有相同的目标和愿景，从而产生一种内在的责任感。只有随着教师内在责任感的发展，学校才能够变得更加协调和有效。这种集体的目标和愿景，以及内在的责任感对每一位教师的教学工作的影响都是非常巨大的。具有很高的内在责任感的学校对学校工作的重点在哪里，如何来研究分析教学问题，并发展具有自身特色的，能够促进教师教育教学热情和学生发展的评价方式，以及如何以与自己的核心价值观一致的方法应对来自外界的压力等方面做得都非常好。

教师共同体不能游离于学校改革与发展之外，其建设应当是学校改进的一个重要内容。教师共同体的活动也是围绕着校内教育教学的反思与研讨展开的。因此，许多学校的领导看到了这一点，十分重视教师共同体的建设，以至于亲自推动教师共同体的建设。在建设过程中既有成功的经验也有失败的教训，本书将在下一节通过对文献的研究和现实情况的调研展示目前我国中小学教师共同体建设的实际情况。

四、教师共同体实践的现实图景

如前所述，进入 21 世纪以来，在我国基础教育课程改革深入发展的过程中，教师的教育观念得到更新，教师自主发展受到越来越大的关注，教师自主专业发展的要求越来越强烈，而教师之间的合作成为实现教师自主发展的一个必要途

---

① van Velzen W, et al. Making School Improvement Work [M]. Leuven, Beigium: Acco, 1985: 48.

② 王天晓．教学改进：艾尔默对学校改进理论的深化 [J]．比较教育研究，2009 (3)：89.

③ Elmore R F. Breaking the Cartel [J]. Phi Delta Kappan, 2006, 87 (7): 518.

径。教师共同体应运而生。

在我国从哈尔滨到深圳，从浙江到四川，我国不少地区的中小学内部都出现了教师共同体。它们虽名称各异、形式不同，如有的叫工作坊，有的叫发展苑，有的叫活动站，也有的叫研究会，但都可以称为教师共同体。

在教师共同体中，教师可以围绕教育生活及专业发展过程中的种种问题真实地表现自我、表达自我，合作完成教学研究与教学实践工作。每一个教师共同体成员都可以借助彼此的力量成长，在专业发展中相互关怀与促进，使教师由原来孤立的个体性主体转变交互主体。这样不仅可以使教师获得心理上的支持，而且能够促使他们产生更多的新思想，汲取更多的力量，从而最终实现共同的可持续的专业发展。本研究通过大量的文字媒体和网上检索发现了一些典型案例，通过对教师的个别访谈获得了教师对于教师专业发展的形式以及教师共同体的真实感受和想法。这些典型案例和教师的感受可以使我们从鲜活的事实中感受到在我国基础教育改革中出现的教师共同体是中国教师的创造，是本土性教师专业发展的新形式。同时，我们也可以从中发现我国教师共同体的建设正在促成一些重要改变的实现。

（一）教师共同体的出现激发了教师对专业成长的内在渴求

长期以来，在继续教育中，外控式的集中培训在更新教师观念，开阔教师眼界等方面曾经发挥了很重要的作用。随着基础教育改革的深入，人们越来越认识到只靠外控式的大培训是非常不够的。这种与教师实践过程割裂的培训局限性很大。现实的情况是：很多教师都接受过许多不同层次的培训，在培训时感到“很解渴”，很有收获。但他们回到学校自己的班级教学实际，便又回到老样子，一切如故。培训学到的用不上，原有的教学问题还是没有能解决，新的问题又层出不穷。老师们因此感到“很郁闷”，他们的热情被现实的困境消解了。这种“被发展”效果受到广泛的质疑。于是，一些学校的领导和教师选择教师共同体作为实现教师专业自主发展的新尝试。教师共同体成员之间平等的沟通和对话，实现了教师在学校生活的具体情境中实现人性的回归和生命的升华。

江苏省泰州市城东中心学校为“创新校本教研，提升专业素养”，在实施课程改革过程中，积极推动学校内部教师成长共同体的建立与建设，真正实现校本教研，在本校教育教学实践的基础上，针对问题，进行“草根研究”，提高教师的专业发展水平。教师成长共同体由学科相同、兴趣相近的教师自由组合而成，利用非正规教研时间，开展自由、开放的交流。教师共同体通过成员之间的相互督促、相互学习，探索教育教学规律，构建起具有自我特色的个性化教育教学模式，从而激活了校本教研机制，让广大教师在轻松愉快中感受专业成长的快乐。[①] 当前

① 吴美华．城东中心学校组建教师成长共同体［EB/OL］．（2009－09－22）［2011－04－07］．http://www．zjqyjy．com/readnews．asp？newsid＝8117．

许多学校青年教师自发利用信息平台，如QQ群、教学沙龙、远程互助、结为师徒对子等进行教学教育的交流，还有假期联盟、博客交流、QQ空间、学科论坛、经验分享，等等。这是些非正式制度安排的民间化色彩很浓的教师共同体。

“铁树开花了！”这一随州市铁树学校老师的博客标题，生动地体现出获得了自主发展的教师发自内心的喜悦。该校有读书沙龙形式的教师共同体，提出要通过共同体建设“让我们的铁树更青，花开更艳！”的发展目标。

教师共同体的建立具有自愿性和主动性，其建立与建设的目的特别是与学生问题与学生发展紧密相连，聚焦于“教学相长”。只有那些关注学生发展的教师共同体才是真正有意义的。同时，这也是教师的精神解放，是我国教师主体性的自觉体认。建立教师共同体有别于行政命令的“大一统”和“一刀切”，不是追求批量的一哄而起，也不是一种新形式的培训，而是拥有相同意愿、相互接受的教师的自愿组合。这种共同体的核心关注就是成员持续的专业发展，在深刻的“共情”的基础上自主开展有针对性的活动，教师共同体由此获得真实可靠的专业成长。

福建省某中学部分班主任和德育研究者自发建立了“释忧坊——班主任工作研究行动空间”，这种教师共同体。于是，“释忧坊”应运而生，并且在学校领导和几位德育工作志愿者的支持和努力下开始每周一次的真诚对话。“释忧坊”的行动目的是“帮助班主任从班主任工作中找到乐趣、体验成长、获得幸福”，行动原则是“自我需要、自愿参加、自由来去”，其行动形式是“与资深且班主任工作经验丰富的教师交流、座谈、咨询；聆听教育专家、学者的指导并与之对话；适时进行班主任工作案例的收集、分析并参加相关德育课题的研究”。①

教师共同体唤醒了教师作为教育改革主体的意识、热情和创造激情，使长期以来困扰学校的一线教师专业发展自主性不足的问题，开始出现解决的转机。

（二）教师共同体推动了教师专业上的互助与共同发展

与传统的教研组、年级组相比，教师共同体的组织结构比较松散而开放，活动内容综合且多元，活动方式更具互动性，活动主体更具自主性和平等性，因而在教师的专业成长中发挥着重要作用。通过下面案例我们可以看出学科教师是如何建设教师共同体的，是如何进行合作学习和研究活动的，教师是如何“从没底气”到有信心的，进而获得自主发展的。

浙江省江山中学教师共同体由高三英语备课组的四位教师自发组成，之所以是这几位教师，首先是因为他们同在一个办公室，组织活动比较方便。其次，他们不仅是同事，同时也是好朋友，他们之间相互信任，大家在一起很轻松，不会有顾忌。而且他们平时就有在一起探讨教学的习惯。再者，这些教师的教龄也各

---

① 李华．复杂与永恒的共舞——从“释忧坊”的成立谈教师学习共同体的创建和运行［J］．福建论坛：社科教育版，2009（7）：97－99.

不相同，从3年至17年不等。这样，新教师可以向老教师学习老经验，老教师可以向新教师学习新方法。

这个“教师共同体”开展的主要活动有：1. 集体备课；2. 相互听评课；3. 课后反思。[①] 在教师共同体中，教师通过对教学实践问题的沟通和学习，影响其教学观念、教学方式及教学评价等理念而后进行实践操作进而反思，在不断的“实践—反思—实践”的循环过程中，促进了共同体每一成员英语教学的改进，增强了教师英语教学能力，推动了他们教师专业发展水平。正是在共同体活动过程中，教师教学的自信和教学智慧得到增强，促进了教师、学生、学校的共同发展。深圳海滨小学于2010年1月14日成立了“08教师共同体”。该教师共同体是由15位2008年大学毕业的新教师组成的一个共同研究、共同学习、一起研究，互助互爱、共同成长的教师社团。共同体的章程由成员，而不再是由学校职能部门讨论拟定。

教师共同体的建设是教师在安全、惬意、积极、开放的氛围中，没有顾忌地提出自己遇到的麻烦和问题，展开讨论和探究，在互相思想的激荡中，教师得到共同的发展。

（三）教师共同体的出现带动了学校文化的变革

虽然我们还没有发现教师共同体的建设对学生学习与发展影响的具体数据与案例，但是其对学校文化的影响是比较明显的。

“学校文化就是‘在这里我们做事的方法’。……学校的文化是一个深深植根于组织核心的关于标准、态度、信念、行为、价值、仪式、传统等的复杂形态。”[②] 这两种对学校文化的解释都强调学校文化具有核心的价值、共同的行动方式。当然，每所学校的文化都具有不同于其他学校的历史形成的鲜明的个性。这种对学校文化的理解帮助人们抓住学校文化的本质属性，不仅看到学校文化是一种观念形态，具有核心价值，更看到学校文化是一种共同面对挑战的共同的行动方式。

我国一些中小学教师共同体建立以来，虽时间不长，但是一些学校的文化已经悄悄地发生了改变。建立学习共同体，就是改变原有的教师发展被动的局面，促进教育教学实践的变革，并推动学校变革文化的形成。不论是学校推动的，还是教师自发组织的，教师共同体作为一种自主发展的文化符号对于着眼于变革的文化是一个很大的带动。

建设学习共同体“不仅仅是提高成就标准或测试成绩。它涉及改变学校的文化，改变参与者互相影响的方式，允许有更大的自由去发现和追求教育学生的新

---

① 缪梅青．在教师专业共同体中体验专业成长［J］．基础英语教育，2009（1）：67.

② Barth R S. The Culture Builder［J］. Educational Leadership，2002，59（8）：11.

思想，而不会受到通常来自官僚政治、利己主义和现状的威胁。”① 奥马塔尼（Les Omotani）认为一个学习共同体，就是这样一群人的集合：这些人真诚地关心他人，专注于遵循一定指导原则进行学习和练习，以加强互相之间的联系并促进家长与孩子的健康关系。他认为，我们的核心价值和信念是什么？我们试图去创造什么？我们如何来尊重我们的孩子？什么事情是最重要的？这些才是应当重视的问题。

共同的价值观和愿景是教师共同体建设的重要内容。建设共同愿景是一个尊重所有成员的希望、梦想和渴望的过程。学习共同体鼓励成员开放地共享他们的思想、信念、希望和感受。奥马塔尼强调：“学习共同体是一个系统，这个系统的领导者通过在他的成员中培养责任感杜绝通过恐吓和惩罚而达到的服从。学习共同体的成员根据整个系统最需要什么来作出选择和行动。学习共同体充满了关爱。”②

在中小学里，学校文化对生活和学习的影响要远比其他人大得多，它既能够帮助也能够阻碍学习。积极的文化不仅能够有利于教师共同体的培育与发展，也能促进学生和学校的发展。消极文化则能够严重制约教师共同体的建设，削弱学校教学与教育的健康发展。理想的学校文化拥有以下一些共同特点。

- 广泛共享的目的观和价值观
- 继续学习和改进的规范
- 对使所有学生都学习的承诺和责任感
- 合作与平等分权
- 教师拥有反思，集体研究和共享个人实践成果的机会
- 有一种共同的专业语言
- 共有的成功故事
- 广阔的专业发展机会
- 共同协作和学习等③

很明显，教师共同体的意义几乎涵盖了上述理想学校文化的所有内容。所以，教师共同体的建设有力地促进了积极的学校文化的形成。同时，这也是对学校内部管理民主化建设的很大推动。

构建多元的教师共同体，各个共同体围绕学校发展主题，从不同角度研究解决问题，促进教师发展。多元化的教师共同体建设旨在使学校的每一位教师都能置身于形式内容不尽相同的共同体之中，成为教师共同体的建设者和受益者。学校领导倡导“多倾听教师的心声”“多与教师沟通交流”“多为教师解决一些困难”，积极营造民主、团结、和谐的校园文化，同时为教师创设了一种支持学习、

---

① Lafee S. Professional Learning Communities [J]. School Administrator, 2003, 60 (5): 12.

② 同①，第6~9，11~12页.

③ Peterso K D. Positive or negative [J]. Journal of Staff Development, 2002, 23 (3): 12.

乐于交流的氛围，使每一位教师都亲自参与建立开放、信任的奇偶暗示共同体。

学校的教师们对共同体抱有很高的期待，他们期待在共同体中通过平等的交流和真诚的合作获得更好的专业发展，所教的学生更有出息，让社会、家长和学生更满意。学校如何能理解教师共同体的性质，积极领导和管理，这是一个过去没有见过的崭新课题。在一些没有建立教师共同体的学校，教师们也还是有主动发展的愿望，校领导也在思考什么形式能促进教师专业的自主发展。没有建立教师共同体的学校的教师也有自发研讨的愿望和行动，有模糊状态的共同体。学校也在推动名师工作室建设，带动一批教师参与，与教师共同体很接近。具有这种情况的学校很多，因为教师自主发展是学校改革绕不过去的，不同名称的教师共同体的建设只是时间的问题。

教师共同体的建设在我国时间还不长，还是一个新鲜事物。近几年来，教师共同体在教师专业发展、教育质量提高和学校变革文化形成中逐渐显露出其旺盛的生命力。同时，正是由于它是一个新生事物，其本身还有各种各样的不足和弱点，也还有地方存在着形式主义的东西，名为教师共同体，实际上是有名无实。从学校管理的角度如何深刻理解教师共同体意义，如何实施有效管理，还存在许多需要发现和解决的问题。

五、教师共同体管理的现实图景

目前我国中小学内部形成的教师共同体运行情况基本良好，学校对教师共同体的建设比较重视，也深知建设教师共同体对教学质量和学校发展的作用，在建设的过程中也尽可能在教师共同体的活动时间、空间和经费上给予保障。教师也对学校的努力给予肯定。但是，在教师共同体建设过程中仍然存在着一些亟待解决的问题，如果不解决这些问题，必将不利于教师共同体的进一步建设和发展，进而影响到教师的专业发展和学生的健康成长。

（一）对教师共同体的认识不清晰

很多学校领导和教师，包括教育行政部门虽然对共同体开始有些了解，但往往是望文生义，仍有许多模糊认识。最突出的表现就是不明白究竟什么样的组织形式才算是共同体，认为共同体就是学校的代名词，是科层结构的一部分，是学校的一级行政组织。这类模糊认识十分不利于教师共同体的成长，更无法达到善治。这是当前学校管理面临的一个急需解决的实际问题。

1. 教师共同体的规章制度不健全

教师共同体是一种新出现的教师专业发展形式，需要相应的规章制度对其进行规范、扶持，促进其健康快速地发展。而我们的一些学校，面对这种新生的教师专业发展形式并没有做出必要的应对措施。从调研中我们发现，有半数以上的教师对目前的制度比较认同，但也无法忽略那超过 1/3 的教师的感受。也就是说在教师共同体规章制度建设方面依然存在问题，存在着教师对规章制度的质疑，也就存在着规章制度的合法性问题。这里所指称的合法性是社会秩序和权威被自觉认可与服从的性质和状态，而非法律意义上的“合法”，它与法律规范没有直接关系。从法律角度看是合法的东西，并不必然具有合法性。没有相关的具有合法性的规章制度的建设，就无法真正让教师认可学校对教师共同体的管理方式和管理规则，严重的情况可能会引起教师对学校管理的抵触情绪，影响教师共同体的健康发展。

学校领导对现存学校制度究竟适不适应教师共同体的健康发展，是否能够帮助建立一个适应教师共同体发展的良好环境的看法比较模糊。在针对学校领导的问卷调查中，41% 的学校领导选择说不清，或认为原有的学校规章制度不能适应教师共同体的建设和发展。56.8% 的学校领导所在学校制定了教师共同体的活动要求，并且有 70.5% 的学校领导所在学校专门制定了针对教师共同体的管理制度。

2. 领导角色单一，缺乏有效的领导方式

要想促进教师共同体健康发展需要支持性的领导，为建立教师专业共同体提供支持性条件。这就要求学校领导要转变单一的行政领导角色为多重角色——领导、同事、共同体成员或者共同体的促进者等。而很多学校的领导都忽视了这个问题，使得教师共同体的成员对与学校领导总是有一种隔阂感。学校领导总是以领导的身份来“视察”教师共同体的活动，表示自己对教师共同体活动的关心。而不能够以一名普通的教师共同体成员或同事的身份来真正参加一次教师共同体的活动，想教师共同体成员所想，思教师共同体成员所思，真正与大家融为一体，了解教师共同体中的教师们的困惑、疑问以及遇到的问题。只有民主、有效的领导方式才能够增加教师共同体成员互相学习、互相合作的积极性。

第一，行政手段干预过多。

有些领导以为自己充分了解教师们的需求，自作主张为教师共同体活动安排内容，或请来专家讲一些自认为很有用，自认为教师会很愿意听的内容。结果有可能安排的内容并非教师所真正需要的，或者由于其对教师共同体自身活动相对独立性的干涉，导致领导安排的内容不管是否有用，教师们都存在抵触情绪。这使得教师共同体的培育和成长大打折扣。有的学校领导对教师共同体的活动总是用行政命令进行干涉，严重地挫伤了教师的自主发展热情，影响了教师共同体的健康发展。在对教师的一对一访谈中，有些教师不无埋怨地谈道，“搞这种培训形式（指学校领导自己安排专家讲课的形式）还不如多给我点教学时间”，甚至有些学校请来的所谓专家“在讲座过程中感觉就是来糊弄事儿的，一次课讲完后回头想想根本任何实际内容没有讲……长期这样下去好多教师都在下面判卷子批改作业，没什么人听”。

第二，授权的程度不够。

从调研中我们可以看出，在学校给予教师共同体自主空间方面以及对教师共同体自身活动要求的尊重方面，尽管超过半数以上的教师都对学校在这两方面的表现给予了肯定，但同时也有很多教师表现出了不甚满意。教师共同体是一种由教师自愿组成的组织，是与学校中各种组织平等的。同时，它自身具有专业性，是一种专业性组织，具有学校内其他组织所不能相比的特点。这种组织需要一定的独立性，在自己专业范围内的事情需要自己管理。因此，面对专业性组织最好的管理办法就是把权力放给他们，让他们自己管理自己，并给他们创造适于发展的环境。如果学校在什么事情上都预先安排好，在教师共同体的身上强加严格的规则，反而会束缚住教师共同体的手脚，使它无法充分获得发展。

第三，合作程度不够。

合作是教师共同体运行的基础，也是学校对教师共同体进行建设，促进其发展的基础。如果没有合作，一切都无从谈起。从调研中我们发现，尽管多数教师认为教师共同体的教师之间在合作方面很融洽，合作关系良好。但是仍然有很多教师在“我的问题能够在教师共同体的互动中得到解决”（23.6%）上选择不确定或不同意。这说明在教师共同体的活动中，教师之间的互动与合作的深度不够，可能表面上看大家都在说，都在讲，都在谈论自己的问题，但结果却不一样。我们在教师共同体中所强调的合作是富有成效的合作，能够真正促进教师自主发展热情的合作。在建设教师共同体之初存在这种问题主要是与教师共同体那种共享的价值观和文化没有完全形成，教师的观念没有完全转变，有些教师还存在着“有所保留”的心态等有关。

（二）习惯于制度的正式安排，忽视制度的非正式安排

新制度主义期待人们将制度的应用范围从单纯地约束人们社会行为及其结果的基本假设中解放出来，将其看做是镶嵌在既有意义系统中的一套相对完整的规则系统和有组织的实践，它们在面对外界环境变化及个体偏好时保持相对的韧性，[①] 并转向对非正式制度安排重要价值的揭示，并付诸实践。在学校管理中，领导往往重视具有约束力的规章制度的建立与执行，重视教师评价的刚性指标，长官意志多；而对于思想、意识形态、情感、意志、愿望这些按新制度主义经济学理论所讲的非正式安排，关怀不够，管理缺乏柔性。对教师专业发展来讲，注重发挥教师的主体意识尤为重要。在这种情况下，管理者尤其要把非正式安排纳入决策视野，为教师专业发展提供良好的环境。

以上问题的存在严重阻碍了教师共同体的健康发展，限制了教师共同体在教师专业发展、学生学习和学校改进方面所应有的影响。如何解决这些问题，释放

---

① Rhodes R A W，Binder S A，Rockman B A. The Oxford Handbook of Political Institutions［M］. Oxford：Oxford University Press，2006：3－20.

出教师共同体的巨大能量，成为了一个不可回避的问题，也是本研究所要解决的根本问题。本研究借鉴治理理论的合理内核，结合对教师共同体现状和问题的挖掘，形成了本研究所运用的分析框架。

第三节　教师共同体治理

从20世纪90年代开始，治理理论获得了广阔和迅速的发展，应用领域从经济、政治延伸到社会、教育、文化等许多方面，研究视野从宏观深入到中观和微观。但总的来说，治理理论是以网络关系为视点，以自主自治为基础，以对人的理解和尊重为价值取向，以非正式安排为重要内容的跨学科理论体系。

以治理理论关照教师共同体管理，首先就有一个如何对待国外理论的问题，这也包括前面阐述的共同体理论。中国作为一个处于后发型现代化进程的发展中国家，在管理方面，包括教育管理方面借鉴西方的理论研究成果是完全必要的。这也是本研究的一个重要的前提："现代性西方文化相当的共性部分（从地方走向世界，变得较为抽象和具有国际适用性的部分）……既是西方的，同时也是世界的或全人类的。现代化与西方化、现代性与西方性在许多地方确实难解难分。要现代化，要接受现代性，东方文明就必须面对容纳西方文化（作为现代性的已成为世界文化成果的西方文化）。"[①] 这一观点值得我们深思。

治理理论是公共管理领域一种新的管理理论，并对企业管理思想与实践发挥着广泛的影响。虽然，在我国治理理论尚没有深入中小学管理理论与实践之中，但这并不表明治理仅只适用于政府和企业，实际上其中也包含很多一般性、区域性组织的治理分析。

治理理念是治理思想、治理宗旨、治理意识等一整套观念性因素的综合。在治理过程中，持什么样的治理理念，就会采用什么样的治理模式和治理手段，从而产生什么样的治理结果。治理理念的变革与创新促使人们的治理思维从封闭走向开放，从单一性走向多样性和全面性，从静态走向动态，从直线性走向立体性，从孤立性走向协调性，从经验性走向理性，促使人们形成开放、超前、创新、科学的治理理念。应确立知识化治理和治理人性化观念，使市场竞争与合作相统一，经济效益与社会效益相统一，对人的治理与对物的治理相结合等治理意识，以适应治理实践的变化和指导治理实践。

对中小学校内部教师共同体的治理而言，其共通的组织特性包括：利益相关者问题，多元主体问题，分权与赋权问题，委托—代理问题，契约问题等。这些问题并不是政府和企业所独有的，学校组织内部同样也存在这些问题，即治理逻

---

① 苏国勋，张旅平，夏光．全球化：文化冲突与共生［M］．北京：社会科学文献出版社，2006：187.

辑都是相同的。因此，治理理论之于中小学教师共同体管理是适切的。

中小学教师共同体作为近些年新兴的一种教师专业发展的形式，教育学界已经对其做了很多梳理性的研究，但是很少专门从学校管理的角度，特别是从治理理论的视界来探讨教师共同体建设的问题。本研究把治理理论与中小学教师共同体联系在一起思考，尝试性地提出教师共同体治理的五大维度，即教师共同体治理的思维方式、行动哲学、决策关怀、价值取向和有效边界，并对这五个维度进行诠释。

一、教师共同体治理的五个维度

（一）网络关系：教师共同体治理的思维方式

网络关系是治理理论的一个核心内容。在治理浪潮中，“只有网络治理才有新的特征”①，未来成功治理的关键在于实现有效的网络治理。网络关系以其深刻的内涵为教师共同体的治理打开了全新的视野。网络关系与以往垂直的、线性的管理关系具有根本性区别。网络关系填补了宏观的整体研究方法与微观的个体研究方法之间的空白，是弥合两种研究方法间的裂缝与紧张关系的一种尝试与努力，因此网络治理一开始就被贴上中观分析方法的标签。在传统理论中，多元主义过分强调利益集团对政策的影响力而忽视了政府在政策过程中的自主性和自利性，对政府与利益集团的相互依赖关系视而不见。而法团主义十分重视政府在政策过程中的自主性和自利性以及政府与利益集团的相互依赖关系。但忽视了不同利益集团之间在公共政策过程中的竞争与博弈关系。

1. 基本含义

网络关系中的网络是一种具有结点、洞眼和环路特点的结构化形态，是分析社会自组织状态等的重要视点。中小学管理在传统上只看重以校长为首的领导团队的作用，重视行政的作用，而忽视教师的主体地位和主体作用，经常是把教师看成是看管的对象，是客体，过度地依赖“自上而下”的、科层式的管理。这种管理体现的是领导的意志与权威，教师被动听命，缺乏创造的热情和自主发展的积极性。这种主客二分的管理思维方式，成为了教师专业发展的障碍。因为教师专业发展的一个重要内容就是承认并尊重教师的主体地位，将自主发展作为教师专业可持续发展的根本动力。而在由学校校长、副校长、教导主任、教研组长，再经过备课组到教师的行政化的垂直管理体制中，教师处在管理链条的最低位置。这种管理模式，以及这种管理模式内涵的主—客式管理思维方式，虽然扩大并增强了学校行政部门的职能，但代价是惨重的。因为这种管理的思维方式的

① Kohler B, Eising R. The Transformation of Government in the European Union [M]. London: Routledge, 1999: 5.

代价正是教师专业自主性的丧失。

教师共同体治理是从网络关系的角度来看教师共同体的管理问题。把教师共同体与学校各级各类组织看做是共处于一个大的网络之中，彼此相连，互相依赖，平等。这种思维方式要求学校管理者将学校管理部门、相关组织和教师共同体的多重复杂关系纳入管理视野。

在本研究中，学校网络关系中的结点既有校长、教导主任这些领导人员，还有全体教职员工。在网络关系中，每一个结点都是一个主体，网络关系的实质就是网络结点中的各种人员和组织都是互为主体的。网络关系与政府的实质理性和市场的程序理性不同，它是以反思的理性为基础，也就是把目标定位于对话和反思之中。通过对话和反思，不断调整，借助于平等协商达成共识。这也是网络的各个结点建立互信，实现合作的过程。

对教师共同体管理采取这种思维方式也是由教师共同体自身的性质决定的。教师共同体不同于作为正式组织的学校和学校下设的机构，它是一种人们自愿参与的组织或团体，具有很强的自主性。教师共同体成员在共同体内部互相交流，彼此坦诚，没有障碍，长时间地共享共同确定的教育教学实践、拥有相同的信念和理解，追求一个共同的事业，构成一个联系紧密的有机体。教师共同体不仅具有共同认同的文化历史传统，包括共同的目标、协商的意义、实践，而且个体与个体之间形成了相互依赖的系统，每个个体在系统中获得了一种身份。这种教师共同体是面对教学研究与教学优异的挑战和需求，以合作的形式对教研组、学年组等学校中级组织进行动态的重组和再造而成，或自下而上地自愿组合而成。因为教师共同体是建立在合作基础上的，这应当是一个有机组合的团队，有共同的愿景、互相理解和分享的思维方式、共同的教学研活动，并拥有共同专业发展的集体记忆与特有的话语体系。

2. 建立网络关系思维方式的意义

教师共同体是学校内教师自主专业发展的重要力量，其建立与发展彰显着教师专业发展从外控式的被动发展转向内生式的自主发展。教师专业发展是主体的意识和创造力的发展。所以，教师专业发展是内生性的，任何外在的条件和激励，都不能代替教师的自我意识。教师专业发展，教师共同体的发展特别需要有自主发展的时间和空间。创造性劳动需要自由的思考，需要有主体间的平等交往，而不只是自上而下的命令式的管理。

教师发展作为创造性劳动的一部分，自然需要自由思考的空间。行政管理束缚过多，不利于教师共同体的深入有效地展开。应当重视教师的自主发展，包括自主研究、自主学习和自主思想。如果教师发展的一切工作都是由学校或上级安排得满满的，紧紧的，提出很多不切实际的要求，这样教师发展就会走向反面，教师共同体就失去了创造的自由，失去了发展的激情和工作的积极性，最终将失去自我存在的必要性。

因此，针对教师共同体这样一个特殊的教师组织，这样一个促进教师专业发展的新形式，必须对学校传统的以科层制为基础的、下级服从上级的、垂直的行政主义的管理理念作出相应的变革，以适应教师共同体发展的需求，适应教师自主发展的需要。而治理的理念正好契合教师共同体对管理的这种新要求。

教师共同体治理的这种思维方式与传统管理思维方式的最大不同就是变“主体—客体”的关系为“主体—主体”的关系。这是一个重大的转变，这种转变除强调治理主体的多元化外，还强调治理过程中学校和教师共同体之间的双向互动，以及多个治理主体之间的相互影响。传统的学校管理是通过运用行政权威，对学校进行自上而下的单一向度的管理。与此不同，教师共同体治理主体的多元和治理过程的复杂使得学校和教师共同体之间的合作成为可能和必要，治理的过程成为一个学校与教师共同体的双向互动、相互影响的过程，教师的力量在治理中的作用日益增强，不再像过去一样任由学校摆布，而是自下而上对学校发生着重要的影响；同时，学校行政部门和教师共同体主要通过合作、协商的途径，共同对教师共同体事务进行管理。在教师共同体治理过程中，主体的多元化导致了治理过程中权力的运行向度是多元的、相互的，而不是单一的和自上而下的。在学校内部，学校与教师共同体等社会组织群体共同构成了相互依存的治理体系。它强调行为者之间的对话与合作。

传统的学校管理是依赖于规则和奖励驱动教师获得专业发展，其思维方式是以“主体—客体”关系为特点的。而以网络关系为思维方式的教师共同体治理则是从“主体—主体”的关系考察管理者与管理对象的关系。人们的动机来自于自身在网络中的参与和伙伴关系，也就是他们在互相尊敬和共享学习情景中形成的与他人之间的关系。① 以网络为视点的治理成功地指出了一条教师共同体管理的路径。它作为一种对治理新方式以及管理者的思想资源，无疑对促进教师共同体的发展具有着相当积极的作用。

教师共同体的治理很重要的一点就是学校领导采取不直接干预的方式。不干预的方式包括的范围很广。其中不仅包括促进制度建设使学校不干预网络中各组织达成目标的道路和机制，而只是为网络指明一个总的方向即可，留给各组织和教师以更大的自由空间。

思维方式与决策有直接关联，网络关系就是科学决策的孵化器。只有当领导者具有了网络关系这种思维方式和思维视野，才真正能够摆脱传统管理负面的束缚而走向管理的新境界，使科学合理的决策成为可能。教师共同体的治理首先就必须形成网络关系的思维方法。学校的领导要做好和教师共同体以及教师平等的交流与联系。在彼此的合作与研讨中，形成更有利于促进教师自主发展，实现教学相长，学校改进的治理决策。

---

① Stoker G. Public Value management：A New Narrative for Networked Governance? [J]. American Review of Public Administration，2006，36（1）：41 –57.

3. 行动指向

教师共同体的治理要形成这种全新的思维方式，需要行动。这种思维方式浸透于所有的治理维度中，但是，没有转换为行动，它也是没有意义的。网络关系下，教师共同体治理的主要行动指向包括以下几个方面。

第一，变革行动。

必须改变传统的科层制中的上下级关系。因为在网络关系中，决策主体在各自的领域都拥有独立的自主权和回应的决策权。教师共同体包括教师都在教师专业发展中具有自己的自主性和独立性，也都有回应的决策权，如果不改变上下级这种传统的思维方式，就无法实现教师共同体自主发展的愿望和追求。

第二，提高对网络关系的认识。

网络关系这种思维方式能够产生精神变物质的效果，成为有效治理公共事务的能量源。治理关系正是鉴于人类社会诸多事务的多重属性，包括相互渗透，相互依赖，也包括相互对立，从网络关系上看，没有哪一个结点上的主体能够拥有足够资源独立解决公共事务。因此，网络关系这种思维方式就会形成一种核心优势，通过各主体之间的最合理的结合形成一种优势互补的，相互匹配的、优势激增的整体管理格局。由此，能够释放巨大的能量。校长应当认识到：在学校这个网络中，既不是校长，也不是中层干部能够拥有解决学校所有问题的资源，更谈不上仅靠他们就能够实现教师的专业发展，教师是学校的主体。在基础教育课程改革中，有一种认识误区，以为教师应该是改革的对象，特级教师是改革的特大障碍，这是一种非常有害的思维方式。没有教师的理解和参与，任何一种教育改革都不可能真正成功。所以有人说教师是教育改革的潜在领导者。从微观上说，教师专业发展没有教师的“我要发展”的自主愿望和自主行动，没有教师这个主体的参与决策，就不可能有教师的可持续的专业发展。所以，以推动教师专业发展为宗旨的教师共同体本身就应该是学校网络中一个具有主体地位的网络结点。也就是说，校长和教师共同体之间的关系应该是主体与主体之间的关系，只有拥有这种思维方式，才能适应教育改革深入发展的需要，才能为教师共同体的建设，为整个学校的发展提供一个有希望的前景。

第三，主体的个性发展。

网络关系这种思维方式，出现在现代权力分散，组织间疆界不断融化的时候，过去那种整齐划一的，包治百病的管理的思维方式和行为就必须转变成强调各主体个性化的、特点突出的思维方式和行为模式。网络关系就是一个多主体的关系，或者多中心的关系，如果按照传统的思维方式，按照统一的步调前进，整个网络就会还原成传统的、单一的、集体化的个人。因此，网络关系思维方式的建立就为建立健康的、多主体关系提供良好的社会环境。

教师共同体的治理要拥有网络关系的思维方式，校长就应当不断地激励教师共同体开展具有自己特点的活动，促进教师形成具有自己特点的教育经验、教学风格，形成自己的专业发展的特有道路。只有这样，教师共同体的治理才能够为教师的专业发展，为学校的发展开辟一条宽阔的道路。

（二）非正式安排：教师共同体治理决策的关怀

制度在治理活动中发挥着十分重要的作用，所谓“没有规矩不成方圆”。长期以来，我们关注的主要是看得见、摸得着的有形的制度安排，并把这种制度安排，看成是实施治理，提高治理效率的重要途径。由于人们习惯于正式制度，而致使非正式制度安排在管理中成为一个容易被忽视的领域。但是，这种制度作为一种正式的、有形的制度安排，有一个重要的缺陷，就是对意识形态、道德观念、风俗习惯等人文因素的忽视，这种缺陷随着社会信息化、网络化、民主化的发展而日益暴露出它的弊端。新制度主义经济学转而关注非正式制度安排，简称非正式安排。

1. 基本含义

按照治理理论的观点，制度是约束人们行为及其相互关系的一套行为规则。但是这种制度与传统上的制度是不一样的。它将非正式制度纳入制度视野，相对于具有强制力的法规、法律和政策这些正式制度，非正式制度是指自发形成的，包括具有持久生命力的文化传统、道德观念、价值取向、伦理规范、风俗习惯、意识形态等。这些非正式制度是一种制约人们行为，调节人际关系的一种内在的、精神的或心里的约束。“在非正式制度安排中，意识形态居于核心地位，因为它不仅可以在一定程度上包容价值信念、伦理道德等其他非正式制度因素，而且还可以构成某种正式制度的先验模式。”①

作为以培养人为主要活动的学校，这种非正式制度就更为重要。教师共同体的治理就应该给予非正式制度极大的关怀，如果在学校治理过程中校长本意是促进教师专业发展，使教师踊跃地参与教育教学的反思与研究，但是对教师的道德伦理、价值取向、思想意识不甚了解，对于本校积淀下来的学校文化传统没有一个深刻的把握，就没有办法在一个深层次上与教师共同体以及广大教师进行心灵的沟通，达成互相理解。也没有办法发挥领导的权威，去克服那些非正式制度中的负面存在，如不良的行为习惯，金钱至上的价值取向，也更没有办法用先进的教育理念，对教师专业发展进行规范引领、促进教师共同体的建设。

非正式安排具有自发性、普遍性、非强制性等特点。非正式制度的自发性是人们出于自己所背负的文化，包括意识形态，伦理规范和风俗习惯等，是自发产生的，不是来自于理性的计算。非正式制度的普遍性使它弥漫在社会生活的各个角落，充盈着人类社会的全部空间，其作用的广度是正式制度远不可及的。普遍性是社会积累的结果，不是人为造成的。非正式制度安排的第三个特点是非强制性，它不是由权威部门制定的，也不是靠权威部门推行的，这种非正式制度因为

---

① 罗能生．非正式制度安排与中国经济改革［J］．学习与探索，1998（1）：35.

是非强制性的，是无形的，所以它是一种真实存在，而又往往被人忽视。强调非正式制度的非强制性特点，并不是说非正式制度不重要，而是想强调在治理视野下这种无形的、非强制性的制度安排更应受到特别的关注。

2. 非正式安排的意义

教师共同体治理是一个对专业团队的治理，采取的方式和方法就必然需要与教师共同体本身工作和思考的方式相一致，这样才能够更加有效。大多情况下，一个专业的团队是受到“社群主义”的巨大影响的，“社群主义”以建立在伙伴关系和内向型之上的社会结构，尊敬所有成员，依靠同辈群体肯定的价值立场的社会关系为框架。因此，在这种环境中想通过加强严格的规则或设置激励来改变是行不通的。这就需要我们转换一种方式，换一个角度对这个专业环境中人们所产生和形成的世界观、价值观、意识形态以及在实践中形成的习惯准则进行了解，然后寻求与专业群体中的成员进行合作，这是最理想的治理方式，也就是采取非正式制度安排的办法，这不但能够减少正式制度强制执行和实施的成本，并且对所处专业环境中意识形态的认同还能够形成一种巨大的行为激励，促使人们遵循正式制度安排的自觉性，从而大大地减少了正式制度实施时的摩擦与冲突，及其监管费用，并且能够更可能达到所要的效果。

教师共同体治理高度关注制度安排以外的非制度安排，特别是对多元文化的理解和尊重，对不同人群的特色文化的重视。因此，教师共同体治理正好契合了教师共同体对学校领导与治理提出的新课题。教师共同体受到其自身所处社会背景的影响，这是治理者应当重视的，因为教师共同体的社会关系及其所持的世界观对于治理决策十分重要。

教师共同体本身就是这种非正式安排的一种体现，主要是教师自主发展意志的体现。原来中小学校的各种制度安排构成了传统管理的框架。教师共同体的出现打破了这一框架，研讨教育教学问题，促进教学相长，这是教师共同体的生活方式，也即是他们的特有文化。教师成为研究者是对教师专业工作性质的揭示，是对教师主体地位和教师缄默知识意义的确认，是教师缄默知识和概念文化的沟通，使教师从缄默知识中不断创生出新的教育教学知识。教师共同体的研究主要是探讨日常教学中的困难和麻烦，成员之间思想相互激荡启发，促进意义行为的产生。这是一种“在实践中，通过实践，为了实践的研究”。这种研究工作如福柯所说是“耐心的田野劳作”。这样的研究有助于形成教师共同体内部成员的反思，有助于增进对教学、学生的理解，有助于推动学校改革。因此，学校必须了解教师共同体的文化，面向中小学教育实际，着眼于鲜活的实践自身和教师内在的精神力量，充分认识与尊重不同教师共同体本身的潜力，认识到他们的差异，并把这种差异看成是形成具有不同教学风格的专业发展力量。

因此，对教师共同体的治理要充分考虑到非正式制度安排，充分了解在学校广大教师内部，在教师共同体内部那些经常起作用的，或者会产生问题的文化层面的东西。同时，作为校长还应该自觉地发挥文化、道德、价值、意识形态这些非正式制度的心理和精神的力量。使得这种非正式制度逐渐渗透到学校各个方面，渗透到教师共同体和每个教师的心里。真正能够使非正式制度安排发挥促进教师专业发展的重要意义。

这些意义可以归结为三点。

第一，凝聚意义。

非正式制度是由学校内部校长和师生员工长期交往形成的，其中一些文化传统、意识形态和集体记忆能够强化学校和教师共同体之间、校长和全体老师之间的认同感，具有凝聚促发展的意义。

第二，导向意义。

学校的非正式制度含有我们国家对教育的基本要求，主流的价值取向和教师评价的标准。因此，这种非正式制度就提供了一种教师共同体以及广大教师思想的参照和行为的规范。这种非正式制度安排得到教师共同体的认同，就会成为鼓舞教师自主发展的动力。

第三，规范意义。

学校的非正式制度往往表现为时间上前后相传的习惯和行为方式，这些习惯和行为方式是一个学校所特有的，学校领导关注非正式制度就能够在促进教师专业发展的工作中用非正式制度作为广大教师的一种行为规范。关于这点，很多有悠久历史的学校利用校史，利用本校历史上优秀教师的榜样力量以无形的方式给教师共同体和教师的发展以指引。

3. 行动指向

《国家中长期教育改革和发展规划纲要（2010—2020 年）》对学校制度创新给予了高度的重视，学校内部教师共同体的治理也是一种学校制度的创新，其创新很重要的一点就表现为对非正式制度的关切。在促进教师专业发展推动基础教育课程改革的过程中，教师共同体可以发挥重要的作用。但是，这有一个前提，就是要给予非正式制度以充分的关切。

第一，发挥道德规范作用。

在当前，校长就应该发挥道德规范的积极作用。道德规范不是一种硬性制度，但是它可以把所有人的良心都放在道德的天平上加以衡量，会促使学校所有成员警醒与自觉，遵守教师的道德规范。遵守教师的道德规范是以非正式制度推动教师共同体建设促进教师专业发展的。在其中，非正式制度发挥了重要的治理功能。

第二，塑造健康的共同体文化。

塑造健康的共同体文化，推动教师的合作与发展。非制度安排是一种“软约束”，以无形的力量构成教师共同体发展的驱动力。教师共同体是一般教师文化和特色教师文化的携带者，必须使传统的正规制度承认并容纳教师共同体的文化，而对教师共同体文化的探讨是达成学校领导者对其理解的重要步骤。学校中正式制度要由文化相济才血肉丰满，学校治理制度的建设必须有利于充满创造力的教师共同体文化的生存和发展，必须有利于对共同体文化的滋养，并形成正反馈关系。

学校领导要紧紧抓住这个“软约束”的力量，在与教师共同体对话与沟通中形成一种符合育人要求的，有利于教师专业发展的共同的价值标准、道德品质和文化观念。这种选择，是塑造教师共同体乃至整个学校组织文化的首要问题。教师共同体治理高度关注制度安排以外的非制度安排，特别是对多元文化的理解和尊重，对不同人群的特色文化的重视。因此，教师共同体治理正好契合了教师共同体对学校领导与治理提出的新课题。教师共同体受到其自身所处社会背景的影响，这是治理者应当重视的，因为教师共同体的社会关系及其所持的世界观对于治理决策十分重要。

第三，拒斥不良的非正式制度。

在教师共同体的治理对非正式制度的关切中，校长还应当以清醒的头脑拒斥那些拜金主义、虚无主义、人情至上等不良的非正式制度。学校处在一个变革时期的社会大环境中，在市场经济大潮的裹挟下，一些消极的思想道德观念也浸入学校集体，同样也会影响教师共同体的建设。因此，校长发挥教师共同体治理作用就必须旗帜鲜明地拒斥这些不健康的非正式制度。

第四，正式制度和非正式制度有机结合。

将正式制度和非正式制度有机地结合起来实施对教师共同体的治理，治理理论看重网络各结点的主体关系，表达了对非正式制度安排的极大关切，但并不是要抛弃正式制度。正式制度依然是十分重要的。在教师共同体治理中，校长既要发挥非正式制度无形的鼓舞与约束，也要根据我国的有关法律制度和教育政策结合本校情况，制定有关教师自主发展的专门制度，并加以实施。只有实现正式制度与非正式制度的紧密结合，才能有效地实现教师共同体的治理。

学校领导的非正式安排不同于单纯依靠行政手段强加于其上的正式规则来获得教师共同体的“服从”，表达了他们对教师共同体治理的关怀。这种关怀很重要的一点就是对教师共同体内部文化的宽容和理解。

（三）有限自治：教师共同体治理的行动哲学

治理意味着各种不同主体在参与中会形成一个自主的网络，并在所构成网络的特定领域里具有某种选择与决定行动的权力，它可以与政府进行合作，分担其部分治理责任。由此，正如奥斯本和盖布勒在《改革政府：企业精神如何改革着公营部门》一书中分析的那样，政府实现公共服务的方式将是掌舵，而不是划桨，权力核心将从一元走向多元。走向多元的标志是自治。这一变革内在的行动逻辑是，公民社会和民间自组织将成为一种主要的发展潮流。教师共同体作为一种民间组织，正是适应了这股潮流。同时，教师共同体的治理的一个标志性行动就是给予教师共同体有限的自治。建立网络关系的思维方式目的在于行动，而教师共同体治理不同于传统学校管理方式，就在于它是以有限自治作为自己的行动哲学。

1. 基本含义

在当代治理的行动逻辑下，网络经常是在与政府和市场行为相比较过程中敞开其存在的意义。网络关系处于政府治理和市场协调之间，它既不是市场，也不是权力机构，而是处于它们之间的一种中间糅合体。相对的独立与自治就是这个中间糅合体的显著特点。

教师共同体在学校的网络之中，也是一种糅合体，处于学校领导和社会需求之间，每一个教师共同体在学校的网络中都应该能够找到自己的专业发展中的比较优势。学校对教师共同体的治理就是要充分看到网络关系中教师共同体的主体地位和自治的特点。应该顺势进行协调和引导，而这种协调和引导的核心就是赋权，使教师共同体和广大教师感受到自主发展的实现，并且将通过赋权保护和支持教师共同体的自治作为治理的行动哲学。

在对教师共同体的治理上，学校不能像对待其他学校中的行政组织那样采取集中控制治理模式。为落实“主体—主体”以及多中心的治理思维方式，教师共同体应该享有一定的“特权”。这里的“特权”指的是应该在自身发展上面给教师共同体以相当范围的自由来加以处理。教师共同体所关注的是教师自身的专业水平的发展和教学育人水平的提高，从而促进学生的发展，必然要求有一个自由而宽松的环境。在中世纪，Liberty——“自由”这个词与 Privilege——“特权”是同义的，也就是说，“自由”是做某件事情的特权。在我国目前教育飞速发展的今天，教师所承担的责任更重，要学的知识更多，要具有更多的能力，要不断地提高自身的专业素质才能更好地培养新时代的人才。而教师共同体作为这样一种促进教师专业发展的有效组织形式，如果没有一定的“特权”，被当做附属于学校的一般行政机构来进行治理，是难以获得真正发展的。对于学校而言，提倡给予教师共同体的“特权”就是要改变将教师共同体作为一种类行政机构存在的错误认识，赋予教师共同体更多的自我发展权力，在治理模式上实现从行政式管理到治理的转变。但是，从我国教育现实来看，赋权这一步是很难走的。传统的学校管理方式事无巨细都是领导说了算。校长手中握有很大的权力，校长对权力的需求是强烈的，“我是校长，我说了算”，是当今很多学校校长的权力观。这些校长误以为，只有权力集中在自己手里，在权力面前，教师们都老老实实的，学校运转才会通畅，学校才能办得好。其实，这里的权力已经变成了束缚教师发展、影响他们创新能力的枷锁。赋权的实现只有在理念的转变中才会得以实现。

2. 有限自治的意义

长期以来，在学校管理中，管理者习惯于运用行政手段推动师资队伍的建设，运用刚性的指标来推动教师专业的发展。往往是行政化水平逐步增强，管理成本不断提高，而管理的实效却越来越差。学校内部也变得等级森严，关系紧张，教师工作与自主发展的环境不断恶化。要对教师共同体实施治理，就要转变那种高度集权的、校长一人说了算的管理方式。这种方式体现的是学校领导的思想和意志，是一种强加在教师头上的思想和意志，往往会成为阻隔教师创造热情和创造力的制度性障碍。作为网络中一个结点的学校领导团队，应该具有民主意识和授权决心。不要怕这怕那，怕给教师共同体一定的权力，学校就会搞乱，摊子不好收拾，不如大权独揽，所有教师听命于领导，似乎工作就能通畅运行。这是学校领导站在传统的、线性的管理立场上对学校管理行为的一种错误判断。我们的教师从总体上看是具有良好素质的育人队伍，蕴藏着自主发展的巨大潜能。所以，领导对教师共同体实施治理，应该敢于放权，相信教师共同体，相信广大教师。

本书讲的自治是有限的自治，因为教师共同体毕竟是在制度框架内建立并进行活动的。治理给予它一定程度的自治，一方面，是为了使它获得更好的发展，使教师在工作中，在研讨中，感受到专业成长的愉快；另一方面，学校领导也要用制度去约束去要求教师共同体，使它的活动情况不会背离国家制定的教育方针和政策。

赋权自治是治理的重要行为，这是传统管理从统治行政走向服务行政的转化。在市场经济体制下，政府应该承担的是服务职能，考虑的是如何为公众服务，关注的是公共行政的主体，这是治理表现出来的改变权力拜物教的传统。从重治理轻服务，以政府为中心过渡到重视公共服务，以公众需求的满足为中心，这就是治理的赋权自治行动的必然结果。

教师共同体的治理使教师共同体实现有限的自治，也是与教师专业的特殊性密切相关的。联合国国际教育发展委员会的《学会生存——教育世界的今天和明天》报告指出："教师的职责现在已经越来越少地传递知识，而越来越多地激励思考；除了他的正式职能以外，他将越来越成为一位顾问，一位交换意见的参加者，一位帮助发现矛盾论点而不是出示现成真理的人。他必须集中更多的时间和精力去从事那些有效果的和有创造性的活动：互相影响、讨论、激励、了解、鼓舞。"

在当代世界，教师正从传统意义上的知识传授者转化为学习活动的组织者、引领者、参与者和促进者。凝聚在教师共同体里的教师，有很高的自主发展的积极性，渴望自己的专业获得发展，积极参与各种活动。此时，教师共同体能不能真正促进教师自主发展，一个重要方面就是看，教师共同体有没有适度的自治。如果一切还都是学校领导的主观安排，没有赋权，没有教师共同体自己的活动空间，那么，治理思维方式的转变也会落空，教师共同体也只是徒有虚名。

只有赋权，实现有限自治，教师才会拥有更多的空间去考虑自我发展和同伴发展。如果学校治理者惯于集权，那么这种教师和教师共同体自主性连同他们的自主专业发展的领域都将严重受损。如果能够实现放权和有限自治，就会使教师的心里迸发出“我要发展”的激情，将自己的全部身心都投入到教育教学工作中，积极探索教育教学中存在的问题，并在学生的成长中寻找到自己人生的意义。

3. 行动指向

第一，要实现自治就要赋权。

赋权与自治这是对传统治理理念的挑战，所以这里有一个理念转变的问题，虽然在管理学的理论与实践中，也有“情感治理”一说，但毕竟是在遵从上下级的森严关系中，把情感作为与下属交换的砝码。被治理者始终没有办法摆脱被动的、执行者的地位。教师共同体治理就是要改变教师作为被管理者的被动地位，改变处于学校管理小金字塔底层的无权处境。思维方式的转变使我们认识到：建立主体—主体之间的关系是治理行动的根本方向。而要使教师共同体成为多中心的一极，学校就必须给予教师共同体一定的权力，使有限自治成为教师共同体存在与发展的基本形态。教师共同体治理上的赋权是一个新的问题。赋权问题直接关系着教师专业发展的实现。只有赋权，教师共同体才会有自主发展的空间。教师专业发展本身就是要张扬教师的主体精神，就是要使教师在教学和教育活动中更具创造性，而这种创造性首先就要求活动主体的自主与自由，没有自主与自由就谈不上教师在专业上的真正发展。

第二，重视教师共同体的自我约束。

实现教师共同体的有限自治，要重视教师共同体的自我约束和治理。因为自治不是自由放任，是教师共同体的成员组织起来按照教师专业发展的需要开展活动。这其中就存在教师共同体对自身行为的规范和因此而制定的规章制度的问题。学校对教师共同体进行治理，就应当鼓励教师共同体建立逐渐完善的内部规则，这样才能保证授权自治的顺利实施。

第三，建立自治赋权的内部制度。

学校也应该实现制度创新，建立自治赋权的内部制度，为教师共同体的自治创造有利环境。虽然教师共同体的自治是治理的行动哲学，但一些教师受传统思维习惯的影响，并不知道怎么才能自治，甚至在有了一定的自治权力之后，觉得无所适从，还不如像过去一样，受从校长到教研组长到备课组长的领导的指派舒服，这也是一种路径依赖。因此，实现有限自治还有一个对教师进行自主发展的启蒙的必要性。只有教师理解自主的意义，学会运用自治，才能给自己开辟专业发展的空间，开辟与他人合作的可能，并从整体上提升教师共同体的建设质量。

（四）理解和尊重：治理的价值取向

对不同人群的理解与尊重是现代治理理论的一个重要内容。它强调在民主化社会里对于有不同文化背景的人群，对于少数族裔和处境不利人群给予充分的理解和尊重。这种理解和尊重集中表现了治理理论的价值关怀，与传统的治理理念不同，治理的出发点与目的都是人，而传统治理主要强调的是效率和增长，人只是实现目的的手段，也就是人进行的是工具化的劳动。理解和尊重突显了治理理论的人文色彩和人文关怀。

1. 基本含义

治理理论在这一点上深受哲学解释学的影响，海德格尔（M. Heidegger，1889—1976）最先从人的本质与存在出发，把理解活动作为哲学研究的主题之一。“海德格尔清楚明确地在以主体间关系为基本内容的理论框架中考察人类理解问题，并坚定不移地张扬人类理解活动的主体性。海德格尔阐述了许多人文理解论的根本观点，为建立人文理解论奠定了理论基础。”① 根据解释学的观点，治理理论十分重视对人的理解，对人的理解实际上是与对人的意义的理解连在一起的。这里的人是作为主体存在的人，而作为主体的人是应当受到尊重的。理解和尊重就集中代表了治理理论的人文情怀。

治理的权力运行向度是多元的、相互的，是一个上下互动和多向交流的治理过程。教师共同体的治理不能只靠传统的强制性的行政、法律手段。治理更多的是强调各种机构之间的自愿平等合作。如果把这些方法应用在学校对教师共同体的治理当中，必定能够使教师共同体获得必要的独立性和自主性，并能给予它很大的发展空间，能够使教师共同体在最大程度上遵循自己的专业发展路径，而不必担心受到行政官僚体制的干涉。

教育事业具有突出的人本性，它是以育人为中心的社会活动，在教育内部不论是老师、学生或者是学校领导，各自都是作为主体的人而存在的。而不是教育机器上的一些零部件，所以作为学校教育活动的一种，对教师共同体的治理更应当突出人本性。特别要突显校长对教师的理解和尊重。在治理视野里，校长与教师不是一种以奖罚为交易的治理者与被治理者的关系。校长的领导方式应该从交易型领导转化为理解和尊重型领导，只有这样才能获得教师的认同，获得教师共同体的认同，才会形成一种教师专业发展的、和谐的学校文化。结合学校教育实际，理解和尊重就是把教师当成人，当成具有主体性的人。实施以理解和尊重为价值取向的治理，在教育上尤为重要。这种治理的实现需要经过从以物为中心的治理到以人为中心的治理的重要转变。

2. 治理中理解与尊重的意义

在现代化过程中，以泰勒为代表的传统治理理念是以机器为中心的，人成为机器的附庸被异化，这种治理的结果造成丧失个性的标准人。这种治理它意味着沉重的压力，意味着人的主体性的丧失，这是一个工业化进程的产物。而以韦伯的最理想的行政组织为代表的传统治理理念使人丧失了主动性和情感，人在行政

① 刘少杰．理解的追寻——实践理解论引论［M］．长春：吉林大学出版社，1994：39.

组织中只是接受上级指令为上级负责和命令下级的“机器”。这两种最具代表性的传统治理理念一直深深地影响着现在人们的治理理念和治理方式，就连学校中还仍然是采取的科层制的组织结构和治理方式。在知识经济时代，如果不能理解与尊重员工就不能激发员工的劳动积极性。查尔斯·萨维奇在《第五代管理》[①]中指出，怀疑和不信任是公司真正的成本之源，它们不是生产成本，却会影响生产成本；它们不是科研成本，却会窒息科研的进步；它们不是营销成本，却会使市场开拓成本大大增加；它们不是管理成本，却会因内讧而使管理成本加重。也就是说，没有心与心的交流，就不会有真正的成功与事业的拓展。

对教师与教师共同体的理解与尊重，是对教师共同体治理的价值取向。这种价值取向是以人为本理念的反映。

在我国基础教育改革中，中小学教师专业发展的自主性是非常重要的。由于长期的体制上的不完善和在职教师专业发展制度上的缺损，特别是由于对教师缺乏尊重、理解、信任，再加上职业倦怠，致使教师专业发展缺乏自主性，这已经成为中小学深化改革的瓶颈。许多学校校长都在抱怨教师自觉性不高，不理解改革，消极情绪蔓延等。

同时，如前所述，我国一些地区的学校出现了教师共同体这种新鲜事物。这些教师共同体的出现反映出中小教师中蕴藏的巨大自我发展的精神需要。

要落实治理的这种价值取向，对学校来讲首先要树立以人为本的发展理念，高度评价教师自主发展的潜力，积极主动地帮助教师实现专业发展，并为教师共同体的活动提供必要的条件。因为这种理解和尊重的出发点是教师，目的也在于教师的自主发展。

以理解和尊重为前提，治理就应当建立一种主体间的合作交流的机制，这与传统的靠权力与制度进行的刚性治理不同，它倡导教师共同体成员之间的、不同教师共同体之间的、教师共同体与学校之间的相互合作。这种合作不是消解了个性的、毫无生气的标准化工作，而是教师在受到理解和尊重的情况下对学校的认同，对团队的认同以及自我的认同，这种合作会迅速提升教师的自信和内在精神需求。

对教师的理解和尊重还应体现在鼓励教师的发展上。与传统的硬性制度要求不同，治理更倾向于用鼓励的方法去促进教师共同体的发展，这种鼓励的最高境界就是理解与尊重。因为治理主张“掌舵而不划桨”，体现了对教师共同体的信任，使教师共同体在有限自治的情况下激发成员反思研究的人情，在研究中不断提高教育教学质量。同时，教师共同体受到鼓舞也会反过来造就学校变革向上的治理氛围。

3. 行动指向

第一，以人为本。

---

① 萨维奇．第五代管理［M］．谢强华，等，译．珠海：珠海出版社，1998：56.

无论是教师专业发展瓶颈问题的解决，还是教师共同体热情与主动发展的制度维系，很重要的一点就是学校治理者要真正以人为本，将尊重与理解作为教师和教师共同体治理的价值追求。只有在相互尊重的基础上才会有对话与协商，才会有与教师共同体健康的合作关系。

第二，建立合作、对话、沟通、交流的有效机制。

合作、对话、沟通、交流，充分体现着学校领导对教师共同体和广大教师的关怀，体现着治理的价值取向，是治理教师共同体的基本途径。为此，学校领导要在治理视野下探索一种合作沟通的有效机制。这种机制对学校治理者与教师共同体的位置作了重要调整，即这两类人员在实现教师专业发展的过程中，不再像以往那样是一种“中心—边缘”的关系，而是形成一种平等的、共生的“主体—主体”的关系。学校不仅要调动教师共同体参与学校教育发展和改革的自主性和积极性，使他们不再处在“边缘”而进入“中心”，发挥出他们的聪明才智，同时也使得教师共同体作为教育研究者群体更深入地融入教育实践中，从而真正找到学校教育发展中所面临的各种问题和有效的解决措施，并与教育实践者一起进行有意义的理论探索。

因此，在治理视野下，教师共同体的治理要以教师作为学校教育研究、教育改革和发展的主体，因而使他们摆脱“边缘”的地位，以主体的身份、研究者的身份自主充分地参与到教育改革与发展中来，学校领导尊重教师和教师共同体，以专业对话者的身份，以与他们密切合作的方式，共同从现实出发开辟未来。

第三，培育宽松的治理环境。

根据教师共同体的特点，教师共同体需要民主宽松的治理氛围，需要获得充分的尊重。而且，教师共同体的建设和发展不单单是学校所要负责的事情，同时也是教师共同体的成员所要负责的事情。教师共同体是一个专业性团队，内部的成员也都是专业人员，对自身乃至整个共同体的专业发展都有着很深的见解。如果学校在对教师共同体的建设和发展方面进行治理的时候，还采取的是那种由上而下颁布行政命令，把严格的规则强加于其上的治理方式，那么教师共同体在学校就不会有好的发展前景。

第四，将教师共同体治理与学校改进相结合。

教师共同体的治理也是一种学校改进的建设。教师共同体发展的工作是与学校改进密不可分的，是学校改进的重心。校长应当充分认识，教师专业发展和教师共同体的建设是学校改进的重要事情。教师共同体建设和教师发展是在具体学校的实践中实现的，在一定意义上可以说，学校发展的水平取决于教师共同体发展的高度，教师共同体建设必须和学校改进结合起来，这样的教师发展才是有根基的、富于生命力的，学校改进才抓住了根本，具有广阔前景。

（五）多元参与：教师共同体有效治理的边界

在过去 20 多年间，参与式治理作为一种对新的治理环境的实践回应得到了广泛的传播。正式的国家机构在处理不断增长的社会复杂性和来自志愿部门与私人部门的参与者方面被证明是不合适的。这些发展使治理有了一个更加广泛的界定："作为既是正式的，也是非正式的制度和过程，为国家和其他一系列受到政府行为影响的机构或利益相关者之间提供了互动。"① 这种更多类型组织和人群的参与被认为是一个"处理公共问题更加弹性和民主的方式"。② 在治理理论尝试着去处理实际问题和寻求可行的解决办法中，参与式治理被证实为是治理理论的一个核心贡献。治理的多元参与即是多个主体的共同参与，这是治理理论一个重要方面。

1. 基本含义

在现代社会里，在市场经济条件下，政府为推动改革，鼓励多元参与，应用新的技术和治理知识建设服务型政府，这是平衡政府与市场的一种有效手段，也是克服市场失灵和政府失败的根本途径，是行政民主的重要表现。

教师共同体不是处于市场之中，它作为一种教育领域的，培养人的场所，聚集了教师这种专业人员，并且负有育人的重任。引入多元参与，最大限度地发挥教师的主动性，最大限度地与教师共同体分享公共权力。这实际上是一个教师共同体能够得到有效治理的一个标识。

我们通过以上有关治理理论的分析我们可以看到，最常见的治理方式有合作、对话、协商。治理理论尊重多元参与主体的存在，所以，在治理方式上，强调公民和社会机构的参与，各主体间的沟通与交流。

2. 多元参与的意义

如上所述，教师共同体的有效治理需要广泛地参与。教师共同体治理是建立学校领导与教师共同体以及学校内其他组织的合作、协商和伙伴关系，促使学校领导与包括教师共同体在内的校内所有组织共同参与治理过程的治理模式。它所强调的不是单一的学校领导或正式的组织与治理，不是学校领导对权力的一元化或垄断，而是强调权力中心的多元化，各种组织和个人均参与治理过程；它强调学校领导与校内各组织的互动性；它不否认学校领导权力的命令与强制，但同时也强调学校领导与学校内各组织的协商与合作。因此，教师共同体的治理过程中如果没有参与，那么也就丧失了治理本身的意义。而教师共同体是一个具有适度自治性的组织，对它的治理更不单单是学校领导的事情，而应该是包括教师共同体自身在内的，学校内部多组织共同参与、共同决策的过程。这种多元参与是学校领导集体主导的，而不是一种权力的圆桌会议。这是教师共同体治理的一个重

---

① Mitlin D. Reshaping Local Democracy [J]. Environment and Urbanisation, 2004 (1): 3.

② Fischer F. Participatory Governance as Deliberative Empowerment: The Cultural Politics of Discursive Space [J]. American Review of Public Administration, 2006 (1): 19.

要的特点。

从另一个角度看，个人的理性程度是有限的，决策者具有的是有限理性，决策受到人类心智和组织背景的限制，特别是在信息爆炸的现代社会，人们面临的是一个复杂的、不确定的世界，而且交易越多，不确定性就越大，信息也就越不完全，这导致人类选择做什么的过程更加复杂。决策者在作决策的时候不得不同时处理外部环境和他们的内心世界，以及他们的认知结构。决策者自身的经验、思考习惯以及情感可能会使他们产生不同的偏好而在决策过程中往往会忽视一些事情。因此，作为教师共同体有效治理的边界，多元参与从另一个方面讲也体现出决策民主化的问题。在教师共同体治理过程中广泛的参与也使得有关教师共同体治理问题的决策更加合理。

多元参与对于教师共同体的治理具有标志性意义。治理，没有教师共同体的参与，就不会实现领导与教师的有效沟通，更不会实现有效治理。只有教师共同体积极参与治理，学校领导才能够及时了解教师共同体运行积累的经验和可能出现的问题，才能够作出符合实际又具有前瞻性的决策。所以，有无多元参与就成为教师共同体有效治理的一个边界。

3. 行动指向

在多元参与这一治理边界内，应当最大限度地利用学校各种资源，充分实现教师共同体治理的多主体参与，为此，应当有些具有标志性的行动。

第一，在学校治理中，还要继续解放思想，破除官本位的思想，彻底摒弃权力垄断的观念，与教师共同体和广大教师分享教育的公共权力。承认教师共同体的公共地位，并在此基础上，通过平等协商积极促使其参与有关教师专业发展和其他领域的学校决策。

第二，学校领导要认真做好校内正式组织的优化，减少纵向层级，加强横向合作，为多元参与提供必要的空间。

第三，增强领导团队工作的适应性和灵活性，改变领导在办公室里写计划，作决定的习惯。在与教师共同体接触与交流中，了解教师的需求和专业发展的困难，能够根据具体情况作出及时有效的处理。

第四，在条件成熟的情况下，建立实现多元参与的治理机制，比如，教师共同体联席会议，教师自主发展联合会等机构，协调各种教师专业发展资源，创造更大的公共价值。

第五，学校应该建立一个稳定和谐的学校环境，促使教师共同体不断发展壮大，培育出更多的、参与治理的网络结点。

多元参与既是边界，更是一种行动，上述这些行动实质上也彰显了多元参与的行动意义，为教师共同体治理的多元参与提供了一个行动的参考框架。

全员参与对于教师共同体的治理是十分重要的，但一些学校领导由于传统的观念往往是把教师参加学校决策当成摆设，并没有真正发挥教师参与的积极作用。在教师共同体建设过程中，一些学校真正注意了教师共同体和广大教师各种不同层次的参与，使学校的凝聚力得到提升，教师在同伴交流中获得机会，得到成长。多元参与创造了领导和教师交流的机会，为教师和学校的发展提供了很好的对话平台。

网络关系、有限自治、非正式安排、理解和尊重、多元参与构成了教师共同体治理的分析框架和话语系统，它们分别体现了教师共同体治理的思维模式、行动哲学、决策关怀、价值取向和有效边界。它们之间相互紧密联系，网络关系作为一种视野无处不在；有限自治作为核心行动对其他几个维度发挥影响；非正式安排的关切体现于治理的各个方面；理解和尊重引领着治理的价值取向；而多元参与则承载着各个维度的意涵建构起治理的边界。这些维度构成一个完整的话语系统和分析的框架，勾勒出了目前治理理论视野下的教师共同体建设的哲学，指出了教师共同体建设所应注意的问题，并为教师共同体善治模型的建构打下了理论基础。

二、系统分析：教师共同体的善治模型

系统分析用于解决系统内部、系统内部与外部因素之间的关系。① 教师共同体的治理系统由十一个相互区别、相互联系和相互作用的教师共同体治理的要素所组成，这十一个要素则是由治理视野下教师共同体管理中存在的问题和教师共同体治理的分析框架中的五个维度抽象而来的，分别为文化维度下的四个要素——认识、合作、尊重和愿景，制度维度下的四个要素——合法性、参与、反馈和矫正，技术维度下的四个维度——减少直接干预、授权、协商和保障。

一个系统，构成的基础是要素，一些无关紧要的内容简单地堆积起来不会是一种特定的系统。系统的结构和功能是相互联系、相互依存的。结构总是一定功能的结构，功能总是一定结构的功能。结构和功能又存在相互制约和在一定条件下相互转化的关系。②教师共同体的治理系统必须借助结构，按照系统的要求和目的组成一个有序的排列，从而使要素获得整体联动的新的特征。

教师共同体治理的系统内各个要素之间相互联系和相互作用的方式或秩序，也就是教师共同体治理系统内各要素的组织方式构成了教师共同体治理结构。结构与要素之间具有紧密的内在联系。当然，教师共同体的治理系统的性质也不是简单地由单个的要素决定的，而是在一定的范围内，由上述十一个要素的排列所组成的结构以及由此而产生的功能综合规定的。

---

①② 孟繁华. 教育管理决策新论——教育组织决策机制的系统分析［M］. 北京：教育科学出版社，2002：159.

（一）教师共同体治理要素间关系

通过对教师共同体治理的分析和提炼，我们形成了由文化、制度和技术三个层面，十一个要素所组成的教师共同体治理结构。教师共同体治理以文化为价值观和教师发展为方向、以制度创新与规范为调控手段，以技术为物质保证，这构成了教师共同体治理的结构。

首先，教师共同体是为实现教师的自主发展这一目标而形成的，它的最终目的指向的是学生成绩的提高和学生的全面发展，这也是教师共同体成员所共享的愿景，也是学校办学的目的所在，它把所有教师共同体成员凝聚到一起。此外，教师共同体还具有专业性、自愿性、独立性等特点。一个具有很强专业性的组织，对它的治理必须注意不能够过多地强加规则，应该充分尊重他们的专业地位。因此，对教师共同体的治理不仅需要学校领导对它有一个正确的认识，而且需要教师对它也有一个正确认识，并树立起多元的合作发展观。因为教师共同体治理不只是学校领导的事情，同时它也是所有教师共同体成员的事情，他们是教师共同体的主人。这种愿景和认识体现的是一种价值观，这就是文化，文化是教师共同体治理的核心要素。

其次，教师共同体治理还涉及处理人与人、人与事、人与物、事与事、物与物之间的相互关系，而协调这些关系依靠的是一定的规则，针对教师共同体的种种规则体系就是教师共同体的管理制度。没有规矩不成方圆，治理也并不是说抛弃正式的规则。真正的治理讲求的也是在一定硬性制度的规约下的多元和自主。但这种硬性的管理制度的制定必须是在学校领导与教师共同体成员之间充分尊重互相协商的基础上制定形成的，也就是这种制度要具备合法性，独断专行不是治理的做法。但为了能够把握教师共同体发展的正确方向，给予其正确的引导，在制度的设计中，必须带有反馈环节，反馈是教师共同体治理系统中的控制因素。这是制度设计的关键所在。

最后，教师共同体的治理离不开技术支撑，技术是教师共同体治理的基础性条件。这里的技术包含两个层面：一个层面是物质上的，例如，教师共同体活动场所、教师共同体活动所需资金、教师共同体活动利用的时间以及教师共同体活动所需设备等的后勤保障；而另一层面则是学校领导对教师共同体进行治理的方式方法和治理技能。这包括学校领导必须具备的授权能力，不直接干预教师共同体的内部活动，以及沟通协商等治理技能。第一个层面体现了学校对教师共同体的支持程度，第二个层面则体现了学校领导的治理水平和对教师共同体的认知程度，也就是说对教师共同体各方面是否了解。这两层面都对教师共同体的发展至关重要，因此，技术是构成教师共同体治理的基础要素。

教师共同体治理这三个层面，十一个要素相互联系、互相影响，构成了教师共同体治理的结构，不仅体现出结构中不同维度和要素的功能，而且彰显着结构的整体功能。在这三个层面中，文化居于核心地位，主导着并渗透于其他各个维度。也就是说，在十一个要素中，认识、愿景、尊重和合作居于核心地位。愿景起着凝聚和引导的作用，没有共享的愿景也就不会有教师共同体的存在，没有对教师共同体的正确认识，没有对教师共同体的尊重，没有对教师共同体正确的观念态度，缺乏多元的合作发展观，就不会有对教师共同体的治理。思想是行动的先导，有了正确的观念和认识，才会有合理的技术和制度的构建。

另一方面，由于这方面或那方面的原因，技术和制度有时可能无法满足文化的要求，因而它们又往往影响着教师共同体治理的实现。同样，技术和制度之间也存在着有机的内在联系。技术的保障和支持推动着教师共同体健康稳定地发展，它为教师共同体治理提供物质保障和智力支持，没有及时完备的物质保障，没有适合的领导技能和方法，也是无法达到教师共同体的善治的，而良好的制度可以合理地实现技术整合。可见，技术、制度、文化之间存在相互依存、相互作用的互动关系，它们之间的匹配状况决定了教师共同体治理的实现与否。

技术是最低层面的要素，是教师共同体治理的基础构成要素，教师共同体的治理总是要依赖一定的技术来实现，没有一定的技术保障和支持，教师共同体治理难以实现。技术层面是对教师共同体日常活动的保障和教师共同体的管理方法。技术层面的运作如果没有一定的规范就会变得凌乱、缺少秩序，特别是活动场所、时间、经费等，如果一个学校中存在着很多不同的教师共同体，那么不同教师共同体之间的资源分配就是一个问题，因此需要一定的制度来规范、协调和保障。制度是教师共同体治理的第二个层面，制度给技术活动以一定的规则，对于规范人、财、物的正常分配和协调起到制约作用，有了制度，才能保证教师共同体活动的正常开展，制度是教师共同体治理的中间层面，属于学校行政管理。但是教师共同体的建设不能盲目，还要回答教师共同体如何来建设和教师共同体发展的方向等问题，也就是说，对教师共同体的治理既要明确其最终所要达到的目标，又要懂得如何来达到这个目标的方式和方法，并且还要有一定的理论诉求。文化就展现了教师共同体的价值和追求展现了教师共同体治理的理想，从哲学层面回答了教师共同体发展的意义，以及教师共同体治理所需的观念和态度。文化属于教师共同体治理的最高层面，它是教师共同体治理的思想和灵魂，统领着教师共同体治理的制度建设。建立针对教师共同体的制度不仅要重视制度层面的建设，更要注重挖掘教师共同体治理文化的精神内涵，发挥教师共同体治理文化精神内核的作用。

总之，教师共同体治理的文化和制度是相互影响相互促进的。教师共同体治理的制度有助于教师共同体治理文化的顺利贯彻，为教师共同体治理文化的内化提供了保障，而教师共同体治理文化反过来又对建立教师共同体的管理制度和教师共同体的发展起着引导和积极的促进作用。上述对教师共同体治理结构的论述，是在理论层面上进一步对教师共同体治理进行系统分析提供了必要的条件，为进一步建构模型提供了一个可供参照的观察点。

（二）教师共同体的善治模型

模型具有双重身份：一方面，它是主体为了研究对象而使用的工具或手段；另一方面，它又是研究客体的替代物。因此，模型是主体与客体之间的特殊中介。

我们要建立教师共同体的善治模型。其中的“善治”是指治理所要达到的最终目标，也即是公共利益最大化的社会管理过程。它是政府与公民对公共生活的合作管理，是政治国家与市民社会的一种新颖关系，是两者的最佳状态。善治要求有关管理机构与管理者最大限度地协调各种公民之间以及公民与政府之间的利益冲突，从而使公共管理活动取得公民最大限度的认同。善治的实现依赖于政府与公民之间积极而有效的合作，因而，公民必须具有足够的政治权利参与选举、决策、管理和监督，从而与政府一道共同形成公共权威和公共秩序。

善治实际上是国家权力向社会回归，善治的过程就是一个还政于民的过程。善治表示国家与社会或者说政府与公民之间的良好合作。从全社会的范围看，善治离不开政府，但更离不开公民，善治有赖于公民自愿的合作和对权威的自觉认同，没有公民的积极参与及合作，就不会有善治。所以，善治的基础与其说是在政府或国家，还不如说是在公民或民间社会。从这个意义上说，公民社会是善治的现实基础，没有一个健全和发达的公民社会，就不可能有真正的善治。①

而教师共同体的善治所指的就是学校与教师共同体治理关系的和谐，学校对教师共同体建设的完善，以及教师共同体发展的最大化。教师共同体的善治并不是只有各种人们同意或以为符合其利益的非正式的制度安排和协调各方利益，它也包括迫使人们服从的正式制度和规则。它是学校与教师共同体之间的一个持续互动的过程。

我们建构的教师共同体善治模型，目的在于更好地解决当前教师共同体建设中存在的问题，为中小学校领导如何建设教师共同体提供可供实践参照和遵循的模型，加快我国中小学教师队伍建设从对个人化努力的关注转向对学习者共同体的建构上来的步伐。教师共同体善治模型一共分为三个部分，分别是文化模块、制度模块和技术模块，其中制度模块下分制度建设模块和检测模块。

1. 教师共同体善治模型的文化模块

这一模块所呈现的是教师共同体善治文化形成的机制和重要环节。它涉及教师共同体建设理念层面的转变。文化是教师共同体治理的核心层面。“观念是人类支配行为的主观意识，是自身知觉、意识、思想、理智的对象。它会触及所有人的意识活动，成为我们生活中的一部分。观念的产生与所处的客观环境关系密

---

① 林成华．走向善治——基于治理理论的高校辅导员队伍建设［D］．上海：华东师范大学，2007：46－47.

切，正确的观念就是人的大脑对客观环境的正确反映。人类的行为都是受行为执行者的观念支配的，观念正确与否直接影响到行为的结果。”① 它统领着教师共同体的各个环节，是教师共同体治理的先导。教师共同体善治文化的形成需要学校领导和教师的共同努力。

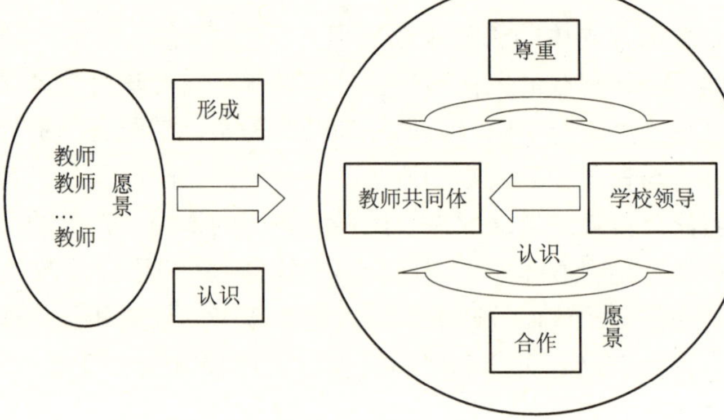

图 4－1　教师共同体善治模型的文化模块

在文化中有四个核心要素，即愿景、认识、尊重与合作。其中愿景分为两个层面，一个是教师层面，另一个是学校层面。在教师层面，教师们通过共享的愿景，即实现自主专业发展，自愿地组成教师共同体，也就是说愿景把具有同样目标的教师凝聚到教师共同体中。而在学校层面，学校领导认识到教师共同体对学校改进和学校发展的重大意义，因此教师共同体的健康发展成为学校领导和教师共同体的愿景，把教师共同体和学校领导凝聚在一起。同时，不论是教师共同体中的教师还是学校领导都应该积极主动地去了解教师共同体，认识到教师共同体的本质和特点。因为教师共同体治理不仅仅是学校领导的事情，而且更是教师自己的事情。在认识教师共同体的过程中，学校领导要不仅仅清楚作为教师共同体的本质和共性特点，还要清楚每一个具体的教师共同体的情况。在具备了愿景和认知教师共同体的情况下，在教师共同体治理过程中，学校领导和教师共同体双方应该采取尊重与合作的态度。这种尊重与合作都是相互的。但由于学校领导所处地位的原因，学校领导更要注意尊重问题，时刻注意在治理过程中双方的平等性。

此模块中不论是愿景的形成，还是互相认识的建立，还有相互之间的尊重与合作的态度，都是建立和发展教师共同体的关键，都是使教师共同体达到善治的必要条件，也为以下制度模块和技术模块的建构提供了前提基础。没有学校领导和教师共同体双方之间文化上的相互沟通、碰撞与交融，是不会有教师共同体的

① 百度百科．观念［EB/OL］．（2011－04－10）［2011－04－02］．http：//baike. baidu. com/view/65157. htm? fr = ala0_11.

善治的，因此，教师共同体善治模型的文化模块是教师共同体善治的先导和基础。

2. 教师共同体善治模型的制度模块

制度模块的建立有一个前提，就是教师共同体善治文化的形成，也就是遵循以上文化模块的运行机制，只有善治文化形成了，制度模块才能够更好地发挥它的作用，否则教师共同体与学校领导之间针对制度建设问题的探讨只能是没有实际效果的“空谈”，而教师共同体和学校内部其他各级各类组织与非教师共同体成员的参与也只能是走形式，摆样子，最后到头还是领导拍脑袋，无法真正使制度获得教师认可的合法性，也就无法促进教师共同体的建设和发展，更无法达到教师共同体的善治。教师共同体善治模型的制度模块由两部分子模块组成，分别是制度建设子模块和检测子模块，它们分别强调教师共同体管理制度建设所需注意的不同方面。

（1）制度建设模块

制度建设模块中强调的是学校在针对教师共同体制定相应制度中所应注意的问题，而不是规章制度的具体内容。首先，针对教师共同体这种教师专业发展的新形式，学校领导应该建立一套能够促进其更好发展的规章制度。其次，在建立规章制度的开始和过程中都应该不断地与教师共同体中的教师们进行互动、协商与合作，这是一种更深层次的互动和协商，它是建立在相互之间文化交融基础之上的，并秉持着互相尊重合作的态度进行的，这会是非常富有成效的交流。再次，这种规章制度的建立必须有学校内部其他各级各类组织的参与，这样才能使学校内部各种类型组织之间关系协调。因为学校内部各组织都像存在于一个网络之中，互相之间关系的协调才能使整个网络畅通无阻。有了学校内各类组织的广泛参与，使得教师共同体制度具有全校一致认同的合法性，这样能够使教师共同体在发展过程中与各部门的关系更加和谐，有利于教师共同体更快更健康地发展。

只有通过以上步骤并注意以上问题建立起来的教师共同体制度，才能最大程度地反映民意，获得制度的合法性；也正是通过这种方式，才能使教师共同体在学校的发展中与其他部门互相协调，减少摩擦。这种制度的制定，使得学校领导能够通过规章制度的制定来把握教师共同体的发展方向，而教师共同体也能够通过对规章制度制定的全面参与来掌握发展的自主权。

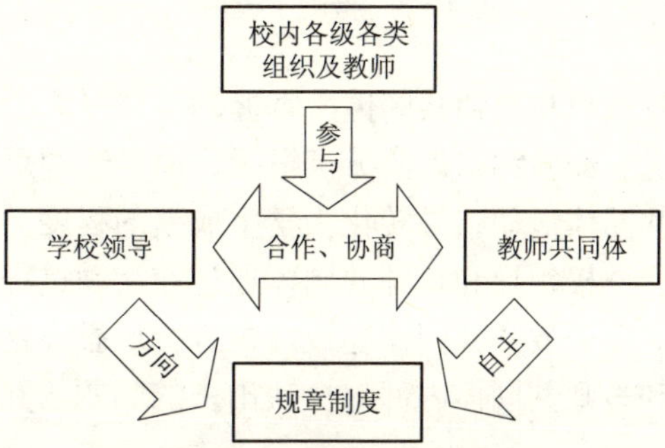

图 4－2　制度建设子模块

而传统的学校中规章制度的制定往往缺乏教师的参与，都是学校相关部门根据以往惯例以及学校领导的意见拟定的，征求教师的意见也是表面上的，无法获得教师内心的认同。教师看似对学校规章制度的认同也只是源于对权威的畏惧心理，从思想上就没有参与的意识。这种制度是死的，教师对它的感情是冷漠的，它无法真正调动起教师发展的热情，更无法使学校获得更好的发展。在这种制度建设中，即便有教师的参与，在制定过程中，教师和学校领导之间也都抱有一种“习惯性防卫”，这是建立在教师和学校领导对立基础上的思维方式。为了自身的利益，双方都会在一定程度上屏蔽自己的真实想法，用“委婉的”“含蓄的”“易于对方接受的”方式曲折传达自己的意图，本质上还是站在自己的立场上试图让对方接受自己的观点，而不是坦诚不公，以合作姿态寻求双方的互相理解，① 这种参与和交流，实际上还是“独白”，特别是学校领导的“独白”，因为双方都缺乏应有的认识和尊重，交流的效果肯定不理想。如果以这种制度建设的方式来建设教师共同体制度，其结果必然是无法获得教师共同体和学校其他各类组织的认同，这不但无法促进教师共同体的发展，无法带动教师自主发展的积极性，而且会束缚住教师共同体区别于其他教师专业发展形式的优点，使它无法发挥自身的最大效用，其结果也就只能是教师共同体建设的失败。

（2）检测模块

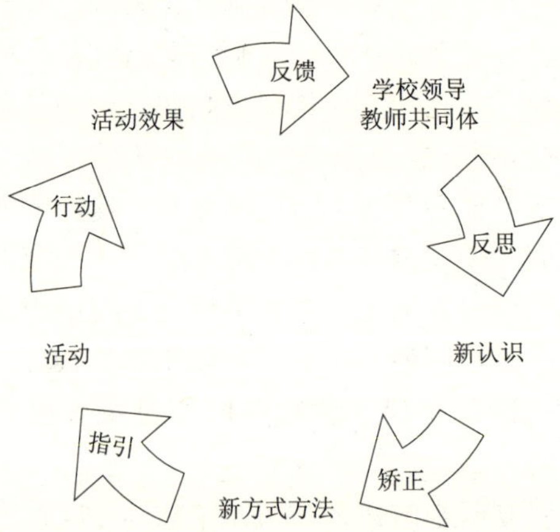

图 4－3　检测子模块

图 4－3 为制度模块中的检测子模块。检测模块所呈现的内容不光是指一次活动结束后所进行的反馈，而且很重要的是在活动进行过程中所进行的反馈。而且情况的反馈也不仅仅是提供给学校领导，同时也要反馈给教师共同体自身。这种反馈不是被动地通过报告来呈现，而是学校领导和教师共同体的负责人以及成员通过积极主动、细心的观察和参与捕捉到的在场的鲜活的情况，以及通过效果追踪得来的反馈。学校领导和教师共同体所掌握的反馈，不单单指的是教师共同体内部合作交流的情况、经验和知识的分享情况，而且这种反馈应该直接指向学生学习的改进，教师共同体活动结果转化为学生成绩的程度，如果没有学生的改进，一切都无从谈起。学校领导和教师共同体通过在活动过程中和活动结束后对活动情况的了解以及对整个教师共同体建设情况进行反思，这种反思包括教师共同体与学校领导之间和教师共同体内部对反映出来的问题的互动和沟通，在此过程中学校领导和教

① 刘文瑞．组织学习的核裂变原理［J］．21 世纪商业评论，2007（12）：102－103.

师共同体之间以及教师共同体内部的不同认识和文化又一次的碰撞，促使更深层次的了解的产生，并通过与外界新观念的互动和新的知识的学习，使学校对教师共同体建设和发展的认识又得到进一步升华，并在此基础上产生新的认识，从而修正此前不合适的方式方法，运用新的方式方法来指引教师共同体的建设。此模型借鉴了组织学习中双环学习的架构，意在使学校领导不仅仅对行动进行反思，还要对为什么会产生这种结果，产生这种结果的原因是什么，以及反映问题的更深层次的前提假设进行反思，对于出现的问题，不仅要治标，还要治本。不仅要对行动结束后的结果进行反思，而且还要在行动中不断地进行反思，这样使教师共同体建设的问题不断地，并且是及时地减少，从而更好地促进教师共同体的发展。

传统的制度建设较少有反馈环节，即使有反馈环节也多是在结束后进行的结果反馈，难以及时发现问题，不能够在最适合的时间解决最需要解决的问题，对反馈问题的处理也很僵化。而教师共同体是一个充满活力的专业性组织，是一种新的教师专业发展形式，之前没有可供借鉴的经验，因此，如果不在活动中注重随时反馈，发现问题随时解决的话，极有可能会对教师共同体的健康发展产生不利的影响。而传统的单环学习架构只寻求行为和结果之间的匹配，以保证组织的正常运转。从本质上讲，单环学习可以维持组织的正常行为，但不能取得改进效果。不能够透过行为的现象去认识本质，单环学习强调的是对现状的认知，而双环学习强调的则是对造成现状原因的反思，这样不仅能够使问题得到更好的解决，而且在反思的过程中还会产生出新的认识，更有利于教师共同体的健康发展。

3. 教师共同体善治模型的技术模块

这一模块所呈现的是教师共同体善治的途径，也就是如何来实现教师共同体善治的具体操作层面的内容，包括达到善治的方式方法和物质保障，它涉及教师共同体管理方式的转变。作为具体实践中操作层面模型，它需要有前面文化模块和制度模块作为保障和基础。

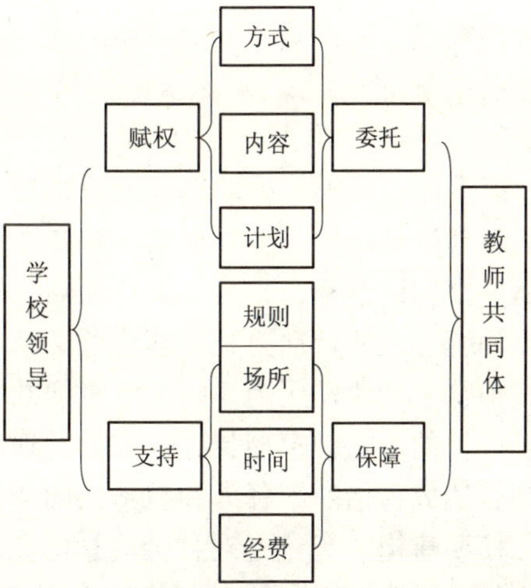

图 4－4　教师共同体善治模型的技术模块

在教师共同体治理过程中，具备了文化这一核心层面，这意味着学校领导和教师已经明确了发展的愿景，充分认识到了什么是教师共同体，它都具有什么特点。学校领导也了解了教师共同体中的每位教师，了解他们关心什么，想要什么，他们的问题在哪里。那么通过何种路径能够促使教师和学校领导愿景的实现，也就是达到教师共同体的善治呢？这也就是教师共同体治理中技术维度所要解决的问题。在教师专业发展的领域，应该让教师共同体充分自主发展，让教师共同体中的教师做自己发展的主人，学校领导要尽量减少对教师共同体的行政干预，而是多支持和促进。因此，学校要充分地赋权，让教师共同体内部决定自己的活动方式、活动内容、活动的计划安排，自己制定教师共同体内部的活动章程和规则，特别是在教师共同体内部负责人的选择上应由教师共同体内部推举产生，绝不能由学校领导“空降”。也就是说，学校领导应该在教师专业发展的领域把有关权力委托给教师共同体，教师共同体作为代理人全权负责自身专业领域内部事务。在这个领域中，学校领导所要做的，也是应该做的就是支持教师共同体的活动，为教师共同体的活动提供时间、场所和经费的保障，切忌过多干涉教师共同体内部事务。教师共同体作为一个专业性的自治组织需要学校领导的“放手”。

而在传统的行政管理方式下，学校领导事无巨细，事事都管，而且事事都像是在下行政命令。在对教师共同体这样的专业组织的管理中，十分忌讳学校领导的过多干涉。因为，在专业领域中，教师共同体成员有自身的一套行为标准和方法，他们知道自己在什么方面存在问题，需要在什么方面获得更多的帮助，而学校领导作为一名行政领导，很多情况下不清楚教师专业领域内部的事务，特别是教师自身发展的问题。即便学校领导也是一名专业人员，那么他在教师共同体的建设中也只能是起到专业引领的作用，而不能是利用行政命令来左右教师共同体的发展，破坏教师共同体的自主自治。这种传统的行政管理方式对教师共同体的发展弊端很大，只有把传统的行政管理方法转变为治理理论中所强调的授权，减少直接干预等方法，遵循本模块所强调的内容才能够真正解放教师，才能把教师自身领域中事务的管理权还给教师，进而促进教师共同体的发展。教师共同体的善治模型依据教师共同体善治的要素，遵循教师共同体善治模型对教师共同体进行引导和建设，应该会对我国中小学教师共同体的建设和健康发展有所裨益。

以上由三个模块构成的模型系统首先符合教师共同体的基本特征，并将复杂的治理理论精简化为分析框架，并在系统分析基础上建构完成的。这一模型系统既是一个理论建构，也是一个行动路线的设计。理论与行动在模型中得到了一定程度的统一，使行动更具有理论意义，使理论更具操作价值。这种模型建构以推动教师自主专业发展为旨归，以教师共同体建设的良性运作即教师共同体的善治为操作目的。这种模型具有一定的发现教师共同体管理问题的检测力，教师共同体是否达成善治的解释力和教师共同体建设的行动力。

模型建构“无论是对社会科学的整体而言，还是单就社会学学科而言，都是重要的，因为社会科学的研究对象从根本上说是思想和符号，而不是物体、技术、公式等。但是即使就社会学领域而言，模型始终是模型。也就是说，它们是对社会现实诸多方面的表现，并非是如实地描述社会现实的每一个特征。我们不能也不应该把模型看做是社会现实的拷贝，更没有必要把它们变为一种结论性或不变的东西。”① 所以，本书提出的模型应当是一个开放性的、有待于教师共同体实践检验的理论设计。

① 斯特尔．社会学理论模型的意义：“社会科学化”——社会科学知识的力量［J］．刘瑞弘，译．社会科学辑刊，2006（3）：63.

第五章　大学与中小学合作

大学与中小学建立合作关系，是积极应对环境变化的调整方式。合作已成为学校组织的一项重要“战略决策”和“行动逻辑”，其意义和价值日益凸显。本章构建了以大学与中小学合作的合法与合理机制为主体的分析框架，研究了合作场域，提出了大学和中小学合作的改进策略，希望能对大学和中小学合作发展提供参照性方案。

第一节　聚焦大学与中小学合作

一、大学与中小学合作的发展历程

大学与中小学的合作（University-School Partnership），又称做院校合作（或院校协作）、“U－S”伙伴合作关系、大学－中小学伙伴（协作）关系[①]。

学界基本认同的观点是[②]：这两类教育组织间进行合作的历史可以追溯到19世纪末杜威创建的实验学校和由哈佛大学校长等知名人士组成的“十人委员会”所做的工作。前者于1896年在芝加哥大学创办，最初称做“大学初等学校”，1902年改为“芝加哥大学实验学校”，实验学校作了多种改革尝试，并与大学的专家建立了广泛的合作关系。他们不仅对教师进行指导，而且提供设备、实验室等供儿童参观或使用。[③] 后者，即“十人委员会”，在1892年哈佛大学校长查尔斯·埃利奥特（Charles Eliot）担任主席时曾发布声明：应由大学不同学科的教师和中小学教师共同组成一个委员会深入中小学，对其教育教学计划进行研究指导，以确认相关学科教学的限度、最好的教学方法、每门学科教学最佳课时分配及最佳学生评价方法。在此精神指导下，该委员会分别召集了来自大学与中小学

---

① 为了表达的简洁性，本章更多地用“院校合作”替代“大学与中小学合作”，而标题中仍然统一用“大学与中小学合作”表达，以避免产生歧义以及引起不必要的误解。

② 也有学者指出：协作伙伴关系最早可追溯至1861年，美国人Sheldon在奥斯威歌初级师范学校（Oswego Primary Teachers Training School）设立的示范学校，专供观察与研究之用。参见：伍红林．论“双向滋养型”的合作教育研究［J］．福建师范大学学报：哲学社会科学版，2009（4）：149.

③ 杨汉麟．外国教育实验史［M］．北京：人民教育出版社，2005：317－337.

各学科的47位与42位教师，调研了中小学所有学科教学的基本要求及跨学科教学问题，并提出了改善大学教师教育的建议。1894年，埃利奥特再次建议成立“全美大学入学考试指导委员会”以指导高中教育教学工作，并于1899年在美国东部付诸实施。[①]

20世纪80年代，美国霍尔姆斯小组（Holmes Group）报告中明确地提出将大学与中小学伙伴关系作为教师教育改革的一项策略，同时，建立“教师专业发展学校”（Professional Development School，简称PDS）的建议也在该报告中首次出现。如今，以PDS为重要形式的大学与中小学间的合作已经在教师教育、学校改进以及学生发展等方面发挥出了积极的推进作用。1995年，美国进行的一项全国性调查显示：在全美创建的66个合作团体和300所学校中，几乎有70%的学校起名为专业发展学校，其他依次为伙伴学校（14%），临床学校（13%）和专业实习学校（2%）。经过20多年的发展，全美涌现出了1000多所由中小学校和大学合作创办的专业发展学校，已有38个州以官方文件形式确立了这种合作形式的必要性。[②]

就我国而言，大学与中小学合作的进展情况可以概述为以下三个方面。

（一）合作项目与合作平台

开展大学与中小学合作实践活动最初是以合作教育研究为主要形式，20世纪90年代以后，一大批极具影响力的合作研究项目在教育领域内掀起了一股强有力的热潮。具有代表性的合作项目主要有：“香港跃进学校计划”和“优质学校改进计划”（香港中文大学）、“优质学校”建设项目（东北师范大学）、“新基础教育”（华东师范大学）以及“教师发展学校”（首都师范大学）。其中，首都师范大学、华东师范大学和香港中文大学与中小学的合作实践各具特点、取得了较为丰硕的研究成果和值得称道的实际成效。

2001年5月，首都师范大学教育科学学院与北京市丰台区教委在共同建立的丰台教育发展服务区启动了国内首批教师发展学校的建设，教师发展学校是原学校建制内的一种功能—结构性建设。合作的区域也并未仅限于北京地区，石家庄市、唐山市、广西壮族自治区的部分中小学也相继与首都师范大学建立了合作关系。[③]

---

① 伍红林．美国大学与中小学合作教育研究：历史、问题、模式［J］．比较教育研究，2008（8）：62.

② 经柏龙．美国教师专业发展学校ABC［J］．教育科学，2008（5）：81.

③ 王长纯，宁虹，丁邦平．建设教育发展服务区，探索教育发展新模式［J］．教育研究，2001（1）：36－41；宁虹．重新理解教育——建设教师发展学校的思考［J］．教师教育研究，2001（11）：50－53；王长纯．教师发展学校建设标准参考纲要［J］．教师教育研究，2005（4）：5－10；傅树京．教师发展学校：理念及特点［J］．首都师范大学学报：社会科学版，2003（5）：118－122.

华东师范大学开展的合作项目以叶澜教授主持的“新基础教育”① 和陈桂生教授主持的“教育行动研究实验”为主要代表，其中尤以“新基础教育”影响最大。该项目始于1994年，分为三个阶段：探索性阶段（1994—1999年）、发展性阶段（1999—2004年）和成型性阶段（2004—2009年）。“新基础教育”不仅形成了专业素养极高的研究团队，建立了校际合作共同体和学科教学研究共同体，发表了硕果累累的研究成果。最为重要的是，1999年，成立了非行政性的组织机构——新基础教育研究所②，这一机构的形成为该项目的运作搭建了一个资源整合的平台，成为保证合作持续有效运作的重要机制。

香港中文大学对于院校合作的研究始于20世纪末，主要的研究机构是成立于1998年的香港中文大学教育学院“大学与学校伙伴协作中心”，该“中心”下设管理委员会、咨询委员会和执行委员会。③ 自成立以来，“中心”与200多所中小学结成了伙伴，相继开展了以“香港跃进学校计划”（1998—2001年）和“优质学校改进计划”（2001—2003年）为代表的分属学校改进、学生领袖培养、环境/可持续发展教育、课程与教学研讨等不同类型的合作项目，旨在支持中小学推行全面的学校改进计划，迈向优质教育。

（二）研究课题与学术交流

围绕着院校合作，特别是以教师教育与学校改进为主题的合作实践，很多大学的教育学者也以申报各级别课题的形式对其进行深入和拓展性的研究。如，“新基础教育”探索性研究本身就是全国教育科学规划办“九五”教育部重点课

---

① “新基础教育”探索性研究是全国教育科学规划办“九五”教育部重点课题，该研究始于1994年，1998年10月底通过结题评审。课题组主要成员在课题结题后，经过半年多的紧张筹备，1999年5月开始了“新基础教育”理论及推广性、发展性研究，2002年2月被批准为全国哲学社会科学“十五”规划国家重点课题。该课题已于2004年5月结题。至今，“新基础教育”前后两项研究合计进行了10年，统称为“新基础教育”研究。（引自：叶澜．21世纪社会发展与中国基础教育改革［J］．中国教育学刊，2005（1）：11.）

② 该所主要由华东师范大学“新基础教育”课题组专家、教育局行政领导和本土教科研人员三股力量构成。其中，课题组专家负责专业指导，区教育局提供行政支持，日常的区域推进工作由闵行区教育教学研究所新基础教育研究办公室的5位研究人员负责。该群体承担的任务主要是对区域整体推进“新基础教育”进行总体和阶段策划，开展理论研究与“实地介入式”指导学校日常研究，组织不同层面的共同体研讨会议、现场研讨活动、专题培训，进行集中调研、中期评估等。

③ 其中管理委员会主席（2003—2005年）是香港中文大学教育学院院长兼大学与学校伙伴协作中心主任。委员会成员有中小学校长、商界领袖、教育统筹会领导、中文大学社会科学院院长等。咨询委员会（2003—2005年）成员有美国、澳大利亚大学教授、香港大学教育学院教授、北京大学党委书记、台湾暨南国际大学校长等。执行委员会主席（2003—2005年）亦即管理委员会主席，其委员为香港中文大学等相关的教授。这样，该中心注意聘任本港有影响、懂教育的政府官员和中小学校长以及国内外大学的著名专家，为中心构筑了一个较高水平的工作平台。该中心办事处设主任1名，副主任2名，行政主任1名；中心工作人员分为三个小组：发展组、研究组和执行组，配有主任、副主任、助理若干名。（引自：万秀兰．大学如何促进中小学教师专业化——以香港中文大学“大学与学校伙伴协作中心”的项目活动为例［J］．浙江师范大学学报：社会科学版，2007（2）：11.）

题，该研究始于1994年，1998年10月底通过结题评审。课题组主要成员在课题结题后，经过半年多的紧张筹备，1999年5月开始了“新基础教育”理论及推广性、发展性研究，2002年2月被批准为全国哲学社会科学“十五”规划国家重点课题，并于2004年5月结题。[①] 再如，首都师范大学近年来也围绕教师教育合作申请了一系列课题：“区域教育发展中教师专业成长的伙伴协作研究”（2007年度教育部人文社科类一般项目）、“推进区域基础教育均衡发展的伙伴协作研究”、“基于合作的学校组织再造研究”（以上两项均为2008年度全国教育科学“十一五”规划国家一般课题）。

同时，围绕着院校合作议题召开的学术交流也逐渐频繁起来，来自不同地区、不同类型的大学或师范院校的学者也在积极地寻求研究上的合作以及思想上的碰撞，以深化这一领域的理论研究，推进院校合作的有效开展。其中，最有影响的当数两岸四地“学校改进与伙伴协作”学术研讨会，目前该研讨会已经举办了四届，分别在香港中文大学、华东师范大学、澳门大学以及首都师范大学举行。可以说，该研讨会基本上汇聚了院校合作研究领域内的顶尖专家学者，进行了研究成果的广泛交流。

（三）实践推进与领域扩展

这种全面推进体现为合作实践上的全面推进。这一时期中央及地方各级政府有意识地在推进合作进程、扩展合作渠道、创新合作方式等方面进行积极的尝试与探索。同时，已经建立合作关系的大学和中小学也在积极寻求突破，以提升合作的有效性。

从国家层面来看，2007年开始，教育部直属六所师范大学实行师范生免费教育，为职前教师教育合作提供了新的合作契机。实行免费师范生教育的这六所师范院校通过建立教师教育创新实验区，积极探索高等学校、地方政府和中小学合作培养师范生的新机制。各校围绕职前教师教育合作采取的具体举措如下。[②]

北京师范大学建立京师教育创新实验区、西部生源地教育创新实验区、华北教育创新实验区、校际合作教育创新实验区，为实践基地中小学开放图书馆数字资源、提供教师进修和培训机会、支持对方开展教学研究等，实践基地中小学接受免费师范生进行教育实习。华东师范大学在上海及周边省份建立了若干“服务基础教育、教师培训和教师培养一体化”的教师教育创新实验区。东北师范大学与东北三省的23个县（市）和105所中学共建教师教育创新东北实验区，探索集本科实践教学、教育硕士培养、基础教育研究、在职教师培训、教育信息平台建设于一体的多功能综合性实验区。此外，为了加强对师范生培养的指导，各校

---

① 叶澜.21世纪社会发展与中国基础教育改革［J］. 中国教育学刊，2005（1）：11.

② 中华人民共和国教育部. 教部简报：教育部直属师范大学师范生免费教育推动教师教育创新［EB/OL］.（2010-04-15）［2011-04-07］. http://www.moe.edu.cn/edoas/website18/level3.jsp?tablename=1263440017913682&infoid=1272445959732747.

普遍实行双导师制。遴选了一大批优秀中小学骨干教师，担任师范生兼职导师，并选派校内优秀教师承担教师教育课程教学任务。

2008 年，教育部决定在 2007 年暑期援助西藏、新疆教师培训和西部农村教师国家级远程培训“三项计划”的基础上，组织实施中小学教师国家级培训计划，培训计划主要包括教育部支持西部边远地区骨干教师培训专项计划、普通高中课改实验省教师远程培训计划、中西部农村义务教育学校教师远程培训计划、中小学班主任专项培训计划、中小学体育教师培训计划共 5 项计划。作为其中一项内容的教育部支持西部边远地区骨干教师培训专项计划，将进一步创新培训模式，采取教育部专项支持和“对口支援”相结合的方式，委托上海等东部省市和陕西师范大学等高师院校分别对云南等西部省区中小学骨干教师进行有针对性的培训。[①] 2010 年，教育部和财政部又联合发布了《关于实施“中小学教师国家级培训计划”的通知》，其中包括了“中小学教师示范性培训项目”和“中西部农村骨干教师培训项目”两项内容，并明确了 2010—2012 年中央财政每年投入 5.5 亿元来支持“国培计划”的实施。[②]

从区域范围来看，院校合作实践的逐步推进，不仅是横向上的推进，即合作内容和合作组织的不断扩展，一方面体现为合作从教师教育向学校改进，进而向教育均衡发展领域的扩展，另一方面也是合作组织的扩展，即在 U－S 合作之外，也注重发挥大学与地方院校间合作（U－U 合作）以及中小学之间（S－S 合作）的合作在地区教育改革中的作用；[③] 而且也是纵向上的推进，即对现有合作模式的创新和完善，体现为由传统 U－S 模式向 U－SG 模式（大学与中小学学校群体合作）、U－D－S 模式（大学—区域—学校三方合作模式，也有学者称之为 G－U－S 合作）的转变。

二、大学与中小学合作中的现实困境

如前所述，我国在大学与中小学合作中积累了许多宝贵的实践经验，也收获了不少的发展成果，很好地实现了合作实践与理论研究的双向互动和促进，但总体而言，合作仍需进一步深化与扩展，同时，合作中暴露出来的问题也需要认真地总结和反思。

美国管理学家李维特（Leavitt）认为，在组织的运行过程中有四个最为重要的因素：任务、技术、结构以及人员。这四个因素相互依赖，相互作用，使得组

---

① 中小学教师国家级培训计划［EB/OL］.（2010－03－12）［2011－04－07］. http：//baike. baidu. com/view/1541648. htm.

② 教育部、财政部关于实施“中小学教师国家级培训计划”的通知［EB/OL］.（2010－06－22）［2011－04－07］. http：//www. gpjh. cn/cms/sfxmbuwen/584. htm.

③ 杨小微 . 我国学校变革区域推进中合作的三种类型［J］. 中国教育学刊，2009（7）：5－9.

织成为一个动态系统，而在合作关系中，这四个方面的因素不仅影响着本组织的运行过程，而且也通过影响合作组织的运行过程对整个合作的运行产生作用。对于大学与中小学合作来说，通过这种因素分析方法可以较为清晰地判断合作运行的整体态势，这其中自然也包括合作中呈现出来的种种问题与困境。因此，笔者就以此为考察维度，在文献和调查的基础上，将合作中存在的问题作一归纳。

（一）任务层面的合作困境

组织任务包括组织目标、任务重心等，由此，任务层面的合作困境主要是由于合作双方对合作目标缺乏共识，或者双方组织目标存在冲突造成的，因而通常会出现如下问题。

1. 合作表面化

合作表面化，或者说形式化，是指大学与中小学虽然通过签订协议或教育行政部门指令等方式建立起了合作关系，但一方或双方对合作持消极态度，导致合作仅停留在表层。这种形式化既体现在职前教师教育合作中，如，在师范生实习环节存在的实习准备工作不到位、管理疏漏等问题；也存在于在职教师教育合作中，如，大学教师与中小学教师交流频率和范围有限以及深入中小学课堂不够等问题。虽然问题都体现为具体合作者的态度和行为方面，但其根源在于合作一方或双方的管理层没有就合作目标达成共识，因而使合作缺乏有效的监督，而这种消极的倾向会对组织成员造成负面的心理暗示，进而组织成员也会采取消极的方式来进行合作。在对实习生的问卷调查中我们发现了佐证，就“实习的‘预热’工作到位，双方在合作前开展了有效的接洽，便于更快地融合”这一问题的回答中，有超过 20% 的学生给出了中性或否定的评价；就“实习结束后，合作双方进行了很好的总结，听取了各方（包括实习生）的意见建议”这一问题的回答中，也有超过 30% 的学生认为不是这样或做得一般。可见，虽然大学与中小学双方建立了合作关系，但从合作启动的初始阶段与结束总结阶段这两个首尾标志性活动来看，合作确也存在一定程度的表面化。当然，出现这种情况也有客观原因，如，缺乏合作经验等，但不得不说，缺乏合作共识是导致此问题出现的主要原因。

2. 合作目标任务过于集中

在目前的院校合作中，还存在这样一个问题，即大学与中小学的合作领域比较狭小，其实也就是合作目标任务的设定有局限，主要体现为合作或仅集中于在职教师的专业发展方面，或只着眼于学校改进问题，或只针对师范生培养工作。这就使得院校合作的作用和能量不能得到有效的扩展和充分的释放，容易产生信息和资源的单向流动，久而久之，会形成和加剧合作一方（通常是大学）对另一方（通常是中小学）的绝对主导，进而导致中小学一方合作积极性下降，影响合作效果。如，一些教师发展学校的初衷是建立职前职后一体化的教师教育体系，然而在实际的运行中，却明显侧重于大学教师与在职教师的互动以及教师培训任务，而面向师范生的教师培养功能在一定程度上受到了忽视和弱化。

3. 组织目标冲突

在组织任务目标方面，中小学的任务目标更为明确，主要集中在教育教学领域，且有公认的评价标准（如升学率、各项达标和考核成绩等），这就使得中小学一方更加强调合作对于教师专业发展以及学校发展，进而推进学生发展的实效性和针对性；而大学的任务目标和组织功能相对而言更为宽泛，而且教学、科研以及社会服务功能的评判标准更为复杂和多元，体现在合作中就是大学的合作目标多元化，既有教学目标的要求，即提高师范生培养质量，也有科研目标的要求，如，完成涉及中小学的课题项目等，同时，还有社会服务的要求，即通过院校合作，为区域教育事业，特别是基础教育的发展提供指导和咨询。而这些目标往往并不能通过一次合作或者和某一组织的合作而实现。所以，由于双方组织目标不一致而造成的合作困境就在所难免了。

4. 合作低效

院校合作中的另一个问题是对合作目标效果评估存在不确定性和不可预计性，这既有客观原因，也有合作设计的缺陷问题。客观因素方面，对于中小学而言，无论是教师发展、学校发展，还是最终的学生发展，其评价都具有滞后性和难以量化的特点；对于大学来说，理论指导实践的效果，也要靠进一步的实践（时间）来检验。合作设计方面的问题，主要体现为监测合作的评估指标设计不合理或形式化，所以就会出现一方或双方“搭便车”的机会主义行为。以在职教师培训为例，一方面针对中小学教师一方的评估指标设计不合理，如参与培训实行签到制度，导致教师“人在场”，但不一定“心在场”；另一方面针对大学教师的培训内容及安排缺乏有效的沟通以及需求的预测，容易导致教师对培训期望值和满意度的降低。

（二）技术层面的合作困境

组织技术一般是指组织技术要素、结构、物质设备等。就合作过程来看，不同的组织拥有不同的核心技术以及对自身缺乏的核心技术的需求，由于组织技术在要素与结构上存在的差异，往往会产生组织间的各种冲突。在院校合作中，大学与中小学拥有的核心技术通常是以知识形态表现的，大学的核心技术可以称之为理论知识，而中小学的核心技术可以称之为实践知识。具体而言，基于技术层面的合作困境包括以下几个方面。

1. 技术优势导致的非对等地位

在院校合作中，正是出于对合作伙伴核心技术的需要，才产生了合作行动。

然而，正是由于掌握了这些对方稀缺的技术优势而使合作关系的天平发生了倾斜。合作地位的不平等从合作主体的角度来看，基本有两种情况，一种是大学凭借其拥有的理论知识这种技术优势地位而凌驾于中小学之上，另一种是中小学以其拥有的实践知识优势在合作地位上超越大学。无疑，前面一种情况通常是在在职教师教育的合作过程中发生的，而后一种情况往往多集中在职前教师教育的合作过程中。此时，这种技术优势也可以看做是一种技术霸权。此外，从地位不平等产生的时间来看，既可能在合作未开始前已经有所预设，如，大学以专家自居进入中小学校园，中小学自然就被“客体化”，而中小学教师则被动地接受大学教师的改造和规训，按照一种“你说、我做”的方式进行“合作”，同时，这种不对等关系也可能是在合作进行过程中逐渐形成的。我们说，合作固然需要主导，但这种主导应建立在双方地位和关系平等的基础上，主导权应基于合作伙伴对合作主导方能力、知识、技能等诸方面形成的信任和认同。

2. 技术不匹配导致的合作冲突

这种冲突一般出现在在职培训中，技术不匹配不仅体现在培训内容上，也体现在培训方式上。就培训内容而言，由于大学提供的理论知识缺乏针对性，不能满足中小学教师的实际需求，这其实是理论知识供给与实践知识需求之间的矛盾。所以，不能以讲授者和提供者自认为重要的内容作为培训内容，而应在需求调查的基础上，根据不同学校以及不同教师群体的需求进行调配。就培训方式来说，在在职教师教育中，已经形成传统教学方式的大学教师通常忽视了教师培训继续教育以及成人教育的特点，依旧采取传统的灌输式教学方法，容易引起教师的反感，导致培训效果大打折扣。

3. 物质保障的有限或匮乏

这种保障不仅是财力和物力的保障，更需要政策保障。很多院校合作因为物质的保障难以为继而被迫中断或随着合作项目的结束而自然解体。以香港中文大学教育学院大学与学校伙伴协作中心为例，按照资金支持来源的不同，院校合作包括以下三种方式：（1）基金资助的合作计划，如“香港跃进学校计划”（1998—2001 年）、“优质学校计划”（2001—2003 年）；（2）学校有偿参与的合作计划，如，由学校付费—伙伴协作计划（2002 年至今）、由办学团体资助—全方位学习计划（2001—2003 年）；（3）由政府拨款支持的合作计划，如优化教学协作计划（2004—2009 年）、建立数学科学习社群协作计划（2005—2007 年）。[①] 但从长期的影响程度来看，缺乏政府（教育行政部门）的政策支持和制度保障无疑是一种更“致命的伤害”，因为物质保障的提供大多是以政策作为依据的，历次有关

① 马庆堂．大学与学校伙伴协作的方式与机制：香港的经验及发展趋势［J］．上海教育科研，2007（8）：5.

教师教育或教师培训的法规出台，都对大学与中小学双方的合作模式、合作内容产生了或大或小的影响。如果物质保障有限或者匮乏，其直接后果就是合作关系的非持久化。目前，很多合作都是项目式的，即在项目实施期间是有一定物质保障的，但项目的结束往往也就意味着合作关系的终结。

（三）结构层面的合作困境

组织的结构，包括组织职权系统、工作流程系统、协作系统、意见交流与信息反馈系统、人力资源管理等专业职能系统、管理幅度及责任制等。组织的结构通常体现的是组织的刚性特征，在合作过程中，刚性的组织结构由于缺乏弹性的调试，往往会导致合作双方的结构性冲突。就院校合作而言，结构层面的合作困境有如下表现形式。

1. 无结构导致的合作空心化

首先，合作空心化可以理解为合作主体不明确。合作是由大学或教育学院（系）与中小学的领导层代表本组织达成的，而合作的实际参与主体往往是组织内的相应成员及其群体，这就造成虽然有名义上的各方负责人，但由于自身的“不在场”而使合作缺乏有效的管理和协调。如很多合作项目的负责人或联络人在合作中实际上“无需负责”或“联络不畅”。在对全日制教育硕士的访谈中，笔者就了解到，有些实习小组的带队老师由于主客观原因往往不能定期到学校沟通和处理实习过程中遇到的问题，所以很多突发情况只能靠实习生自己协调或在实习小组内讨论解决。其次，合作空心化是指合作缺乏固定且常设的管理机构，即使有各方成立的联合领导小组往往也只是形同虚设，这就致使合作疏于管理，而只能更多地依靠双方合作人员的道德自律和职业操守。此外，合作空心化也包括了合作缺乏切实有效的制度安排这种情况。通常来说，合作中并非没有制度安排，问题的关键在于这种制度设计和安排能否产生实效、起到很好的监督、激励和保障作用。

2. 结构性矛盾导致的客观冲突

院校合作中的结构性矛盾主要体现在大学与中小学在组织管理方式以及组织运行方式等组织结构方面存在的差异上。就管理方式而言，大学的管理更为弹性，对教师的硬性规定较之中小学教师要少，这也是由于前面提到的组织目标及评价标准相对模糊所致的；就组织运行方式来说，主要体现为大学教师与中小学教师在合作时间和空间上的障碍。在时间方面，显然中小学老师的工作时间更为固定，甚至休息时间也要处理大量的教学与学生事务，导致他们参与合作的时间和精力都受到了较大程度的限制，这也是出现上述合作形式化问题的一个客观原因。时间分配有限导致的合作问题不仅出现在在职教师培训中，正如古得莱得所描绘的那样，“在每个工作日里，许多教师要连续不断地给多达 35 名学生的班级上课。不久以前，有位教师告诉我：‘正是每天与 173 名学生的交往使我筋疲力尽，垮了下来’”。[①] 这种情况也出现在职前教师教育过程中，在访谈中，我们发现实习生对此有着切身的感受和不错的建议：

中学的优秀教师一般都工作在高三年级，压力大，工作忙，在时间上指导研究生有些力不从心，希望能尽量安排工作在高一或高二年级的教师，不一定非是特别优秀的教师，只要有两三年的教学经验就完全能指导学生了。（S13 学生访谈）

在空间方面，大学教师受到的限制较少，教师之间的交流与沟通也较为顺畅。相比之下，中小学教师受到年级组和教研组的限制，所以活动范围及相互间的交流有限，而只有打破这些结构性的合作空间障碍，才能确保双方的有效沟通与互动。

3. 结构强制导致的合作抵触

结构强制是指合作双方或第三方（主要是政府）进行硬性的合作结构安排，通过政策或行政手段来保障院校合作的开展。如，通过学校管理层行政命令或当地教育行政部门政策指令进行的在职教师培训，在一定程度上会产生教师的抵触情绪，从而使培训形式化。如在访谈中，有的中小学教师就反映了这个问题：

有时学校通知大家去听一个讲座或报告，或者就说是区里统一组织的，一个是事先不知道什么内容，就说必须去。去了的话，如果讲的是自己专业方面的内容还多少有点收获，如果不是自己的专业或者是空洞无味的理论说教，那就没必要去听了，耽误时间啊！（T3 教师访谈）

可见，这种单纯追求形式上的合作根本起不到促进合作的作用，希望通过一定的组织结构进行合作约束的初衷本无可厚非，但结果往往是背道而驰、事与愿违的。

（四）人员层面的合作困境

人员因素，是指组织成员的态度、动机、行为、文化素养、职业道德水准、人际关系、受激励的程度、组织文化与成员的价值观念等。组织间合作过程中产生的冲突和矛盾，很大程度上都可以归结为组织成员在合作过程中组织文化、合作动机、合作态度等方面存在的不协调和不一致问题造成的。

1. 组织文化上的差异与冲突

组织文化的差异和冲突是导致合作困境的一个深层次原因。就组织文化差异而言，大学与中小学组织文化上的差异主要体现为不同合作主体间，即大学教师

---

① 古得莱得．一个称作学校的地方［M］．苏智欣，胡玲，陈建华，译．上海：华东师范大学出版社，2005：218－219.

群体与中小学教师在群体文化上的差异。由于大学校园文化相对中小学校园文化而言，其开放性更强，所以在此背景下形成的大学教师群体文化就使得大学人员在行动上具有了更多的自由空间和主动性。而中小学教师群体文化相对要封闭和保守一些，所以中小学人员的行动特征表现得更为被动和保守。这种群体文化差异造成的结果往往就是大学教师群体主导了合作的进程。此外，从组织文化的冲突角度来看，“由于大学与中小学分属两种不同的文化资本，他们之间存在起点上的不平等。首先一些中小学教师大部分是从大学培养出来的学生，因此他们与大学教师就是一种老师与学生的关系。其次，大学与中小学教师解决问题的方式也存在差异。中小学教师习惯听与记，他们的兴奋点在于获得能尽快在课堂使用的实用性资源，而大学教师习惯说教，他们关注的是学科知识的深化及其内部的哲学意蕴，难以形成有效的信息共享”。[①]在合作中，正是由于文化资本需求和生产方式上的分歧，导致了合作中的冲突。

2. 成员合作态度不够积极

合作态度也是一个重要的影响因素。一般而言，在教师培训过程中，大学人员的合作态度更为重要；而在师范生培养过程中，中小学教师的合作态度更为关键。

首先，就教师培训的目的而言，旨在促进教师三个方面的变化，即态度变化、知识变化和技能变化。[②] 反观现实中的培训活动，往往更多地关注知识和技能的转变和提升，但似乎忽视了态度的转变，现实的表现就是中小学教师参与学习与合作的热情度和积极性均不高，而造成这一现象的原因恰恰正是大学教师的合作态度有所偏差。华东师范大学的杨小微老师对合作中大学人员应具有的素质有过一段评论：“第一是要有胸怀，不要摆架子。第二要有真货。一线教师相信货真价实的东西，真的能给他们思想上的警醒，或者行动上的指南，或者具体操作中的招式，这三个层面总得有一点。而且拿出来的东西，是经过思考的，不是脑袋一发热就提出来的。最后，要有耐心。大学教师和一线老师的处境不同，一线教师承载的压力很大，作为大学研究者要有耐心，但是同时也要有理想，不要简单地迁就现实”。[③] 可见，在院校合作中需要一些“现实理想主义者”的引领，而这正体现了大学教师应具有的合作态度和合作信念。当然，转变中小学教师的态度不仅受到外部力量的推动，也受着自身原本持有的合作态度的影响，这往往是一种保守的信念，体现为安于现状或抗拒变革的心理特征。如一位受访教师就表露出这样的情绪：

几年下来，课也带熟了，教学方法也熟练了，学生成绩看着也不错，有时就想这些东西也够用了。变个方式也不是不好，但得重新适应，不光是我们老师，

① 杨启光．美国大学与中小学伙伴关系的质量保证策略［J］．外国中小学教育，2007（11）：48.

② 鱼霞，毛亚庆．论有效的教师培训［J］．教师教育研究，2004（1）：15.

③ 宁虹，杨小微，等．实践意义与深度介入：“U－S”合作的京沪对话［J］．基础教育，2010（2）：13.

学生也得有个适应过程，关键是怕影响到教学效果。（T5 教师访谈）

其次，在职前教师教育中，中小学教师的合作态度对于师范生实习的指导效果有着直接的影响。诚然，在师范生实习指导中存在着时间分配有限的客观原因，但中小学教师的合作态度往往也不能忽略。一位受访的大学实习带队教师对此作过如下的评论：

这些老师对这些学生的指导力度也确实不太一样，有的老师指导力度会相当大，因为他会不断地找学生聊，有的老师性格上就不太爱说话，也有些老师好像对这种实习不是很重视，所以相对指导力度就小。我有个学生跟着就是一个特级教师，我就会问我学生，你下课后会跟着老师干什么，他说他就是去看看笔记，想想自己的备课。我问他老师和你聊不聊，他说不聊。（T1 教师访谈）

综上所述，在大学与中小学合作过程中，由于大学与中小学各自任务、技术、结构与人员因素的差异，就会产生涉及合作任务与目标、合作所需的技术、合作运行结构及参与人员诸层面的协调问题，而合作中出现的种种问题正是由于协调过程中存在的主观或客观偏差造成的。

第二节 合法与合理：大学与中小学合作机制的分析框架

“思路决定出路”，这一判断对于一项研究同样适用。“思路”是指研究的理论视角和分析框架，这一“理论框架就是认识世界的窗口。框架过滤出某些事物，同时也很容易地将其他的事物排除掉。框架帮助我们安排和管理这个世界，并帮助我们作出决策”①；而“出路”就是基于研究思路的论证过程以及研究结论。本章以组织和环境互动的开放系统理论为出发点，基于组织社会学制度理论的解释视角，构建了以大学与中小学合作的合法与合理机制为主体的分析框架，并以此作为对前面归纳出的各种合作现实困境进行深层归因的检视工具。

一、合法与合理的认识基础

（一）合作作为制度供给

本章聚焦于大学与中小学的合作问题，因此，如何理解合作就成为立论的基础。从组织社会学制度主义的理论视角来看，制度与组织间的关系是这一理论的核心议题，因此，运用该理论进行分析的第一个问题就产生了：大学与中小学自然属于组织的范畴，那么，合作是否具备制度的属性，或者说，是否可以将其视

---

① 布什．当代西方教育管理模式［M］．强海燕，主译．南京：南京师范大学出版社，1998：30.

为一种制度供给安排呢？如果可以，我们就可以按照该理论的分析体系展开论述。因而这就涉及一个最基本的前提假设或者说认识基础，即将合作视做对大学与中小学组织的一种制度供给或制度安排。如果接受这一假设，我们就可以推知：合作的过程即制度化的过程，① 或者说合作制度输入组织的过程。

这一命题成立的关键在于判断院校合作是否具有制度的特征和构成要素，这就需要考虑两个相互关联的问题：制度是否是合作的重要条件和保障因素；合作行动是否体现制度的本质和基本特征。

合作一般是指“个人与个人、群体与群体之间为达到共同目的，彼此相互配合的一种联合行动方式”。②可见，合作行动是合作组织及其成员在共同利益及共同信念的前提下采取的集体行动。而共同利益和共同信念的形成，主要是由合作中的制度因素加以规范和引导的，不管制度对合作组织及其成员的作用力是依靠外部的强制执行，还是遵循内在的自愿认同，合作的过程就是这些制度产生效力的过程，也就是一种逐步制度化的过程。

既然制度是合作的重要保障，那么，如果制度的特征与要素在合作中得到了体现，我们就可以进一步确认，合作即组织的制度化过程。按照美国斯坦福大学著名社会学家斯科特（Scott）的观点，制度包括为社会生活提供稳定性和意义的规制性、规范性和文化—认知性要素以及相关的活动与资源。③ 由此可知，该定义明确提出了制度的三个基本的构成要素，或者说特征。（三大基础要素的区别详见表 5 – 1）

表 5 – 1　三种制度基础要素的比较

	规制性要素	规范性要素	文化—认知性要素
遵守基础	权宜性应对	社会责任	视若当然、共同理解
秩序基础	规制性规则	约束性期待	建构性图式
扩散机制	强制	规范	模仿
逻辑类型	工具性	适当性	正统性
系列指标	规则、法律、奖惩	合格证明、资格承认	共同信念、共同行动逻辑、同形
情感反应	内疚/清白	羞耻/荣誉	确定/惶惑
合法性基础	法律制裁	道德支配	可理解、可认可的文化支持

资料来源：斯科特．制度与组织——思想观念与物质利益［M］．姚伟，王黎芳，译．北京：中国人民大学出版社，2010：59.

① 这里的制度化是指组织在环境影响下的被动的制度化过程，而主动的制度化本文界定为制度建构，这一表达更能凸显组织对环境压力的能动性。

② 百度百科．合作［EB/OL］．（2011 – 01 – 12）［2011 – 04 – 07］．http：//baike. baidu. com/view/183582. htm.

③ 斯科特．制度与组织——思想观念与物质利益［M］．姚伟，王黎芳，译．北京：中国人民大学出版社，2010：56.

下面我们就逐一分析和对比院校合作过程是如何实现这三种制度要素的制度化的。

首先，大学与中小学的合作体现了规制性的制度要素。规制性要素的突出特征是强调明确且外在的各种规制过程（规则设定、监督和奖惩活动），诺斯（North）也指出这种规则系统（制度）完全类似于竞技体育运动的比赛规则，包括正式的、书面的规则以及通常是非书面的行动律令，①而院校合作关系的达成往往也是以明确的合作制度、规则，或者说协议作为基本条件和行动前提的。这些合作制度，不论是合作形式的确定、合作内容的选择，还是合作目标的评估、检测等，对合作双方来说都是具有规制性的。由此可知，合作活动在一定程度上体现出了制度的规制性特征。

其次，大学与中小学的合作包含了规范性的制度要素。规范系统主要包括了价值观和规范，价值观是指“行动者所偏好的观念或者所需要的、有价值的观念，以及用来比较和评价现存结构或行为的各种标准”，规范则是“规定事情应该如何完成，并规定追求所要结果的合法方式或手段”，②而这些价值观和规范的影响是通过专业化过程得以体现的。具体而言，我们可以发现，在院校合作实践中不管合作的形式如何，结果如何，总有一些贯彻始终的价值规范制约着合作的开展。如，在教师在职教育合作中，对在职教师的培训和教育就是以特定的价值观和道德规范进行“制度化”的过程，培训内容本身就是一种规范化的知识体系，而规范的结果就体现为教师的知识习得，而这种知识习得过程也可以理解为是专业资格的认证过程。由此可知，合作内生着某种规范体系，合作的过程本身也是一个“规范化”的过程，而这正突显了规范性的制度属性。

最后，大学与中小学的合作包含着文化—认知性要素。关注制度的这一维度是社会学与组织研究的新制度主义最为显著的特征，该学派认为认知是外部世界刺激与个人机体反应的中介，是关于世界的、内化于个体的系列符号表象，这种文化认知会影响行动者的评价、判断、预测和推论。③进而，其会成为一种视若当然的制度得到组织及其行动者的遵从。可见，这一要素较之前两种制度要素更多地体现的是共同信念以及共同行动逻辑在“制度化”过程中的重要性。考察院校合作的实践，那些取得真正成功和良好合作效果的学校，绝大部分都是以基于共同信念的合作制度作为指导其实践的核心推动力的，正是这只“看不见的手”，把合作各方的组织以及其中的具体合作行动者有效地“整合”了起来。因

① 斯科特. 制度与组织——思想观念与物质利益［M］. 姚伟，王黎芳，译. 北京：中国人民大学出版社，2010：60.

② 同①，第63页。

③ 同①，第65页。

此，文化—认知性要素也在院校合作中得到了体现。

由此，我们可以说，合作即制度供给这一命题是成立的。要特别说明的是，对院校合作中上述三个制度要素作用方式和组合方式的具体分析还将在下文中依次呈现，这也是对这一命题的深入论证。

（二）合作作为组织的制度建构

如上所述，既然合作可以视作一种制度供给，那么就可以推得：合作活动就是组织的一种制度建构。如何来解释合作即组织的制度建构呢？我们知道，制度研究和组织研究由来已久，各自涉及的学科也较广泛。但将二者紧密联系在一起的却是始于组织与环境互动观点的根本转换，这一转换开始于20世纪60年代，随着权变理论、系统理论的提出，对组织与环境关系的讨论由封闭的、理性系统理论转变为开放的、自然系统理论。二者的区别在于“最早的封闭系统分析方法将注意力限定在一个既定组织的边界范围内的现象。就此而言，组织结构是个体或群体的利益行动所发生的情境。只有在开放系统模型出现之后，组织本身才成为研究的主题，被看成是由环境所塑造的反应性系统，看成是塑造它们自身情境的集体行动者，或者看成是在更大、更广阔系统中的成员行动者”。① 可见，从这时开始，组织研究的重心逐渐由聚焦组织内部转移到关注环境影响因素下的组织行为，而在这些环境影响因素中，制度是一个重要的维度。回顾制度研究的发展演进，除了前面提及的组织分析的新制度主义之外，还有两个理论发展相对较为成熟的研究流派，即理性选择的新制度主义和历史的新制度主义，它们对制度与组织的关系有着各自不同的理解，这些认识对我们更好地把握组织与制度的关系，进而在此基础上，更好地分析大学与中小学组织如何更好地进行合作制度的建构不无助益。②（三个理论流派之间的相同和差别分析如表5－2所示）

---

① 斯科特．对组织社会学50年来发展的反思［J］．李国武，摘译．国外社会科学，2006（1）：10.

② 对制度主义的划分有不同的认识，目前有七分法、四分法、三分法和二分法这样几种不同的划分，七分法的典型代表是盖伊·彼得斯，他在《政治科学中的制度理论：新制度主义》一书中将新制度主义的流派划分为规范制度主义、理性选择制度主义、历史制度主义、经验制度主义、社会学制度主义、利益代表制度主义和国际制度主义；四分法的代表是西蒙·雷奇，他在“制度主义的四副面孔”一文中从新制度主义的研究对象出发，提出了四个政策领域：再分配型政策、管制型政策、现代化的政策以及自由化的政策；二分法的代表是克拉克，他认为按照严格的方法论标准来看，新制度主义只有两个流派，即以行动者为中心的新制度主义和以结构为基础的新制度主义；本文采用的是三分法，这是由豪尔和泰勒在他们共同发表的“政治科学与三个新制度学派”一文中提出的，即历史制度主义、理性选择制度主义和社会学制度主义；另外，也有学者指出这种三分法容易引起混淆和误解，而在此名称基础上又进行了明确化，如迪马吉奥和尼尔森将三个流派分别命名为：理性—行动的新制度主义、社会—建构主义者的新制度主义、调节—冲突的新制度主义。（参见：何俊志．导论：新制度主义政治学的流派细分与整合潜力［M］//何俊志，任军锋，朱德米．新制度主义政治学译文精选．天津：天津人民出版社，2007：2－9.

表 5－2 理性选择的、组织分析的和历史的新制度主义的共同点与不同点

	理性选择的新制度主义	组织分析的新制度主义	历史的新制度主义
相同点 变迁模式	间断均衡，演化	间断均衡，演化，间断演化	间断均衡，演化，间断演化
因果解释概念	路径依赖： 基于反馈、回报递增和制度制约下的选择扩散： 基于信息传播、反馈和模仿	路径依赖： 基于制度的制约性与建构性 扩散： 基于模仿、规范与强制过程	路径依赖： 基于反馈、学习和制度制约下的选择 扩散： 基于学习与强制过程
思想观念的作用	附加性的： 认知结构、信念和规范制约行动者（并使制度有效）	基础性的： 被视若当然而接受的认知与规范结构制约（和驱动）行动者	附加性的： 政治范式和原则信念制约行动者
不同点 理论根源	新古典经济学	现象学、常人方法学与认知心理学	马克思主义与韦伯传统的政治经济学
制度定义	正式与非正式规则，行动者遵守的程序、策略均衡	正式规则和视若当然的文化框架，认知图式、习惯的再生产过程	正式与非正式的规则和程序
分析层次	微观——分析的交易层次	组织场域与组织人口种群层次	宏观——分析的国家政治经济层次
行动理论	工具主义逻辑	适当性逻辑	工具主义与适当性逻辑
制约理论	行动受诸如产权、宪法等规则和有限理性的制约	行动受文化框架、图式和惯例的制约	行动受规则和程序、认知范式和原则信念的制约

资料来源：坎贝尔．制度变迁与全球化［M］．姚伟，译．上海：上海人民出版社，2010：10.

斯科特认为，存在三种相互对立的关于组织与制度关系的观点：①

① 斯科特．制度与组织——思想观念与物质利益［M］．姚伟，王黎芳，译．北京：中国人民大学出版社，2010：158－159.

第一种观点类似于博弈论的观点，最早由诺斯提出，并得到很多制度经济学家的支持，就是认为制度提供了博弈的规则，组织就是类似于博弈者的行动者；第二种观点是由威廉姆斯（Williamson）等新制度经济学家提出的，认为组织及其结构、程序本身就是制度，而作为制度的组织就是一种用以治理生产活动并使交易成本最小化的系统；第三种观点则由迈耶（Meyer）、朱克（Zucker）以及道宾（Dobbin）等社会学家提出来的，强调发生在社会层次上的过程与单个组织结构及其运行之间的联系，认为不应对组织与其制度环境作出区分。“在这个意义上，组织（Organization）即一个制度化的组织（Institution）。换言之，所谓的制度化组织是处于社会环境、历史影响之中的一个有机体。组织的发展演变是一个自然的过程，是在和周围的环境不断相互作用下不断变化、不断适应周围社会环境的自然产物，而不是人为设计的结果。”①与此观点相呼应地，考瑞特（Coriat）和多西（Dosi）将制度定义为一个演化过程，包括三个要素，而正式的组织（从企业、技术实体、贸易组织、大学到所有的国家机构）是其中第一个要素。② 按照上述三种制度流派的观点，显然前两种关系理解体现了理性选择新制度主义的理论主张，而最后一种观点则代表了组织分析的新制度主义的理解。笔者认同的是对组织与制度的第三种关系界定。

权衡以上诸种观点后，本文的基本立场是将组织分析和理性选择的新制度主义进行有机结合，即在分析院校合作机制中，既强调前一命题提出的制度制约组织行动的观点，也关照到合作组织对制度理性选择的能动性，即将组织对合作制度的建构看做兼有工具主义逻辑和适当性逻辑的行动，借以弥合各自的理论分析缺憾，发挥它们对促进合作制度有效性的“合力”。

综上所述，我们把合作视为一种制度建构，旨在强调一种“认知和制度的社会建构”，这里的制度是指“那些想当然的认知图式的储备库，塑造了人们对自己生活其间的世界的看法，提供了指导他们行动的脚本。重点在于，人们如何通过语言和其他象征性符号在制度化的背景下积极地去建构意义”。③这其实就是前面提到的文化—认知性制度要素的秩序基础和作用方式，而组织在对合作制度建构的同时，其实也是对组织自身结构的一种适应性建构。也就是说，“作为一种有特定目的的和工具性实体的组织，恰恰是制度过程的产物——这种制度过程是一种建构型过程”，④ 而这也符合制度与组织关系的第三种观点。

由此推知，在院校合作中，大学与中小学就成为合作制度的组织载体，一方面，合作表现为大学与中小学的一种互动方式；另一方面，合作制度则表现为大学与中小学的一种能动性的组织建构。

---

① 周雪光．组织社会学十讲［M］．北京：社会科学文献出版社，2003：70.

② 秦海．制度范式与制度主义［J］．社会学研究，1999（5）：54.

③ 迈尔，罗万．教育中的新制度主义［J］．郑砚秋，译．北京大学教育评论，2007（1）：19.

④ 斯科特．制度与组织——思想观念与物质利益［M］．姚伟，王黎芳，译．北京：中国人民大学出版社，2010：94.

二、合法与合理的行动逻辑

（一）合作中制度、观念与利益的关系

以上两个命题分别引导出了两个彼此关联的问题：第一个是既定的制度供给如何输入组织，即环境力量如何对合作组织产生影响；另一个则是组织如何进行合作制度的建构，即参与合作的组织如何能动地作出有效的选择以应对环境的要求，这也正是进行院校合作的每一个组织必须要思考和解答的问题。而这样的两个问题其实可以用一个过程来表述，即“制度要素影响组织行动以及组织行动又塑造制度要素的复杂循环过程”。①我们可以清楚地看到，在这一过程中，制度处于“自变量”与“因变量”的循环转换中，而隐藏在这一循环过程背后的其实是三个组织社会学的关键分析概念，即制度、观念和利益。可以说，理解了它们各自的内涵以及相互关系，就是获取了开启上述两个问题之门的“钥匙”。

如何理解制度？组织分析的新制度主义将制度理解为“社会生活的基础，包括了正式与非正式的规则、监督与实施机制以及意义系统，并界定着个人、公司、工会、民族—国家以及其他组织得以运行、相互作用的背景”。②在本研究中，制度是以一种动态的观点加以理解的，即将合作制度的生成和运行理解为一种制度化和制度变迁的过程，而这一过程包含了两个层面：（1）制度输入，也就是趋同性制度变迁，这一过程其实就是探讨前面的第一个认识基础，即作为一种既存的供给形态的合作制度，如何传播和扩散到组织中；（2）制度建构，也就是趋异性制度变迁，这一过程其实就是分析上述第二个认识基础，即组织如何在制度限制的条件下，采取能动性策略加以应对。③

而在制度变迁过程中，观念和利益是通过作用于组织而对变迁过程产生影响的两个主要因素。由此，观念和利益就进入了我们的分析视线。

如何理解观念呢？观念，也称为思想观念。坎贝尔（Campbell）对思想观念进行了两种区分：（1）思想观念可能是内在于决策斗争背景（后台）中基础性的、视若当然的假定，在这一意义上观念就是一种具有文化—认知性要素的制度；但它也是位于决策斗争前台中的概念，为决策者所明确阐释。（2）思想观念可能是认知性的（结果导向），也可能是规范性的（非结果导向），在认知层面上包括了各种描述和理论分析，用以说明原因和结果间的关系，在规范层面上

---

① 斯科特．制度与组织——思想观念与物质利益［M］．姚伟，王黎芳，译．北京：中国人民大学出版社，2010：188.

② 坎贝尔．制度变迁与全球化［M］．姚伟，译．上海：上海人民出版社，2010：1.

③ 趋同性制度变迁和趋异性制度变迁的概念来自格林伍德和西宁斯。（参见：斯科特．制度与组织——思想观念与物质利益［M］．姚伟，王黎芳，译．北京：中国人民大学出版社，2010：141.）

则包括了价值观、态度和身份。将这两个区分维度加以组合，可以划分出四类思想观念，即认知范式、公共情感、程序以及规范框架。①

利益，是进行趋异性制度变迁的一个重要动因。在这里是指个体和集体行动者的利益诉求（进行成本收益计算、追求已有的偏好）以及利益驱动下的能动性，而这种能动性是指“行动者对社会世界具有某种影响能力——如能够改变规则、改变关系连带或者资源分配”。②当然，能动性的发挥要受到环境（主要是思想观念）的制约，是一种“受制约的选择”，或者说，思想观念界定了利益能动性的“自由发挥空间”。

那么，制度、观念和利益又是如何互动的，换言之，观念和利益如何影响制度的生成和发挥作用呢？道格拉斯（Mary Douglas）在《制度是怎样思维的》一书中用功能主义的逻辑解释了这一问题：“在一定社会条件下，人们追求个人利益的行为会产生一种潜在的功能，导致了有利于群体整合的观念、制度的产生和延续。当这些观念以及在此基础上形成的行为规范超越了个人的私利，被社会群体‘广为接受’，使这些观念和规范隐含到了自然或超自然的世界中，成为自然规则或超自然的规则，人们对这些规范的遵守就成了自然而然的事情，这些观念就成为了社会群体的共享观念。这样，这些观念和制度也就自然化（Naturalized）或超自然化了，就变成建立在理性的基础之上，成为宇宙规律的一部分，就自然而然转变成讨论或争辩其他问题的基础了，也就成为讨论合法性的基础了”。③由此可见，我们应该这样理解制度，即它“既是物质性的，又是观念性的；既是信号系统，又是象征符号系统；既是理性的，又是超理性的”。④而在制度变迁的过程中，“物质性”与“观念性”并非总处于均衡状态。比较而言，“超理性”的观念在趋同性变迁中占据主导地位，而“理性”的利益在趋异性变迁中的作用更为突出。但不管怎样，“利益驱动下的理性、文化形态中的观念和作为历史集装器的制度”在合作过程中都占据了一定的位置并形成了一定的组合方式，而这些“在特定时空背景之下出现顺序和组合状况的差异”，才是合作行动的真正原因。⑤而这正是本研究依据的理论分析框架的逻辑脉络所在。（如图 5 - 1 所示）

在分析框架中，包含着两个循环过程和四个互动子结构：

两个循环过程分别是：（1）制度—观念/利益—组织（决策者），即组织的

---

① 坎贝尔．制度变迁与全球化［M］．姚伟，译．上海：上海人民出版社，2010：93 - 99.

② 斯科特．制度与组织——思想观念与物质利益［M］．姚伟，王黎芳，译．北京：中国人民大学出版社，2010：86.

③ 孙同全．组织趋同现象的社会学新制度主义解释——评介周雪光《组织社会学十讲》［J］．北京工商大学学报：社会科学版，2004（6）：91.

④ 弗利南德，阿尔弗德．把社会因素重新纳入研究之中：符号、实践与制度矛盾［M］//鲍威尔，迪马吉奥．组织分析的新制度主义．姚伟，译．上海：上海人民出版社，2008：264.

⑤ 何俊志．导论：新制度主义政治学的流派细分与整合潜力［M］//何俊志，任军锋，朱德米．新制度主义政治学译文精选．天津：天津人民出版社，2007：14.

被动制度化过程；（2）组织（执行者）—观念/利益—制度[①]，即组织的主动制度建构过程。

四个互动子结构分别是：（1）制度—观念—组织，外部合法性生成问题；（2）制度—利益—组织，外部合理性生成问题；（3）制度—观念—利益，内部合法性与内部合理性生成问题；（4）观念—利益—组织，合法性与合理性协调问题。（具体分析详见后面的章节）

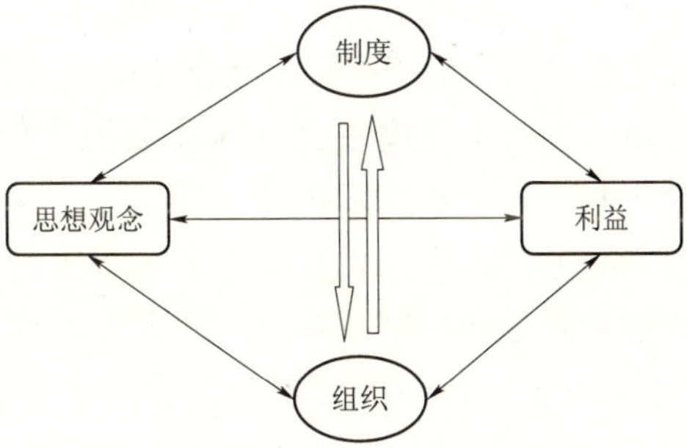

图 5－1　理论分析模型

（二）合法机制与合理机制

美国教育学者马文·彼得森（Peterson）认为，“所谓‘模型’（Model）不仅是研究组织问题的一种方法，而且也是学者们为理解或解释组织结构及其运行方式而提出的一套理论概念体系。一个模型就是一系列概念或建构和关系，它们可以被研究者定义和系统地考察。研究者可以考察一个模型是否与真实的组织行为相吻合，或者判断在众多模型中，哪一个模型最有利于理解组织现象”。[②]因此，基于上述分析，笔者进一步对院校合作机制研究进行了命题的细化，提出了一套概念体系，包括四组概念。

对合作环境的划分基于组织分析新制度主义的制度和技术环境二分法；在此基础上，提出了合作原则（合法性与合理性）和合作机制（合法机制与合理机制）两组概念框架。进而，根据本章早先论述的两个基本命题的逻辑关系，将合作划分为制度输入和制度建构两个顺序阶段，第一阶段将制度因素作为“自变量”，探讨合作制度如何生成的问题，即生成机制，第二阶段则以制度因素为“因变量”，分析合作制度如何运行的问题，即运行机制。最后，将这四对概念组合在一起，这样两个问题就随之呈现出来：合作何以合法且合理地生成？合作何以合法且合理地运行？这样，本文概念框架的用意也就很明显了。

1. 合作环境：制度环境与技术环境

立足于组织和环境互动的开放系统理论将其他组织视做组织自身发展的环境因素之一。“从抽象意义上来理解，任何现实系统都是封闭性和开放性的统一。环境构成了系统内相互作用的场所，同时又限定了系统内相互作用的范围和方

---

① 这里之所以用“制度”，是要将其与第一循环过程起点的“制度”区别开来，因为这里的制度是经组织能动建构后的改进的制度，与前一“制度”有着质上的区别。

② 彼得森．大学和学院组织模型：历史演化的视角［J］．北京大学教育评论，2007（1）：110.

式，系统内相互作用以系统与环境的相互作用为前提，二者又总是相互转化的。在这个意义上，系统内的相互作用是以系统的外部环境为条件的”。[①]环境因素，按照组织分析新制度主义学派代表人物梅耶（Meyer）和斯科特的观点，可以划分为制度环境和技术环境，技术环境是这样的一些环境，在其中组织的一种产品和服务得以生产并在一个市场中进行交换，这样的组织因为对其生产系统有效地和充分地控制而获得回报，而制度环境是那些以具有完善的规则和要求（如果其中的个体组织要想获得支持和合法性就必须遵守这些规则和要求）为特征的环境。[②] 可见，两种制度对组织产生了两种截然相反的作用力，一个基于效率原则，一个遵从合法原则，而这正是前文提及的利益与观念作用力的体现。

为进一步说明两种环境的区别及其对组织结构的影响，他们还总结和提炼出了六个假设：[③]

假设1　技术性部门中的组织试图努力控制和协调其生产活动，防止生产活动受到环境波动的影响。

假设2　技术性部门中的组织在进行有效的生产活动和形成有效的协调结构方面会取得成功。

假设3　制度性部门中的组织并不会试图密切控制或协调其生产活动，相反会试图努力阻止这些生产活动与组织结构相关联，甚至试图努力使这些生产活动与组织结构相分离或脱耦。

假设4　制度性部门中的组织会成功地获得各种人力资源，也会成功地形成与这个部门中已经确立的规范或（和）权威相一致的结构安排与生产过程。

假设5　在制度和技术上高度发达的社会部门中运行的组织，会形成更为复杂和精细的行政管理系统，也会出现高水平的内部冲突。

假设6　在制度与技术都不发达的社会部门中运行的组织，规模相对较小，生存能力相对较弱。

此外，梅耶和斯科特还以制度和技术环境为划分维度，区分出了不同的组织类型，本文的研究对象大学与中小学这些教育组织被归入了强制度和弱技术环境要求的组合状态内。[④]（下文将专门就此问题进行论述）

当然，要补充说明的是，本文对技术、制度环境的界定只是出于研究需要而

---

① 百度百科．系统理论［EB/OL］．（2011-01-10）［2011-04-07］．http：//baike.baidu.com/view/3183525.htm.

② 斯科特，迈耶．社会部门组织化：系列问题与初步论证［M］//鲍威尔，迪马吉奥．组织分析的新制度主义．姚伟，译．上海：上海人民出版社，2008：133.

③ 同②，第135～136页。

④ 同②，第134页。

按照奥卡姆剃刀定律所进行的划分[1]，难免有简单和僵化之嫌。在现实情境中，组织的环境因素并非仅只技术与制度环境。仅就这种划分来说，这两种环境也存在着较为复杂的关系，并非总处于对立状态，也有统一和相互转化的时候。（具体讨论可见下文合法机制与合理机制关系部门）

2. 合作原则：合法性与合理性

以上对环境的二分就直接导致了合作合法性与合理性的二分。这里的合法性与合理性分别对应着制度环境和技术环境，是组织在合作中采取针对上述两种环境因素的适应性行动的原则，也即分别对应着前文论及的观念与利益。

（1）合法性原则

对“合法性”（Legitimacy）的理解，最早见于韦伯（Weber）的理论，他提出权威的产生有三种合法性来源，即个人和领导的魅力、传统以及法理。帕森斯（Parsons）认为“如果一个组织想要获得合法性，并因此使自己的社会资源诉求能够得到认可，那么这个组织所奉行的价值观就必须与更宽泛的社会价值观相一致”[2]，而“社会价值观”就是制度因素对组织制约的体现。萨奇曼（Suchman）认为“合法性是在社会构建的规范、价值、信仰和定义体系之内，关于一个实体的行动是合意的（Desirable）、正当的（Proper）或者适当的（Appropriate）一般化的感觉或设想”，并指出有“三种主要的合法性形式：实用合法性、规范合法性和认知合法性”。[3] 由此可见，制度环境下要求组织服从合法性原则，即服从广为接受的组织形式和做法，而不考虑技术（效率）因素。因此，院校合作过程中也要求组织遵循这一原则。

合法原则要求组织的运行必须要遵循一定的制度逻辑，其实质就是组织自身获取合法性认同的问题，而合作合法性认同实质上也是对组织合法性认同的一种体现。我国组织社会学学者赵孟营认为，组织合法性就是“组织内的权威结构的尊严性的确立。更引申一步，我们可以这样描述组织合法性状态：当社会组织内的权威结构获得承认、支持和服从时，社会组织就具有了组织合法性；当社会组织内尚未建立权威结构或权威结构尚未获得承认、支持和服从时，社会组织则不

---

① 奥卡姆剃刀定律，是由14世纪逻辑学家、圣方济各会修士奥卡姆的威廉（William of Occam，约1285年至1349年）提出。奥卡姆（Ockham）在英格兰的萨里郡，那是他出生的地方。他在《箴言书注》2卷15题说“切勿浪费较多东西去做用较少的东西同样可以做好的事情。”这个原理称为“如无必要，勿增实体”（Entities should not be multiplied unnecessarily）。（参见：百度百科．奥卡姆剃刀定律［EB/OL］.（2011－03－12）［2011－04－07］. http：//baike. baidu. com/view/646319. htm.

② 斯科特．制度理论剖析［M］//鲍威尔，迪马吉奥．组织分析的新制度主义．姚伟，译．上海：上海人民出版社，2008：183.

③ 郭毅，可星，朱熹，於国强．管理学的批判力［M］. 北京：中国人民大学出版社，2006：50.

具有组织合法性。”[①]进而，组织合法性又可以区分为两个层次，组织内部合法性是指“组织的权威结构所获得的组织成员的承认、支持和服从。或者说组织合法性的内部资源基础是来自于组织成员对权威结构的承认、支持和服从”[②]；组织外部合法性是指“组织的权威结构获得的组织外与组织相联系的社会的承认、支持和服从。或者更准确地说，组织合法性的外部资源基础是来自于组织外与组织相关联的社会势力成员对权威结构的承认、支持和服从”[③]。以此观之，在合作关系中，合作各方组织的合法性认同也应来源于两个方面，即来自外部（合作伙伴、相关组织或机构等）与内部（组织成员）的对其合作行动的认同。换言之，在组织的行动与内外部已有的规范、价值与信念保持一致与协调的情况下，合作才被认定为是正确且恰当的，即具有了合法性。

（2）合理性原则

相对于合法性原则，合理性原则体现的是技术环境对组织行动的要求标准，我们可以从狭义和广义两个方面理解其内涵。就狭义范围而言，可以将合理性界定为一种技术理性，按照汤普森（Thompson）的观点，技术理性有工具性和经济性两个衡量标准。工具性问题的实质是设定的行为是否在事实上生产了欲求的结果；经济性问题的实质在于结果是否是在资源的必要耗费最少的基础上取得的。[④] 所以，合理性的判断标准就是合目的性和合效率性。因此，实现院校合作中各方组织的“共赢”和“互利”就成为合作合理性原则的体现。当然，合理性并非无限理性，而是在有限理性范畴内的界定，所以单纯追求组织自身的“利益最大化”是有条件的，这也就意味着在某种程度上合理性是受到来自组织外部的环境（包括制度环境）力量的制约的，是一种选择受限的合理性，即这种合理性的达成是一种基于限定条件的满意状态，这就是对它的广义理解。由此，我们可以将合作的合理性原则理解为两个次级原则，即狭义上的效率原则以及广义上的满意原则。

同样的，我们也从两个层面对合作的合理性原则进行了分解，第一个层面，我们称之为外部合理性，是指合作应满足各参与组织合目的性以及合效率性的行动诉求，而这种合作行动中体现出的组织效率（效益）就构成了对合作的外部合理性认同，体现的是一种组织理性；第二个层面，我们称之为内部合理性，是指合作应满足各参与组织成员（主要是合作执行者群体及个体）的利益，而这种符合提升组织成员群体和个人效率诉求的合作行动就获得了对合作的内部合理

---

① 赵孟营．组织合法性：在组织理性与事实的社会组织之间［J］．北京师范大学学报：社会科学版，2005（2）：119.

② 同①，第 121 页。

③ 同①，第 123 页。

④ 汤普森．行动中的组织：行政理论的社会科学基础［M］．敬乂嘉，译．上海：上海人民出版社，2007：18.

性认同，体现的则是一种个人理性。合作的合理性应是外部与内部合理性协调统一后的结果。

同样要特别指出的是，这里的区分并没有厚此薄彼的意思，合法性与合理性的关系，正如萨奇曼指出的那样，合法性是“被客观地拥有但主观地创造的”。[①]可见，同其所依循的制度、技术环境一样，二者同样是一种对立统一的辩证关系，而这也是本文的逻辑起点。

3. 合作机制：合法机制与合理机制

对于进行合作的每个组织来说，技术环境与制度环境一直都“如影随形”，因而，合法性与合理性考量也就成为“不离”合作组织“左右”的原则性问题。依循这一递进关系，本文构建了院校合作的合法机制与合理机制，而这也就成为伴随合作进程的两大动因，其分别依循前文提及的适当性逻辑与工具主义逻辑。

（1）合作合法机制

合作合法机制，就是合法性逐步内化的过程，是制度力量作用的体现，即“那些诱使或迫使组织采纳具有合法性的组织结构和行为的观念力量”。[②]按照组织对制度的能动程度（迫使或诱使），可以分解为被动适应、自发适应和自觉适应三种类型，而这三种适应状态又分别对应着前面提及的规制性、规范性以及文化—认知性制度要素。下面将分别分析院校合作中的具体合法机制类型。

对于制度趋同性的产生，迪马吉奥（DiMaggio，也有人译为“迪马久”）和鲍威尔（Powell）曾提出三种作用机制，即强制趋同性、模仿趋同性和社会规范趋同性。[③]如前所述，既然合作可视做一种制度安排，那么，合作制度也不可避免地会出现趋同的趋势，且就我国目前中央集权为主的教育管理模式而言，无论是大学，还是中小学，基本都处于同样的制度环境下，自治程度相对不高，且就合作的模式、范围、内容来说，较之企业组织相对单一，因此，自身的选择性不强，选择范围有限。因此，这三种趋同机制也就可以视做对合作制度以及合作伙伴的合法认同，即合法机制。

① 强制机制

强制性机制，源于一个组织所依赖的其他组织向它施加的正式与非正式的压

---

① 斯科特．制度与组织——思想观念与物质利益［M］．姚伟，王黎芳，译．北京：中国人民大学出版社，2010：68.

② 周雪光．组织社会学十讲［M］．北京：社会科学文献出版社，2003：75.

③ 迪马久，鲍威尔．铁的牢笼新探讨：组织领域的制度趋同性和集体理性［M］//张永宏．组织社会学的新制度主义学派．上海：上海人民出版社，2007：28－33.

力，这种压力可能被组织感知为要求其加入共谋的某种强制性力量、劝诱或者邀请。[①]这一强制性力量通常源自明确的法律法规，使得组织采纳被认可的行为规范，这显然对应于制度的规制性要素。在合作中，这一机制的效力体现为施加于组织的合作制度及合作关系的合法强制力。在院校合作中，很多合作其实都是在教育主管部门批准的项目框架内进行的，而这就是一种典型的强制机制作用下建立的合作关系。

② 规范机制

规范性机制的实质是实现一种专业化的过程，即一个职业中的成员集体地界定他们的工作条件和方法以控制“生产者的培育”的努力，以及为他们的专业自治确立一种认知和合法性基础的努力，而专业化的两个特点是规范要素形成的重要来源，一个特点是专业化依赖于大学专家提供的认知层面上的合法化和正规教育，另一个特点则是跨组织的以及新组织模式赖以快速扩散的人才网络的成长和完善。[②] 可见，规范性机制是规范性制度要素的重要形成机制。这一机制对合作组织的作用体现为一方向另一方进行合法化专业规范的输出。显然，大学与中小学的合作在很大程度上就是大学教师向中小学教师进行专业化的规范过程。

③ 模仿机制

模仿是对不确定性的一种回应，组织倾向于模仿那些在其所处领域中看上去更为成功或更具合法性的类似组织。[③]豪斯查尔德（Haunschild）和曼纳（Miner）则对模仿机制进行了更细化的研究，将其分为三种形式，即按频率、特征和结果进行模仿。[④]

基于频率的模仿，是指组织倾向于模仿那些被大量的其他组织所采用的行动。在这种形式中，经常发生的实践日益成为“理所当然的”并因此被不假思索地采用。可见，这种理所当然的做法在这里被赋予了合法性地位。在合作中，就体现为组织倾向于选择那些有众多合作伙伴的组织作为理想的合作组织。

基于特征的模仿，是指组织倾向于模仿那些具有某些特征的组织的行动来获得合法性。这些被模仿的组织通常是那些地位更高的成功的大型组织。这一模仿过程也可以看做是社会影响的一种形式，因为正是这些特征影响了模仿行为，而对具有这些特征的组织行为是否会产生效益基本不予考虑，但确也存在合技术性（合效率性）的模仿。在合作中，则表现为组织倾向于选择那些知名度、美誉度更高的组织进行合作。

基于结果的模仿，是指组织根据其他组织采用一种实践或结构之后产生的结

---

① 迪马吉奥，鲍威尔．关于“铁笼”的再思考：组织场域中的制度性同形与集体理性［M］//鲍威尔，迪马吉奥．组织分析的新制度主义．姚伟，译．上海：上海人民出版社，2008：72.

② 同①，第76页。

③ 同①，第74～76页。

④ 豪斯查尔德，曼纳．组织间模仿的模式：结果显著性和不确定性的影响［M］//张永宏．组织社会学的新制度主义学派．上海：上海人民出版社，2007：67－95.

果来决定是否采用该实践或结构。由此可知，这一模仿行为更符合合理性的要求。但因为这三种模仿机制有时候是存在交叉和重合关系的，我们在此依然将其视做合法机制的一种形式。遵循结果模仿的合作是指根据是否曾有成功合作先例这样的结果来选择进行合作的组织。

客观而言，模仿机制既包含了合法性的因素，即它符合制度环境的要求。同时，在一定程度上也体现出了合理性的因素，不管是按照频率、特征还是成果模仿其他组织，都不同程度地存在理性选择因素，都体现的是一种组织对技术环境的适应行为。因此，模仿机制中更多地体现了文化—认知性要素的成分，而这种很好地将合法性和合理性兼顾的机制才是真正意义上的自觉适应。这种机制的作用也会出现在大学与中小学的合作中，如，中小学会根据大学是否参与过很多合作项目和实践、是否具有充足的合作资源以及之前的合作是否取得了预期效果这些反映合作频率、特征与结果的指标来选择合作伙伴，这些都是上述不同模仿机制作用的体现。

当然，合法机制并非只有以上三种机制类型，斯科特也总结出七种制度环境如何影响组织行动的机制：①（1）环境强制输入观。这与前面提及的强制性机制是相同的，但他做了细化，将强制输入区分为借助权威（Authority）方式和借助强制权力（Coercive power）方式输入两种类型。前一方式较之后者遇到的抵制更少，所以输入的速度会更快。（2）环境授权（Authorization）观。这里的授权是指由一个上层单元来界定和实施对某个给定行动者实施权力具有支持作用的规范的过程，类似于前面的规范机制，但这里更为强调主动地获得授权的含义，而非“被规范”。（3）环境诱致（Inducement）观。权威机构通过给那些愿意遵守其提出条件的组织提供物质等激励，这种诱导性的策略会引起组织的相应遵从性行动。（4）自致观。组织的决策者会根据更现代的、更适当的或更理性的原则进行有意识的制度设计和选择。这种机制本质是一种合理机制的体现。（5）铭记（Imprinting）观。组织铭记是新生组织在建立时获得某种特征并将这些特征保持下来，类似于基于特征的模仿，而非理性决策或设计后的选择。（6）环境要素整合（Incorporation）观。这种观点认为，组织制度化的过程，是组织结构通过适应性的、无计划的漫长历史演化过程，是逐渐把环境中的显著差异反映到或复制到自己的结构中。（7）共享制度信念观。②这一观点认为关于制度的共享信念、制度规则和角色会逐渐被编码（Encoded）并进入组织结构，这实质上是一种在文化—认知性要素意义上对制度化的理解。

综上所述，不管是三种合法机制，还是扩展后的七种机制，都为本研究院校合作的制度如何合法地“输入”组织提供了导引，具体的机制作用机理，还需

---

① 斯科特．制度理论剖析［M］//鲍威尔，迪马吉奥．组织分析的新制度主义．姚伟，译．上海：上海人民出版社，2008：189－196．

② 这一名称系笔者根据斯科特的认识所加，原文中并未总结出一个特定的名称。

要在具体的合作情境中进行有针对性的分析。（下文将就这一问题作具体阐述）

（2）合作合理机制

通过以上对合法机制的分析，我们可以看到制度对组织的作用方式是不同的，而且组织的应对方式也是有所区别的，那么，组织如何才能更好地适应制度环境以更好地运转呢？这就涉及如何合理地实现制度化（合法化）的问题，即对合作合理机制进行分析。

对大学与中小学合作的合理性进行分析，是基于技术环境的考量，技术环境强调组织的技术理性，追求组织目标达成的经济性，所以如前所述，狭义地来看，合理性原则是一种效率原则，那么，合理机制自然可被视为一种效率机制，即合作双方的行为是行动主体理性选择的结果。但同样地从广义角度来理解的话，合理机制也并非仅遵循单纯的“算计”逻辑，这就需要从理性选择新制度主义的理论视角对合作的合理性进行分析。理性选择理论的基本主张是“效用最大化能够并且应该成为个体的基本动机，但是，个体也许会认识到，他们的目标能够通过制度性行动来最有效地实现，并且还会发现，他们的行动受到了制度的塑造”。①可见，“合理”的理性选择的实质是在制度的规范和制约下更合理地满足偏好所采取的行动策略。当然，这些作为应对制度环境的行动策略给组织及其行动者预留了不小的“选择空间”。奥利弗（Oliver）就认为，组织对环境的压力不仅可以采取依从、妥协和回避性策略，也可以运用操纵，甚至是反抗性的策略。②我们说，在适当的情境中，任何一种策略都可能成为合理的组织行为。理性选择制度主义有着不同的研究视角，也就有着对合理机制的不同解释，在梳理相关理论成果的基础上，笔者总结出如下三种合理机制。（三种机制的比较见表5-3）

表5-3 合理机制类型的比较

	成本—收益机制	权力—依赖机制	结构—诱致均衡机制
利益基础	组织利益（经济利益等）	资源权力	制度约束下的利益
思维导向	内部思维	外部思维	扩展的外部思维
理论基础	新制度经济学	资源依赖理论	改进的理性选择新制度主义
逻辑基础	工具性	工具性	适当性下的工具性

① 成本—收益机制

追求合作中的效率是理性选择的直接动因，这同新制度主义经济学有着密切的关系，特别是其中的交易成本理论，有效地解释了基于利益（效率）原则的

---

① 彼得斯．理性选择理论与制度理论［M］//何俊志，任军锋，朱德米．新制度主义政治学译文精选．天津：天津人民出版社，2007：76.

② 费显政．新制度学派组织与环境关系观述评［J］．外国经济与管理，2006（8）：12.

理性选择问题。威廉姆森认为，交易成本是企业效率的关键因素，不同交易的特征及其相应的成本差异是决定不同治理形式的决定因素。[①] 而不同的治理形式则处于市场和科层制这两个端点之间，选择合作也是其中的一种治理形式。

教育组织（大学与中小学等）虽然在很大程度上与企业组织有着不小的差异，但在实际的合作过程中也需要考虑“成本—收益”因素。当然，这里的成本有别于新制度主义经济学中的交易成本，因为学校间“交易”的主体、对象和目的与企业间单纯的经济交易是不同的，学校在性质上属于非营利组织，且包含着知识形式产品这一特殊的“交易”对象，但不是说合作可以不计成本地忽略收益。就学校层面来看，基本的成本应包括组织学习和培训成本、摩擦成本以及创新成本，就个人层面而言，包括学习及其观念和角色的转换成本以及机会成本等。[②]

② 权力—依赖机制

资源依赖理论的基本假设是：没有组织可以自给自足，所有组织都在与环境进行交换，在此过程中，环境给组织提供关键性的资源（稀缺资源），否则组织将无法生存，这种对资源的需求构成了组织对外部的依赖。[③]但这里的环境不仅包括经济系统，还包括政治环境，是基于权力—依赖关系的考量。[④] 所以，组织可被看做“具备大量权力和能量的社会能动者”，而“资源依赖理论一个鲜明的特点是通过分析怎样以合并、联合、游说或治理等方法改变环境”，可见，组织“不再是为需要去适应环境的行动者，而要让环境来适应自身”。[⑤] 换言之，该理论“着眼于组织为了管理与其环境中其他组织的互依性而采取的策略行为”。[⑥] 显然，这一机制扩展了交易成本机制的“算计”范围，将权力也理解为一种重要的组织发展资源。而这种依赖关系的建立往往较之经“成本—收益”算计之后的合作关系更为牢固。

在院校合作中，大学与中小学各自拥有独特的资源优势，正是这种对己方“稀缺资源”的需求，形成了对合作伙伴拥有的支配“优势资源”的权力的依赖关系。当然，这种依赖关系也体现为大学与中小学对政府以及教育行政部门的权力依赖关系，因为，一旦获得政府对合作合法性的认可，那么对于大学与中小学来说，无疑可以获得更多的政策支持和体制保障以及由此带来的经费支持等。

③ 结构—诱致均衡机制

这一机制旨在解释“社会后果诸特征的基础不仅在于主体偏好和最佳行为，

---

① 罗珉，王雎．中间组织理论：基于不确定性与缓冲视角［J］．中国工业经济，2005（10）：105.

② 田汉族．教育改革的成本问题研究［J］．教育发展研究，2008（11）：12.

③ 邱泽奇．在工厂化和网络化的背后——组织理论的发展与困境［J］．社会学研究，1999（4）：12.

④ 斯科特．对组织社会学50年来发展的反思［J］．李国武，摘译．国外社会科学，2006（1）：9.

⑤ 邓锁．开放组织的权力与合法性——对资源依赖与新制度主义组织理论的比较［J］．华中科技大学学报：社会科学版，2004（4）：52.

⑥ 马迎贤．资源依赖理论的发展和贡献评析［J］．甘肃社会科学，2005（1）：118.

而且在于制度特征”，结构—诱致均衡“表现为一套规则的制度过程，可以被勾画为一种广泛的博弈形式”，所以它就可以“被界定为一种选项（现状），它之所以变得无懈可击，在于现有的程序规则不允许其他选项的存在，而其他选项也没有得到所有个人、结构单元以及掌握特殊否决权或投票权的集团的支持”，换言之，这种均衡是“建立在被塑造的过程的结构和程序要素基础之上的”。[①]这里的“结构”“程序”就是制度要素的体现，而“偏好”是理性选择的表征，可见，这一机制是将理性选择纳入了制度因素的轨道上，是一种被“结构”诱致的理性“均衡”。换言之，这一机制是合作组织及其成员遵循有限理性原则的结果，这可以被看做一种“深度”的理性观，尽管“行动者被看成向善或善良而不是功利最大化，但是在自我利益和动机上，个体行动被认为是有特定目的的。在对理性深度的解释中，对特定目的的行动的理解必须解释行动者是根据嵌入在制度环境中的成本和收益作出选择的”。[②] 因此，结构—诱致均衡机制虽然形式上并非追求功利最大化，但其实质仍是一种理性选择的结果，只不过较之前两种合理机制，它是一种“深度”的理性选择。

以上三种合理机制的理性选择的范围（或者说空间）是有所区别的，有一个依次递减的趋势，这也体现了理性选择理论的演化特征，从无限理性到有限理性，再到制度规范下的有限理性。而这里面也体现出了合法原则对合理原则的渗透，合法机制对合理机制的导引。

4. 合作进程：生成阶段与运行阶段

为便于更好地分析院校合作机制的作用过程，这里按照递进顺序和逻辑进程，将合作划分为生成和运行两个阶段，也可称做制度输入和制度建构阶段。

生成阶段（制度输入阶段）反映的是合作制度尚未确立的状态，亦即走向制度化的阶段。这一阶段的焦点是在制度与技术环境的双重影响下，探讨合作的合法生成来源和合理生成来源问题。换言之，该阶段旨在分析和阐明合作的生成机制（生成的合法机制与合理机制），而这一阶段的焦点是讨论规制性或规范性制度要素的合法性实现问题。因为确立合作制度的核心是确定合作伙伴，而在弱技术要求的背景下使得选择的标准不够清晰和明确，或者说进行决策的“不确定性”因素较多。因此，在合作初始阶段，选择合作伙伴和合作方式等问题在很大程度上就需要借助合法性机制的力量，即依靠强制度性要素对合作予以保障。进而，为了实现合作，组织必将努力使自身符合这些标准的要求，而规制性和规范性标准相对较易达到。因此，在组织理性驱使下，组织将规制性和规范性要素的

---

① 谢普斯勒．制度研究：理性选择理论的启示［M］//何俊志，任军锋，朱德米．新制度主义政治学译文精选．天津：天津人民出版社，2007：125－127.

② 倪志伟．社会学新制度主义的来源［M］//何俊志，任军锋，朱德米．新制度主义政治学译文精选．天津：天津人民出版社，2007：138.

合法性认同的获得作为这一阶段的首要任务。可见，该阶段遵循合法性第一原则，即合法性认同优先于合理性需求。

运行阶段（制度建构阶段），是指合作制度确立后的传播、维护、推广以及变迁过程，也可以视为“标准规则和结构的扩散过程，而非具体组织对具体环境的适应和习惯性配合过程”。①可见，这一阶段的核心问题是解决合作运行的合法性和合理性问题，也就是运行机制的问题。我们知道，制度化的过程在很大程度上有赖于组织自身能动性的发挥，而制度化的效果如何则有赖于组织能动性的发挥程度和水平高低。能动性的发挥需要积极性的调动，如何有效地调动积极性从而发挥能动性，这就必须要考虑到组织内部合作实施主体（合作行动者）的因素，因为“制度化过程不是一个简单的制度‘出现’的过程”，而是一个“涉及不同利益群体之间的斗争和冲突”的过程，②因此，仅凭强制合法机制无法真正有效地调节不同合作者（群体）间的矛盾，而体现文化—认知性制度要素的合法性认同以及合理性诉求的满足和实现就成为解决这一问题的关键，因此也就成为本阶段的核心议题。可见，此时的行动原则调整为合理性第一原则，即合理性诉求优先于合法性认同。

（三）合法机制与合理机制的关系

如上所述，合法机制与合理机制都是组织实现合作“制度化”和“模式化”的手段，合作机制的优点在于弥补了组织发展单纯依赖技术环境的缺陷，但却难逃“制度中心论”的批评；而合理机制的优点在于符合有目的地追求最大化利益的组织发展需要，但却存在僭越“社会规范”的危险。

合法机制与合理机制各自依循“适当性逻辑”和“工具性逻辑”，适当性逻辑体现的是观念的力量，即组织根据制度环境下形成的共享观念和行动逻辑进行适当性的活动；工具性逻辑依循的是理性选择下的利益原则。

合理机制是合法机制的必要条件和表现形式，合法的有效认同应建立在合理原则的基础上，满足合理原则就可能满足合法原则，但反之不一定成立。合法机制并非只有刚性强制的一面，也具有使能作用，即许可行动者主体（组织）在合理空间内作出能动性的选择，正如斯科特所言，“存在各种竞争性的、多样化的制度化信念系统，一个组织可以从中选择某一种文化‘版本’”③；合法机制是合理机制的限制条件和实现形式，合理原则（利益原则）受到社会规范和法律

---

① 迪马吉奥，鲍威尔. 导言［M］//鲍威尔，迪马吉奥. 组织分析的新制度主义. 姚伟，译. 上海：上海人民出版社，2008：31.

② 闫引堂. 新制度主义的发展：领域拓展还是理论深化？——评迈尔和罗万主编的《教育中的新制度主义》［J］. 北京大学教育评论，2010（2）：174.

③ 斯科特. 制度理论剖析［M］//鲍威尔，迪马吉奥. 组织分析的新制度主义. 姚伟，译. 上海：上海人民出版社，2008：183.

法规的约束和限制，是合法化下的合理化。此外，合理的制度安排都会成为合法的制度安排，获得最终的合法认同。对于那些无法准确评估效益以及面对大量“不确定”因素的组织而言，寻求合法的“庇护”也不失为一种合理的选择，可见，追求合法本身就是一种合理驱动的体现（见表5－4）。

表5－4　合法机制与合理机制的比较

	合法机制	合理机制
环境背景	制度环境	技术环境
逻辑基础	适当性逻辑	工具逻辑
相互关系	限制条件和实现形式	必要条件和表现形式
理论视角	组织分析的新制度主义	理性选择的新制度主义

就此而言，两种机制虽然在性质和运行方面有着明显的差异，但在现实中也会有统一的时候。有两种情况：主动的统一，即合作的制度安排通过了合法和合理机制的双重评估，得到有效的执行；被动的统一，合作制度无法满足行动者的合理诉求，但由于变更成本大于变更后的预期收益，所以合理的选择仍然是执行原有的制度安排。

此外，考察合法机制与合理机制的关系，还可以从二者具体的机制类型来加以把握。一般而言，不同的合法机制会与不同的合理机制进行结合，进而对组织行动产生影响。分析合作的生成和运行过程中不同机制的特点和作用方式，我们可以得到这样一个基本的组合规律（如表5－5所示）。

表5－5　合法机制与合理机制的组合规律

	强制机制	规范机制	模仿机制
成本—收益机制			√
权力—依赖机制	√		
结构—诱致均衡机制		√	√

以上主要基于组织社会学（主要是组织分析的新制度主义）的视角构建了院校合作机制的理论分析框架，但这里就出现了一个明显的“软肋”，即每一理论都有其独特的分析视角，但同时正是这种独特性不可避免地产生了分析的片面性，新制度主义也面临同样的问题。目前，对新制度主义的批评主要体现在两个方面：“一是在新制度主义看来，组织形式受到外部环境、模仿机制等或强或弱的合法性机制影响而趋向于同一性，组织形式的变化是被动而非主动的，那么组织形式必定只是二次的变迁或适应，问题是组织首次创新的制度动力从哪里来？制度学派能否在组织的首次变迁上作出分析的贡献，而不是笼统地归结为效率机

制的作用？第二是强调组织的趋同性使研究者多将组织领域或者宏观的社会制度环境作为分析对象，缺乏对个体组织或微观制度机制的分析。这使得制度学派在解释制度创新上缺乏较有说服力的论证”。①笔者也较为认同这两个批评，针对第一个方面，前面已经提到本章的基本假设是将合作视做一种既存的制度供给和制度安排形式，所以这一问题不在讨论范围内；就第二个方面来说，本节构建的分析框架确实仅将组织领域和宏观的社会制度环境作为分析对象，虽然提到了具体的机制类型，但并未将对具体组织以及微观机制的分析纳入上述框架之中。也就是说，前面只将合作机制的要素结构做了“静态”的呈现，但缺乏对合作机制如何生成和运行的“动态”分析，即对组织间及组织内部各种行动者的“互动”和“能动”过程进行阐释。所以，接下来一节的核心议题就是分析合作的微观制度机制，即在合作场域框架内具体行动者间的互动过程。

三、合作困境的合法与合理性归因

不管合作内容如何不同，合作方式如何多样，要考虑的核心问题都是什么样的合作是真正有效的，这就涉及有效合作的判断标准问题，即前面提到的合作合法性认同以及合理性实现的问题。因此，我们可以得到这样的认识，合作无法有效开展，或者说合作出现矛盾和陷入困境的根本原因就是合作组织之间以及组织内部在合法与合理认同和实现过程中出现了不可调和的冲突。

为什么会出现这些矛盾和冲突呢？如前所述，合作作为一种制度供给与制度安排，既是参与合作的组织将合作“制度化”和“合法化”的输入过程，也是组织能动地对合作制度进行“重新建构”的过程，而这两个过程同时也是组织与制度、技术两种环境互动的过程。这其中又包括了组织与制度环境、组织与技术环境以及组织与两种环境这样三种基本的互动形态。就院校合作而言，就是指大学与中小学组织与其所处的制度与技术环境的互动过程。一般来说，互动有两种结果，协调或冲突，我们这里把组织与环境的冲突理解为一种合作的困境，因此，上述三种互动的冲突可以分别称之为合法困境、合理困境以及合法—合理性困境。② 由此，我们也就可以从单一的合法性、合理性以及合法性与合理性相交织这样三个角度对合作困境进行归因分析。

（一）合法性归因

就院校合作而言，合作制度的确立，就是合作关系这种权威结构的尊严性在每个参与合作的组织中得到确立的过程，而这种合作关系的权威结构不仅需要得

---

① 邓锁．开放组织的权力与合法性——对资源依赖与新制度主义组织理论的比较［J］．华中科技大学学报：社会科学版，2004（4）：53.

② 这种划分只是出于方便理论层面归因分析的考虑，现实中的院校合作往往交织和存在着不同的困境与冲突。

到参与合作的各组织（大学与中小学）的内部成员（合作决策者、合作执行者）的认同，也需要得到组织外部（当地政府、教育主管部门以及合作伙伴等）的认同，也就是上面提到的内部和外部合法性认同。观之院校合作的现状，我们可以发现，很多问题和冲突的产生恰恰就是因为合法性认同上出现的不协调和不适应所导致的，亦即内部合法性和外部合法性的缺位、错位或越位所致。具体的表现如下：

1. 合法性缺位

合法性缺位是指组织在合作中缺乏有效合作制度的规范、引导和保障，而这种缺位既可能来自于内部合法性的缺失，也可能源自于外部合法性的缺失。

（1）内部合法性缺失

内部合法性缺失主要体现为制度要素的缺失，主要体现在两个方面：

一方面是合作缺乏内部制度保障，即缺乏表现为规则、法规及奖惩形式的规制性制度要素。从大学组织一方来看，教学和科研任务是教师的主要职责，而考核教师的制度体系中并没有将合作的成效纳入进来，导致很多参与合作项目的教师积极性大打折扣；从中小学一方来看，历年来形成的应试教育的传统并未消除，教师的教学任务重，学校虽然鼓励并组织了与大学合作进行的教师在职培训，但保障和督导教师有效学习的制度并不健全，这种显性制度的缺失不仅导致合法机制存在缺陷，往往也会产生连锁反应，影响到合作合理机制的效能。如：缺乏制度保障，久而久之，在没有外部制度约束的情况下，合作各方内部的合理诉求和合作积极性就会下降，这样一来，合作就举步维艰了。这正是前面提到的任务层面困境中评估模糊导致的合作低效以及结构层面困境中合作空心化的根源所在。

另一方面是合作精神的缺乏，即缺乏共同信念形式的文化—认知性制度要素。合作精神是合作各方采取积极合作行动的支持性信念，是推进有效合作的真正“合法性基础”，这种合法性基础更多地体现的正是文化—认知性制度要素的特征。导致合作精神缺乏的原因，就在于片面强调和发挥了强制机制和规范机制的作用，没有体现模仿机制的作用，这也是目前很多院校合作流于形式的一个重要原因，同第一种缺失情况相反，显性制度在这里并不缺乏，可能相当完备，但正是这种显现的完备掩盖了隐形的缺陷，即共同信念的缺乏。这也是前面提到的人员层面的困境中合作态度不积极的主要原因。

（2）外部合法性缺失

这种缺乏外部合法性认同的原因在于，院校合作没有将区域因素统筹进来，合作无法得到当地政府，特别是教育主管部门的支持，致使合作场域内的要素组合无法发挥最大的效能。由此可见，对于大学和中小学这样具有高制度要求和限制特征的教育组织而言，获得外部合法性认同是何等的重要，而这也就解释了为何会出现技术层面合作困境中提到的物质保障匮乏问题。

2. 合法性错位

（1）合法性认同的路径依赖

合法性认同是对已有制度安排的一种适应性反应，而这种适应性会产生路径依赖。路径依赖是制度惰性的一种体现，对于大学与中小学的合作来说，这种制度惰性既体现为一种合作制度的惰性，即合作合法性认同的路径依赖，同时，也体现为一种组织制度的惰性，即组织合法性认同的路径依赖。

合作合法性认同的路径依赖是指已有的合作制度已经在实践中渐渐成形并稳定下来，合作的模式也得到了确定，合作各方也已经习惯于在既定的规则框架内扮演各自的任务角色，而不愿意或者未意识到进行制度调整和变更，这就导致合法性认同也存在惰性，即已经形成的合法性认同，不论是外部合法性，还是内部合法性，一经确立，就会体现出一定的保守性和抗拒进行变革的本能。一个最典型的表现就是原有的在职教师教育合作合法性认同，即大学专家作为“指导者”，中小学教师作为“被指导者”的合作关系定位已经得到双方的认同，这不仅是一种外部合法性的认同（如教育主管部门对这一合作模式的肯定和推广），也是一种内部合法性的认同（大学教师以主导者自居，中小学教师以被动接受为主）。而这种内部合法性认同产生的制度惯性会导致改变合作现状的变革受阻，需要借助新的合理性机制的构建打破原有的合法性认同（主要是合作中地位和角色的认同）。

组织合法性认同的路径依赖是指进行合作之前，大学与中小学都已经形成了自身固定的运行制度和行动逻辑，不愿意通过进行合作而打破原有的组织运行规则体系。只要合作一方或双方固守原有的合法认同观念，合作就无法顺利开展。如大学教师以理论研究为主要职业任务取向，认为指导中小学实践并非自己的专业范围，所以合作是不必要的，在中小学里也存在这种合作无用论的认识。可见，路径依赖可以在一定程度上解释为何会出现前文中论及的合作任务及技术层面的困境与冲突，如合作任务目标过于集中、技术优势导致的非对等地位等。

（2）各种合法机制无法同步

前面已经提到三种基本的合法机制，但发生效力的作用方式和作用时间不能同步，这就造成三种制度要素不能同时为组织及其行动者所认可。这种无法同步造成的合法性错位既可能发生于组织间，也可能出现在组织内部，这是造成合作形式化、成员抵触情绪以及组织文化冲突的根本原因。

就组织间的错位而言，主要体现为不同合法机制作风方式不同步导致的不协调状况。如一方通过强制机制建立了合法认同，而另一方通过规范或模仿机制形成了合法认同，而这种合法机制的不协调和不同步就导致了合作合法性基础的不稳固，使双方的合作“貌合神离”。一般而言，这种错位通常出现在趋同性制度变迁过程中，也就是发生在合作生成阶段，此时获取外部合法性是首要的工作，而提供给组织的合法机制的选择性是较强的，三种具体的合法机制都有可能成为获得外部合法认同的途径，所以不同组织选择的不同合法机制就会因作用方式的错位而产生冲突；而进入运行阶段，组织的能动作用以及行动者间的互动成为主宰合作进程的主要因素，此时，更加强调组织对合作制度的建构以及提升合理机制的作用力，这时就会发生趋异性的制度变迁，从而使得强制和规范机制不再奏效。相反，理性选择成分更多的模仿机制就成为合作各方进行制度建构的有效途径，这就使得在模仿机制的作用下，不管是在组织间还是在组织内部，合法机制逐步走向同步和协调。

就组织内的错位来说，则体现为不同合法机制作用时间的不同步。一般而言，强制机制的作用时间最短，而模仿机制相对缓慢，所以合作决策者一般倾向于通过强制或规范机制得到内部成员的合法认同，但却忽略了传播文化—认知性制度要素的模仿机制才是确保合法性最为有效的途径。

3. 合法性越位

越位是与缺位相反的一种情况，是指合法机制超越自身作用阶段和作用范围，依然占据主导和核心位置的状况。我们说，也正是由于这些越位，而导致了本该出现并发挥作用的机制缺位，如前面提到的内部合法性缺失的情况，这也是出现任务层面合作困境的一个重要的原因。

（1）合法机制间的越位

这种越位是指某一种合法机制的作用超越了自身的适用范围，如强制机制往往在合作生成阶段占据主导地位并获得合法认同，而如果继续在运行阶段保持较强作用力的话，就会导致合作无法更好地获得内部的合法认同。

（2）合法机制对合理机制的越位

这种越位是指合法机制在不同阶段均占据主导，从而导致合理机制作用效果减弱，甚至失效。这里占主导地位的合法机制可能是强制机制，也可能是规范机制或模仿机制，这种情况也是后面要提到的合法—合理性困境的一种表现。

（二）合理性归因

前面已经提到，组织分析的新制度主义认为学校组织具有强制度和弱技术要求的特征，所以学校组织处于“有组织的无序”状态，虽然考虑到教育组织的特殊性，这一说法有其道理，但这显然忽略了技术环境因素对学校组织发展的作用，这一点也得到了组织制度学派学者的校正，斯科特就指出：“没必要把制度主义建构成与理性主义或效率主义相对立的理论，而最好把它融入理性主义和效率主义之中，作为对其的补充和完善”。[①] 换言之，效率问题，或者说利益问题，

---

① 斯科特．制度理论的青春期［M］//张永宏．组织社会学的新制度主义学派．上海：上海人民出版社，2007：454.

也应是制度研究的一个重要维度，而合作效率问题自然也是大学与中小学合作得以长期维持的一个原动力。

如前所述，合理性主要是指技术理性意义上的一种合目的性的体现，就进行合作行动而言，合作合理性的达成必须要满足合作各方的组织目标的需要，实现共赢。从合作制度形成过程来看，生成阶段（制度输入阶段）侧重于合作的外部合理性，运行阶段（制度建构阶段）侧重于强调内部的合理性。现实中的合理性困境表现为三种状况，即合理性缺失、冲突抑或泛化。

1. 合理性缺失

从合作过程来看，合法性的功能对组织会产生不同的作用力，在制度输入阶段合法性认同非常重要，但在制度建构阶段需要更多地考虑合理因素，否则，过分突出合法性的后果就是影响合作的有效进行，这也可以解释任务、技术以及结构层面出现的一些合作困境，如合作表面化现象、技术不匹配导致的合作冲突、无结构导致的合作空心化、结构强制导致的合作抵触等。

（1）外部合理性缺失

这种缺失存在两种情况：一种称之为被动缺失，即强调制度环境而不考虑效率因素；另一种称之为主动缺失，即组织为维护合法性而牺牲合理性的做法，在这种情况下，合作的外部合理性被合法性所替代。一般而言，外部合理性缺失必然导致内部合理性的缺失，因为组织理性在合作生成阶段发挥作用，如果出现冲突，自然个人理性也无从体现。

（2）内部合理性缺失

合作虽然考虑到了外部合理性，但没有很好地满足或无法满足组织内部成员的合理需求，这往往也是结构性合作困境中很多地方政府“好心帮倒忙”的症结所在，不符合教师真正专业发展需求的“培训”和“在职学习”只会带来更多的抵触。

（3）内外部合理性同时缺失

这种缺失是由于不同学校的差异性产生的，一般来说教学质量排在地区前列的学校，其教师队伍素质和质量也较好，致使不论在学校层面，还是在教师层面，对在职培训的需求自然没有薄弱学校那样强烈。同时，出于维护学校教育教学秩序的考虑，这些学校一般会排斥或对引入实习生态度消极。因此，只能通过合法机制或变换具体合理机制的办法来实现和满足这些学校对合作的合理诉求。

2. 合理性冲突

（1）组织间合理性冲突

组织间合理性冲突主要体现为合作关系的非对等化，也就是合作中资源的分配没有达致和谐的状态，有某一方或某些组织的合理利益诉求没有得到有效的满足，这是合作效率低下的一种体现，也是造成前面所说的技术优势导致的非对等地位的根本原因。

（2）组织内部合理性冲突

组织内部的合理性冲突主要是指组织目标（利益）与个人目标（利益）间发生的矛盾，即内部合理性与外部合理性之间的矛盾。这是就合作组织一方而言的，如在教师培训过程中，对于中小学而言，其外部合理性表现为学校教学任务和目标的达成，而其内部合理性则体现为学校教师群体专业发展的利益诉求，这就使得教师在教学时间和学习（培训）时间的分配上面临着“两难选择”，往往只能顾此失彼。这其实就是前面提及的结构性矛盾导致的客观冲突。

3. 合理性泛化

合理性泛化是指在院校合作中，某一或某些合作组织以获取自身稀缺资源为唯一目的，而较少考虑或不考虑合法认同问题。换言之，工具理性占据了主导，成为组织行动的逻辑。这种泛化实质上是一种合法与合理认同之间的冲突，下面提到的合理性压制合法性是合理性泛化的另一种表述方式。

（三）合法性与合理性综合归因

合法性与合理性分别是对合作的制度环境与技术环境适应性的衡量指标。二者的区别在于是否直接依赖于回报，或者说是否以直接的利益诉求为根本动因，这就导致了二者在本质上的分歧，当然，这一观点也随着制度理论的发展得到了调适。合法性机制对组织行为的影响可以从强、弱两个意义层面加以阐释，强意义是说“组织行为、组织形式都是制度塑造的，组织或个人本身没有自主选择性”①；而弱意义是指“制度通过影响资源分配或激励方式来影响人的行为”②，在这个意义上来讲，合法性机制也可以理解为一种激励机制。正如塞尔兹尼克指出的，“制度性程序常常模仿技术性程序，反过来，很多技术性程序随着时间的推移会逐渐被制度化。”③ 由此可见，在强意义层面，合法性与合理性的分歧和矛盾是不可避免的，而在弱意义层面，合法性与合理性是可以相容的，条件就是当两种机制都是以相同的利益需求作为激励和驱动组织采取适当的行动，而这种“适当行动”，可以理解为对合法性和合理性的双重满足。当利益产生分歧时，合法性与合理性就会走向分裂。而院校合作中合法性与合理性间的矛盾主要体现在以下几个方面：

① 周雪光．组织社会学十讲［M］．北京：社会科学文献出版社，2003：78.

② 同①，第85页。

③ 斯科特，迈耶．社会部门组织化：系列问题与初步论证［M］//鲍威尔，迪马吉奥．组织分析的新制度主义．姚伟，译．上海：上海人民出版社，2008：134.

1. 合法性压制合理性

这是由于缺乏组织效率所致。正如制度学派的经典论述中提及的制度被“神话”后，导致组织目标的偏离和组织行动的无效率或低效率，就合作制度而言，合作成为自身的目的，而不是促进组织发展的手段，这是将制度环境的合法性诉求无限扩大后的“过度社会化”①。虽然客观而言，大学与中小学的合作大多是出于教师教育以及学校改进等明确的功利目标，但也难免存在一些合作制度确立后的目标偏离情况，即前面所说的合法性越位问题。

2. 合理性压制合法性

这是一种组织发展短视的行为和表现。组织只关注于自身的技术环境而忽视了制度环境的要求。如在教师在职教育合作中，就大学合作方而言，目前鼓励院校合作的制度往往同教师的科研考核直接挂钩，而这些考核指标往往以量化的学术成果作为主要参考，而不是以中小学教师素质提升的指标进行考核，这就出现了很多大学教师在院校合作中“出工不出力”的现象，即使有合作的积极性，也是以转化后的科研考核标准作为其行动的内在“驱使力”，结果往往是打着进行合作的幌子，将中小学作为科研课题的调研目的地，这是制度功能异化的一种表现，也可以视做外部合法化的一种异化。再如在职前教师教育的合作过程中，对于中小学合作方来说，培养合格的师范生并不是组织的核心目标和任务，这就导致即使与大学签订了明确的合作协议，有明确的实习制度和实习模式，也往往落入“铁打的营盘、流水的兵”的窠臼，将实习“形式化”，无法给师范生提供真正有效的实践指导。这些问题在前文的合作困境分析时也有提及。

从根本上来说，合作是组织间关系的一种表现方式，是合作组织的一种自主选择和行动决策。就院校合作而言，合作是在大学与中小学两类不同的组织间展开的，虽然同属教育组织，二者各自所处的制度环境和技术环境在很大程度上具有同质性，但不可否认，确也存在一定的差异性。此外，它们各自针对组织环境采取的应对方式和策略也并非总是同步和协调的。因此，在种种客观原因或主观原因的作用下，合作困境自然在所难免。客观原因导致的困境一般而言是无法避免的“自然损耗”，属于合作中的制度性或者说结构性矛盾；相反地，主观原因造成的困境是那些可以避免或化解的“人为损耗”，属于合作中产生的操作性（技术性）问题。

以上对院校合作困境的归因主要是从合作原则（合法性与合理性）的评判角度进行的一种普遍性和共通性的归纳。虽然在现实的合作过程中，很多矛盾和冲突的表现形式各异，但是其内在原因是相同或相通的。在分析中，我们也对前

---

① 过度社会化是指所有组织或迟或早最终都会简单地遵守制度的要求，都逃不过制度的影响。（参见：斯科特．制度与组织——思想观念与物质利益［M］．姚伟，王黎芳，译．北京：中国人民大学出版社，2010：178.）

面所归纳的任务、技术、结构与人员层面的合作困境进行了相应的合法性或合理性归因，有些看似无法解释的困境其实也源于合法性或合理性的派生性矛盾，是可以通过合法或合理机制予以解决的。如合作时间上的冲突、合作经费上的匮乏等问题，看似与合法性或合理性没有关联的客观原因，其实仔细分析，如果合作能切实满足中小学的合理需求，即提升组织效率或可以得到地方政府的政策支持，即外部合法认同，那么，合作时间的冲突以及经费的短缺这些问题都是可以得到很好的缓解或解除的。我们要正视那些客观的困境，但也要积极探寻解决问题的办法。

当然，笔者也清醒地认识到，尽管这里试图将院校合作中的各种困境进行类型上的细分以更好地“对症下药”，但这种合法与合理的二维归因似乎并不能完全且绝对地解释所有的合作困境，这只是从本书的理论视角出发作出的一种类型化的解释和解读。此外，这种归因分析存在两个突出的问题：一个是没有将具体的合作场域分析，特别是行动者分析统合进来；另一个是没有从合作生成和运行的过程来分析合法机制与合理机制是如何作用于不同的组织及其内部行动者的。而这样两个问题的克服，就需要换种观察视角和研究层面，所以下面一节我们就立足于不同合作场域的平台，进入合作的组织内部考察合作机制的生成和运行过程中那些具体的行动者、权力与资源之间的互动关系。

第三节　大学与中小学的合作场域

上一节构建了大学与中小学合作机制研究的理论分析框架，该框架以环境和组织的开放系统为出发点，形成了基于宏观环境与中观组织层面的分析体系，然而，要想对合作机制进行深入的剖析，就必须进入具体的合作场景中，动态地考察行动者在合作生成和运行的具体过程中，不同的合作生成和运行机制的内在机理，也就是需要考察参与合作的不同组织间以及组织内部的合法机制与合理机制是怎样生成和运行的。一言以蔽之，考察院校合作机制的这些根源性问题必须要进入“合作场域”之内，对其中的行动者、权力、资源等要素及其互动关系进行具体的分析。

一、大学与中小学合作场域的要素

场域的概念，由法国著名社会学家布迪厄（Pierre Bourdieu）提出，他认为，从分析的角度来看，“一个场域可以被定义为在各种位置之间存在的客观关系的一个网络。这些位置的存在和它们对占据特定位置的行动者或制度所产生的决定性影响都是客观决定的；而决定这些位置的是它们在不同类型的权力（或资本）分配结构中实际的和潜在的处境，以及它们与其他位置之间的客观关系（支配关系、服从关系、结构上的对应关系，等等）”[①]。从定义来看，行动者、权力以及资本（资源）这些要素已经成为分析场域的核心词汇。

这里所使用的“合作场域”，是组织进行合作的场所和平台，是“组织场域”的一个特殊形式。“组织场域”这一概念，最早由迪马吉奥和鲍威尔提出，是指那些由组织建构的、在总体上获得认可的一种制度生活领域，这些组织包括关键的供应者、资源和产品消费者、规制机构以及提供类似服务或产品的其他组织。只有在其制度轮廓形成时，场域才得以存在，而场域的制度轮廓的形成过程（结构化过程）由四个部分组成：场域中组织间互动程度的增加；组织之间明确的支配结构和联盟模式的出现；场域中的组织必须得到满足的信息量的增加；在共同参与某一任务的系列组织内部的参与者之间相互了解或共识的形成。[②] 与此相似的概念还有赫希斯（Hirsch）提出的“产业系统”、迈耶和斯科特提出的“社会部门”（Social sector），场域受到存在于其中的共同文化—认知性框架、规范性框架或规制性系统的限制，并得以“构成一个公认的制度生活领域”[③]。同样的，合作场域也可以视为这样的一个“公认的制度生活领域”。

（一）行动者

合作场域为我们提供了一种对组织间制度与技术环境进行综合分析和考察的研究视角，一旦进入合作场域“系统”之中，我们就会发现：所有组织都有其独特的价值观、规则和利益诉求，它们在合作中不断碰撞与交往，这些碰撞与交往其实就是前面提及的“观念”与“利益”间的矛盾与冲突，而“观念”与“利益”的载体和承担者就是各个组织中的行动者。在合作场域内，行动者是场域的核心要素，在很大程度上来说，他们是支配场域走向与决定场域性质的能动性行为主体。因此，行动者就成为理解合作的重要概念。

对组织的行动者进行划分，是更好地理解合作中权力分配和权力实施的基本前提。合作中的行动者，其实就是组织中的行动者。在对行动者的划分和理解上，较具代表性的观点是科尔曼（Coleman）的“法人行动者”理论[④]：这里的“法人行动者”实际上就是现代社会中具有法人地位，按明确的目标组织活动的法人团体，与此对立的是个人，科尔曼将其称为“自然人”，而现代法人行动者是由职位，而不是由自然人构成的。在现代法人组织中，自然人是以委托人或代理人的身份占据各个职位的。所有法人行动者都必须解决两个基本的问题，一个是把所有委托人的资源和利益集中，形成一个组织；另一个是把资源配置在由代

---

① 谢立中．西方社会学名著提要［M］．南昌：江西人民出版社，1998：625－626.

② 迪马吉奥，鲍威尔．关于“铁笼”的再思考：组织场域中的制度性同形与集体理性［M］//鲍威尔，迪马吉奥．组织分析的新制度主义．姚伟，译．上海：上海人民出版社，2008：70.

③ 斯科特．制度与组织——思想观念与物质利益［M］．姚伟，王黎芳，译．北京：中国人民大学出版社，2010：96.

④ 同①，第600～601页。

理人组成的组织结构内，以实现委托人的利益。这样，社会行动的主体就包括了自然人、法人行动者以及作为法人行动者代理人的自然人。

合作是在不同的组织中展开的，而这些组织中的法人行动者及其代理人的自然人就称为合作中的行动者，但这些代理人或自然人在合作中的功能性分工是各不相同的，因此，在借鉴法人行动者划分的基础上，笔者将合作中的行动者划分为合作决策者和合作执行者这样两种主要的行动主体类型。①

1. 合作决策者

合作决策者，往往也是本组织法人行动者的代理人和领导者，他们决定着所在的组织是否选择合作，也即是否进入合作场域，所以这类行动者在制度供给阶段掌握着主导权，他们会根据所处的场域特征，特别是组织在合作场域中的地位来选择适应制度环境的方式，即合法性机制由于合作决策者的双重身份，他们的个人理性同组织理性基本是相容的，所以此时个人的主观认知不起支配作用。换言之，合作决策者的权力受组织理性限制，这种限制往往来自于法人行动者的委托人。

2. 合作执行者②

合作执行者，一般属于前面提到的自然人范畴，是所在组织进入合作场域后的真正行动主体和终极行动者，因而他们在制度建构阶段拥有主导权，这种主导权不仅体现为合作合法性认同基础上的“合法身份认同”，是合作行动赋予的合法权力（公权力），同时，也体现为在个人认知基础上对合作合法性进行处置（维持或改造）的权力（私权力）。个人理性与现有的合法认同相容时，合作执行者会维持合作现状或在决策者制定的合法框架内行动；但当个人理性与现有的合法认同产生分歧和发生冲突时，这些执行者就会对合法机制的制度基础进行改造，以生成符合自身利益的合作制度。一旦无法成功建构合作制度，那么，现有的合作将无法继续，即使继续也只是名存实亡而已。

在合作中，往往是在地位对等的前提下展开行动者间的合作行动，这样，按照这种划分方式就形成了两个层面的组织间合作：（1）形式合作层，即各组织中合作决策者之间的合作行为；（2）实质合作层，就是各组织合作执行者间的合作行为。结合上一节的分析，我们可以进一步得出这样的认识：决策者之间的

① 这里的合作决策者和执行者都是一种单复数同形的概念，即包含了参与合作个人和群体两个层面。此外，根据逻辑关系，应该还有一种合作行动者，即合作传播者或者说媒介，由于其并无固定的物质承担者，且即使有，也可以归入合作决策者的范畴内，另外在字面上也较易引起误解和曲解，所以本文将其归入下面将界定的合作资源范畴内。

② 还有一类执行者，可以称之为辅助执行者，他们不是直接的合作参与者，但在合作中起着必要的辅助和协调作用，由于这些辅助执行者所发挥的作用是隐性的和非决定性的，且他们在合作中没有受益或间接受益，所以这里并未将其纳入研究范围内，这样可以更加突出合作中的主要矛盾及核心行动者。院校合作中的辅助执行者包括地方教育行政部门负责合作的工作人员、中小学学生等。

合作大多集中在制度化的过程中，即趋同变迁的过程中，这主要是由决策者的代理人身份决定的，其职责所在是为委托人的利益服务，也就是服务于组织利益；而实质合作层的行动则主要体现在完成制度建构的过程中，也就是趋异变迁的过程中。当然，并不是说决策者不可能成为趋异变迁的主导者，这需要具备一定的条件，或者是决策者同时也兼有执行者身份，或者是委托人的监管出现疏漏，决策者得以实现个人理性需求。这是因为作为法人代理人的决策者与其他行动者相比，有两类特殊的资源（或权力）可以使用，“一是法人组织转让委托人利益后剩余的资源；二是在组织中作为一定职位占据者所拥有的资源”①，这就为决策者提供了实现个人利益的可能，而实现个人利益的途径中可能包含着进行趋异性的制度变迁。

3. 大学与中小学合作中的行动者

行动者就是合作的主体，对于院校合作来说，这似乎是一个不言而明的问题，但很多问题恰恰就是由于主体不确定产生的误导所致。在合作中，往往存在着名义合作主体和实质合作主体的差别，这其实就是前面提到的合作决策者与合作执行者的差别，而这些差别通常随着合作场域的变化也在发生着主体的转换。

（1）U－S 合作模式中的行动者

大学一方，合作决策者包括大学领导层或教育学院（系）领导层以及合作负责人，执行者包括大学教师及研究人员、实习生（在读师范生）。在特定情况下，决策者和执行者会重合，如在教师培训合作中身兼决策者和研究人员（或合作负责人）两种角色的学院领导以及在学校改进合作中既行使决策者权力也行使执行者权力的学校领导。中小学一方，合作决策者主要包括学校领导层，而执行者主要是在职教师。

（2）U－D－S 合作模式中的行动者

当区域成为合作双方重要的纽带和中介甚至成为合作的主导者，或者是合作覆盖到区域范围内的众多学校时，合作决策者发生了“主体扩展”和“地位上移”的变化，这时的合作决策者除了上述主体外，还包括了地方政府以及教育行政部门。这时，也可能导致合作执行者也会出现“主体扩展”的情况：一方面，原来处于决策者地位的中小学领导因为地方政府及教育行政主管部门的介入而退居执行者位置；另一方面，由于参与合作学校范围的扩大和数量的增多，导致大学一方原有的执行者团队人员不足，同时对合作技术环境（如网络教学、在线答疑）的要求有所提升，所以大学的其他教学单位或职能部门也被扩充进来。

① 王海英．学校组织的行动逻辑——行动者的观点［D］．吉林：东北师范大学，2009：38.

（二）权力

行动者在场域中如何发挥主体作用，这就涉及体现其重要程度和要素意义的行动者权力。如何理解权力呢？法国学者克罗齐耶（Crozier）认为，权力是“行动者为了实现其决策而使另一个或另一组行动者有意或无意地提供资源的能力。或者说是行动者组织权力关系的能力。……任何权力，不论它来自何种根源，不论它具备何种合法性，也不论它的实现方法如何，都蕴涵着某个个体或群体对另一个个体或群体施加影响的可能性”①。对他人施加的影响，其实就是“与其产生了一种关系，在这种关系中，建立起了 A 对 B 的权力。因此，权力是一种关系，而不是行动者的某种属性。权力只能通过在某种关系中实施才能表现出来”②，而合作关系就为权力的实施提供了平台。

在院校合作中，不同的行动者具有不同的权力，合作的过程（包括趋同性制度变迁和趋异性制度变迁）其实就是合作场域中支配着不同权力的行动者之间“博弈”的过程，以上我们已经划分出合作决策者和执行者这样两类行动者，那么，我们接下来就需要分析他们各自具有怎样的权力。

1. 合作决策者权力

合作决策者支配着两种主要的权力：一个是源自于合法机制作用下的合作选择权，包括选择合作伙伴、合作方式、合作内容等；另一个则是合理机制（外部合理性实现机制）作用下对合作制度进行最初设计和建构的权力。这个过程也就是前面提到的制度输入的过程，即趋同性制度变迁过程。需要指出的是，决策者的这两种权力并非绝对化的权力，由于受到来自于外部制度环境以及组织理性（外部合理性）的制约，在大多数情况下，决策者只是作为组织法人行动者的代理人。

合作决策者行使其合法权力时，为体现其合法地位并得到合作执行者的认同，往往会采取不同的策略和方式，其实就是将其权力合法化、制度化的过程，也可以理解为权威地位的建立过程，所以上一章谈到的三种合法机制，同样也适用于解释决策者权力如何在组织内部实现合法性的认同。

但在体现权力合法性的同时，也要兼顾权力的合理性，也就是说，决策者在行使决策权时，要考虑到执行者的合理需求，即运用合法机制时，也要结合对合理机制的使用。

2. 合作执行者权力

合作执行者的权力一般包括：（1）合法机制赋予的合作执行权；（2）合理

---

① 李友梅．行动者在组织中的权力［J］．社会，1995（11）：42.

② 克罗奇耶，费埃德伯格．行动者与系统：集体行动的政治学［M］．张月，等，译．上海：上海人民出版社，2007：52.

机制（内部合理性实现机制）赋予的对合作制度进行能动建构的权力，也就是制度建构的过程，即趋异性制度变迁过程。如果说决策者作为组织法人的“代理人”角色使其行动更多地遵循合法机制，那么，合作执行者更多地会通过合理机制来实现合作的内部合法性认同和合理性实现。

当合作决策者和执行者重合的时候，行动者兼有二者的权力，成为合作场域内重要的影响因素和主导力量。（这种情况在后面的章节中会重点论述）

我们说，不管具有什么样的权力，决策者和执行者行使自己权力的过程，其实就是同其他行动者进行“政治博弈”，以维护自己合法合理权力的过程。行动者可以采取哪些具体的权力博弈方式呢？美国学者明茨伯格（Mintzberg）就此提出如下八种参与博弈的类型①：（1）叛乱博弈，即处于组织结构底层的行动者通过欺骗、怠工或反叛来抵制正式权威。（2）赞助性博弈，即下属使自己隶属于上级，并表示以绝对的忠诚作为行动的交换。（3）建立联盟博弈，是指一个人为了自己关注的事情寻找支持者，或一群人为了关注的问题寻找非正式领导，该领导可以有效地代表他们的利益，并使他们集结在其周围，从而形成了一个利益群体的核心。（4）专业知识博弈，即行动者强调自己才能的独特性与重要性，所以组织无法将其替换掉。同时，通过鼓励任何使自己的技能与才智合理化的尝试来努力维持这种独特性。（5）竞争博弈，是指只有赢家和输家的一种“零和”博弈，而博弈的双方可以是不同的行动者、不同的组织，或者是稳定与变革这样两股力量。（6）候选战略博弈，即个体或群体运用合作的权威系统提出一个建议或一项计划，也就是候选战略，以此来集聚组织中的权力。（7）吹口哨博弈，是通过运用针对某些异常行为的内部信息来进行的，人们认为这些行为违反了重要的规范或法律，参与者向外界权威部门通报这种不正当行为即为吹口哨。（8）青年土耳其党人博弈，是指通过寻求推翻组织使命、使主要的组织专业知识更新换代、更替组织的基本意识形态或推翻组织领导等来实现自己的目标。这是一种成本非常高的博弈，比竞争博弈更为彻底和残酷。由此可见，无论是合作决策者还是执行者，无论他们各自采用怎样的博弈方式，都遵循着这样一条权力的行动逻辑，即“理性的行动者”会利用组织赋予自身的权力来“获取有利的制度安排”②，而上述的这些博弈方式，或者说权力行使手段其实都是不同的合法或合理机制驱动的结果。我们说，在大学与中小学合作的不同场域中，不同的行动者会根据不同的情况，采取不同的权力博弈策略，而此时决定策略选择的关键因素就是下面要谈到的另一种要素——资源。

（三）资源

合作虽然直观地表现为组织内外部不同合作主体（决策者与执行者）间的

---

① 霍伊，米斯克尔．教育管理学：理论·研究·实践［M］．第7版．范国睿，主译．北京：教育科学出版社，2007：216－224．

② 迈尔，罗万．教育中的新制度主义［J］．郑砚秋，译．北京大学教育评论，2007（1）：19．

权力活动，但权力实施背后的真正较量却是不同资源所有者之间的博弈。换言之，不同的资源是行动者、权力、组织互动以及合作的中介，这种资源可以称为合作资源。资源在合作中的重要性如何体现，它能为行动者带来怎样的利益和权力呢？我们可以从科尔曼区分的三种不同的行动类型来更好地理解资源对于合作及其行动者的意义：第一种类型是行动者为了满足个人利益，控制着他能够从中获利的资源；第二种是行动者争取控制能使他获利最多的资源；第三种类型是行动者控制着能使自己获利的资源，但却对其进行单方转让。① 可见，第一种类型反映的是行动者对资源的所有权，第二、三种类型则体现了行动者对资源的处置权，而这正是组织间合作中最为普遍的现象。

从形式来看，资源包括有形资源和无形资源。因为资源的稀缺性和非对等性特征，一个组织在其自身发展中无法独立地获取和提供所需的全部资源，这就需要借助组织外部的资源。从组织分析的制度主义的视角出发，笔者划分出以下两种类型的资源。

1. 制度资源

制度是一种体现合法性的资源。制度的制定者、决策者往往掌握着这一资源，如前所述，制度包含规制性要素、规范性要素和文化—认知性要素，那么，制度资源也就可以划分为规制性制度资源、规范性制度资源以及文化—认知性制度资源。然而在现实中，这种对制度资源理论上的划分理解起来固然不成问题，但分析起来与之前对制度要素的理解似乎有同义反复之嫌，所以需要借助一定的载体，或者说需要借助一定的制度传递者或者说传播媒介来加以分析更为合理。因为制度资源在合作组织间的传递和互动，往往就附着于这些制度要素传递者上，从表现形式上来看，传递者是制度资源的集聚和沉淀，这些传递者和媒介往往随着组织逐步的制度化和合法化而成为合法机制产生作用的垄断性资源。因而，传递者在这里也可被视为一种制度资源。按照斯科特的观点，他将制度的传递者界定为符号系统、关系系统、惯例以及人工器物四种类型②，他们借助不同的形式来呈现不同的制度要素（见表5－6）。

表5－6 制度的基础要素及其传递者

	制度的三大基础要素		
	规制性要素	规范性要素	文化—认知性要素
符号系统	规则，法律	价值观，期待	范畴，典型，图式
关系系统	治理系统，权力系统	政体，权威系统	结构同形，身份

① 谢立中．西方社会学名著提要［M］．南昌：江西人民出版社，1998：596.

② 这里的制度资源并未将人工器物纳入进来，因为其与下文技术资源的内涵有所交叉，为避免误解，这里将人工器物更多地看做一种受到制度因素规范的技术资源。

续表

	制度的三大基础要素		
	规制性要素	规范性要素	文化—认知性要素
惯　例	协议草案，标准运行程序	工作，角色，对义务的遵守	脚本
人工器物	遵守命令性规定的客体	整合惯例，标准的客体	处理符号价值的客体

资料来源：W. 理查德. 斯科特. 制度与组织——思想观念与物质利益［M］. 姚伟，王黎芳，译. 北京：中国人民大学出版社，2010：88.

（1）符号系统

符号系统包括“用来指导行为的所有规则、价值观、规范、分类、表象、框架、图式、原型和脚本等”①。如表5-6所示，不同的制度要素，其符号系统的表征是不同的。如果考察规制性制度资源，那么就要考察规则和法律的作用；如果分析规范性制度资源，则就需分析共同价值观和规范性期待的重要性；如果考察认知性制度资源，那么就要分析共同的范畴和典型化特性如何影响共同信念和行动逻辑的形成。

现实情境中，语言往往是规则、价值观、规范、框架这些符号系统的主要载体。所以，理解语言有助于我们更好地阐明上述符号系统的内涵。就本质而言，语言具有“象征性权力”，这一概念由法国社会学家布迪厄提出，在他看来，“语言不仅仅是沟通的一种单纯手段，而且也是整个社会结构进行再建构和再生产的一个中介，同时又是社会中处于不同地位和具有不同行为能力的个人和群体，为了寻求他们的利益、发挥他们实际活动能力的中介”②，而“语言运用的技巧和权力运用的策略是紧密相连的。……如何使权力发挥到最大限度，不可避免地要借助于语言、文字的威力，其中包括权力本身借由语言进行清楚地表达及其正当化论证，以及借由语言文字使权力的性质、地位、功能及运作程序而制度化。当权者甚至可以借助其优越的社会地位用语言发号施令，进行各种判决，强制听话者服从，实行某种‘语言暴力’”③。在合作关系中，语言的功能在于传播一种制度的合法性，而语言的载体随着信息技术的飞速发展得到了极大的扩展，如今，电视、广播、互联网已然超越传统的报纸、书籍成为符号系统的有效传播工具。在大学与中小学的合作中，语言作为符号系统传递载体的表现形式因制度要素的不同而有所区别，对于规制性制度资源来说，语言主要是以规则和法律的形式发挥传导作用的；对于规范性制度资源而言，语言体现为一种知识垄断的话语权，而这种知识话语权的拥有者也就占据了合作的主导地位。如大学教师利用理论知识的语言表达方式这种“符号系统”体现出了其对合作制度

① 斯科特. 制度与组织——思想观念与物质利益［M］. 姚伟，王黎芳，译. 北京：中国人民大学出版社，2010：89.

② 高宣扬. 布迪厄的社会理论［M］. 上海：同济大学出版社，2004：170.

③ 同②，第184~185页。

资源的控制权。

（2）关系系统

就关系系统而言，我们可以将其理解为一种由行动者构成的关系结构与网络资源，如由职业或专业关系形成的共同体，而“关系系统的传递者，要依赖于与社会位置相联系的网络即角色系统的互动”[①]。这就同社会网络理论的观点产生了共鸣，该理论是“从社会网络关系或者说人际关系网络结构出发来分析和解释社会现象，提供了一个结构主义的微观基础。在20世纪70年代社会网络学派一度十分活跃，在组织间关系和社会关系网络方面提出了一系列有趣的结构主义的课题和研究方向，社会网络学派在20世纪80年代中期以来则有了一个大的发展，格兰诺维特（Granovetter）提出的‘内嵌性理论’促成了这一学派的再兴起，伯特（Burt）的‘结构洞’理论则使得这一研究思路扩展到组织领域”，伯特认为，“社会网络中的行动者将会受益，只要他们避免依赖其他人，在社会结构中占据相对稀疏的（非竞争性的）位置并且受到那些占据相对拥挤的位置的行动者的依赖”。[②] 因此，占据相对拥挤位置的组织必须通过与占据相对稀疏位置的组织进行合作，才能维持组织的生存和发展。在合作中，造成处于相对拥挤位置的原因可能是由于缺乏充足的制度资源保障，相反地，占据相对稀疏位置的组织恰恰是由于有制度资源作为保障。

可见，关系网络中的资源在很大程度上体现为不同的制度要素资源，而关系系统形成和运行的过程其实就是规制性、规范性以及文化—认知性要素制度化的过程。在院校合作中，由于合作合法性形成机制的不同，就造成了行动者间权力结构的不同，进而产生了不同的关系系统。如在合作强制机制作用下产生的关系系统属于治理系统或权力系统，而在规范机制作用下结成的关系系统通常会体现为权威系统。

（3）惯例

惯例“作为制度的传递者，有赖于模式化的行动，而这种行动反映了行动者的意会性知识，即以不能明文的知识和信念为基础的、深层的、根深蒂固的习惯与程序”[③]。这里，惯例的含义同布迪厄提出的“生存心态”（惯习）[④] 一词极为相似，而布迪厄对“生存心态”的解释是：“Habitus 一方面是指在特定历史条件

① 斯科特．制度与组织——思想观念与物质利益［M］．姚伟，王黎芳，译．北京：中国人民大学出版社，2010：89.

② 马迎贤．资源依赖理论的发展和贡献评析［J］．甘肃社会科学，2005（1）：117.

③ 同①，第91页。

④ Habitus 从表面意义去理解，很容易同原拉丁文 Habitus 以及同其他学者用过的同一个 Habitus 的概念内涵相混淆，而误译成“习惯”“惯习”“习气”等。这里用“生存心态”而不是已经惯用的“惯习”，是想强调 Habitus 不只是表示“习惯”，更重要的是描述人的仪表、穿着状态以及“生存的样态”，它是一种同时具“建构的结构”和“结构的建构”双重性质和功能的“持续的和可转换的秉性系统”，是集历史经验与实时创造性于一体的“主动中的被动”和“被动中的主动”，是社会客观性制约条件和行动者主观创造精神力量的综合结果。参见：高宣扬．作者自序［M］//布迪厄的社会理论．上海：同济大学出版社，2004：2－4.

下，在个人意识中内化了的社会行为的影响的总结果，特别是特定社会中的教育制度在个人意识中的内在化和象征性结构化的结果。它是一种先验的前反思模式，是已经沉淀成生存心态的、长期反复的个人和群体特定行为方式，是已经构成内在的心态结构的生存经验，是构成思维和行为模式的、具有持久效用的秉性系统。但另一方面，这种来自长期实践的经验因素，一旦经历一定的历史时期的沉淀，并内在化于特定历史阶段的人群和个人的意识内部之后，Habitus 便自然地去指挥和调动个人和群体的行为方向，赋予各种社会行为以特定的意义。因此，生存心态成为了人的社会行为、生存方式、生活风尚、行为规则、策略等实际表现及其精神方面的总根源”①。惯例与关系系统的联系是“惯例往往是在关系系统之内习得的，并由关系系统来维持和更新”②。在院校合作中，惯例体现的往往是一种合作制度的惯性，或者说是一种合作关系的路径依赖。如在职教师教育领域的合作就是院校合作中的一个惯例，该领域的合作已形成常规性的合作程序，固定的合作关系和角色定位（指导者与被指导者关系、理论者与实践者的关系）。

综上所述，在合作中，组织间通过符号系统、关系系统以及惯例在传递制度要素的同时，也使其自身成为了一种载体性的制度资源。而大学与中小学的合作中，我们也可以看到类似的情况发生，而制度资源的蓄积和使用过程，其实就是前文中各种不同的合法机制生成不同制度要素（或者说制度资源）的过程。结合前面合作场域中的另外两个要素，行动者及其权力，我们还可以进一步深化对制度资源的认识。在院校合作中，合作决策者通常是制度资源的所有者或支配者，因而他们的权力往往格外倚重于制度要素。不同制度要素形成的制度资源的作用方式和作用范围是各不相同的，有的强制性更强，有的渗透性更好，有的持久性更长，所以，行动者在合作的不同阶段会根据不同的需要来运用制度资源，在下面对合作场域类型的分析中就将讨论这一问题。

2. 技术资源

如果说制度资源更多地体现的是一种符号资源或者说关系资源，那么，技术资源可以说是体现技术环境要求的一种工具性资源，是合作各方基于理性选择进行合作而预期提供的优势资源或获取的稀缺资源。技术资源既包括有形的（实体性）技术资源（如借助语言、文字、图像等媒介保存的技术资源），也包括无形的（非实体性）技术资源（如信息资源和知识资源等）。

对于进行院校合作的每一个教育组织而言，技术资源更多地具有非实体性的特征，即多以知识形态存在，而合作执行者通常是这些无形资源的持有者，而对

---

① 高宣扬．布迪厄的社会理论［M］．上海：同济大学出版社，2004：115－116.

② 斯科特．制度与组织——思想观念与物质利益［M］．姚伟，王黎芳，译．北京：中国人民大学出版社，2010：92.

这些资源的获取和补充是选择合作行动的学校组织的直接动因。换言之，谁拥有对方所需的更多的技术资源，谁就将在合作中掌握更多的主动权和话语权。因此，技术资源在一定程度上来说，就是一种稀缺性资源，而对稀缺资源的有效配置和利用是“理性人”或“经济人”理性选择下的合理的行动结果，所以，合理性原则是拥有技术资源的行动者的第一原则。

另外，前面没有论述的制度要素的传递者之一的人工器物在此笔者将其归入技术资源范畴内。什么是人工器物？萨奇曼将其定义为“具体的、个别的物质客体，在自然环境和/或文化环境的影响下，人类活动有意识地生产和传播这些物质客体”，“最原始的人工器物通常是打制石器，而最先进的人工器物则是嵌入在硬件、软件中的复杂技术”。[①] 这里，我们将人工器物理解为一种行动者不断发挥能动性和创造性而产生的技术和技能，而这种技术一旦得到大范围的推广，就会被固化，进而制度化（也就是合法化）。这其实揭示出了制度资源与技术资源存在的某种转化关系。这也提醒我们，要辩证地看待技术资源及其对合作的重要性。虽然对于院校合作双方而言，对知识形态的技术性资源的需求是他们选择合作的主要动因，但技术性资源的获取在一定程度上要以制度性资源作为条件。技术性资源的传递也要靠“传播者”，而制度资源就是一种有效的“传播者”和“媒介”。在拥有制度资源的前提下，才有利于组织更好地提供或获取技术资源，掌握合作的主导权；反之，技术资源上的优势也有利于补充和获取制度资源，技术资源可以被视为一种“人工器物”，作为制度资源的传播媒介。这样，行动者、权力与资源的关系可以用表5-7作一总结。

表5-7 合作场域要素间的关系

	权力表现	资源类型	主导机制
决策者	制度输入	制度资源	合法机制
执行者	制度建构	技术资源	合理机制

综上所述，围绕合作场域的运行、变迁，笔者构建了一个解释合作场域内各类组织之间以及组织内部各类行动者之间互动关系的模型（如图5-2所示），旨在对上一节提出的合作机制理论分析框架作进一步的细化和扩展，赋予合作合法机制和合理机制以能动的合作行动者这一载体和承担者，在此基础上，对两种机制如何生成、运行与互动关系就可以进行微观层面的剖析和论证，而这正是揭示并解决院校合作机制如何合法且合理生成以及运行问题的关键和重点。

在此基础上，综合前面的理论分析模型，我们可以整合成一个统一的分析模型（如图5-3所示）。

---

① 斯科特．制度与组织——思想观念与物质利益［M］．姚伟，王黎芳，译．北京：中国人民大学出版社，2010：93.

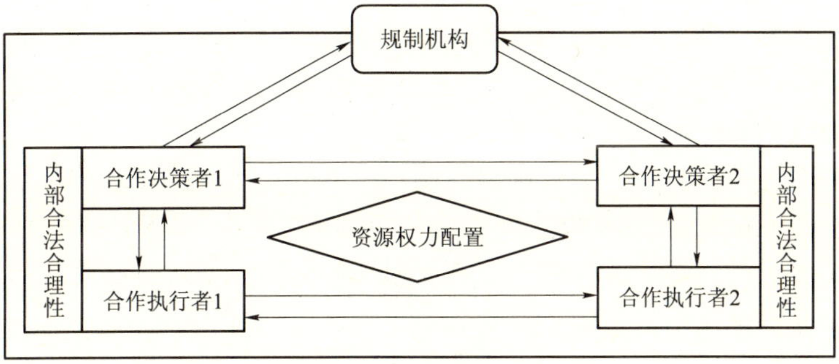

图 5－2　合作场域互动模型

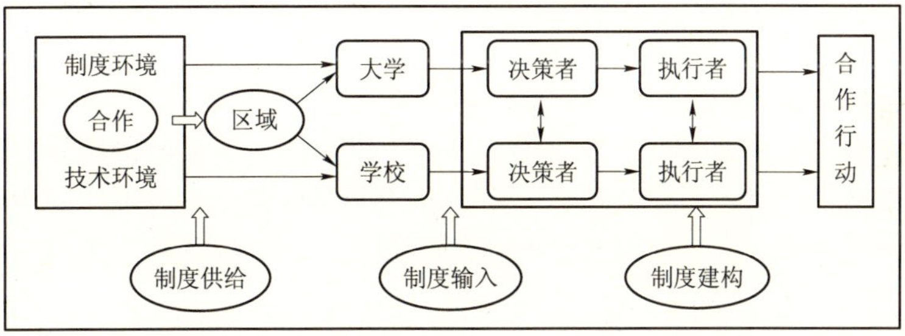

图 5－3　大学与中小学合作机制综合分析框架

二、大学与中小学合作场域的类型

（一）大学与中小学合作场域的类型

由于合作内容与合作方式有所差别，不同组织在合作中的角色和职能会随之发生交替和转换，因此合作的场域也存在着不同程度的差别，由此就产生了不同的形式或类型。笔者以合作主导权主体作为划分维度，界定了三种主要的合作场域类型。之所以以此依据划分，是基于组织行动者的视角，因为行动者能动性发挥的基础和关键正是对主导权的支配和使用，而这里的“主导者”应与“发起者”相区别，发起者不一定拥有合作的主导权。这三种类型分别是：（1）供应者主导型合作场域。在这种制度生活领域中，关键供应者凭借自身拥有的而合作伙伴需要的优势资源而占据着合作的主导地位，并决定着合作规则以及组织间的互动方式，产品消费者只能被动地接受这种制度框架的安排和限制，这类似于供大于求背景下形成的“卖方市场”，而规制机构的作用方式须视其与供应者的权力关系对比而定。（2）消费者主导型合作场域。在该场域中，产品消费者掌握着主导权，类似于一种“买方市场”，合作规则（合作合法性的制度要素）主要由充当消费者角色的组织制定，而与之相应地，合作合法性获得的机制也受其支配。与前一类型一样，规制机构的作用方式也要视其与消费者的权力关系对比而定。（3）规制机构主导型合作场域。在这一场域中，规制机构处于绝对的主导地位，而合作中的规制机构，一般而言，包括政府、行业协会、相关利益团体组织等，供应者和消费者的行动规则由其制定。这一场域有着特定的实现条件，即处于绝对的高制度环境要求和低技术（甚至是无技术）要求的组织或者是无法达到高技术要求的组织，才会完全受规制机构的限制，通过对制度环境和规则系统的适应，来获取组织发展的各种资源。

据此划分标准，我们也可以对主要由大学与中小学组织构成的合作场域进行检视和分析，结合院校合作的实际开展情况，笔者将大学与中小学的合作场域归纳为以下三种基本类型。

1. 大学主导型合作场域

这一合作场域是指在院校合作中，大学处于主导地位，在此情况下，大学既可能是供应者，也可能是消费者。前一种情况就是前面提到的供应者主导型合作场域，大学处于关键供应者的位置，资源是大学掌握的知识资源，而中小学扮演了产品消费者的角色，政府履行规制机构的职责，进行规制的手段既可以是强制式的，也可以是诱导式的，这取决于场域中各要素间的关系与地位结构。这一场域主要体现在服务于在职教师教育以及学校改进的合作中，明显的特点是：大学向中小学的单向输出，输出的资源既包括制度资源也包括技术资源，即大学提供教师培训这样的技术性资源的同时，也把这种体现为“主导—被主导”关系的合作合法性认同信息传递到了中小学一方，这就使得大学组织一方扮演着有些学者称之为“立法者”的角色。① 后一种情况则是消费者主导型合作场域的体现，大学一方虽然扮演着消费者的角色，但依靠其自身拥有的对于中小学而言迫切需要的资源优势，从而迫使学校仍旧处于被主导者地位，如教师职前培养中的联合导师制。

2. 学校主导型合作场域

在这一场域中，大学与中小学的位置和角色进行了互换，在理论上同样也存在上述的两种情况。一方面，中小学成为关键供应者，而大学转变成产品消费者。较之上一种类型，政府（或教育主管部门）作为规制机构有进一步介入和强化干预的趋势。中小学的主导作用主要集中在职前教师教育的合作方面，特别是那些教育资源更为丰富的所谓的“重点校”和“示范校”，但由于中小学的教育功能相对大学更为功利和单一，所以中小学一方的合作积极性不一定很高，所

---

① 卢乃桂，操太圣．立法者与阐释者：大学专家在“院校合作”中角色之嬗变［J］．复旦教育论坛，2003（1）：18－19.

以，在这一场域中政府以及地方教育主管部门的规制作用就显得非常必要和重要了。这种规制作用就其实质而言，体现了合作合法性认同中规制性制度要素对组织的作用力。另一方面，中小学依然处于消费者位置，同样以大学所需资源的关键供应者地位来诱使大学提供自身所需的资源，如顶岗实习计划。

3. 地区主导型合作场域

相对前两种院校合作的场域类型，由地区政府或教育行政部门主导的模式在现实中并不多见，或者说只存在于上述场域中的局部范围之内，在这个意义上来说，这一类型更称得上是一种更为绝对和纯粹的理想类型。这种场域产生的条件，大体而言有两种情况，第一种情况是作为规制机构的政府或教育主管部门具有行使规制权利的合法保障和手段；第二种情况则是作为供应者和消费者的大学与中小学组织双方在组织生产和技术方面具有高度的不确定性，需要外部社会的合法认同对组织的“生产效率”加以规范、制约和评估。

考察院校合作实践的发展历程，这三种场域类型在现实中均有实例可考。从时间维度来看，几种模式既有连贯性，也有共时性。一般而言，最早的院校合作多采取大学主导型模式，这也是符合特定历史时期教育发展，特别是教师教育发展的需要，如美国的教师发展学校，其最初是在霍尔姆斯小组报告中被正式提出，古得莱得的研究也是采用这种方式进行的，我国的情况也是这样。随着合作进程的深入，合作模式的扩展，模式间的共时性特点又显现了出来，我们现在可以看到的情况下，一所学校可能同时处于三种不同的合作场域之中。从空间的维度来说，合作场域可以在一个区域范围内（固定的行政区划）形成，也可能拓展到不同的区域范围，即跨区域的合作，我们知道，随着信息通讯技术的飞速发展，地理因素对传统的地域性院校合作的限制已经被彻底颠覆，特别是基于网络资源的教育技术的保障使得合作再不用受空间的束缚，这也为大学和中小学合作模式的创新提出了新的研究课题。

（二）大学与中小学合作场域的结构

以上分析了三种主要的院校合作场域类型，那么在不同的合作场域内，又有哪些具体的合作形式呢？从合作组织间的结构联结形式划分，有三种基本的结构形式，即对偶关系、星系关系和网络关系，这种划分与数据交换中的一对一、一对多以及多对多关系是一样的。[①]由此，可以清晰地识别合作场域中不同组织所处的位置以及关系联结方式。根据院校合作的实际情况，可以归纳出如下一些基本的类型，也可以形象地称之为合作结构“分子式”（如图 5－4、图 5－5 和图 5－6 所示）。

---

① 罗珉．组织间关系理论研究的深度与解释力辨析［J］．外国经济与管理，2008（1）：23.

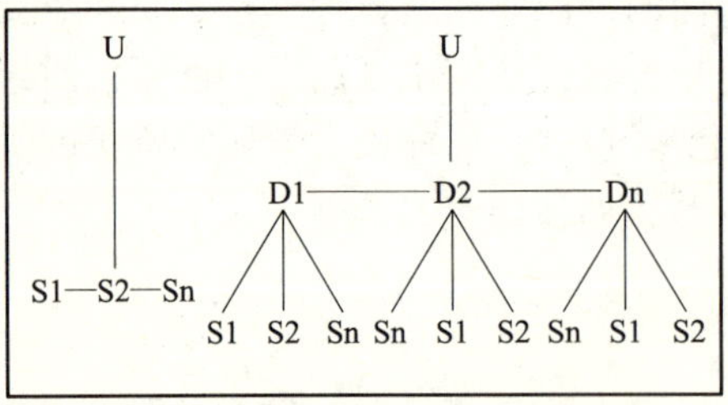

图 5-4 大学主导型合作场域结构图

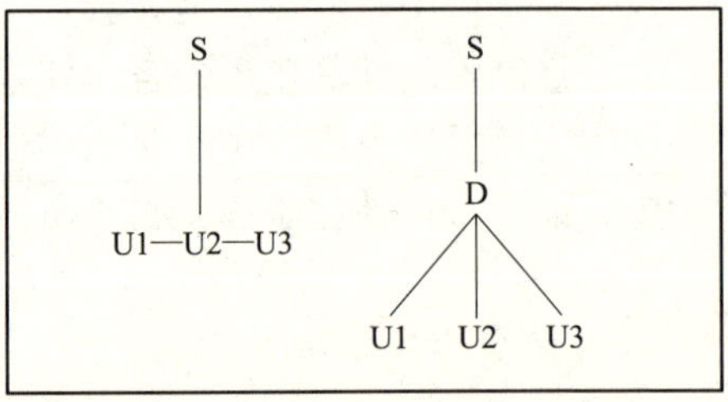

图 5-5 学校主导型合作场域结构图

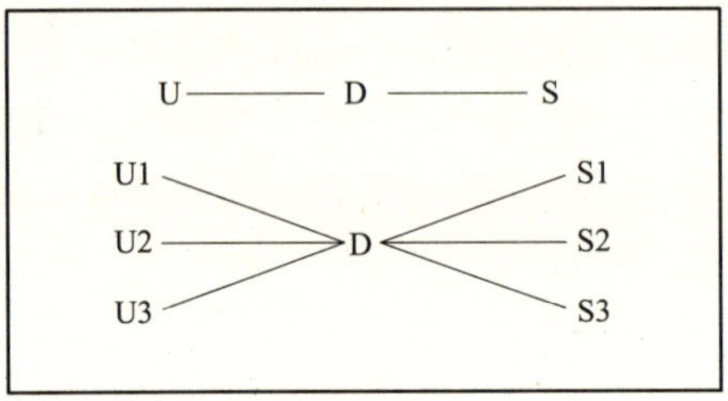

图 5-6 地区主导型合作场域结构图

比较而言，学校主导模式的关系结构最为简单和清晰，它们的“关系网络”没有大学和区域主导模式那样“枝繁叶茂”和“盘根错节”，这就说明学校对其所在的网络有较高的依存度，也就是说，学校的选择空间不足，而这正说明了现实中学校在院校合作中的真实“生态位”。反观大学和地区，它们都有较多的自由选择空间，研究意味着它们在合作中拥有更多的主导权。

利用“分子式”结构解释合作的模式，旨在利用网络分析方法为院校合作提供新的审视视角。这里存在一种伯特所说的“结构洞”，即处于结构“空隙”位置的组织或个人行动者位于合作的“边界”，更可能产生制度的创新并培育出新的制度资源，从而成为推动制度变迁的核心力量。

第四节 大学与中小学合作改进策略

通过前面的分析，我们对大学与中小学合作机制的生成与运行以及合作困境的表现与原因等问题有了明确的认识，接下来要讨论的就是大学与中小学应采取怎样的行动策略用以提升合作的合法认同程度并满足合作各方的合理诉求。换言之，根据不同类型的合作场域以及不同原因导致的合作困境，大学与中小学组织应该如何“对症下药”，通过采取有针对性的行动来切实地排除合作障碍呢？组织社会学理论告诉我们，组织在面对不同的环境压力时，并非只能被动地适应，可以选择多元化的应对策略。按照组织能动性程度的不同，通常可以划分为适应性策略、协同性策略以及建构性策略。下面我们就从不同策略的运用角度，来分析它们何以缓解或排除上述各种合作困境。

一、适应性策略

适应性策略的行动逻辑就是组织要顺应外部环境的要求，对于院校合作而言，来自于环境的要求更多地体现的是制度环境的要求。所以，这里的适应性策略更多地体现为大学与中小学对合作制度环境的“顺应”与“迎合”，即促进外部合法认同与内部合法认同的行动策略。

（一）促进合作组织间的文化互动

处于强制度环境背景中的教育组织，在面对合作这一制度供给时，获得合作合法认同是组织选择适应性策略的根本目的。对于大学和中小学来说，导致合作合法认同障碍的往往体现为组织文化上的冲突，而这就是前面提到的制度路径依赖导致的合法性错位，是院校合作中合法性困境的一个现实根源。

为什么说组织文化冲突是制度惰性产生的合法性错位呢？这需要从组织文化的内涵谈起。沙因（Schein）认为组织文化是“一个既存团体在学习处理外在适应与内在统整问题时，创造、发明或发展出来的基本假定形态。其运作被视为有效，并被教导给新成员，作为知觉、思考、感觉相关问题的正确方式”①，而我国教育学者范国睿则作了这样的界定，“组织文化就是指某一特定组织所独有的、为所有组织成员共同持有的价值、信念、规范、基本假设与行为形态的综合体系，组织文化通常可以通过组织内精神、制度、物质等方面的要素表现出来，如组织的理念、愿景、使命、信念、价值、态度、假设，组织规范与组织制度，组织仪式、故事、传说、英雄人物事迹，组织符号、口号、标识物，以及组织运作程序与模式等”②。就此而言，组织文化的内涵与制度具有高度的相关性和相似性，也就是说组织文化体现了合法性的制度要素，特别地，它兼有规范性和文化—认知性制度要素的特征。所以，在一定意义上可以说，文化就是一种制度。

又该如何理解文化互动呢？文化互动，是指“不同组织的文化在合作中，经过交流、彼此影响、相互吸收、相互融合等方式，弱化相互之间的差异和冲突，扩大不同组织之间的文化共识，趋向于形成共同文化的过程”③。

文化互动可以从以下四个维度来理解④：第一，文化学视角。文化互动就是采用己方文化视角去审视他方文化，并且在理解他方文化的基础上反观自身的文化。可见，文化互动需要相互的尊重。第二，哲学价值观视角。文化互动本质上是世界观、意识形态、价值取向、社会规范以及行为意志等方面的交流，它促进共同愿景与共同价值的形成，培养合作意识。第三，传播学视角。文化互动是信

---

① 朱国云．沙因的组织文化理论［J］．江海学刊，1997（2）：51.

② 范国睿．学校管理的理论与实务［M］．上海：华东师范大学出版社，2003：309.

③④ 应国良．差异与选择：文化视域中的公共领域合作［J］．中山大学学报：社会科学版，2009（3）：173.

息发送者通过渠道把信息传输给接受者，即传送者传递刺激以影响接受者认知、情感、态度和行为的过程。第四，符号学视角。文化互动的实质就是特定社会主体通过符号扮演社会角色，表达社会身份，交流各自的文化取向，协调相互间的权势（Power）或统一性（Solidarity）关系，传递各自的信仰、价值观以及规范等。其中哲学价值观和符号学的视角正是塑造和传播规范性和文化—认知性制度要素的体现。

如前所述，既然组织文化具有制度要素的特征，那么，文化互动就可以看做一种制度要素的传播媒介。进而言之，文化互动的过程，就是组织间外部合法性与内部合法性达成一致的过程，实质上就是一种制度化（合法化）的过程，是合法机制中模仿机制和规范机制的具体体现。而院校合作中的文化互动，就是借助组织间的文化融合来消除合作中的文化冲突，形成对合作的合法认同。所以，文化互动既可以视为一种合作的形式（方式），也可以看成是一种传递合作资源的媒介，它不仅传递的是制度资源，也传递着技术资源，因为组织文化本身就是以知识为载体的一种技术性合作资源。由此推知，组织文化与文化互动就涉及了与合作合法性机制相关的两方面的问题：第一，组织文化的内容、性质影响着合作制度的内容和性质；第二，文化互动的方式和程度制约着合作合法性的认同方式和认同程度。

第一个问题较易理解，第二个问题需要作进一步的分析，即存在哪些不同的文化互动方式，它们又是通过何种渠道影响合作组织的合法认同呢？根据合作中不同组织文化影响力的强度关系，可以将其划分为如图5－7所示的四种互动模式。

在院校合作中，这四种互动模式都不乏大量的鲜活事例，我们无法判断和评价四种模式孰优孰劣。这需要在具体的合作场域中进行具体的分析，需要以合作目的的达成作为衡量标准，更需要合作各方本着平等、共赢的原则进行文化互动，而不是文化殖民。

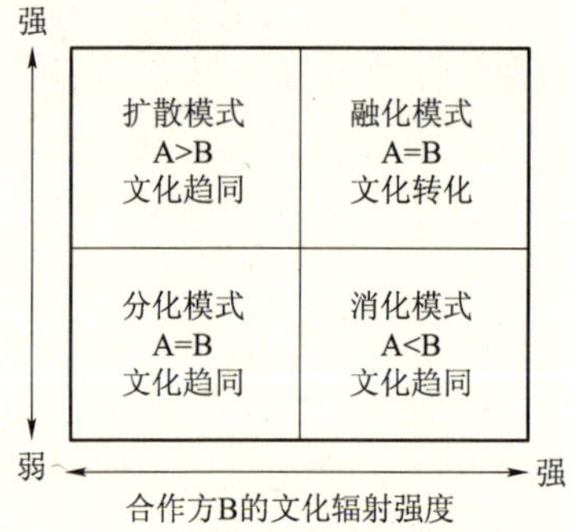

图5－7　合作组织间文化互动模式

资料来源：应国良．差异与选择：文化视域中的公共领域合作［J］．中山大学学报：社会科学版，2009（3）：174.

（二）获取合作执行者的内部认同

我们知道，合法认同的目的在于产生有效的制度化和组织化，而制度化的实现过程最终体现为一种组织成员（合作执行者）将制度内化并形成内部合法认同的过程。如前所述，强制机制作用下产生的合法认同是以权宜性应对作为遵守的基础，并不一定产生“可理解”的合法性，这种强意义上的合法机制并不会产生有效的内部合法认同，而这也是造成合法困境的一个原因。所以，这里提出的获取合作执行者的内部认同，是弱意义上合法性机制的体现，而这在本质上与前面所说的文化—认知性制度要素的形成机制相吻合。文化—认知性制度要素体现为合作执行者的共同信念以及共同的行为逻辑，而这就需要分析和考察院校合作中具体执行者的认知基础。大学教师、中小学教师以及未来的教师（师范生）是院校合作的主要执行者群体，教师职业既是他们的身份特征，也是他们的认知基础。所以，这里获取合作执行者的内部认同，就可以界定为教师对合作的合法认同，而这种认同首先应体现为对教师身份和角色的自我认同，只有形成这种身份的自我认同，才能对合作对于强化和维护这种身份的作用产生合法的认同。具体来说，在大学与中小学的合作中，只有形成教师职业的性质对合作具有内在需求这样的认知基础，才能达成对文化—认知性制度要素的合法认同，而这种非强制机制作用下的合法认同，才能真正缓解和祛除决策者与决策者、决策者与执行者以及执行者与执行者之间的矛盾。那么，应该如何获取大学教师、中小学教师以及师范生的内部认同呢？

首先，发挥价值引领和规范引导对内部合法认同的作用。所谓价值引领，就是要激发教师对自我角色的社会责任感，“人类灵魂的工程师”是对教师职业价值的最好注释和期许，这种来自于规范的作用会强化教师的自我认知，自我反思，发现不足，进行提高和改进，这时积极寻求合作的动机就成为产生合法认同的认知基础。所以，合作组织应通过适合的方式和途径来进行价值引领和规范引导，而这种价值引领就会形成教师的身份认同，而这其实也是一种对合作合法性的认同。

其次，强化专业意识和专业需求对内部合法认同的作用。从教师专业化发展需求的角度也可以更好地促进对合作的合法认同。按照曾荣光的解释，“专业”是指在职业层序中一类因具备一些独特性质而能占据职业层地位的职业群体；“专业主义”是指这些专业所具备的独特性质的总称；而“专业化”则是指职业群体力求实现“专业主义”的过程。[①] 而专业化发展，不仅是中小学教师的需求，也是大学教师的需求。对于中小学教师来说，职前教育和在职教育对于提升自身的专业素质具有同等重要的作用。由此，面向教师教育的院校合作在满足教师专业化发展需求方面有着不可替代的积极作用。同时，对于大学教师而言，合作的过程是开展研究的过程，是发挥自身理论专长的过程，同时也是满足专业发展需求的过程。

最后，内部合法性认同的建立，也需要组织内部显性制度发挥作用，这就需要通过相应的制度建设与机构设置来为这种内部合法性的获取创造有利的制度环境，如大学与中小学组织内部应制定促进合作的各种激励制度、监督制度和评价制度；合作组织间应成立专门的机构对合作进行管理、协调与治理。要指出的是，现实中的很多院校合作并不乏制度规范以及机构设置，所以问题的解决关键还是要依靠价值引领与专业意识。

---

① 王建军．课程变革与教师专业发展［M］．成都：四川教育出版社，2004：66.

二、控制性策略

在适应性策略取得合作组织内、外部的合法认同后，面临的一个新问题就是如何融合合法性与合理性的问题。对于大学与中小学双方来说，合作不仅是制度环境作用的结果，也是外部技术环境的客观要求。如果不能实现组织及其成员的合理诉求，仅靠合法认同合作是无法持续下去并产生实效的。所以，组织会遵循合理原则，能动地与外部环境与合作伙伴互动，并试图控制和协调某些环境因素，我们可称之为协同性策略。

（一）建立基于合理性的信任关系

信任关系的建立旨在更好地协调大学与中小学对合作合法性的认同并实现合作的合理性。信任是保证合作进行的关键因素，信任是对合作关系的肯定，也是合作目标达成的核心要素。一般而言，建立信任关系需要两个必备条件，即存在不确定性或危险和存在积极的预期，例如布恩（Boon）和霍尔姆斯（Holmes）就认为信任是“在对本方而言存在危险的情况下，对对方动机的一种包含信心和积极预期的状态”①。合作的“不确定性或危险”是任何组织间关系都可能会出现的问题，最主要的不确定性或危险来自于双方用于交换的技术资源的可靠性以及有效性，而这在合作初期是无法准确判断的。在院校合作中，这种不确定性主要体现为知识资源利用率的不确定。所以，就需要依靠“积极的预期”来降低合作的不确定性。那么，院校合作中的信任是如何作用于大学与中小学组织的，进而言之，它是如何来调和合法性与合理性间的矛盾的呢？回答这一问题，首先需要考察信任的产生基础。

信任的产生基础是什么，我们可以从其属性进行分析，因可派（Inkpen）和卡罗尔（Currall）将信任属性归纳为结构属性、社会属性和心理属性三个类型，并进行了比较。②可见，信任的产生既有理性选择的成分，也有主观感知的成分，不同学者也根据信任来源与基础的不同，对其进行了区分。例如，朱克提出了三种信任类型：基于特征的信任、基于过程的信任以及基于制度的信任；威廉森（Williamson）也将信任划分成计算信任、个人信任和制度信任；刘易斯（Lewis）等人认为，存在认知型信任和情感型信任两种类型，其中，认知信任的产生是基于对对方能力、可靠性以及公平性的估计和评价，而情感信任的产生是建立在情感型的依附以及考虑对方利益的基础上。③这两种信任类型的作用机制是不同的，前者强调合作的合理性（基于成本—收益的考量），而后者突出合作的合法性（基于认知和情感建立起来的合作规范、价值观等），这两种信任机制共同支配

---

① 郭毅，等．管理学的批判力［M］．北京：中国人民大学出版社，2006：104.

② 李新春．战略联盟、网络与信任［M］．北京：经济科学出版社，2006：158.

③ 同①，第105页。

着合作的进程，由此，合作中的合法性与合理性矛盾也就随之得以化解了。

具体到院校合作中，应把握和处理好这两种信任机制之间的转化关系，认知信任即合理性考量应是基础和手段，而情感信任则是目的和归宿。所以，合作决策者应积极引导各方情感信任关系的建立，但情感信任的形成应建立在体现和实现各方不同合理诉求的基础上。也就是说，大学与中小学之间信任关系的建立应立足于双方合理互惠的认知信任，这样，朝着情感信任方向的努力才会更有保障。

以上分析了组织层面信任机制的产生和作用，但似乎忽略了组织内部信任关系的建立，这就涉及组织信任与个人信任的关系。毋庸置疑，组织信任的起点正是个人信任，组织间信任关系的建立，首先应是合作各方执行者之间个人信任的建立过程，唯其如此，组织信任才能达成。所以，在院校合作中，应更好地引导双方合作执行者之间的个人信任，这是组织信任形成的基础。

（二）建立共享型的知识互动体系

院校合作中大学与中小学的互动关系，主要是通过技术资源的传递和共享来实现的，而这种技术资源往往是以知识形态出现的，合作的成果也往往体现为双方执行者技术资源的扩展和提升，而这也是合理机制的作用体现。然而，对于知识形态的技术资源而言，其在组织间传播的过程其实同时也是一个知识更新和创新的过程，而经过创新后产生的知识资源“增量”往往不能由任何一方所独占，而应共同持有，这就涉及知识的共享与分配问题。

对于院校合作中的各个组织而言，它们有着各自不同的组织文化，因而，组织间知识的传播和互动其实也是一种文化互动的方式，而不同的文化互动方式有着不同的知识传播特点。在前面提到的文化互动的扩散和消化模式下，知识的传播更多体现为一种单向的交流，如传统型合作中大学向中小学提供教师培训，就是单向交流的典型例证；而在分化模式下，更多的是知识的双向交换，如教师教育职前职后一体化的合作实践。这三种模式正如图 5 – 1 所示只能产生文化的趋同，而这种趋同只是不同的知识利用形式而言，谈不上知识开发，而只有在融化模式下，才能产生文化的转化以及共同创新。所以，文化互动的结果不仅是互动下的“知识交换”，而希望能够产生互动下的“知识创新”。这也是合作的发展趋势和价值体现。而作为知识互补性程度较高的大学与中小学而言，“共同创新”远比“自主创新”和“双向交换”更有意义（如表 5 – 8 所示）。

表 5 – 8　组织间知识互动形式

		组织间知识互补性	
		低	高
组织知识活动	知识利用	单向交流	双向交换
	知识开发	自主创新	共同创新

资料来源：罗珉，王雎．组织间关系的拓展与演进：基于组织间知识互动的研究［J］．中国工业经济，2008（1）：41.

那么，如何更好地促进合作双方知识开发的共同创新，又该怎样对创新成果进行共享和分配呢？这是关系到组织以及群体切身利益的一个敏感和棘手的问题。

日本学者野中郁次郎（Nonaka）将知识创造和传播的过程划分为四个阶段，提出了知识转换的 SECI 模型，即社会化过程（Socialization）：从隐性知识到隐性知识的转化；外化过程（Externalization）：从隐性知识到显性知识的转化；综合过程（Combination）：从显性知识到显性知识的转化；内化过程（Internalization）：从显性知识到隐性知识的转化。①通过以上四个环节的互动和转化，知识在合作执行者、决策者以及组织之间实现了转换和共享，这一过程其实也是知识创新的过程。院校合作中也体现出了以上转化的阶段性特征，以职前教师教育合作为例，中小学教师的教学技能一般体现为个体的隐性知识，经过社会化和外化过程传递给实习生，而实习生又经过综合和内化过程而将这种源于中小学实践的隐性知识内生为自己的隐性知识，从而使自身的专业素质得到切实的提升。

三、建构性策略

如果说控制性策略较之适应性策略更能凸显大学与中小学组织对于环境的能动性，那么，这里所说的建构性策略又是对控制性策略的超越，它需要最大程度地发挥合作主体（组织及其行动者）的能动性与自主性，这也就意味着此时组织不再被动地适应环境和控制环境，而要主动地改造并建构顺应于合作长效开展的环境。

（一）创建一体化合作模式——单次建构

如前所述，目前我国的院校合作主要集中在教师教育领域。一般而言，针对不同的合作内容，即在教师培养和教师培训的合作中，大学或中小学组织都有着不同的行动准则和选择倾向，进行在职教师教育的合作伙伴同职前教师教育的合作伙伴通常不是同一所学校（大学）或学校群体。现实中出现的一个形成反差的有趣现象是：大学倾向于同那些所谓的“重点校”“示范校”和“标杆校”建立职前教师教育合作伙伴关系，更愿意安排自己的学生去这类学校进行见习和实习；相反地，在教师在职教育的合作中，又往往更倾向于同那些所谓的“薄弱校”“非重点校”结成伙伴关系。其实，这是一种大学理性选择的体现和结果，在前一种情境中，大学未掌握核心的技术资源优势，而师范生教育的技术资源又具有很大程度的非确定性和模糊性，所以，大学转而根据制度资源作为选择合作伙伴的标准，显然，被冠之以“重点校”的学校较之“薄弱校”有着合法性认

① 樊平军．论组织知识共享障碍及治疗［J］．科学管理研究，2003（6）：93；雷志柱．知识共享研究视角综述［J］．商业时代，2008（16）：38.

同程度更高的制度资源，所以就成为大学的首选；反观后一种情形，大学拥有明显的技术资源，也就拥有了合作的主导权，所以此时，大学会选择那些处于技术资源劣势的学校作为合作伙伴，这样才能确保自身的合作主动权。同样，对于中小学而言，理想的合作伙伴也都是那些合法认同度更高、技术资源更为丰富的大学。显然，不管是大学一方，还是中小学一方，他们已经习惯于在不同的合作场域中占据最有利的位置来补充自己所需的资源，合作双方的关系并不平等，而这种不平等关系下的资源单向流动无疑会造成资源的极大浪费以及合作的功利化。

如何解决这一矛盾呢？那就是将在职教师教育和职前教师教育统一在一个合作场域内。在此情况下，大学一方未发生变化，可是中小学一方发生了变化，即区域内的所有学校都成为大学的合作伙伴，而不论其各自有着怎样的标签，是所谓的“重点校”还是“薄弱校”。也就是说，大学与中小学具有合作资源的供给者和需求者的双重身份，而非单一的供给者或需求者。对于合作各方来说，这样的合作模式是实现“双向交换”和“共同创新”的最佳途径。当然，能否达到预期的理想效果是有一定条件的，那就是地区政府（教育行政部门）或大学必须具有较强的社会性技能，并扮演关键的制度型企业家角色。所谓社会性技能（Social skill）是指通过为其他行动者提供组织场域一系列共享意义（Shared meanings）和认同，从而更好地促进与各方进行合作的能力，这些社会性技能行动者的行动直接影响着其他行动者在组织场域中的优势结构，而这些行动者往往能够通过自身的战略行为促使他人进行更好的合作，而这类行动者就称之为制度型企业家或具有丰富社会资本的行动者，他们通常具有两项重要的特质：一项是对制度变迁潜在赢利机会的敏感，另一项是完成实际制度创新的能力。①可见，制度型企业家的职能已经超越了前面提及的合作决策者的职能，其能动性和建构性更强，决策者大体上只具备了第一项特质，而作为制度企业家，更为重要的职能，应体现为对合作制度的决策和建构——完成实际制度创新的能力。

考察院校合作场域中的不同组织及其行动者，显然作为供应者的大学组织以及作为规制机构的地方政府（或教育行政部门）更具备成为制度型企业家的资质，他们凭借自身具有的制度或技术资源优势，可以主导合作制度的变迁方向（包括趋同制度变迁和趋异制度变迁）、形式以及程度，所以职前职后教师教育一体化的合作场域的建立和完善最终需要来自这两方面的力量推动，唯一有所区别的只是由于场域中权力资源地位结构的不同，大学与地方政府的职能或强或弱，或者是大学寻求地区的支持，抑或是地区寻求大学的支持，但变迁的方向都是一致的，即整合不同类型的场域资源，建立真正互惠与共赢的合作关系。

具体来说，就是通过扩展合作主体的范围，通过强化以及扩展后的合法机制

① 郭毅，等．管理学的批判力［M］．北京：中国人民大学出版社，2006：287－288.

来规制和引导合理机制。在规制意义上来说，就是要强化和突出区域的作用，不管地区政府在合作中属于规制机构还是合作方，都会通过合法性的强制机制来推进合作的开展，如通过颁布和细化合作相关实施条例的方式对大学和中小学组织的合作行动进行规范；在引导意义上来看，就是在统筹区域教育发展、促进区域教育均衡发展的目标框架内，建立院校合作双方，特别是大学对此目标的合法认同，从而发挥规范合法机制的引导作用。

需要注意的是，在“做大”（扩大合法基础）合作场域的同时，也要“做小”（立足合理需求），即在推进合作区域化、集群化和规模化的同时，也要注重进行定制合作和精细合作，如，在教师在职培训中，大学应根据中学与小学以及“重点校”和“薄弱校”对合作的不同需求，开展“一对一”式的针对性培训。惟其如此，合作才能真正有效并持续下去。

另外，我们也应扩展对“合作”外延的认识，不仅在组织间、区域内进行合作，更要倡导“向内”和“向外”两个方向的延伸：“向内”延伸是加强组织内部的合作（教师之间、部门之间、领导教师之间、师生之间）；而“向外”延伸则要加强学校与社区、教育与经济、文化的联系和互动，促进院校合作场域与其他关联场域的资源共享与知识创新。

（二）从他组织走向自组织——循环建构

如前所述，院校合作中的组织行动既体现出了制度化的变迁特点，也体现出了组织能动设计的特点，而随着组织环境的变化，合作的模式和组织行动也进行着相应的变迁和设计。从合作的发展预期来看，它应该是一个不断朝着有序化和结构化方向发展的过程，即系统论中的自组织过程。

哈肯（Haken）将自组织定义为：“如果一个体系在获得空间的、时间的或功能的结构过程中，没有外界的特定干扰，我们便说该体系是自组织的。这里‘特定’一词是指，那种结构或功能并非外界强加给体系的，而且外界是以非特定的方式作用于体系的。”[①]换言之，自组织是指“一个系统在内在机制的驱动下，自行从简单向复杂、从粗糙向细致方向发展，不断地提高自身的复杂度和精细度的过程”[②]。而与其相对的概念是他组织（或被组织）。作为一种过程演化的哲学上的概念抽象，自组织包含着三个过程：[③] 第一，由非组织向组织的过程演化，从混乱的无序状态到有序状态的演化，它意味着组织的起源，需要研究组织起点和临界的问题；第二，由组织程度低向组织程度高的过程演化，是有序程度通过组织层次跃升得以提升的过程，需要研究组织的复杂性问题；第三，在相同组织层次上由简单到复杂的过程演化，标志着组织结构与功能在相同组织层

---

① 吴彤．自组织方法论论纲［J］．系统辩证学学报，2001（2）：11.

② 吴今培，李学伟．系统科学发展概论［M］．北京：清华大学出版社，2010：89.

③ 吴彤．自组织方法论研究［M］．北京：清华大学出版社，2001：10.

次上。

就院校合作的不同场域来看，大学主导型合作基本属于第一个过程的演化，即合作由无组织转变为组织；学校主导型合作一般来说，属于第二个过程的演进，这种组织程度显然比第一个过程有所提高，被组织的作用力基本失效；区域主导型合作基本属于第三个演化阶段的自组织过程，虽然合作有序程度得到了提高，但仍为被组织状态，所以只能属于一种水平层面的进化。

就同一个院校合作场域而言，其实质是由不同的合作组织和机构组成的合作系统，其内在驱动机制是合法机制与合理机制，而不断提高自身复杂度和精细度的过程其实就是不断地对合作制度以及组织行动的建构过程。虽然前面的模型提出了合作生成与运行的过程是一个“制度供给—制度输入—制度建构”的单次循环过程，但我们不应忽略这样一个现实的问题，即环境处在变化中，组织同样也处在变化中，所以按照自组织的观点，这种“单次”循环应更新为“n 次”循环的持续进行的过程，这一过程其实就是不断自组织的过程。

那么，如何来提升院校合作这一运行系统的自组织程度呢？我们说，通过对自组织系统具有的行为模式特征的考察，可以为实现院校合作的自组织化有所启示。这些特征包括①：（1）信息共享。系统中每一个单元都掌握全套的“游戏规则”和行为准则。（2）单元自律。自组织系统的组成单元具有独立决策的能力，在“游戏规则”约束下，每个单元有权决定自己的对策与行动。（3）短程通信。每个单元在决定自己的对策和行动时，除根据自身状态外，还要了解临近单元的状态。（4）微观决策。每个单元所作的决策只是自己的行为，所有单元行为的总和，决定整个系统的宏观行为。（5）并行操作。每个单元的决策和行动是并行的，无需排队决定决策与行动的先后顺序。（6）整体协调。在诸单元并行决策和行动的情况下，系统结构和“游戏规则”保证了整个系统的协调一致性和稳定性。（7）迭代趋优。自组织的宏观调整和演化并非一蹴而就，而是在反复迭代中不断趋于优化的过程。事实上，这类系统一般无法达到平衡，而往往处在远离平衡态的区域进行永无休止的调整和演化。

考察这些自组织的特征，我们发现，在大学与中小学的合作过程中这些特征并没有得到充分的体现。仅以前两项信息共享和单元自律为例就能说明合作还远未摆脱他组织的状态，合作系统中并不是每一个单元，如教师群体，都能掌握全套的“游戏规则”和行为准则，他们获得的信息往往是经过“筛选”的；此外，在“游戏规则”的约束下，也不是每个单元都有权决定自己的对策与行动，如职前教师教育中的师范生群体，基本没有决定自己对策与行动的权力。所以，在对自组织发展趋势保持信心的同时，我们更应该看到自组织“迭代趋优”的特征，应把大学与中小学之间的合作过程看成是处在远离平衡态的区域而进行的持续的调整和演化过程。

---

① 吴今培，李学伟．系统科学发展概论［M］．北京：清华大学出版社，2010：89－90.

以上的建议虽然角度不同，但都有一个共同的目标预设：消除合法机制与合理机制间的鸿沟，即弥合制度与技术二分的人为裂痕。可见，今后的院校合作治理机制应走向兼顾，或者说应超越合法原则与合理原则，寻求一种“共生机制”，届时合法与合理考量已不再是组织选择合作伙伴以及进行合作活动的“行动指南”。通过上面的论述，我们发现实现这一目标并非“天方夜谭”。

首先，组织与环境关系的各种理论需要整合，自从20世纪60年代系统理论的引入，为组织研究开启了新的理论视窗，从权变理论、资源依赖理论、种群生态理论，再到新制度主义、批判理论、后现代理论，这些不同的学科结合不同的研究范式，构成了一个如管理学“丛林”一般的组织理论“丛林”，管理学有不同的人性假设，相应地，也有不同的组织假设，虽然观点各异，各执一词，但都有其理论的适用范围和解释效力，也正因为如此，才有综合和整合的必要，当然整合是有困难的，特别是在不同范式和不同理论观点之间进行整合，这种整合无异于一种创新性的生产，正如美国著名经济学家熊彼特（Schumpeter）对创新的理解，这种“新的生产方法”也是创新的一种类型和内涵。①

其次，合法机制与合理机制的内涵和外延都具有很强的包容性。组织分析的新制度主义虽然在初创时强调组织环境中的制度要素，强调制度对组织的塑造功能。但近年来，新制度主义也出现了新的转向，借以弥补其理论预设的缺陷，这就是用合理弥合合法的片面性；同时，理性选择的新制度主义也视理性为一种“有限的理性”，要受到制度的规约。正如前面提到的，合法机制与合理机制存在着相互转化的辩证统一关系。

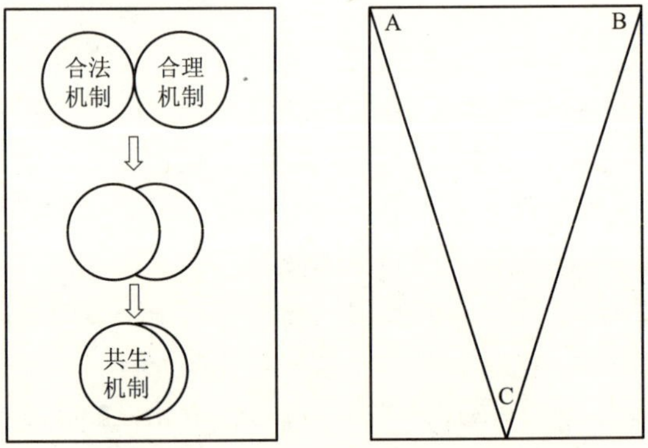

图5-8 共生机制生成与运行图

我们可以用图5-8中的两个图来表示共生机制的生成、发展演变过程，左图是两个不重合的圆（分别代表合法和合理机制）逐渐走向融合的过程；右图A、B、C三个点分别代表合法机制、合理机制以及共生机制，随着表示合法与合理机制间距离的AB线段的逐渐缩短，最后汇合为C点即形成共生机制。

① 王雪梅，谢实．西方经济学简史［M］．昆明：云南人民出版社，2005：267.

最后要说明的是，“任何一种原创性的获得公认的理论，不仅表现为理论逻辑的严密，而且其对教育现象的解释水准也很重要，经验分析与理论阐释相得益彰，才能显示出一种理论的真正贡献”①，这里不敢妄谈达到了“理论的深化”，而仅是尝试将组织社会学的研究进行了“领域的拓展”，希望能用这“另一只眼”更好地聚焦大学与中小学合作问题，更好地为推进大学与中小学的合作提供改进的思路和策略。

---

① 闫引堂．新制度主义的发展：领域拓展还是理论深化？——评迈尔和罗万主编的《教育中的新制度主义》[J]．北京大学教育评论，2010（2）：175.

参考文献

英文部分

[1] Bang H P. Governance as social and political communication [M]. Manchester: Manchester University Press, 2003.

[2] Bell L, Bolam R, Cubillo L. A Systematic Review of the Impact of School Headteachers and Principals on Student Outcomes, Review conducted by the School Leadership Review Group [M]. London: EPPI-Centre, University of London, 2003.

[3] Benne K D, Chin R. The Planning of Change [M]. London: Holt, Rinehart & Winston, 1969.

[4] Benz A, Glazer T H. Governance and Democracy: Comparing National, European and International Experiences [M]. London: Routledge, 2003.

[5] Blackmore J. A critique of neoliberal market policies in education [J]. Journal of Education Change, 2000 (4): 381 - 387.

[6] Butin D W. Focusing Our Aim: Strengthening Faculty Commitment to Community Engagement [J]. Change 39, 2007 (6).

[7] Caldas S J. Multilevel examination of student, school, and district-level effects on academic achievement [J]. The Journal of Educational Research, 1999, 93 (2): 91 - 100.

[8] Carroll G R, Hannan M T. Density Dependence in the Evolution of Populations of Newspaper Organzations [J]. American Sociological Review, 1989, 54 (4).

[9] Chester B. The function of the executive [M]. Cambridge: Harvard University Press, 1938.

[10] Christie P, Lingard B. Capturing Complexity in Educational Leadership [R]. Seattle, WA: Annual Meeting of the American Educational Research Association, April 10 - 14, 2001.

[11] Clark D L, Lotto L S, McCarthy M M. Factors Associated with Success in Urban Elementary Schools [J]. Phi Delta Kappan, 1980, 61: 467 - 470.

[12] Cochran-Smith M L S. Inside/outside: Teacher research and knowledge [M]. New York: Teachers college Press, 1993.

[13] Cohen D. What is the system in systemic reform? [J]. Educational Researcher, 1995, 24 (9): 11 - 17.

[14] Creemers B P M. "School Effectiveness, effective instruction and school improvement in the Netherlands", in David Reynolds and Peter Cuttance, School effectiveness research, policy and practice [M]. London: Cassell, 1992.

[15] Darling-Hammond L. The right to learn [M]. San Francicso: Jossey-Bass, 1997.

[16] Davies B J, Davies B. Developing a model for strategic leadership in schools [J]. Educational Management Administration & Leadership, 2006, 34 (1): 121 - 139.

[17] Dalin P. School Development: Theories and Strategies [M]. London & New York: Cassell, 1998.

[18] Dempster N, Logan L. Expectation of school Leaders: an Australian Study [G] // Macbeath J. Effective School Leadership: Responding to Change. London: Chapman, 1998.

[19] DiMaggio P J, Powell W W. The Iron Cage Revisited: Institutional Isomorphism and Collective Rationality in Organizational Fields [J]. American Sociological Review, 1983: 147 - 160.

[20] DiMaggio P J. Interest and Agent in Institutional Theory, Institutional Patterns and Organizations [M]. Cambridge, Massachusetts: Ballinger Publishing Company, 1988.

[21] Drucker P F. Knowledge-Worker Productivity: The Biggest Challenge [J]. California Management Review, 1999, 41 (2): 1.

[22] Drucker P F. Managing in a Time of Great Change [M]. Oxford: Butterworth Heineman, 1995.

[23] Freeman R E, Evan W M. Corporate governance: A stakeholder interpretation [J]. Journal of Behavioral Economics, 1990, 19 (4).

[24] Friedland R, Alford R. The New Institutionalism in Organizational Analysis [M]. Chicago: The University of Chicago Press, 1991.

[25] Fullan M. The school as a learning organisation: distant dreams [J]. Theory into Practice, 1995, 34 (4): 230 - 235.

[26] Goodlad J I. The Dynamic of Educational Change: toward Responsive Schools [M]. New York: McGraw-Hill Book Company, 1975.

[27] Gronn P. Distributed Properties: A New Architecture for Leadership [J]. Educational Management and Administration, 2000, 28 (3): 317 - 318.

[28] Harris A. Distributed leadership and school improvement [J]. Educational Management Administration & Leadership, 2004, 32 (1): 11 - 24.

[29] Hall R H. Organizations: Structure, Processes & Outcomes [M]. New Jersey: Prentice Hall, Inc, 1991.

[30] House E R. Three perspectives on innovation, Improving schools: Using what we know, Beverly Hills [M]. CA: Sage Publications, 1981.

[31] Kickert W J M, Klijn E H, Koppenjan J F M. Managing complex Networks: Strategies for the Public Sector [M]. London: Sage, 1999.

[32] Lakomski G. Distributed Leadership: An Idea Whose Time Has Come? [EB/OL]. (2002 - 10 - 25) [2011 - 05 - 01]. http: //www. shuac. uk/bemas.

[33] LeBoeuf M. How To Motivate People—Reward: The Greatest Management Principle in World [M]. London: Sidgwick & Jackson, 1986.

[34] Lieberman A, Lynne M. Teachers as Leaders [J]. The Educational Forum, 2005, 69: 151 - 162.

[35] Meyer J W, Scott W R. Organizational Environment: Ritual an Rationality. Beverly Hills [M]. California: Sage Publications, 1983.

[36] Merton R. Social Theory and Social Structure [M]. New York: The Free Press, 1957: 196.

[37] Mitlin D. Reshaping Local Democracy [J]. Environment and Urbanisation, 2004 (1).

[38] Senge P M. The Fifth Discipline: the art practice of the learning organization [M]. New York: Currency Doubleday, 1990.

[39] Peters B G. Institutional Theory in Political Science: The "New Institutionalism" [M]. London and New York: Wellington House, 1999.

[40] Peterson K D. Positive or negative [J]. Journal of Staff Development, 2002, 23 (3).

[41] Powell W W, DiMaggio P J. The New Institutionalism in Organizational Analysis [M]. Chicago, IL: The University of Chicago Press, 1991.

[42] Reynolds D, Teddlie C, Hopkins D, Stringfield S. Linking School Effectiveness and School Improvement [G] //Teddlie C, Reynolds D. The International Handbook of School Effectiveness Research. London and New York: Falmer Press, 2000.

[43] Rhodes R. Understanding Governance [M]. Buckingham: Open University Press, 1997.

[44] Robbins S P. Managing Organizational Conflict: A Nontraditional Approach [M]. Englewood Cliffs New Jersey: prentice Hall, 1974.

[45] Schein E H. Defining Organizational Culture [M]. Chicago: Dorsey Press, 1987.

[46] Schein E H. Organizational culture and leadership [M]. 2nd ed. San Francisco: Jossey-Bass, 1992.

[47] Schultz M. On studying organizational cultures: Diagnosis and understanding [M]. Berlin: Walter de Gruyter, 1995.

[48] Scott W R. The Adolescence of Institutional Theory [J]. Administrative Science Quarterly, 1987, 32 (4).

[49] Scott W R. Organizations: Rational, Natural and Open System [M]. 2nd ed. Englewood Cliff, NJ: Prentice-Hall: 1987.

[50] Scott W R. Institutions and Organizations [M]. 2nd ed. California: Sage Publications, Inc, 2001.

[51] Sergiovanni T J. Organization or Communities? Changing the Metaphor Changes the Theory [J]. Educational Administration Quarterly, 1994, 30 (2): 214 - 226.

[52] Simon H. Human Nature in Politics: The Dialogue of Psychology with Political Science [J]. The American Political Science Review, 1985, 79 (2): 293 - 304.

[53] Sorensen E. Metagovernance: The Changing Role of Politicians in Processes of Democratic governance [J]. The American Review of Public Administration, 2006, 36 (1): 98 - 114.

[54] Spillance J P, Halverson R, Diamond J B. Investigating School Leadership Practice: A Distributed Perspective [J]. Education Researcher, 2001, 30 (3): 23 - 28.

[55] Southworth G, Quesnay H D. School Leadership and System Leadership [J]. The Educational Forum, 2005, 69: 212 - 220.

[56] Stoker G. Public Value Management: A New Narrative for Networked Governance? [J]. American Review of Public Administration, 2006, 36 (1): 41 - 57.

[57] Tolbert P, Zucker L. Institutional Sources of Change in the Formal Structure of Organizations: The Diffusion of Civil Service Reform [J]. Administrative Science Quarterly, 1983, 28 (1).

[58] Weber M. The Theory of Social and Economic Organizations [M]. New York: The Free Press, 1947.

[59] Wildavsky A. Choosing Preferences by Constructing Institutions: A Cultural Theory of Preference Formation [J]. The American Political Science Review, 1987, 81 (1): 4 - 21.

[60] Zhou X. Occupational Power, State Capacities, and the Diffusion of Licensing in the American States: 1890 to 1950 [J]. American Sociological Review, 1993: 58.

译著部分

[1] 埃克. 有效的学习型学校——提高学生成就的最佳实践 [M]. 聂向荣，等，译. 北京：中国轻工业出版社，2005.

[2] 巴伯. 科学与社会秩序 [M]. 顾昕，等，译. 北京：生活·读书·新知三联书店，1991.

[3] 鲍尔. 教育改革——批判和后结构主义的视角 [M]. 侯定凯，译. 上海：华东师范大学出版社，2002.

[4] 鲍威尔，迪马吉奥. 组织分析的新制度主义 [M]. 姚伟，译. 上海：上海人民出版社，2008.

[5] 彼得斯，沃特曼. 追求卓越 [M]. 北京天下风经济文化研究所，译. 北京：中央编译出版社，2001.

[6] 波达林. 教育改革的限度 [M]. 刘承辉，译. 重庆：重庆出版社，1991.

[7] 布迪厄，华康德. 实践与反思——反思社会学导引 [M]. 李猛，等，译. 北京：中央编译出版社，1998.

[8] 布坎南. 自由、市场和国家 [M]. 吴良健，等，译. 北京：北京经济学院出版社，1988.

[9] 布什. 当代西方教育管理模式 [M]. 强海燕，译. 南京：南京师范大学出版社，1998.

[10] 达林. 理论与战略：国际视野中的学校发展 [M]. 范国睿，主译. 北京：教育科学出版社，2002.

[11] 德鲁克. 大变革时代的管理 [M]. 上海：上海译文出版社，1999.

[12] 富兰. 变革的力量——深度变革 [M]. 中央教育科学研究所，等，译. 北京：教育科学出版社，2004.

[13] 富兰. 教育变革新意义 [M]. 赵中建，等，译. 北京：教育科学出版社，2005.

[14] 哈里楠. 教育社会学手册 [M]. 傅松涛，等，译. 上海：华东师范大学出版社，2004.

[15] 汉森. 教育管理与组织行为 [M]. 第 5 版. 冯大鸣，译. 上海：上海教育出版社，2005.

[16] 惠迪，等. 教育中的放权与择校：学校、政府和市场 [M]. 马忠虎，译. 北京：教育科学出版社，2003.

[17] 霍尔，霍德. 实施变革：模式、原则与困境 [M]. 吴晓玲，译. 杭州：浙江教育出版社，2004.

[18] 霍伊，米斯克尔. 教育管理学：理论·研究·实践 [M]. 第 7 版. 范国睿，主译. 北京：教育科学出版社，2007.

[19] 金里卡. 当代政治哲学 [M]. 刘莘，译. 上海：上海三联书店，2004.

[20] 康利. 谁在管理我们的学校——变化中的角色和责任 [M]. 侯定凯，译. 上海：华东师范大学出版社，2005.

[21] 康纳. 组织变革中的管理 [M]. 爱丁，译. 北京：电子工业出版社，2004.

[22] 科特. 变革 [M]. 刘祥亚，译. 北京：机械工业出版社，2005.

[23] 孔茨，韦里克. 管理学 [M]. 马春光，译. 北京：经济科学出版社，1994.

[24] 莱文. 教育改革——从启动到成果 [M]. 项贤明，洪成文，译. 北京：教育科出版社，2004.

[25] 雷恩. 管理思想的演变 [M]. 李柱流，赵睿，肖聿，等，译. 北京：中国社会科学出版社，1997.

[26] 罗宾斯. 管理学 [M]. 黄卫伟，译. 北京：中国人民大学出版社，1996.
[27] 罗宾斯. 组织行为学 [M]. 孙健敏，李原，等，译. 北京：中国人民大学出版，1997.
[28] 罗尔斯. 正义论 [M]. 何怀宏，等，译. 北京：中国社会科学出版社，1988.
[29] 莫兰. 复杂思想：自觉的科学 [M]. 陈一壮，译. 北京：北京大学出版社，2001.
[30] 莫兰. 复杂性理论与教育问题 [M]. 陈一壮，译. 北京：北京大学出版社，2004.
[31] 欧文斯. 教育组织行为学 [M]. 窦卫霖，译. 上海：华东师范大学出版社，2001.
[32] 欧文斯. 教育组织行为学——适应型领导与学校改革 [M]. 第8版. 窦卫霖，等，译. 北京：中国人民大学出版社，2007.
[33] 丘伯，默. 政治、市场和学校 [M]. 蒋衡，等，译. 北京：教育科学出版社，2003.
[34] 圣吉. 第五项修炼——学习型组织的艺术和实务 [M]. 郭进隆，译. 上海：上海三联书店，1998.
[35] 斯特林菲尔德. 重建学校的大胆计划 [M]. 窦卫霖，等，译. 上海：华东师范大学出版社，2003.
[36] 斯科特. 组织理论：理性、自然和开放系统 [M]. 黄洋，等，译. 北京：华夏出版社，2002.
[37] 斯沃茨. 文化与权力——布尔迪厄的社会学 [M]. 陶东风，译. 上海：上海译文出版社，2006.
[38] 藤田英典. 走出教育改革的误区 [M]. 张琼华，许敏，译. 北京：人民教育出版社，2001.
[39] 瓦休，等. 组织行为与公共管理 [M]. 刘铮，等，译. 北京：经济科学出版社，2004.
[40] 西蒙. 管理行为 [M]. 第4版. 詹正茂，译. 北京：机械工业出版社，2006.
[41] 雅斯贝尔斯. 什么是教育 [M]. 邹进，译. 北京：生活·读书·新知三联书店，1991.
[42] 扬. 知识与控制——教育社会学新探 [M]. 谢维和，朱旭东，译. 上海：华东师范大学出版社，2002.
[43] 伊斯顿. 政治生活的系统分析 [M]. 王浦劬，译. 北京：华夏出版社，1999.
[44] 英格尔斯，等. 人的现代化 [M]. 殷陆君，编译. 成都：四川人民出版社，1985.
[45] 约翰逊，等. 领导合作型学校 [M]. 唐宗清，等，译. 上海：上海教育出版社，2005.

中文部分

[1] 安文铸. 现代教育管理学引论 [M]. 北京：北京师范大学出版社，1995.
[2] 包亚明. 文化资本与社会炼金术——布尔迪厄访谈录 [M]. 上海：上海人民出版社，1997.
[3] 鲍宗豪. 决策文化论 [M]. 上海：上海三联书店，1997.
[4] 卜玉华. 学校变革三十年：进步与转型 [J]. 教育科学研究，2008 (7).
[5] 操太圣. 在实践场域中发现学校变革能力 [J]. 教育发展研究，2007 (4).
[6] 陈如平. 学校办学理念的“二元结构”现象剖析 [J]. 教育发展研究，2005 (5).
[7] 陈孝彬. 外国教育管理史 [M]. 北京：人民教育出版社，1996.
[8] 陈孝彬. 教育管理学 [M]. 北京：北京师范大学出版社，1999.
[9] 陈欣. 学校效能的多维透视 [J]. 教学与管理，2003 (7).
[10] 陈赟. 学校管理的第三种势力：家长 [J]. 全球教育展望，2003 (3).

[11] 程晋宽．美国有效学校的理论与实践［J］．外国教育资料，1994（3）．
[12] 程斯辉．中国教育管理模式研究［M］．武汉：武汉工业大学出版社，1994.
[13] 褚宏启．中国教育管理评论：第1卷［M］．北京：教育科学出版社，2003.
[14] 褚宏启．我们需要什么样的现代学校制度［J］．教育研究．2004（12）．
[15] 褚宏启．中国教育管理评论：第2卷［M］．北京：教育科学出版社，2004.
[16] 都星汉．论管理中的理性和非理性［J］．改革与战略，1996（2）．
[17] 杜育红．论教育组织及其变革低效的制度根源［J］．北京师范大学学报：人文社会科学版，2002（1）．
[18] 杜育红．变革时代呼唤学习型学校［J］．教育科学研究，2002（8）．
[19] 杜育红．论学习型学校［J］．北京师范大学学报：社会科学版，2004（2）．
[20] 范国睿．走向学习型组织的现代学校［J］．教学与管理，2001（1）．
[21] 范国睿．多元与融合：多维视野中的学校发展［M］．北京：教育科学出版社，2002.
[22] 范国睿．从时代需求到战略抉择：社会转型期的学校变革［J］．教育发展研究，2006（1）．
[23] 范国睿．复杂性科学与教育组织管理研究［J］．教育研究，2004（2）：52－58.
[24] 范国睿．政府·社会·学校——基于校本管理理念的现代学校制度设计［J］．教育发展研究，2005（1）．
[25] 冯大鸣，吴志宏．教育管理学［M］．上海：华东师范大学出版社，2002.
[26] 冯大鸣．沟通与分享：中西教育管理领衔学者世纪汇谈［M］．上海：上海教育出版社，2002.
[27] 冯大鸣．试论校长负责制的重构与再造［J］．教育理论与实践，2003（1）．
[28] 冯大鸣．美、英、澳教育管理前沿图景［M］．北京：教育科学出版社，2004.
[29] 冯雪红，王安全．教育管理模式的必然性与无意识性［J］．西北民族学院学报，2001（4）．
[30] 傅树京．教育管理学导论［M］．北京：原子能出版社，1999.
[31] 龚波，郭召志．实践理论：提升校长领导力的知识基础［J］．教育理论与实践，2005（6）：20－24.
[32] 关景双．教学领导力不容忽视［J］．上海教育，2006（6A）：52.
[33] 官根苗．新制度主义视野下的学校制度变迁［D］．合肥：安徽师范大学，2006.
[34] 郭建如，马林霞．社会学的制度与教育制度研究初探［J］．比较教育研究，2005（4）．
[35] 郭建如．社会学组织分析中的新老制度主义与教育研究［J］．北京大学教育评论，2008（3）．
[36] 郭凯．文化资本与教育场域——布迪厄教育思想述评［J］．当代教育科学，2005（16）．
[37] 郭强．组织变革研究——从战略到组织变革［D］．成都：西南财经大学，2005.
[38] 郭咸纲．西方管理思想史［M］．北京：经济管理出版社，2002.
[39] 郭毅，徐莹，陈欣．新制度主义：理论评述及其对组织研究的贡献［J］．社会，2007（1）．
[40] 国家高级教育行政学院．新中国教育行政管理五十年［M］．北京：人民教育出版社，1999.
[41] 何俊志，等．新制度主义政治学译文精选［M］．天津：天津人民出版社，2007.
[42] 和学新．社会转型与当代中国教育转型［J］．华中师范大学学报：人文社会科学版，

2006, 45 (2): 135 - 140.
[43] 黄海刚. 布迪厄文化权力理论下的高等教育公平 [J]. 比较教育研究, 2008 (4).
[44] 黄孟藩, 王凤彬. 决策行为与决策心理 [M]. 北京: 机械工业出版社, 1995.
[45] 黄崴. 西方古典组织理论及其模式在教育管理中的运用与发展 [J]. 华南师范大学学报, 2000 (6).
[46] 黄崴. 西方教育管理理论模式及发展 [J]. 华东师范大学学报, 2001 (1).
[47] 黄崴. 校本管理: 理念与模式 [J]. 教育理论与实践, 2002 (1).
[48] 黄志成, 程晋宽. 现代教育管理理论 [M]. 上海: 上海教育出版社, 1999.
[49] 季苹. 美国公立学校的发展研究 [M]. 北京: 高等教育出版社, 2002.
[50] 季苹. 学校发展自我诊断 [M]. 北京: 教育科学出版社, 2004.
[51] 蒋和勇, 杨旺杰. 当代西方教育管理模式的比较与启示 [J]. 扬州大学学报, 2002 (2).
[52] 俞家庆. 教育管理辞典 [M]. 海口: 海南出版社, 2005.
[53] 瞿葆奎. 教育学文集·中国教育改革 [M]. 北京: 人民教育出版社, 1991: 261 - 279.
[54] 康永久. 教育制度的生成与变革——新制度教育学论纲 [M]. 北京: 教育科学出版社, 2003.
[55] 柯政. 学校变革困难的新制度主义解释 [J]. 北京大学教育评论, 2007 (1).
[56] 劳凯声. 面临挑战的教育公益性 [J]. 教育研究, 2003 (2).
[57] 李春玲. 理想的现实建构: 政府主导型学校变革研究 [D]. 上海: 华东师范大学, 2007.
[58] 李德顺. 价值论 [M]. 北京: 中国人民大学出版社, 1987.
[59] 李国强, 徐湘林. 新制度主义与中国政治学研究 [J]. 四川大学学报: 哲学社会科学版, 2008 (2).
[60] 李恒威. "生活世界"复杂性及其认知动力模式 [M]. 北京: 中国社会科学出版社, 2007.
[61] 李家成. 论学校变革中的力量集聚 [J]. 教育发展研究, 2004 (10).
[62] 李家成. 论学校发展规划在学校变革中的价值实现 [J]. 当代教育科学, 2004 (16).
[63] 李剑萍. 校长领导与学校效能的实证研究 [M]. 济南: 山东人民出版社, 2005.
[64] 李孔珍. 大学组织管理创新 [M]. 太原: 山西教育出版社, 2008.
[65] 李曼. 基于场域理论的高校三维权力结构分析 [J]. 教学研究, 2008 (3).
[66] 李松林, 金志远. 教育场域: 权力的运作与学生的境遇 [J]. 当代教育科学, 2007 (13).
[67] 李晓倩. 新制度主义视角下我国高等教育制度变迁 [D]. 大连: 大连理工大学, 2008.
[68] 李作战. 从组织变革的模式选择看组织变革的阻力及其克服 [J]. 现代管理科学, 2007 (6).
[69] 梁若冬. 教师行为选择的激励制度构建 [J]. 教书育人, 2004 (1).
[70] 林志扬. 企业组织变革——治理结构与组织结构互动角度的考察 [D]. 厦门: 厦门大学, 2002.
[71] 刘复兴. 教育政策的价值分析 [M]. 北京: 教育科学出版社, 2003.
[72] 刘国艳. 制度分析视野中的学校变革 [D]. 济南: 山东师范大学, 2007.

[73] 刘洪．组织变革的复杂适应系统理论 [J]．经济管理，2006 (9).
[74] 刘朋．关注发展型组织：学校改革的新主题 [J]．教育理论与实践，2004 (8).
[75] 刘生全．论教育场域 [J]．北京大学教育评论，2006 (1).
[76] 刘文修．教育管理学 [M]．石家庄：河北教育出版社，1996.
[77] 刘玉琦，沈李龙．西方管理理论分析·思考·借鉴 [M]．天津：天津教育出版社，1994.
[78] 路甬祥．建设面向知识经济时代的国家创新体系 [N]．光明日报，1998-02-06.
[79] 罗燕，叶赋桂．2003 年北大人事制度改革：新制度主义社会学分析 [J]．教育学报，2005 (6).
[80] 马建新．有效领导力的构成及提升途径 [J]．理论界，2007 (1)：48-49.
[81] 马健生．教育改革动力研究 [D]．北京：北京师范大学，1998.
[82] 马健生，禹明秋．试论教育活动中教师的行为特性 [J]．辽宁师范大学学报：社会科学版，2004 (1).
[83] 马维娜．局外生存：相遇在学校场域 [M]．北京：北京师范大学出版社，2003.
[84] 毛亚庆．论校本管理理论 [M]．北京师范大学学报：人文社会科学版，2002 (1).
[85] 毛亚庆．应注重以学校为主体的校本管理 [J]．教育研究，2002 (4).
[86] 毛祖桓．教育学的系统观与教育系统工程 [M]．成都：四川教育出版社，1988.
[87] 孟繁华．教育管理决策新论——教育组织决策机制的系统分析 [M]．北京：教育科学出版社，2002.
[88] 孟繁华，周举坤．试论学习型学校 [J]．教育研究，2004 (12).
[89] 孟繁华，田汉族．走向合作：现代学校组织的发展趋势 [J]．教育研究，2007 (12)：55-59.
[90] 米靖．论知识管理与学习型学校的创建 [J]．教育理论与实践，2005 (18).
[91] 苗东升．复杂性科学的社会文化背景——兼评形形色色的“后”字牌和“终结论”思潮 [J]．中国人民大学学报，2004 (2)：82-88.
[92] 闵家胤．进化的多元论 [M]．北京：中国社会科学出版社，1999.
[93] 钱民辉．教育变革动因研究——一种社会学的取向 [J]．清华大学教育研究，1998 (3).
[94] 邱霈恩．领导力：制胜新世纪的关键力量 [J]．领导科学，2002 (3)：12-13.
[95] 仇宜．论现代组织中的组织变革与创新 [J]．华东理大大学学报：社会科学版，2002 (4).
[96] 任丙强．社会学新制度主义述评——政治学研究的社会学新途径 [J]．社会科学家，2007 (3).
[97] 石含英，王荣祯．世界管理经典著作精选 [M]．北京：企业管理出版社，1995.
[98] 石中英．教育学的文化性格 [M]．太原：山西教育出版社，1999.
[99] 石中英．知识转型与教育改革 [M]．北京：教育科学出版社，2001.
[100] 孙绵涛．教育管理原理 [M]．广州：广东高等教育出版社，1999.
[101] 孙耀君．管理思想发展史 [M]．太原：山西经济出版社，1999.
[102] 孙永正．管理学 [M]．北京：清华大学出版社，2003.
[103] 谭培文．马克思的利益理论 [M]．北京：人民出版社，2002.
[104] 檀传宝．制度缺失与制度伦理 [J]．中国教育学刊，2005 (10).

[105] 涂洪波．制度分析：对新制度主义的一种解读［J］．广东社会科学，2006（6）．
[106] 王本陆．教育公正：教育制度伦理的核心原则［J］．华南师范大学学报：社会科学版，2005（8）．
[107] 王炳照．中国教育改革30年：基础教育卷［M］．北京：北京师范大学出版社，2009.
[108] 王乃信．深化基础教育管理体制改革研究［J］．教育研究，1996（5）．
[109] 王有升．理念的力量：基于教育社会学的思考［M］．北京：教育科学出版社，2007.
[110] 王岳川．布迪厄的文化理论透视［J］．教学与研究，1998（2）．
[111] 吴康宁．教育社会学［M］．北京：人民教育出版社，1998.
[112] 吴康宁．制约中国教育改革的特殊场域［J］．教育研究，2008（12）．
[113] 吴彤．自组织方法论研究［M］．北京：清华大学出版社，2001.
[114] 吴亚林．人的生命价值与学校教育［J］．教育研究与试验，2005（4）．
[115] 吴志宏，孙锦明．改革开放30：学校管理改革与实践述评［J］．中小学管理，2008（11）．
[116] 吴忠魁，张俊洪．教育变革的理论模式［M］．成都：四川教育出版社，1988.
[117] 吴重涵，汪玉珍．制度主义理论的新进展及其在教育中的应用［J］．教育学术月刊，2008（2）．
[118] 谢维和．教育活动的社会学分析——一种教育社会学的研究［M］．北京：教育科学出版社，2000.
[119] 徐建培．论学校组织文化建设［J］．当代教育科学，2004（12）．
[120] 严文斌．组织的社会建构——一个组织变革的个案研究［D］．上海：上海大学，2005.
[121] 杨天平．论教育管理学的综合性质［J］．教育研究，2002（8）．
[122] 杨天平．西方教育管理研究100年［J］．外国教育研究，2004（9）．
[123] 杨小微．社会转型时期学校变革的方法论初探［D］．上海：华东师范大学，2002.
[124] 杨小微．全球化进程中的学校变革——一种方法论的视角［M］．上海：华东师范大学出版社，2004.
[125] 杨颖秀．教育决策的科学化民主化研究［M］．长春：东北师范大学出版社，2001.
[126] 杨永昌．名校长的高绩效领导力［M］．北京：九洲出版社，2006.
[127] 叶澜．实现转型：新世纪初中国学校变革的走向［J］．探索与争鸣，2002（7）．
[128] 叶澜．教育创新呼唤“具体个人”意识［J］．中国社会科学，2003（1）．
[129] 叶澜．“新基础教育”发展性研究报告集［R］．北京：中国轻工业出版社，2004.
[130] 叶澜．21世纪社会发展与中国基础教育改革［J］．中国教育学刊，2005（1）．
[131] 叶澜．新基础教育论——关于当代中国学校变革的探究与认识［M］．北京：教育科学出版社，2006.
[132] 袁贵仁．价值学引论［M］．北京：北京师范大学出版社，1991.
[133] 袁锐锷．外国教育管理史教程［M］．广州：广东高等教育出版社，1998.
[134] 曾天山．外国教育管理发展史略［M］．北京：教育科学出版社，1995.
[135] 查有梁．教育模式［M］．北京：教育科学出版社，1993.
[136] 查有梁．系统科学与教育［M］．北京：人民教育出版社，1993.
[137] 查有梁．课堂模式论［M］．桂林：广西师范大学出版社，2001.
[138] 张岱年．论价值的层次［J］．中国社会科学，1990（3）．
[139] 张建东．公共组织学［M］．北京：高等教育出版社，2003.

[140] 张新平．关于组织管理的理论与范式的思考［J］．南京师范大学学报，2000（2）．
[141] 张新平．教育组织范式论［M］．南京：江苏教育出版社，2001．
[142] 张新平．论学校管理的科层取向与专业取向［J］．教育评论，2001（5）．
[143] 张雄．论组织变革与组织文化塑造的动态统一［J］．学术探索，2004（9）．
[144] 张延明．建设卓越学校——领导层·管理层·教师的职业发展［M］．北京：北京大学出版社，2004．
[145] 张永宏．组织社会学的新制度主义学派［M］．上海：上海人民出版社，2007．
[146] 张兆芹．学校变革与发展的理论和策略分析［J］．教育发展研究，2004（11）．
[147] 赵中建．呼唤权力下移　走向校本管理［J］．中小学管理，2003（12）．
[148] 赵中建．学校文化［M］．上海：华东师范大学出版社，2004．
[149] 郑燕祥．教育的功能与效能［M］．香港：广角镜出版社有限公司，1986．
[150] 郑燕祥．学校管理的改进：理念、变革、实践［M］．香港：香港中文大学香港教育研究所，1996．
[151] 郑燕祥．学校效能与校本管理：一种发展的机制［M］．陈国萍，译．上海：上海教育出版社，2002．
[152] 郑燕祥．教育领导与改革新范式［M］．上海：上海教育出版社，2005．
[153] 中国大百科全书总编辑委员会《哲学》编辑委员会，中国大百科全书出版社编辑部．中国大百科全书：哲学卷［M］．北京：中国大百科全书出版社，1987．
[154] 周彬．决策与执行：制度视野下的学校变革［M］．北京：教育科学出版社，2005．
[155] 周雪光．组织社会学十讲［M］．北京：社会科学文献出版社，2003．
[156] 朱小蔓．教育的问题与挑战：思想的回应［M］．南京：南京师范大学出版社，2000．

后　记

教育变革总是伴随社会变革的需要而开展的。当前我国社会经济形态正在发生重大变化，社会对教育的需求呈现多样化趋势，学校组织自身存在许多交织在一起的新问题，学校发展进程中遇到了前所未有的挑战。从国际经验看，人们认识到以往以工业流水线式为主的标准化学校培养出来的学生难以适应时代的需要。为了应对这一形势，国际教育变革的浪潮此起彼伏。一开始教育变革主要集中在改善教学方法、课程设计、教学设备及资源投入等方面，但效果不甚理想。自20世纪80年代开始，随着组织学和管理学的进步及在社会经济领域实践的成功，人们开始相信，要提高教育应对能力，必须把焦点从教室层面转到组织层面上来，并改善学校的系统与管理。关于学校如何发展的问题开始逐步进入人们的视野。

如何构建适合我国国情的学校发展理论，是摆在我们而前的新课题。经过多年的研究沉淀，我们提出了学校发展的“五要素说”，即变革、模式、领导、资源和合作，并试图以此构建学校发展理论的研究框架。学校变革是学校发展的动力；模式体现了学校发展的结构性框架；领导作为学校发展方向和进程的设计师，是学校发展的引领者和推动者；教师是学校发展的第一资源，是学校发展的实施者；而合作作为一种行动逻辑，将有效促进学校和谐发展。

理论框架是重要的，但更重要的是持有怎样的哲学观解决问题，解决什么问题以及如何解决问题。

人类演进的历史表明，社会组织的形成与建立，其实质就是借助联合的力量，以合作的形式创造生存与发展的最大空间。合作是人们为实现共同目的或各自利益而进行的相互协调的活动，是为共享利益或各得其利而在行动上相互配合的互动过程，也使教育获得一种共生机制和持续发展机制。合作的目的是“双赢”，就是将存在于传统竞争关系中的非赢即输、针锋相对的关系改变为更具合作性、共同为谋求更大的利益而努力的关系。合作采取的思维方式，是对排他性竞争意识的一种超越，是在互相补充的基础上，通过契约或隐合同对资源进行配置的过程。因此，本书坚持以合作为基础，和谐共生发展范式为主导，聚焦当前我国学校发展中的一些核心问题，采用了系统论等研究方法，分别借鉴了场域分析理论、分类学、复杂性科学、治理理论和协同理论等研究范式，从学校组织变革到发展模式，从校长到教师，再到大学与中小学合作发展，形成了具有内在逻辑的学校发展研究成果。

感谢顾明远先生欣然作序，先生写的书序高屋建瓴，有导读的成分，更是对我的勉励。作为先生的学生，为能得到先生不计其数的帮助、支持、呵护而深感荣幸。感谢我的学生张爽博士、于学友博士、郭建清博士、王天晓博士和王恒博士。我是本书总设计，但实现这一设计的执行者是他们。特别是张爽博士，她为本书作出了突出的贡献。同时，也感谢教育科学出版社的编辑同志，他们认真负责的工作，使本书得以增色。

作为构建学校发展理论的尝试，本书肯定存在一些缺陷。从概念体系到研究方法，从理论框架到内容体系，都需进一步精细化研究。之所以出版此书，重在引发人们对本领域的关注和研究。“思路决定出路，定位决定地位。”我们将沿着这一思路走下去，准确定位我国学校发展问题，为构建完善的学校发展理论作出更大贡献。

孟繁华

2011 年 3 月 26 日于首都师大

责任编辑　王利华　刘　灿
版式设计　杨玲玲
责任校对　曲凤玲
责任印制　曲凤玲

图书在版编目（CIP）数据

学校发展论/孟繁华等著. —北京：教育科学出版社，2011. 6
ISBN 978 -7 -5041 -5808 -6

Ⅰ. ①学…　Ⅱ. ①孟…　Ⅲ. ①学校管理 - 研究　Ⅳ. ①G47

中国版本图书馆 CIP 数据核字（2011）第 088980 号

学校发展论
XUEXIAO FAZHAN LUN

出版发行	教育科学出版社		
社　址	北京 · 朝阳区安慧北里安园甲 9 号	**市场部电话**	010 - 64989009
邮　编	100101	**编辑部电话**	010 - 64981260
传　真	010 - 64891796	**网　址**	http://www.esph.com.cn
经　销	各地新华书店		
制　作	国民灰色图文中心		
印　刷	保定市中画美凯印刷有限公司	**版　次**	2011 年 6 月第 1 版
开　本	169 毫米 × 239 毫米　16 开	**印　次**	2011 年 6 月第 1 次印刷
印　张	16. 25	**印　数**	1 - 3000 册
字　数	328 千	**定　价**	32. 00 元